VOIX DE FEMMES

Ecritures de femmes
dans la littérature française
du XIX — XXe s.

textes choisis et présentés
par
Claire-Lise Tondeur

UNIVERSITY
PRESS OF
AMERICA

Lanham • New York • London

Copyright © 1990 by
University Press of America®, Inc.
4720 Boston Way
Lanham, Maryland 20706

3 Henrietta Street
London WC2E 8LU England

Library of Congress Cataloging-in-Publication Data

Voix de femmes : écritures de femmes dans la littérature française
du XIX-XXe s. / textes choisis et présentés par Claire-Lise Tondeur.
p.   cm.
Includes bibliographical references.
1. French literature—Women authors.   2. French literature—19th
century.   3. French literature—20th century.   4. Women and
literature—France.   5. French language—Readers.   I. Tondeur, Claire-
Lise.
PQ1107.P37   1990   840.8'09287—dc20   90–12192 CIP

ISBN 0–8191–7792–X (alk. paper)
ISBN 0–8191–7793–8 (pbk. : alk. paper)

 The paper used in this publication meets the minimum requirements of
American National Standard for Information Sciences—Permanence
of Paper for Printed Library Materials, ANSI Z39.48–1984.

à ma mère

ACKNOWLEDGEMENTS

Permission to use copyright materials is hereby grate-
fully acknowledged:

To EDITIONS GALLIMARD for permission to use from
Simone de Beauvoir's Le Deuxième Sexe (1949 & 1968);
Annie Ernaux' La femme gelée (1981); Marguerite Your-
cenar's Souvenirs pieux (1974).

To EDITIONS FLAMMARION for permission to use Colette's «La Main» and «La trouvaille» taken from La Femme
cachée (1924, 1951 & 1974).

To EDITIONS BERNARD GRASSET for permission to use
from Annie Leclerc's Parole de femme (1974); Christiane
Rochefort's Les Petits Enfants du siècle (1961); Marie
Cardinal's Les Mots pour le dire (1975); Antonine Maillet's Pélagie-la-Charrette (1979).

To EDITIONS ODILE JACOB for permission to use from
Elisabeth Badinter's L'Un est l'Autre (1986).

To EDITIONS RENE JULLIARD for permission to use from
Françoise Parturier's La Prudence de la chair (1963);
Françoise Mallet-Joris' Le Rempart des Béguines (1951).

To LES EDITIONS DE MINUIT for permission to use from
Monique Wittig's L'Opoponax (1964); Marguerite Duras'
Moderato Cantabile (1958); Nathalie Sarraute's Tropismes XXI, XXIII (1957); Luce Irigaray's Ce sexe qui n'en
est pas un (1977).

To SOCIETE NOUVELLE DES EDITIONS JEAN-JACQUES PAUVERT
for permission to use from Chantal Chawaf's Le Soleil
et la Terre (1977).

To EDITIONS DU SEUIL for permission to use from Anne
Hébert's Kamouraska (1970); Simone Schwarz-Bart's Pluie
et Vent sur Télumée Miracle (1972).

AVANT - PROPOS

Voix de femmes can be used in intermediate French courses, as a reading supplement or in any number of advanced French courses including French conversation, literature or history of literature. I have long felt that the study of French literature should not be restricted to texts written exclusively by men. Voix de femmes can provide a more balanced view, it could serve as a counterpoint to widely used anthologies (like Poèmes, Pièces, Prose, ed. Schofer, Oxford) where women's voice is not represented, or other texts where they are under-represented. These texts written by women of the 19th and 20th century can be interesting for anyone who reads French, especially women who constitute the majority of French students in US colleges and universities. There are unusual, moving texts in this anthology that, I strongly feel, should be part of every French student's experience. There is a great variety of voices. The choice of authors tries not to reflect any bias, so it should spark lively discussion in a classroom.

There are no exercises. The instructor has these «en masse» in other texts, or they can be readily devised to suit special needs. I have found, through experience, that such questions unnecessarily predetermine the level at which the anthology can be used.

GOALS

The purpose of this book is to introduce students to the voice of women in French literature as manifested in French literary works written by women of the 19th and 20th century. These texts offer a great variety of styles and points of view. They illustrate how this literature written exclusively by women reflects the experiences, values and concerns of a varied sample of women in the French-speaking world. These texts include theoretical works by Germaine de Staël (1800), Simone de Beauvoir, Luce Irigaray and Elisabeth Badinter (1986). There are short stories by Colette and Nathalie Sarraute, excerpts from novels of the 19th and 20th c., and texts by French-speaking women outside of France (Canada and the Caribbean Islands). They can thus be used in a flexible program which seeks variety. These texts (of various length) have also been chosen for their subject matter, women's role in society, as well as women's growing awareness of their own needs, desires and language.

ORGANIZATION

The book is divided into eleven chapters, starting with the two «mothers» of French feminism, Germaine de Staël and Simone de Beauvoir, and ending with two contemporary feminist theoreticians, Luce Irigaray and Elisabeth Badinter. Each chapter presents two texts by different authors. An introduction for each author contains bio-bibliographical details and other pertinent information which elucidate the chosen passages. An on-page vocabulary and an end glossary will help the less advanced students in understanding the texts.

Supplementary reading should be encouraged. The interested student can find suggestions in the bibliographical notes given for each author. An ambitious student might try to read about feminism more extensively. Further bibliographical information can be found in the general bibliography at the end of the book. The possibilities are limitless.

DESCRIPTION OF CONTENTS

Chapter 1. Heightened Awareness.

Germaine de Staël's <u>De la littérature</u> of 1800 protests against the attitude of society towards women. Simone de Beauvoir's <u>Le Deuxième Sexe</u> (1949), a seminal analysis of women's condition, discredits the myths of femininity. In her introduction, laying the metaphysical foundations for her work, she argues that Otherness is a basic category of all human thought and that men have always relegated women to it, thereby reducing them to the status of objects while men claimed for themselves the dominant position of subject.

Chapter 2. Speaking up.

Françoise Parturier's scathing irony towards men in <u>La Prudence de la chair</u> claims for women the right to speak, leaving men without a say in the matter, whereas in <u>Parole de femme</u>, Annie Leclerc is searching for a new language which women could use and which would be specifically theirs.

Chapter 3. Childhood.

Monique Wittig in <u>Opoponax</u> tells the story of the life of a little girl, trying to come as close as possible to a child's language and her preoccupations. <u>Les Petits Enfants du siècle</u> by Christiane Rochefort relates how the first-born child, a girl, of a very large working class family, living in subsidized housing becomes everyone's maid.

Chapter 4. Education

The making of the inescapable malleability of women who have to become what is expected of them in order to be accepted and loved by others. In Nathalie Sarraute's _Tropismes_ XXI and XXIII, we see well-behaved young girls of the 1930's dreaming about escaping from the confinement of their family, fantasizing about breaking loose but resigning themselves to stay and conform because of their craving for approval. In Marie Cardinal's _Les mots pour le dire_ we witness the narrator's mother's flawed attempt to teach her teenage daughter the «facts of life».

Chapter 5. Discovery of sexuality

Colette's short story _La Main_ is the tale of a young bride confronted with male sexuality. It examines her feelings of disgust, horror and eventual submission. In Françoise Mallet-Joris' _Le Rempart des Béguines_, a young girl, growing up in mid-20th century Belgium, discovers sexuality through a lesbian relationship with her father's mistress.

Chapter 6. Passion

In Marguerite Duras' _Moderato Cantabile_, a woman is acting out her fantasies of passionate love, projecting them on a man she just met. It is also the emotional replay of the crime of passion which opens the novel. Anne Hébert's _Kamouraska_ explores the exhilarating but eventually destructive powers of carnal passion.

Chapter 7. Servitude

In George Sand's _Indiana_, in a fierce confrontation, the heroine tells her husband that he cannot own her mind even though he is the «master» of the rest. _La femme gelée_ by Annie Ernaux is rebelling against the servitude of raising children alone (even when a man is present), of having to do all the feeding and the housework chores.

Chapter 8. Motherhood

Marguerite Yourcenar's _Souvenirs pieux_ is a search for the mother who died in childbirth at the turn of this century. Annie Leclerc's text in _Parole de femme_ tells of the primal, awing experience of giving birth, while Annie Ernaux' passage in _La femme gelée_ relates to the same experience but with a much less enthusiastic point of view.

Chapter 9. Shelter

Chantal Chawaf in <u>Le Soleil et la Terre</u> dreams of an utopian feminist nest protected and far away from the destructive world of the male. Colette's main character in <u>La Trouvaille</u>, having found the ideal nest, is devastated by its emptiness.

Chapter 10. Matriarchal Power

Strength, autonomy but solitude are the lot of black women in the French-speaking Caribbean islands in <u>Pluie et Vent sur Télumée Miracle</u> by Simone Schwarz-Bart. Antonine Maillet's <u>Pélagie-la-Charette</u> is a chronicle of a long pilgrimage rich in adventures, the Acadians' return from deportation, led by Pélagie, an epic Mother, a female Moses, who brings her flock back to the ancestral land.

Chapter 11. Feminist Theories

Luce Irigaray, one of the foremost contemporary French feminist theoreticians and psychoanalysts, discusses the making of sexual identity in <u>Ce sexe qui n'en est pas un</u>. In <u>L'un est l'autre</u>, Elisabeth Badinter studies the relationship between men and women from time immemorial and finds that today there is for the first time a new trend, a reconciliation after a long war of the sexes, that the one is becoming the other.

TABLE DES MATIERES

Si j'avais une femme

Si j'avais une femme elle répondrait au téléphone aux lettres aux huissiers aux persécuteurs elle remplirait les formulaires réglerait les factures classerait le courrier organiserait mes rendez-vous ferait réparer la machine à laver changerait les abat-jour déferait les paquets surveillerait les plantations jouerait avec les chats balayerait sous le lit irait au marché chercherait les charters,

pendant que moi j'écrirais Les Soeurs Karamazovna.

Mais je ne peux pas avoir une femme,

parce que,

je ne pourrais pas laisser tout le sale boulot à quelqu'un pour qui j'aurais un minimum de sympathie.

Et quelqu'un pour qui je n'aurais pas le minimum, comment je pourrais le supporter en permanence à la maison? Je me demande comment ils font.

Christiane Rochefort <u>Ma vie revue et corrigée par l'auteur</u>

CHAPITRE 1

Prise de conscience

GERMAINE DE STAEL

(1766-1817)

Fille unique de Jacques Necker, banquier genevois, qui va devenir directeur général des Finances, Anne-Louise-Germaine naît à Paris, le 22 avril 1766. Dès l'enfance, cette fille du célèbre ministre de Louis XVI, fait preuve des dons intellectuels les plus exceptionnels. Dans le salon de sa mère, elle discute avec l'élite politique et philosophique de l'époque: Diderot, d'Alembert, Buffon, Franklin, Jefferson et Walpole.

En janvier 1786 elle épouse le baron Eric Magnus de Staël-Holstein, ambassadeur de Suède en France. L'année suivante naît une fille, Gustavine, filleule de Gustave III, roi de Suède, mais l'enfant meurt dix-huit mois plus tard. Le mariage n'est pas heureux et dans son premier ouvrage critique, <u>Lettres sur le caractère et les écrits de Jean-Jacques Rousseau</u> (1788), elle commente que «les jouissances de l'esprit sont faites pour calmer les orages du coeur». Installée dans l'hôtel de Suède, rue du Bac, la jeune ambassadrice, à l'exemple de sa mère, ouvre un salon où elle reçoit les amis de ses parents, des étrangers de marque, mais aussi des représentants des idées nouvelles: Noailles, Broglie, La Fayette, Condorcet, Talleyrand, Mathieu de Montmorency, Narbonne.

Depuis son adolescence, elle veut écrire. Essais, nouvelles, portraits, pièces de théâtre remplissent des cartons. Placée au centre de la vie parisienne, elle adresse au roi de Suède des <u>Lettres gazette</u> où la politique se mêle aux anecdotes mondaines de la cour et de la ville. Elle se passionne pour les événements politiques de cette fin de régime dont son père est l'un des principaux acteurs. Elle s'enthousiasme pour l'indépendance américaine, la nuit du 4 août, la nouvelle Constitution, assiste même à l'ouverture des Etats-Généraux, le 5 mai 1789. Elle a une influence sur les destinées du pays à travers son amant, le comte de Narbonne, qui en 1791 fait partie du Ministère de la Guerre.

Au début de la Terreur, Germaine de Staël cache chez elle de nombreux personnages politiquement compromis. La maison de la rue du Bac devient un asile pour les proscrits qu'elle s'efforce de faire sortir de France. Pendant cette période, elle a deux fils, Auguste (en 1790) et Albert (en 1792). En 1793 elle fait paraître anonymement une défense de la reine, <u>Réflexions sur le procès de la reine</u>.

En septembre 1794 elle rencontre l'écrivain Benjamin Constant qui partage ses opinions politiques. Elle écrit <u>Réflexions sur la paix adressées à M. Pitt et aux Français</u> (1794) et <u>Réflexions sur la paix intérieure</u> (1795) pour exprimer ses vues concernant le rétablissement de l'ordre en France, possible uniquement en ayant recours à une monarchie constitutionnelle. Son salon est le lieu de rencontre des royalistes, des girondins, des thermidoriens. Ses prises de position la rendent suspecte au Comité de Salut Public qui l'exile en Suisse. Elle vit dans son château à Coppet, près de Genève. C'est là qu'elle termine, en 1796, son traité des <u>Passions</u> (<u>De l'influence des passions sur le bonheur des individus et des nations</u>). Son mari vivra séparé d'elle jusqu'à sa mort en 1802.

En juin 1797, Madame de Staël rentre à Paris pour donner naissance à Albertine, la fille de Benjamin Constant. Elle va prendre part aux nombreuses intrigues politiques de l'époque et au début elle soutient les ambitions de Bonaparte. En avril 1800 paraît <u>De la Littérature considérée dans ses rapports avec les institutions sociales</u>, oeuvre qui exalte la liberté de pensée contre toute forme de tyrannie et qui va la rendre célèbre. En 1802, elle participe au complot qui cherche à renverser le Premier Consul et Jacques Necker publie <u>Dernières vues de politique et de finance</u> qui est une critique sévère du régime politique que veut instaurer Bonaparte.

En 1802 paraît <u>Delphine</u>, le premier roman de Madame de Staël, ironiquement dédié «à la France silencieuse», qui défend les droits de la femme au divorce, à la liberté d'expression, aux sentiments religieux en faveur du protestantisme.

Elle est à nouveau exilée (octobre 1803) mais cette fois elle part pour Weimar et Berlin en compagnie de

Benjamin Constant. Elle est très affectée par le décès de son père (avril 1804) et rédige, pour défendre sa mémoire, un livre intitulé: Du caractère et de la vie de Monsieur Necker. Puis elle voyage en Italie et en rapporte un nouveau roman, Corinne ou l'Italie (1807), oeuvre à la fois autobiographique et politiquement orientée.

De retour en Suisse, elle est entourée d'une véritable cour d'amis et d'admirateurs. Son château de Coppet devient un lieu de réputation européenne où se succèdent les visiteurs illustres. Madame de Staël se trouve avec Benjamin Constant à la tête de l'opposition libérale contre Napoléon. Son exil est sans cesse occupé par ses travaux littéraires, par l'animation de son salon cosmopolite, par les orages de sa liaison avec Benjamin Constant. Elle travaille à De l'Allemagne, ouvrage pour lequel elle avait pris des notes pendant son séjour en Allemagne en 1804. En 1810, pour corriger les épreuves de son manuscrit, elle s'installe au château de Chaumont-sur-Loire. Mais aussitôt imprimé, son livre est saisi par la police impériale.

Elle doit se réfugier une nouvelle fois à Coppet. Elle est condamnée au silence et à la solitude; ses meilleurs amis se voient interdire l'accès à la Suisse. Réduite à la société de Genève pendant l'hiver 1810-1811, elle y rencontre le dernier homme de sa vie, John Rocca, jeune officier suisse qu'elle épouse secrètement en 1816. En mai 1812, un mois après la naissance de leur fils Alphonse, elle décide de se rendre clandestinement en Angleterre, «terre de liberté», en passant par Vienne, la Russie et la Suède. Après Kiev, c'est Moscou où elle précède de peu l'armée napoléonienne. A Saint Pétersbourg elle est bien accueillie par le tzar Alexandre et se mêle aussitôt aux intrigues politiques et n'est pas étrangère à la rencontre d'Alexandre et de Bernadotte, roi de Suède, à Abo où sera conclu le pacte de la sixième Coalition. Elle débarque à Stockholm en septembre et y ouvre un salon. Son fils Albert prend du service dans l'armée suédoise et Schlegel (le précepteur de ses enfants) devient le secrétaire particulier du roi Bernadotte dont elle rêvera de faire le successeur de Napoléon. Elle donne ses impressions de voyage dans Dix Années d'Exil et arrive enfin en Angleterre en juin 1813 où elle se lie avec Byron et William Wilberforce. C'est là que paraît finalement De l'Allemagne qui remporte un immense succès. Ses Réflexions sur le suicide sont publiées la même année à Stockholm.

Avec la chute de l'Empire, Germaine de Staël rentre à Paris (mai 1814), après dix ans d'exil. A Clichy, son salon accueille le roi, les généraux alliés, les diplomates de tous pays. On la consulte, on la charge de missions difficiles. Ainsi elle est à nouveau un des plus importants centres politiques, philosophiques et littéraires de l'époque. Pendant les Cent-Jours, elle fuit à Coppet, fait un voyage en Italie, et à Venise, en février 1816, elle marie sa fille Albertine au duc Victor de Broglie. Elle rédige sa dernière oeuvre, Considérations sur les principaux événements de la Révolution française qui restera inachevée, car elle meurt le 14 juillet 1817. Elle laisse deux manuscrits qui sont mis au point et imprimés par son fils Auguste et son gendre Victor de Broglie. Considérations sur la Révolution française paraît en 1818, Dix Années d'exil en 1821.

C'est Germaine de Staël qui représente le mieux le lien entre le romantisme français et le cosmopolitisme européen: elle cherche à rompre la continuité de la tradition humaniste en fondant l'opposition des littératures antiques et de la littérature moderne sur l'opposition correspondante entre les littératures du Nord et celles du Midi. Elle fut l'initiatrice du germanisme littéraire qui jouera un rôle très important dans le développement du romantisme français. Elle révèle au public français de grands écrivains et philosophes allemands. Son cosmopolitisme de la pensée la mène à un relativisme esthétique, et à une critique littéraire qui s'attaque à la tradition classique du beau idéal. Pour Madame de Staël, la leçon des littératures du Nord se trouve dans la primauté de l'individualisme appuyé sur la liberté de l'imagination et du génie, ce qui suppose une libération de la passion. C'est ainsi qu'elle glorifie la rêverie et l'enthousiasme.

Elle représente le romantisme conquérant qui s'attaque au conformisme littéraire mais aussi aux contraintes sociales, tout particulièrement la condition de la femme dans la société et sa situation dans la vie culturelle. C'est elle qui inaugure le grand courant féministe qui continuera, à la génération suivante, avec George Sand. Dans ses romans, (Delphine et Corinne) elle met en scène deux héroïnes, différentes mais supérieures, Delphine, par le coeur, Corinne, par le génie. A travers de multiples aventures romanesques ces deux femmes deviennent des victimes, victimes à la fois de la société et de la lâcheté ou de l'impuissance masculines. La femme est l'incarnation exemplaire de la transcendance individuelle par sa nature enthousiaste et passionnée. Pour Germaine de Staël, le féminisme est l'expression la plus pure et la plus complète du romantisme qu'elle cherche à illustrer dans ses romans et dont elle développe la théorie dans De la littérature, par exemple.

Indications bibliographiques

Balayé, Simone. Madame de Staël: lumières et liberté. Paris, Klincksieck, 1979.

Eaubonne, F. d'. Une femme témoin de son siècle: Germaine de Staël. Paris, Flammarion, 1966.

Gutwirth, Madelyn. Madame de Staël, Novelist. The Emergence of the Artist as Woman. Chicago, Univ. of Illinois Press, 1978.

Herold, J. Christopher. Mistress of an age, a life of Mme de Staël. Indianapolis, Bobbs Merrill, 1958.

Hogsett, Charlotte. The Literary Existence of Germaine de Staël. Carbondale: Southern Illinois University Press, 1987.

Vallois, Marie-Claire. Fictions féminines. Madame de Staël et les voix de la Sibylle. Stanford, Stanford University Press, Stanford French and Italian Studies 49, 1987.

DE LA LITTERATURE

L'existence des femmes en société est encore incertaine sous beaucoup de rapports. Le désir de plaire excite leur esprit; la raison leur conseille l'obscurité; et tout est arbitraire dans leurs succès comme dans leurs revers.

Il arrivera, je le crois, une époque quelconque, dans laquelle des législateurs philosophes donneront une attention sérieuse à l'éducation que les femmes doivent recevoir, aux lois civiles qui les protègent, aux devoirs qu'il faut leur imposer, au bonheur qui peut leur être garanti; mais, dans l'état actuel, elles ne sont, pour la plupart, ni dans l'ordre de la nature, ni dans l'ordre de la société. Ce qui réussit aux unes perd les autres; les qualités leur nuisent[1] quelquefois, quelquefois les défauts leur servent; tantôt elles sont tout, tantôt elles ne sont rien. Leur destinée ressemble, à quelques égards[2], à celle des affranchis[3] chez les empereurs; si elles veulent acquérir de l'ascendant[4], on leur fait crime d'un pouvoir que les lois ne leur ont pas donné; si elles restent esclaves, on opprime leur destinée.

Certainement il vaut beaucoup mieux, en général, que les femmes se consacrent[5] uniquement aux vertus domestiques; mais ce qu'il y a de bizarre dans les jugements des hommes à leur égard, c'est qu'ils leur pardonnent plutôt de manquer à leurs devoirs que d'attirer l'attention par des talents distingués. Ils tolèrent en elles la dégradation du coeur en faveur de la médiocrité de l'esprit; tandis que l'honnêteté la plus parfaite pourrait à peine obtenir grâce pour une supériorité véritable.

Je développerai les diverses causes de cette singularité. Je commence d'abord par examiner quel est le

1 **nuisent:** harm
2 **à quelques égards:** in some respects
3 **affranchis:** freed slaves
4 **ascendant:** influence
5 **se consacrent:** devote themselves

sort[6] des femmes qui cultivent les lettres dans les monarchies, et quel est aussi leur sort dans les républiques. Je m'attache à caractériser les principales différences que ces deux situations politiques doivent
produire dans la destinée des femmes qui aspirent à la
célébrité littéraire, et je considère ensuite d'une manière générale quel bonheur la gloire peut promettre
aux femmes qui veulent y prétendre.

Dans les monarchies, elles ont à craindre le ridicule, et dans les républiques la haine.

Il est dans la nature des choses, que, dans une
monarchie où le tact des convenances[7] est finement saisi, toute action extraordinaire, tout mouvement pour
sortir de sa place, paraisse d'abord ridicule. Ce que
vous êtes forcé de faire par votre état, par votre position, trouve mille approbateurs; ce que vous inventez
sans nécessité, sans obligation, est d'avance jugé sé-
vèrement. La jalousie naturelle à tous les hommes ne
s'apaise que si vous pouvez vous excuser, pour ainsi
dire, d'un succès par un devoir; mais si vous ne cou-
vrez pas du prétexte de votre situation et de votre intérêt la gloire même, si l'on vous croit pour unique
motif le besoin de vous distinguer, vous importunerez
ceux que l'ambition amène sur la même route que vous.

En effet, les hommes peuvent toujours cacher leur
amour-propre[8] et le désir qu'ils ont d'être applaudis
sous l'apparence ou la réalité de passions plus fortes
et plus nobles; mais quand les femmes écrivent, comme
on leur suppose en général pour premier motif le désir
de montrer de l'esprit[9], le public leur accorde diffi-
cilement son suffrage[10]. Il sent qu'elles ne peuvent
s'en passer[11], et cette idée fait naître en lui la tentation de le refuser.   [...]

Depuis la révolution, les hommes ont pensé qu'il
était politiquement et moralement utile de réduire les
femmes à la plus absurde médiocrité; ils ne leur ont a-
dressé qu'un misérable langage sans délicatesse comme
sans esprit; elles n'ont plus eu de motifs de développer leur raison: les moeurs[12] n'en sont pas devenues

6 **sort:** fate
7 **les convenances** the proprieties
8 **amour-propre:** pride
9 **esprit:** wit
10 **suffrage:** approval
11 **s'en passer:** to do without
12 **moeurs:** manners

meilleures. En bornant[13] l'étendue[14] des idées, on n'a pu rendre la simplicité des premiers âges; il en est seulement résulté que moins d'esprit a conduit à moins de délicatesse, à moins de respect pour l'estime publique, à moins de moyens de supporter la solitude. Il est arrivé ce qui s'applique à tout dans la disposition actuelle des esprits[15]: on croit toujours que ce sont les lumières[16] qui font le mal, et l'on veut le réparer en faisant rétrograder la raison. Le mal des lumières ne peut se corriger qu'en acquérant plus de lumières encore. [...]

Eclairer[17], instruire, perfectionner les femmes comme les hommes, les nations comme les individus, c'est encore le meilleur secret pour tous les buts raisonnables, pour toutes les relations sociales et politiques auxquelles on veut assurer un fondement durable.

L'on ne pourrait craindre l'esprit des femmes que par une inquiétude délicate sur leur bonheur. Il est possible qu'en développant leur raison, on les éclaire sur les malheurs souvent attachés à leur destinée; mais les mêmes raisonnements s'appliqueraient à l'effet des lumières en général sur le bonheur du genre humain, et cette question me paraît décidée.

Si la situation des femmes est très imparfaite dans l'ordre civil, c'est à l'amélioration de leur sort, et non à la dégradation de leur esprit, qu'il faut travailler. Il est utile aux lumières et au bonheur de la société que les femmes développent avec soin leur esprit et leur raison. Une seule chance véritablement malheureuse pourrait résulter de l'éducation cultivée qu'on doit leur donner: ce serait si quelques-unes d'entre elles acquéraient des facultés assez distinguées pour éprouver le besoin de la gloire; mais ce hasard même ne porterait aucun préjudice à la société, et ne serait funeste[18] qu'au très petit nombre de femmes que la nature dévouerait au tourment d'une importune supériorité.

S'il existait une femme séduite par la célébrité de l'esprit et qui voulût chercher à l'obtenir, combien

13 **en bornant**: by limiting
14 **l'étendue**: scope
15 **esprit**: mind
16 **lumières**: enlightenment
17 **éclairer**: to enlighten
18 **funeste**: harmful

il serait aisé de l'en détourner[19] s'il en était temps encore! On lui montrerait à quelle affreuse destinée elle serait prête à se condamner. Examinez l'ordre social, lui dirait-on, et vous verrez bientôt qu'il est tout entier armé contre une femme qui veut s'élever à la hauteur de la réputation des hommes.

Dès qu'une femmme est signalée comme une personne distinguée, le public en général est prévenu[20] contre elle. Le vulgaire ne juge jamais que d'après certaines règles communes auxquelles on peut se tenir sans s'aventurer. Tout ce qui sort de ce cours habituel déplaît d'abord à ceux qui considèrent la routine de la vie comme la sauvegarde de la médiocrité. Un homme supérieur déjà les effarouche[21]; mais une femme supérieure, s'éloignant encore plus du chemin frayé[22], doit étonner et par conséquent importuner davantage. Néanmoins un homme distingué ayant presque toujours une carrière importante à parcourir, ses talents peuvent devenir utiles aux intérêts de ceux mêmes qui attachent le moins de prix aux charmes de la pensée. L'homme de génie peut devenir un homme puissant, et, sous ce rapport[23], les envieux et les sots le ménagent[24] mais une femme spirituelle n'est appelée à leur offrir que ce qui les intéresse le moins, des idées nouvelles ou des sentiments élevés: sa célébrité n'est qu'un bruit fatigant pour eux. [...]

L'opinion semble dégager[25] les hommes de tous les devoirs envers une femme à laquelle un esprit supérieur serait reconnu: on peut être ingrat[26], perfide, méchant envers elle, sans que l'opinion se charge de la venger. N'est-elle pas une femme extraordinaire? Tout est dit alors: on l'abandonne à ses propres forces, on la laisse se débattre[27] avec la douleur. L'intérêt qu'inspire une femme, la puissance qui garantit un homme, tout lui manque souvent à la fois: elle promène sa singulière existence, comme les parias de l'Inde, entre toutes les classes dont elle ne peut être, toutes les classes qui la considèrent comme devant exister par elle seule,

19 **détourner**: to dissuade
20 **prévenu**: prejudiced
21 **effarouche**: shocks, alarms
22 **s'éloignant du chemin frayé**: off the beaten track
23 **sous ce rapport**: in this respect
24 **le ménagent**: show consideration for him
25 **dégager**: to free
26 **ingrat**: ungrateful
27 **se débattre**: to struggle

objet de la curiosité, peut-être de l'envie, et ne méritant en effet que la pitié.

De la littérature II, 4 «Des Femmes qui cultivent les Lettres» (1800)

SIMONE DE BEAUVOIR

(1908-1986)

Simone de Beauvoir naît le 9 janvier 1908 à Paris dans une famille bourgeoise aisée mais pendant son adolescence elle rompt avec la manière de penser de son milieu d'origine. Elle a une soeur cadette «Poupette». Elle fait ses études secondaires dans une école privée, tenue par des religieuses, «le Cours Désir». En 1917, elle rencontre une petite fille dont la vivacité et l'indépendance l'attirent et dont la mort prématurée aura une grande influence sur Simone. «J'avais eu la chance de rencontrer l'amitié ... Je ne concevais rien de mieux au monde que d'être moi-même et d'aimer Zaza.»

En 1925, Simone de Beauvoir suit des cours de Lettres à Neuilly et un cours de mathématiques générales à l'Institut Catholique. Elle passe deux ans à la Sorbonne puis entre à l'Ecole Normale pour préparer l'agrégation de philosophie. Pendant la préparation à l'oral du concours, elle est finalement acceptée par le «clan hermétique» de Paul Nizan, André Herbaud et Jean-Paul Sartre dont la rencontre sera décisive. En lui elle estime avoir trouvé l'«homme prédestiné qui me garantirait mon existence sans lui ôter sa souveraineté ... Avec lui, je pourrais toujours tout partager ... je savais que plus jamais il ne sortirait de ma vie». Agrégée en 1929, elle est nommée à Marseille puis à Rouen, et à Paris (1938). Elle fréquente «le clan» qui l'a surnommée «le castor» et toute sa vie elle restera liée à Sartre.

Elle se met à écrire dès 1932 et démissionne de son poste d'enseignement en 1943 pour pouvoir mieux se consacrer à son oeuvre. La même année elle publie son premier roman L'Invitée, chez Gallimard; un essai Pyrrhus et Cinna en 1944, puis une pièce en deux actes, Les Bouches inutiles. En 1945 paraît un roman, Le Sang des Autres, l'année suivante, un autre: Tous les Hommes sont mortels. Pour une morale de l'ambiguïté est publié en 1947, l'année de son premier voyage aux Etats-unis qu'elle relate dans l'Amérique au jour le jour (1948). Elle rédige la même année l'Existentialisme et la sagesse des nations. C'est en 1949 que paraît Le Deuxième Sexe, l'oeuvre qui fait de Simone de Beauvoir la mère du féminisme contemporain.

A part un essai sur la Chine, La Longue Marche (1957), elle écrit surtout des romans: Les Mandarins (prix Goncourt 1954) et le cycle autobiographique: Mémoires d'une jeune fille rangée (1958), La Force de l'âge (1960), La Force des choses (1963) puis Tout Compte fait (1972). Ce sont des documents précieux pour la connaissance des milieux littéraires, artistiques et politiques ainsi que des faits historiques et sociaux de l'époque. En 1964, elle rend hommage à sa mère dans Une Mort très douce.

Pendant les années soixante elle soutient les protestations des étudiants, participe très activement aux journées de mai 1968 et continue son action à la «Gauche prolétarienne». Elle milite également pour le développement des mouvements de libération de la femme en France, en participant aux réunions, discussions et déclarations de divers groupes féministes (elle est Présidente du M.L.F.). Elle écrit de nombreux articles sur ce sujet entre 1970 et 1980. En 1966 elle publie un roman: Les Belles Images, et trois récits: La Femme rompue (1968). En janvier 1970 paraît son essai La Vieillesse, une vaste étude qui passe en revue la situation des vieillards dans l'histoire, puis dans la société d'aujourd'hui, et ce que les vieillards célèbres ont écrit sur leur propre vieillissement. Quand prime le spirituel, son tout premier roman (de 1937) paraît en 1979.

Après la mort de Jean-Paul Sartre en avril 1980, elle écrit deux ouvrages à sa mémoire, La Cérémonie des adieux et Entretiens avec Jean-Paul Sartre (1981), témoignage sur les dix dernières années de la vie de Sartre. On reproche à Beauvoir ou on la loue d'avoir écrit sans art ce qui ne se dit pas. C'est sa manière de lever le tabou sur la déchéance de la vieillesse et la mort, admissible dans le journal intime mais qui fait encore scandale dans l'oraison funèbre. C'est son ultime respect de leur devoir d'authenticité dont elle avait fait une passion. Elle meurt le 14 avril 1986.

Le Deuxième Sexe est le premier traité qui s'intéresse uniquement à la condition féminine. C'est un effort d'information et de synthèse des faits, des mythes et de l'expérience vécue par les femmes. Dans ce long ouvrage, Simone de Beauvoir étudie les images de la femme telles qu'elles se présentent dans la littérature, la philosophie et la religion. On y voit les rôles traditionnels que la femme a joués à travers les âges, dans des sociétés diverses, mais appartenant toutes à un monde phallocentrique. Beauvoir cherche à comprendre la situation de la femme en ayant recours à la philosophie existentialiste. La femme est toujours perçue comme l'«autre»: être inférieur, subordonné, incomplet. L'auteur contraste ces mythes à la réalité telle qu'elle devrait être vécue par la femme. Beauvoir conteste l'existence d'une nature féminine, d'un «éternel féminin», et affirme au contraire que la plupart des différences entre les deux sexes sont créées par la société et à travers l'éducation qui en reflète les valeurs. Toute la thèse du Deuxième sexe tente de prouver que l'infériorité de la femme n'est pas une donnée de la nature, mais un fait socio-culturel. «On ne naît pas femme, on le devient». Voilà sa contribution majeure au féminisme.

Certaines féministes contemporaines ont reproché à Beauvoir son attitude de mandarin, son horreur des fonctions biologiques, son refus de la maternité, taxé de misogynie. Pour elle c'est précisément la maternité («un drôle de piège») et le maternage qui rendent, en pratique, la femme inférieure à l'homme. Mais sa prise de conscience que l'être humain est «en situation», que la bipolarité sexuelle traditionnelle n'est pas simplement un fait biologique mais une donnée culturelle est un apport fondamental à la pensée contemporaine.

«Mon attitude touchant la condition de la femme a évolué», déclare Simone de Beauvoir en 1972 dans Tout compte fait. Le Deuxième sexe n'était pas un livre militant, il restait sur le plan de l'analyse, sans proposer de tactique de lutte. A partir de 1970, la position beauvoirienne se radicalise, on assiste à un militantisme très actif en faveur de ce qu'elle nomme «la décolonisation» de la femme. Elle participe aux journées pour la dénonciation des crimes commis contre la femme (mai 1972), milite en faveur de la contraception et de l'avortement; et une fois les nouvelles lois passées, elle insiste que les femmes doivent restées mobilisées. Elle pense qu'il faut «supprimer la famille» parce qu'elle est ancrée dans la tradition patriarcale. Elle estime que «le mariage est dangereux pour la femme» et affirme que «c'est aux femmes d'arracher le pouvoir aux hommes» mais elle ne croit pas dans la promotion des qualités féminines pour remplacer les qualités masculines; cela reviendrait à réaffirmer l'existence d'une nature féminine différenciée. «Les femmes ont à s'emparer, à égalité avec les hommes, des instruments qui ont été créés par ceux-ci, mais non pas à les refuser tous». Elle veut briser le cercle de la passivité féminine et elle rejette une attitude de non-violence qu'elle considère comme une dangereuse utopie qui encourage l'oppression. «La civilisation mâle se présente un peu comme un énorme oignon d'exploitations stratifiées dont le noyau profond, originel est la domination sur les femmes». La lutte des sexes devient donc prioritaire et elle sera violente, Simone de Beauvoir en est convaincue.

Indications bibliographiques

Armogathe, Daniel. Le Deuxième Sexe. Paris, Hatier, 1977.

Bieber, Konrad. Simone de Beauvoir. Boston, Twayne Publishers, 1979.

Evans, Martha Noel. Masks of tradition. Women and the Politics of Writing in Twentieth-Century France. Ithaca, N.Y., Cornell Univ. Press, 1987.

Francis, Claude et Gonthier, Fernande. Les Ecrits de Simone de Beauvoir: La vie - L'écriture. Paris, Gallimard, 1979.

Keefe, Terry. Simone de Beauvoir: a study of her writings. Totowa, N.J., Barnes and Noble Books, 1983.

Marks, Elaine (ed. by). Critical Essays on Simone de Beauvoir. Boston, MA: G.K. Hall & Co, 1987.

Okely, Judith. Simone de Beauvoir. New York, Virago/Pantheon Pioneers, 1986.

Wenzel, Hélène Vivienne (ed. by). Simone de Beauvoir: Witness to a Century. New Haven, Yale University Press, Yale French Studies # 72, 1986.

LE DEUXIEME SEXE

J'ai longtemps hésité à écrire un livre sur la femme. Le sujet est irritant, surtout pour les femmes; et il n'est pas neuf. La querelle du féminisme a fait couler assez d'encre, à présent elle est à peu près close: n'en parlons plus. On en parle encore cependant. Et il ne semble pas que les volumineuses sottises débitées[1] pendant ce dernier siècle aient beaucoup éclairé le problème. D'ailleurs y a-t-il un problème? Et quel est-il? Y a-t-il même des femmes? Certes la théorie de l'éternel féminin compte encore des adeptes; ils chuchotent[2]: «Même en Russie, _elles_ restent bien femmes»; mais d'autres gens bien informés - et les mêmes aussi quelquefois - soupirent[3]: «La femme se perd[4], la femme est perdue.» On ne sait plus bien s'il existe encore des femmes, s'il en existera toujours, s'il faut ou non le souhaiter, quelle place elles occupent en ce monde, quelle place elles devraient y occuper. «Où sont les femmes?» demandait récemment un magazine intermittent[5]. Mais d'abord: qu'est-ce qu'une femme? «_Tota mulier in utero_[6]: c'est une matrice[7]», dit l'un. Cependant parlant de certaines femmes, les connaisseurs décrètent[8]: «Ce ne sont pas des femmes» bien qu'elles aient un utérus comme les autres. Tout le monde s'accorde à reconnaître qu'il y a dans l'espèce humaine des femelles; elles constituent aujourd'hui comme autrefois à peu près la moitié de l'humanité; et pourtant on nous dit que «la féminité est en péril»; on nous exhorte: «Soyez femmes, restez femmes, devenez femmes.» Tout être humain femelle n'est donc pas nécessairement une femme; il lui faut participer à cette réalité mystérieuse et menacée qu'est la féminité. Celle-ci est-elle sécrétée par les ovaires? ou figée au fond d'un ciel platoni-

---

1 **sottises débitées**: nonsense uttered
2 **chuchotent**: whisper
3 **soupirent**: say with a sigh
4 **la femme se perd**: woman is losing her way
5 **intermittent**: irregular. A magazine called _Franchise_
6 **tota mulier in utero**: literal translation of the Latin: «all woman in womb»
7 **matrice**: womb
8 **décrètent**: declare

cien[9]? Suffit-il d'un jupon à froufrou[10] pour la faire descendre sur terre? Bien que certaines femmes s'efforcent avec zèle de l'incarner, le modèle n'en a jamais été déposé[11]. On la décrit volontiers en termes vagues et miroitants[12] qui semblent empruntés au vocabulaire des voyantes[13]. Au temps de saint Thomas, elle apparaissait comme une essence aussi sûrement définie que la vertu dormitive[14] du pavot[15]. Mais le conceptualisme a perdu du terrain: les sciences biologiques et sociales ne croient plus à l'existence d'entités immuablement fixées qui définiraient des caractères donnés tels que ceux de la femme, du Juif ou du Noir; elles considèrent le caractère comme une réaction secondaire à une situation. S'il n'y a plus aujourd'hui de féminité, c'est qu'il n'y en a jamais eu. Cela signifie-t-il que le mot «femme» n'ait aucun contenu? C'est ce qu'affirment vigoureusement les partisans de la philosophie des lumières[16], du rationalisme, du nominalisme: les femmes seraient seulement parmi les êtres humains ceux qu'on désigne arbitrairement par le mot «femme»; en particulier les Américaines pensent volontiers que la femme en tant que telle n'a plus lieu; si une attardée se prend encore pour une femme, ses amies lui conseillent de se faire psychanalyser afin de se délivrer de cette obsession. [...]

Si sa fonction de femelle ne suffit pas à définir la femme, si nous refusons aussi de l'expliquer par «l'éternel féminin» et si cependant nous admettons que, fût-ce à titre provisoire, il y a des femmes sur terre, nous avons donc à nous poser la question: qu'est-ce qu'une femme?

L'énoncé même du problème me suggère aussitôt une première réponse. Il est significatif que je le pose. Un homme n'aurait pas idée d'écrire un livre sur la situation singulière qu'occupent dans l'humanité les mâles. Si je veux me définir je suis obligée d'abord de déclarer: «Je suis une femme»; cette vérité constitue le fond[17] sur lequel s'enlèvera toute autre affirma-

9 **figée ... platonicien:** a Platonic essence
10 **un jupon à froufrou:** a swishing petticoat
11 **déposé:** patented
12 **miroitants:** sparkling
13 **voyantes:** clairvoyants
14 **dormitive:** somniferous
15 **pavot:** poppy
16 **la philosophie des lumières:** philosophy of the enlightenment
17 **le fond:** the base

20   SIMONE DE BEAUVOIR

tion. Un homme ne commence jamais par se poser comme un individu d'un certain sexe: qu'il soit homme, cela va de soi[18]. C'est d'une manière formelle, sur les registres des mairies et dans les déclarations d'identité que les rubriques: masculin, féminin, apparaissent comme symétriques. Le rapport des deux sexes n'est pas celui de deux électricités, de deux pôles: l'homme représente à la fois le positif et le neutre au point qu'on dit en français «les hommes» pour désigner les êtres humains, le sens singulier du mot «vir» s'étant assimilé au sens général du mot «homo». La femme apparaît comme le négatif si bien que toute détermination lui est imputée comme limitation, sans réciprocité. Je me suis agacée[19] parfois au cours de discussions abstraites d'entendre des hommes me dire: «Vous pensez telle chose parce que vous êtes une femme»; mais je savais que ma seule défense, c'était de répondre: «Je la pense parce qu'elle est vraie» éliminant par là ma subjectivité; il n'était pas question de répliquer: «Et vous pensez le contraire parce que vous êtes un homme»; car il est entendu[20] que le fait d'être un homme n'est pas une singularité; un homme est dans son droit en étant homme, c'est la femme qui est dans son tort. Pratiquement, de même que pour les anciens il y avait une verticale absolue par rapport à laquelle se définissait l'oblique, il y a un type humain absolu qui est le type masculin. La femme a des ovaires, un utérus; voilà des conditions singulières qui l'enferment dans sa subjectivité; on dit volontiers qu'elle pense avec ses glandes. L'homme oublie superbement que son anatomie comporte aussi des hormones, des testicules. Il saisit son corps comme une relation directe et normale avec le monde[21] qu'il croit appréhender dans son objectivité tandis qu'il considère le corps de la femme comme alourdi par tout ce qui le spécifie; un obstacle, une prison. «La femelle est femelle en vertu d'un certain manque de qualités», disait Aristote. «Nous devons considérer le caractère des femmes comme souffrant d'une défectuosité naturelle.» Et saint Thomas à sa suite décrète que la femme est un «homme manqué[22]», un être «occasionnel»[23]. C'est ce que symbolise l'histoire de la Genèse où Eve apparaît comme tirée, selon le mot de

18 **cela va de soi**: it goes without saying
19 **agacée**: irritated
20 **il est entendu**: it is understood
21 **il saisit ... le monde**: he thinks of his body as a direct and normal connection with the world
22 «**homme manqué**»: failed man
23 «**occasionnel**»: incidental

Bossuet, d'un «os surnuméraire[24]» d'Adam. L'humanité est mâle et l'homme définit la femme non en soi mais relativement à lui; elle n'est pas considérée comme un être autonome. «La femme, l'être relatif...» écrit Michelet. C'est ainsi que M. Brenda affirme dans le Rapport d'Uriel: «Le corps de l'homme a un sens par lui-même, abstraction faite de celui de la femme, alors que ce dernier en semble dénué[25] si l'on n'évoque pas le mâle ... L'homme se pense sans la femme. Elle ne se pense pas sans l'homme.» Et elle n'est rien d'autre que ce que l'homme en décide; ainsi on l'appelle «le sexe» voulant dire par là qu'elle apparaît essentiellement au mâle comme un être sexué: pour lui, elle est sexe, donc elle l'est absolument. Elle se détermine et se différencie par rapport à l'homme et non celui-ci par rapport à elle; elle est l'inessentiel en face de l'essentiel. Il est le Sujet, il est l'Absolu: elle est l'Autre. [...]

La femme a toujours été, sinon l'esclave de l'homme, du moins sa vassale; les deux sexes ne se sont jamais partagé le monde à égalité; et aujourd'hui encore, bien que sa condition soit en train d'évoluer, la femme est lourdement handicapée. En presque aucun pays son statut légal n'est identique à celui de l'homme et souvent il la désavantage considérablement. Même lorsque des droits lui sont abstraitement reconnus, une longue habitude empêche qu'il ne trouvent dans les moeurs leur expression concrète. Economiquement hommes et femmes constituent presque deux castes; toutes choses égales, les premiers ont des situations plus avantageuses, des salaires plus élevés, plus de chances de réussite que leurs concurrentes de fraîche date; ils occupent dans l'industrie, la politique, etc., un beaucoup plus grand nombre de places et ce sont eux qui détiennent les postes les plus importants. Outre les pouvoirs concrets qu'ils possèdent, ils sont revêtus d'un prestige dont toute l'éducation de l'enfant maintient la tradition: le présent enveloppe le passé, et dans le passé toute l'histoire a été faite par les mâles. Au moment où les femmes commencent à prendre part à l'élaboration du monde, ce monde est encore un monde qui appartient aux hommes: ils n'en doutent pas, elles en doutent à peine. Refuser d'être l'Autre, refuser la complicité avec l'homme, ce serait pour elles renoncer à tous les avantages que l'alliance avec la caste supérieure peut leur

24 «os surnuméraire»: supernumerary bone
25 dénué: devoid

conférer. L'homme-suzerain[26] protégera matériellement
la femme-lige[27] et il se chargera de justifier son
existence: avec le risque économique elle esquive[28] le
risque métaphysique d'une liberté qui doit inventer ses
fins sans secours. En effet, à côté de la prétention[29]
de tout individu à s'affirmer comme sujet, qui est une
prétention éthique, il y a aussi en lui la tentation de
fuir sa liberté et de se constituer en chose: c'est un
chemin néfaste[30] car passif, aliéné, perdu, il est
alors la proie de volontés étrangères, coupé de sa
transcendance, frustré de toute valeur. Mais c'est un
chemin facile: on évite ainsi l'angoisse et la tension
de l'existence authentiquement assumée. L'homme qui
constitue la femme comme une _Autre_ rencontrera donc en
elle de profondes complicités. Ainsi, la femme ne se
revendique pas[31] comme sujet parce qu'elle n'en a pas
les moyens concrets, parce qu'elle éprouve le lien[32]
nécessaire qui la rattache à l'homme sans en poser la
réciprocité, et parce que souvent elle se complaît[33]
dans son rôle d'_Autre_.

Le Deuxième Sexe, Introduction (Gallimard, Collection «Idées», p. 11-16, 22-23)

Le fait est que les hommes rencontrent chez leur
compagne plus de complicité que l'oppresseur n'en trouve habituellement chez l'opprimé; et ils s'en autori-
sent avec mauvaise foi pour déclarer qu'elle a _voulu_ la
destinée qu'ils lui ont imposée. On a vu qu'en vérité,
toute son éducation conspire à lui barrer les chemins
de la révolte et de l'aventure; la société entière - à
commencer par ses parents respectés - lui ment en exal-
tant la haute valeur de l'amour, du dévouement, du don
de soi et en lui dissimulant que ni l'amant, ni le mari, ni les enfants ne seront disposés à en supporter la
charge encombrante[34]. Elle accepte allègrement[35] ces
mensonges parce qu'ils l'invitent à suivre la pente de

26 **l'homme-suzerain**: man-the-sovereign
27 **la femme-lige**: woman-the-liege
28 **esquive**: evades
29 **prétention**: claim
30 **néfaste**: harmful
31 **ne se revendique pas**: fails to lay claim to the
status of subject
32 **éprouve le lien**: feels the bond
33 **se complaît**: takes pleasure
34 **encombrante**: burdensome
35 **allègrement**: cheerfully

la facilité[36]: et c'est là le pire crime que l'on commet contre elle; dès son enfance et tout au long de sa vie, on la gâte[37], on la corrompt en lui désignant comme sa vocation cette démission[38] qui tente tout existant angoissé par sa liberté; si on invite un enfant à la paresse en l'amusant tout le jour sans lui donner l'occasion d'étudier, sans lui en montrer l'utilité, on ne dira pas quand il atteint l'âge d'homme qu'il a choisi d'être incapable et ignorant: c'est ainsi qu'on élève la femme, sans jamais lui enseigner la nécessité d'assumer elle-même son existence; elle se laisse volontiers aller à compter sur la protection, l'amour, le secours, la direction d'autrui; elle se laisse fasciner par l'espoir de pouvoir, sans rien faire, réaliser son être. Elle a tort de céder[39] à la tentation; mais l'homme est mal venu[40] de le lui reprocher, puisque c'est lui-même qui l'a tentée. Quand un conflit éclatera entre eux, chacun tiendra l'autre pour responsable de la situation; elle lui reprochera de l'avoir créée: on ne m'a pas appris à raisonner, à gagner ma vie ... Il lui reprochera de l'avoir acceptée: tu ne sais rien, tu es une incapable ... Chaque sexe croit se justifier en prenant l'offensive; mais les torts de l'un n'innocentent pas l'autre.

Le Deuxième Sexe, conclusion (Gallimard, Collection «Idées», tome 2 p.489-490).

36 **la pente de la facilité**: easy slope
37 **gâte**: spoils
38 **démission**: abdication
39 **céder**: yield
40 **est mal venu**: is in no position

CHAPITRE 2

Prise de parole

FRANÇOISE PARTURIER

(1919)

Françoise Parturier est née en 1919, à Paris, dans un milieu médical et littéraire. Après une licence de Lettres, elle entre au journal L'Epoque, et collabore aussi aux Nouvelles littéraires. Puis elle abandonne toute situation pour se marier aux Etats-Unis avec un jeune avocat français. Elle est chargée de cours de littérature contemporaine à Howard University. Dans cette grande université noire, elle découvre la ségrégation dans toutes ses nuances. «Expérience décisive, dit-elle, qui m'ouvrit les yeux, non pas sur la violence du racisme que tout le monde connaît, mais sur les ruses des racismes inavoués.»

Rentrée en France avec son mari, elle mène d'abord pendant plusieurs années une vie de femme oisive. Puis en 1955, elle publie sous le pseudonyme de Nicole, Les Lions sont lâchés, roman par lettres écrit en collaboration avec Josette Raoul Duval. Elle se fait connaître ensuite d'un vaste public, sous son propre nom, avec L'Amant de cinq jours (1959), et divers essais satiriques et politiques, La Prudence de la chair (1963), Marianne m'a dit (1963), Lettre ouverte aux hommes (1968), et Lettre ouverte aux femmes (1974). Elle revient au roman avec Calamité, mon amour (1978) et Les Hauts de Ramatuelle (1983) et publie La Lettre d'Irlande en 1979. Dans Les chiens du Taj Mahal (1987), il ne s'agit plus de dénoncer les injustices de la société contemporaine mais de mettre en lumière le scandale premier, celui de la mort, qui, de toute éternité, a nourri la vie. C'est un voyage initiatique qui nous montre l'inépuisable souillure du monde mêlée à son inépuisable beauté.

En octobre 1970, Françoise Parturier présente sa candidature à l'Académie Française, «pour faire ouvrir la porte aux femmes», sachant parfaitement qu'elle n'a aucune chance mais au nom du féminisme elle veut s'attaquer à ce bastion de la phallocratie. «Il ne s'agissait pas pour moi d'être élue, évidemment, mais d'user de mon droit. La seule victoire était de faire accepter la candidature d'une femme et de rompre un privilège ... J'ai voulu montrer qu'une femme peut oser, et qu'elle peut oser sans qu'aucune coupole ne lui tombe sur la tête. C'est pourquoi j'ai fait de cet acte une épreuve de force ... Les quolibets, les sarcasmes, les ricanements et les questions idiotes seront pour moi, le fauteuil pour une autre», déclare-t-elle à l'époque. Elle avait raison puisque dix ans plus tard, l'Académie Française nommera sa première Immortelle, avec Marguerite Yourcenar.

Françoise Parturier a continué à plaider pour l'émancipation de la femme dans des articles qui paraissent régulièrement dans Le Figaro. Ses chroniques sont toujours un peu polémiques, sachant voir les travers de chacun, se moquant avec humour et verve des politiciens (des deux sexes), de la presse (surtout de la presse féminine qu'elle accuse d'une «immense trahison» envers les femmes), même du M.L.F.

Dans sa Lettre ouverte aux femmes, Parturier dénonce l'échec des femmes, en accusant leur manque d'audace et surtout de solidarité. Elle analyse le mépris que les femmes ont pour les femmes; elle accuse les femmes «arrivées» de passer aussitôt dans le clan des hommes et de refermer la porte; elle condamne la presse féminine d'avoir perpétuer le stéréotype de la «femme féminine»; elle se moque des députés féminins dont elle déplore la docilité, toujours prêtes à sacrifier les intérêts des femmes à la puissance mâle du moment. Elle souhaite ardemment que les femmes s'unissent pour faire aboutir leurs revendications mais sans déclarer la guerre aux hommes sinon le féminisme risquerait d'échouer. Il s'agit pour la femme d'être libre de ne pas être exploitée par les hommes.

> On ne saurait à la fois requérir contre la force et la revendiquer, surtout quand on est le plus faible. Les droits des femmes ne commencent à exister que dans les civilisations qui prétendent mettre un terme aux abus de la force. [...] Le féminisme ne peut pas devenir une guerre des sexes sans risquer d'échouer. Les hommes parlent beaucoup de cette guerre, justement pour mieux s'opposer aux revendications légitimes.

Pourquoi leur donner le prétexte de croire que c'est vrai?

Je pense qu'il faudrait plutôt leur dire calmement que nous n'avons plus confiance en eux pour nous défendre, pour la bonne raison qu'ils ne nous connaissent pas. La preuve, c'est que pendant des siècles, ils ont méconnu à la fois notre corps et notre esprit. [...]

Nous sommes donc lasses d'essayer de nous faire entendre, et nous pensons que le mieux est de nous occuper nous-mêmes de nos affaires. [...] En conséquence nous allons essayer de nous grouper pour réfléchir, confronter nos expériences, faire entendre notre voix et tenter de participer à la confection de lois auxquelles nous devons obéir (p.149-151).

Dans <u>La Prudence de la chair</u> , Françoise Parturier s'attaque avec verve et une ironie mordante aux stéréotypes dans lesquels on a enfermé les femmes. Elle ridiculise systématiquement cette image de la femme, être frivole, stupide, narcissique dont les hommes se plaignent mais dont ils déplorent également la disparition. En présentant la condition de la femme d'une manière très directe, elle cherche à choquer afin que chacun prenne conscience de ses préjugés. Elle critique notre société qui se considère comme moderne parce que sa technologie est moderne mais elle veut prouver que les mentalités sont encore fortement ancrées dans le passé et dans des préjugés millénaires. «Les succès de quelques femmes ne peuvent pas changer la condition féminine, ils ne l'ont jamais changée, explique-t-elle à propos de sa candidature à l'Académie Française, alors qu'attaquer le système privilégié, même sur un point mineur, et fût-ce en riant, est déjà un changement». C'est pour ce changement fondamental des mentalités que Françoise Parturier se bat.

LA PRUDENCE DE LA CHAIR

Les hommes ne sont pas heureux. Ils sont d'accord pour reconnaître que la vie qu'ils mènent n'est pas une vie. Ce qu'ils appellent <u>la vraie vie</u>, ils la situent toujours «ailleurs»[1]: un autre climat, un autre pays, un autre métier, une autre planète ...

Pourquoi ne partent-ils pas, ne changent-ils pas? Pourquoi ce croupissement[2], cette routine, ce train-train[3] qu'ils détestent?

Mais à cause des femmes, voyons[4].

-<u>Ah, là, là, moi, si je n'étais pas marié, je vous jure que je ficherais le camp et que j'irais vivre ailleurs[5]</u> ...

Oui, sans leurs femmes, les hommes seraient tous à Tahiti, au Texas, aux Caraïbes[6], à Honolulu, en Chine, dans les airs, sous la mer, dans la lune, en tout cas, ailleurs, et, là-bas, ils seraient paisibles et glorieux, pauvres et riches à leur gré[7], libres enfin, avec du soleil, du bon air, de jolies femmes obéissantes, des hamacs et de l'aventure, bref un mélange de Christophe Colomb, de Gauguin et de Robinson Crusoe mâtiné[8] de Tintin[9].

Comment vivraient-ils? Mais très bien, très facilement; ce sont les femmes qui sont ruineuses, eux n'ont besoin de rien; ils se débrouillent[10] toujours, et le monde est plein de ces pays bénis «<u>où la vie ne coûte pas un sou</u>». Malheureusement leurs femmes préfèrent rester à la maison, près de leur maman et de leurs amies; elles ont le mal de mer, elles ont le mal de l'air, elles ont toujours trop chaud, elles ont toujours trop froid. Il n'y a que papoter[11] qui ne les fatigue pas, papoter et acheter des chapeaux...

1 **ailleurs:** elsewhere
2 **croupissement:** stagnation
3 **train-train:** daily routine
4 **voyons:** come on now!
5 **ficherais le camp:** would be off
6 **les Caraïbes:** Caribbean Islands
7 **à leur gré:** at will
8 **mâtiné:** with a touch of
9 **Tintin:** a comic strip hero
10 **se débrouillent:** get along
11 **il n'y a que papoter:** only chattering

Hé oui! Sans leurs femmes qui sont routinières, casanières[12], dépensières[13], papotières, les hommes en verraient du pays...

   — Sans ma bonne femme, moi, disait un ouvrier, je vous promets que je ne ferais pas longtemps le zouave dans leur sacrée bon dieu de baraque[14], j'irais me balader[15] un peu partout; c'est pas le boulot[16] qui me manquerait, là-bas, chez les Chinetoques et les Ricains[17]...

   — Quand j'étais jeune, disait un ingénieur, je voulais voyager, je voulais voir le monde, et puis, voilà, je me suis marié ...

Et voilà, les héros, les conquistadors sont là grognons, grincheux et geignards[18], mornes[19] et monotones, fatigués, fatigants, ternes[20], tristes, poussifs et poussiéreux[21], auprès de leurs épouses bien aimées.

Il ne faut point discuter les impératifs du devoir, mais ce que l'on comprend mal c'est que les célibataires, qui sont libres, voyagent si peu, à moins que l'armée ne s'en occupe, et qu'ils restent tous dans leurs bureaux et au volant de leur petite voiture. Il paraît qu'ils sont bien obligés de se faire une situation[22] afin de pouvoir se marier un jour...

Ce que l'on comprend encore moins ce sont ces hommes mariés abandonnant leur femme ou abandonnés par elle, qui se trouvent brusquement délivrés des menottes[23] de la conjugalité et qui ne s'envolent pas, tel un vol de gerfauts[24], vers les terres lointaines, mais se marient presque toujours avec une autre femme routinière, casanière, dépensière et papotière.

Faut-il croire qu'il est trop pénible[25] pour un homme au XXe siècle de vivre sans avoir quelqu'un à qui

12 **casanières:** homebodies
13 **dépensières:** spendthrifts
14 **je ne ferais ... baraque:** I would not play the fool for long in their lousy dump
15 **me balader:** wander the world
16 **boulot:** work (slang)
17 **les Chinetoques et les Ricains:** Chinese and Americans (slang)
18 **grognons, grincheux et geignards:** grumbling, grumpy, and moaning
19 **morne:** glum
20 **ternes:** dull
21 **poussifs et poussiéreux:** short-winded and dusty
22 **se faire une situation:** to work up to a good position
23 **menottes:** handcuffs
24 **tel un vol de gerfauts:** like a flight of gerfalcons
25 **pénible:** difficult, painful

reprocher ses échecs, ses velléités, ses manques[26], ses faiblesses?

Peut-être est-il moins difficile de geindre[27] auprès d'une femme que de prendre un train? A moins que la femme ne soit devenue le meilleur alibi que l'homme moderne ait trouvé pour masquer sa fatigue, sa lassitude?

Les hommes, en réalité, ne font jamais que ce qu'ils veulent bien: autrefois, pour partir au loin, ils avaient inventé la chevalerie et, sous prétexte d'honorer leur belle, ils s'en allaient à l'aventure. N'est-il pas amusant qu'aujourd'hui ce soit le même prétexte, l'amour et le souci[28] des femmes, qu'ils aient trouvé pour rester au chaud à la maison, se plaindre à loisir, tout en chantant, inlassablement[29], comme les choeurs de l'Opéra-Comique «<u>Partons, partons, joyeux compagnons</u>...

Les femmes sont folles.

L'hiver leur fait froid, l'été leur fait chaud. Elles ne supportent[30] ni l'un ni l'autre.

Sensibles[31] aux changements de saison, elles le sont encore plus aux changements du coeur, et si l'homme qui pendant des mois n'a eu d'yeux que pour elles se tourne de nouveau vers le reste du monde et ne les voit plus, elles en éprouvent du chagrin et se mettent à pleurer.

Quand, par hasard, ce même homme regarde une autre femme, que ne vont-elles pas imaginer!

La folie devient alors de la démence[32] et aucun homme n'a jamais pu, sur ce point, les raisonner et leur faire admettre qu'il ne trompe[33] pas sa femme lorsqu'il en désire une autre. «<u>Ce n'est pas la même chose</u>», répète-t-il depuis des siècles avec une patience angélique. Mais les femmes, qui ramènent tout à leur petit cas personnel, ne veulent point s'incliner[34] devant les lois de l'espèce.

26 **ses échecs, ses velléités, ses manques**: his failures, whims, shortcomings
27 **geindre**: to complain
28 **souci**: care
29 **inlassablement**: untiringly
30 **supportent**: tolerate
31 **sensibles**: sensitive
32 **folie**: madness, **démence**: insanity
33 **tromper**: to be unfaithful to
34 **s'incliner**: to bow

Bien sûr, les femmes sont folles.

La preuve en est que, lorsqu'on ne les aime plus, elles crient qu'on ne les aime plus; lorsqu'elles sont délaissées[35], elles crient qu'on les délaisse; trompées, elles crient qu'elles sont trompées.

Bref, les femmes crient quand on les fait souffrir.

Mais l'homme n'est pas dupe; il sait qu'il est bon, il connaît sa patience, son équilibre, son indulgence, sa générosité, et comme il est, en outre[36], logicien, il en déduit que la femme, vivant aux côtés d'un être aussi parfait, ne peut pas souffrir, à moins d'être folle.

Si les hommes semblent parfois méchants, ingrats, volages[37], coureurs[38] ou égoïstes, c'est tout bonnement[39] parce que les femmes sont folles.

En cas de folie, il y a dans la vie privée, comme dans les hôpitaux, deux méthodes.

La méthode douce, qui consiste à parler aux femmes comme on parle aux maniaques: «Mais non, voyons ... tout cela n'est rien. Tu exagères toujours. Allons, ne sois pas ridicule ... calme-toi. Tu te fais encore des idées. Ah! les femmes, si on vous écoutait!...»

L'autre méthode, la méthode forte, consiste à déclarer qu'on en a assez de toutes ces comédies, que cela ne saurait[40] durer, puis à administrer une paire de gifles[41] à la pauvre folle qui ne se croit pas heureuse.

Il ne faut pas penser que, pour vieille qu'elle soit[42], la méthode soit rustique. C'est exactement celle que, sous le nom de terrorisme mineur, emploient aujourd'hui les médecins à la mode, quand ils n'arrivent pas à[43] trouver de quoi souffrent leurs patientes. Car les femmes, on le sait, n'ont pas seulement des peines de coeur imaginaires, elles ont aussi des maladies imaginaires.

Le «terrorisme mineur» a pour objet de provoquer, sous prétexte de traitement, une douleur vive qui dégoûtera[44] le malade de se déclarer malade.

35 **délaissées**: abandoned
36 **en outre**: in addition
37 **volages**: fickle
38 **coureurs**: libertines
39 **tout bonnement**: quite frankly
40 **ne saurait**: cannot
41 **gifles**: slaps
42 **pour vieille qu'elle soit**: old though it may be
43 **n'arrivent pas à**: do not succeed in
44 **dégoûtera**: will dissuade

Voici un texte d'<u>Instantanés médicaux</u> où la Faculté[45] donne les conseils suivants pour le soin des algies vertébrales[46] psychosomatiques, c'est-à-dire d'origine mentale: «<u>Les sédatifs déconnectants, les tranquillisants, peuvent être très utiles en cas d'état dépressif constitutionnel, mais c'est surtout la psychothérapie et les méthodes de "terrorisme mineur" qui donnent les meilleurs résultats. Parmi celles-ci les auteurs préconisent l'attouchement du ganglion sphéno-palatin[47] à la liqueur de Bonin[48].</u>»

Je me suis renseignée. C'est une opération barbare, qui a lieu derrière le palais[49], et qui provoque une immédiate et forte douleur.

Il est évident qu'une femme ayant un peu mal au dos préfèrera s'avouer guérie[50] plutôt que de subir[51] de nouveau une telle épreuve. Le médecin, lui, n'aura plus à subir l'affront d'une douleur dont il ignore la cause.

Ce médecin-là opère donc comme le mari qui malmène[52] sa femme lorsqu'il la voit pleurer sans comprendre pourquoi, et qui ne saura jamais que c'est parce qu'il a oublié de lui souhaiter sa fête.

Le jour où l'un apprendra que sa cliente avait un début de mal de Pott[53], et l'autre que sa femme ne l'aime plus et le trompe, ils seront déconcertés ...

Décidément, les femmes sont folles!

Depuis que les femmes prétendent[54] les égaler, les hommes déclarent qu'il n'y a plus de femmes. En tout cas plus de vraies femmes[55].

Mais, au fait, qu'est-ce qu'une vraie femme?

Il suffit d'écouter les hommes parler entre eux pour savoir que les jeunes filles ne sont pas encore des femmes, que les mères ne sont plus des femmes, et

45 **la Faculté:** the medical profession
46 **algies vertébrales:** backaches
47 **préconisent ... sphéno-palatin:** recommend touching the cluster of nerves at the base of the skull and behind the palate
48 **liqueur de Bonin:** a medicinal preparation
49 **palais:** roof of the mouth
50 **s'avouer guérie:** to proclaim herself cured
51 **subir:** to undergo
52 **malmène:** mistreats
53 **mal de Pott:** tuberculosis of the vertebrae
54 **prétendent:** claim
55 **vraies femmes:** real women

que, d'autre part, ni les femmes seules, ni les femmes libres, ni les femmes qui travaillent, ni les femmes de tête[56], ni les femmes d'affaires, ni les femmes de bien[57] ne sont de vraies femmes. Pas plus que les femmes de rien, d'ailleurs. Sans compter ces créatures exquises que la nature a peu comblées[58] et que l'on appelle des saintes.

On est obligé d'admettre que lorsque les hommes évoquent l'idée d'une vraie femme, ils pensent, consciemment ou non, à cette espèce charmante et maudite[59], ces femmes que Molière appelait «_mon petit museau[60]_», c'est-à-dire les menteuses, les perfides, les traîtresses, les cruelles, bref, les empoisonneuses et les coquines[61].

Or, l'un des phénomènes sociologiques du XXe siècle, c'est justement la disparition de ce genre de femmes, et les hommes qui auront passé des siècles à se plaindre de «_ces beaux masques_» vont en avoir, si Dieu le veut, pour des siècles à les regretter.

N'osant jamais avouer qu'ils n'ont pas les instincts aussi nobles que les idées, les hommes affichent[62] souvent des désirs qui sont en désaccord avec leurs goûts profonds. A force[63] de répéter aux femmes qu'il était bien dommage qu'elles fussent sottes, frivoles, légères[64], inconséquentes, futiles, illogiques et menteuses, ils ont fini par se persuader eux-mêmes qu'ils détestaient en leurs compagnes des défauts qui pendant des millénaires ont fait tout leur bonheur.

Mais le bonheur est comme la santé un bien qu'on ne découvre qu'aussitôt qu'on le perd.

En effet, un des drames du couple à notre époque, et non le moindre, c'est que les femmes, en changeant de vie, sont en train de changer d'âme et de devenir honnêtes!

On aurait pu croire que les hommes auraient été les bénéficiaires d'une aussi merveilleuse transformation ... En réalité, ils en sont les victimes.

Délivrées de ces mille défauts féminins qui obscurcissaient leur esprit, les femmes voient enfin le monde tel qu'il est, à commmencer par leur seigneur et

56 **femmes de tête:** strong-minded women
57 **femmes de bien:** wealthy women
58 **peu comblées:** have been given little
59 **maudite:** cursed
60 **museau:** face (slang)
61 **coquines:** scamps
62 **affichent:** proclaim
63 **à force de:** by dint of
64 **légères:** wanton

maître, et comme devenues honnêtes, elles n'ont plus ni le goût ni le besoin de mentir, beaucoup d'hommes découvrent avec consternation qu'ils ne sont pas du tout l'être spirituel[65], noble et généreux qu'ils pensaient. Grâce à la franchise toute neuve de leur compagne, ils apprennent peu à peu qu'ils sont souvent ennuyeux, monotones, tatillons et maniaques[66], presque toujours pontifiants et rabâcheurs[67], faisant d'interminables conférences sur n'importe quel sujet, croyant tout savoir mieux que tout le monde et ne supportant jamais la contradiction, enfin que leurs prétentions en tout domaine sont de loin supérieures à leurs facultés.

Pourtant, aujourd'hui comme toujours, les femmes ne demandent qu'à admirer les hommes, mais à condition qu'ils soient admirables, de même qu'elles ne demandent qu'à les aimer, à condition qu'ils soient aimables ... Pourquoi donc une femme honnête et désintéressée irait-elle dire à un médiocre qu'il est génial[68] et à un mufle[69] qu'il est charmant? Cela était bon pour une coquine!

Comment les hommes, qui sont volontiers tendres et sensibles[70], ne regretteraient-ils pas l'époque bénie où, pour mieux les tromper, leurs maîtresses adorées répétaient à longueur de journée[71] qu'ils étaient les plus beaux, les plus intelligents, les plus forts et les mieux aimés?

Comment leur en vouloir[72] quand ils cherchent désespérément autour d'eux une des dernières petites coquines qui les aidera à sauvegarder l'image flatteuse qu'ils se sont forgée d'eux-mêmes depuis l'enfance, et s'ils déclarent, dans un mouvement d'humeur, que les autres femmes ne sont pas de vraies femmes...

En effet, plus les femmes sont véridiques[73], moins les hommes les trouvent vraies!

Cette déception[74] masculine se traduit par du découragement. Les hommes ont besoin de l'illusion de la

65 **spirituel**: witty
66 **tatillons et maniaques**: petty and fussy
67 **pontifiants et rabâcheurs**: pompous and repetitive
68 **génial**: a genius
69 **mufle**: cad
70 **sensibles**: sensitive
71 **à longueur de journée**: all day long
72 **comment leur en vouloir**: how can one hold it against them
73 **véridiques**: truthful
74 **déception**: disappointment

douceur féminine pour trouver la paix qui leur permet de modifier le monde selon leurs désirs.

On ne peut se battre à la fois contre les femmes et contre l'univers.

Puisque la femme devient redoutable[75], l'homme a pris la décision prudente de devenir son ami.

C'est le désarmement sentimental.

La lutte des sexes continue, mais sous une forme larvée[76], elle est entrée dans une phase terne[77]. Les philosophes ont mis l'amour à l'index. Toute une presse spécialisée joue entre les deux sexes le rôle de «Monsieur bons offices». C'est l'O.N.U.[78] sentimental. En tout cas c'est la trêve[79].

Voici les clauses principales du traité:

Les femmes ne sont plus folles, les hommes ne sont plus des monstres d'égoïsme, chacun prend l'autre comme il est.

L'homme ne crie plus en frappant sur la table qu'il est le fort, mais à la fin du repas on partage l'addition.

Depuis que les filles d'Eve n'obéissent plus, la sueur de leur front s'est mise à donner du pain.

Aussi les femmes ont-elles le droit de donner leur avis en même temps que leur argent à la fin du mois sans heurter jamais la sensibilité de leur conjoint[80].

Fort de cet énorme sacrifice l'homme peut regarder une autre femme sans offenser la sienne. Rien n'est plus naturel. Soyons donc simples. Chacun est libre. On se dit tout.

Enfin, depuis qu'un mari n'offre plus son manteau à sa femme, il ne se croit plus obligé de l'aider à le mettre.

En revanche[81] il lavera les assiettes dans lesquelles il aura mangé le repas de l'amitié.

Comme il fera son lit il se couchera.

Il n'est plus obligé de dire chaque jour à sa bien aimée qu'elle est la seule et la plus belle, il ne pourra pas davantage lui faire croire qu'il est le seul et le meilleur amant.

Les coeurs sont devenus faciles: un petit «tu me plais» peut remplacer trois mois de cour. En revanche

75 **redoutable**: fearsome
76 **larvée**: latent
77 **terne**: drab
78 **l'O.N.U.**: United Nations
79 **trêve**: truce
80 **conjoint**: spouse
81 **en revanche**: on the other hand

les corps sont devenus exigeants[82], les nuits d'amour ne se parlent plus ... On ne paie pas ses amis avec des mots. Et les femmes les plus honnêtes seront toujours étonnées que leur meilleur ami connaisse si mal les paragraphes a), b), c), de la page x ... du rapport Kinsey.

Depuis que la femme fait ses comptes, elle est devenue réaliste.

L'homme en profite pour ne plus perdre des heures à lui dire combien sa robe neuve lui va bien; elle-même, de son côté, ne se croit plus obligée de l'écouter reconstruire le monde.

C'est un énorme gain de temps pour chacun.

Avec ce temps gagné ils ont l'un et l'autre loisir de travailler.

Au XXe siècle, les hommes révèlent enfin qu'ils préfèrent le travail à l'amour. Embusqués[83] derrière leurs bureaux, ils se barricadent dans le travail pour échapper au surmenage[84] de la vie passionnelle; leur carrière devient un alibi.

L'amitié a toujours été le refuge des amants fatigués, la retraite de l'amour.

Les amoureux d'aujourd'hui se conduisent entre eux, comme ces amis surmenés qui, sous prétexte de vous recevoir simplement, ne vous donnent rien à manger et ne s'occupent pas de vous.

La prétendue[85] simplicité de notre époque, révèle de la fatigue, une certaine forme de désespoir ou d'impuissance.

Les hommes semblent avoir perdu le goût ou la force de séduire les femmes. La conquête, comme son nom l'indique, est une entreprise difficile; plaire une aventure épuisante[86]. Il faut à tant d'efforts une contrepartie: l'admiration des femmes, leur émerveillement, leur soumission, furent pendant longtemps la récompense des exploits amoureux. Tout donner à une femme est la tentation la plus profonde du tempérament masculin.

Mais à quoi bon[87] apporter à sa compagne la dent du dragon, si elle doit vous dire: «C'est gentil ... mais ... pourquoi m'apportes-tu ça? ... Qu'est-ce que tu veux que j'en fasse?»

82 **exigeants**: demanding
83 **embusqués**: hidden
84 **surmenage**: overworking
85 **prétendue**: so-called
86 **épuisante**: exhausting
87 **à quoi bon**: what's the use

Un drame de l'époque moderne, c'est qu'un homme ne peut plus étonner sa femme.

Autrefois, il était la clef, le Sésame du monde. Une femme ne pouvait rien sans lui; même pour lui échapper elle avait besoin d'un autre homme. Il lui inventait l'univers.

Maintenant elle sait tout, toute seule, tous les matins, pour vingt-cinq centimes, en achetant son journal. Elle tourne un bouton, et elle voit ce qui se passe dans les palais de Téhéran.

Elle connaît aussi ce qui se passe dans les bureaux de son mari, car elle a le sien.

Elle pouvait, autrefois, penser que l'homme partait chaque jour pour une aventure difficile dans laquelle il jouait un rôle important.

L'expérience quotidienne lui a révélé la banalité, la grisaille, le train-train[88] ...

Si l'homme, dans ses efforts, n'est plus assuré une contrepartie d'admiration, il n'est pas davantage certain d'une contrepartie de soumission.

Tant qu'il a su que la femme était la plus faible, il s'est jeté[89] courageusement sur elle. Aujourd'hui les lois, les opinions, les situations, les moeurs l'inclinent à la prudence.

Il existe une crainte, ancrée au coeur de l'homme, à l'égard d'une indépendance féminine capable de riposte. L'orgueil[90] conquérant du mâle craint plus que tout les échecs de l'amour-propre[91]: il préfère renoncer à l'amour plutôt que de risquer une défaite.

Aussi n'est-ce pas seulement par fatigue et par découragement que l'homme renonce à dominer les femmes, c'est surtout par prudence. Il est toujours dangereux de lutter contre ses égaux. Soyons donc raisonnables ... Bons amis, bons amis.

A égalité de force on n'a d'ailleurs pas le choix.

Les temps ne sont plus où l'homme imposait brutalement sa volonté, et où la femme n'avait pour elle que ses larmes et la commisération de ses chères amies.

A présent, elle existe, au-delà de la vie sentimentale; sa présence est un capital actif; dans les cas graves, c'est désormais à la suite d'un conseil exceptionnel, à égalité de voix, que l'homme et la femme décident ensemble pour la survie commune. Quand les voix sont égales, la transaction est obligatoire, et plus avantageuse que la lutte.

88 **le train-train:** the routine
89 **s'est jeté sur:** to pounce on
90 **orgueil:** pride
91 **amour-propre:** self-esteem

A coup de palabres[92], de diplomatie et de souri-res, la guerre froide s'organise.

Bons amis, mais chacun pour soi.

Aussi les femmes qui veulent être libres, sont-elles surtout libres de travailler.

Combien d'entre elles, pour un fixe mensuel[93], du-rement acquis par un travail quotidien, ne sont-elles pas déjà privées[94] des bienfaits gratuits, inattendus, que l'homme trouvait le moyen de procurer à celle qu'il aimait lorsqu'il la croyait démunie[95]?

Le salaire d'une femme ajoute donc rarement à son bien-être personnel, car son mari le défalque[96] tou-jours, d'une façon ou d'une autre, de ce qu'il donne au ménage.

Comment expliquer alors que tant de femmes préfè-rent travailler?

Il faut croire que dans leurs foyers[97], les hommes n'ont pas toujours eu le tact et la générosité qui font accepter à l'autre sa dépendance. L'abus crée l'exaspé-ration. Il faut se méfier[98] des bons amis qu'on se fait dans ces circonstances. A la première occasion l'oppri-mé de la veille sera l'oppresseur de demain.

Lorsque certaines femmes déclarent très haut que leur mari est leur meilleur ami, il faut entendre que le malheureux dans son ménage est réduit à zéro. Il n'a plus que le droit de travailler et de donner sa part.

Il est amusant de constater que dans tous les cas, le travail est toujours le bénéficiaire de l'opération.

L'opération «bons amis» est donc une opération socialiste, pacifiste, égalitaire et productive.

L'amour exorcisé de toute folie, de toute compli-cation passionnelle, démystifié au bénéfice de la vie sexuelle et de la vie sociale, est désormais à la por-tée[99] de tous les corps, de tous les coeurs.

Les couples sont à la fois moins heureux et moins malheureux.

C'est le nivellement[100] sentimental.

Délivré du gaspillage[101] des passions, l'individu est plus rentable[102].

92 **palabres**: interminable discussions
93 **un fixe mensuel**: basic monthly salary
94 **privées**: deprived
95 **démunie**: penniless
96 **défalque**: deducts
97 **foyers**: homes
98 **se méfier**: to distrust
99 **à la portée**: within reach
100 **nivellement**: levelling
101 **gaspillage**: waste
102 **rentable**: profitable

Malheureusement il existe des êtres frivoles ou inadaptés que les bons sentiments ennuient et qui n'ont pas envie de se distraire en travaillant.

La Prudence de la chair, (Julliard, 1963, p.51-54, 59-62, 91-102).

A N N I E   L E C L E R C

(1940)

Annie Leclerc est professeur de philosophie. Elle a fait paraître en 1967 aux Editions Gallimard un roman, Le Pont du Nord et une nouvelle, Etoile-Nation (Temps modernes); puis deux essais philosophiques: Parole de Femme en 1974 et Epousailles en 1976 (chez Grasset). En 1977, elle publie en collaboration avec Madeleine Gagnon et Hélène Cixous, La Venue à l'écriture, et collabore à l'ouvrage de Marie Cardinal, Autrement dit en lui posant les questions qui allaient la lancer dans l'écriture de ce livre. Au feu du jour paraît en 1979, Hommes et Femmes en 1985. «Insatiable désir d'amour. Or qu'est-ce qu'être femme hors de cet insatiable désir? [...] Eros est notre langue commune, celle qui nous apprend ce qu'il en est du désir, où il va, celle qui nous réclame sexués, c'est-à-dire autres, hommes et femmes, en disposition particulière d'amour, nous embarquant ensemble sans nous confondre, en quête de ce paradis toujours promis, toujours possible (sinon ce ne serait plus vivre) où nous serions, ni l'un ni l'autre, et l'un et l'autre».

Le Mal de mère, un recueil de nouvelles, paraît en 1986. «Etre mère ou ne pas l'être, en avoir une ou en manquer, de toute façon, ça fait mal. Patience. On finit toujours par en sourire». Dans Origines (1988), dédié entièrement à Jean-Jacques Rousseau, Annie Leclerc raconte l'évolution qui l'a conduite de la maternelle à l'enseignement de la philosophie, sous l'influence du philosophe qui l'a inspirée dès son enfance. Pour elle, Rousseau reste toujours présent et, au-delà du récit, elle s'adresse continuellement à lui.

Après la parution du Deuxième sexe, le mouvement féministe en France connut un nouvel essor. C'est un mouvement qui se voulait réformiste et à travers de très nombreuses associations féminines posait le problème de l'aliénation de la femme dans la société contemporaine, et qui trouva son aboutissement dans la création en juillet 1974 d'un Secrétariat d'Etat à la Condition féminine. Toutes ces associations qui se disaient «apolitiques», ne remettaient pas la société en question mais désiraient faciliter l'intégration des femmes dans la société. Les thèmes de réflexion de ces féministes étaient très nombreux mais surtout centrés sur un désir de droit à l'information sexuelle, la contraception libre, la mixité totale de l'enseignement, l'application ferme du principe «à travail égal, salaire égal» et en politique une revendication pour une représentation proportionnelle dans les partis. On y trouvait aussi un désir d'abolir la lutte des sexes, ces femmes ne voulaient

> ni aboutir à une société de femmes qui remplacerait un racisme par un autre racisme, ni substituer à une lutte des classes une lutte des sexes, mais [désiraient] avec les hommes, construire une société équitable.

Les revendications des féministes réformistes montrent qu'elles cherchaient à surmonter le dilemme engendré d'une part par l'acceptation du «destin» de femme-mère, et d'autre part par les exigences d'une activité professionnelle sur le modèle de celle de l'homme. Par une série de réformes ponctuelles, ce mouvement a essayé de concilier ces deux rôles de la femme. Refuser le dilemme aurait mené à une remise en cause radicale de la société.

Les événements de 1968 et la crise des valeurs qu'ils déclenchèrent en France, donnèrent naissance à un féminisme radical. S'il n'y a pas eu de révolution dans les faits, du moins un changement complet a eu lieu dans les mentalités. Il n'était plus question de réformer la société; ces féministes-là exigeaient un changement radical, «rien ne sera plus comme avant». Toute une activité de recherche, de remise en question radicale des structures de société s'est développée autour du mouvement de libération des femmes. Le M.L.F., sigle créé par les médias en 1970, était au départ un mouvement de réflexion et de pratique de femmes, qui cherchaient à se regrouper autour de quelques positions communes, centrées sur une lutte acharnée contre toutes les formes de l'oppression des femmes.

Plusieurs tendances principales se sont développées au sein du M.L.F. Les Féministes révolutionnaires,

par exemple, se proclamaient «radicales», voulaient
«tout chambarder [...] jusqu'à la destruction totale de
l'ordre patriarcal». Pour certaines féministes, l'homo-
sexualité est «porteuse de libération» parce qu'elle
est «une subversion du pouvoir mâle». Pour d'autres, la
lutte devrait se porter sur la création d'un nouveau
langage qui ne devrait rien au «langage phallocentrique», qui le subvertirait même. Ainsi dans <u>Speculum de
l'autre femme</u> (p.176-177), Luce Irigaray suggère:

> Que, de gestes de sa main, la femme rou-
> vre des chemins dans un (encore) logos
> qui la connote comme châtrée, notamment
> et surtout de paroles, interdite à la
> besogne sinon comme prostituée aux in-
> térêts de l'idéologie dominante - de
> l'hom(m)osexualité et de ses débats avec
> le maternel - et un certain sens, qui
> constitue toujours aussi celui de l'his-
> toire, s'en trouvera soumis à une inter-
> rogation, révolution inouïes. Mais com-
> ment faire? [...] Mettre tout sens
> dessous dessus, derrière devant, en bas
> en haut. Le <u>convulsionner radicalement</u>,
> y reporter, ré-importer, ces crises
> que son «corps» pâtit dans son impotence
> à dire ce qui l'agite. Insister aussi et
> délibérément sur ces <u>blancs</u> du discours
> qui rappellent les lieux de son exclu-
> sion, espacements qui assurent de leur
> <u>plasticité silencieuse</u> la cohésion,
> l'articulation, l'expansion cohérente
> des formes établies [...] <u>Bouleverser
> la syntaxe</u>, en suspendant son ordre tou-
> jours téléologique, par des ruptures de
> fils, des coupures de courant [...]
> Que, pour longtemps, on ne puisse plus
> prévoir d'où, vers où, quand, comment,
> pourquoi [..] ça passe ou ça se passe;
> viendra, se propagera, se renversera, ou
> s'arrêtera, le mouvement.

> Il faut que la femme s'écrive, dit
> Hélène Cixous: que la femme écrive de
> la femme et fasse venir les femmes à
> l'écriture, dont elle ont été éloignées
> aussi violemment qu'elles l'ont été de
> leurs corps; pour les mêmes raisons, par
> la même loi, dans le même but mortel.

Pour ces féministes, il s'agit d'élaborer un savoir qui ne devra plus rien aux hommes, qui sera basé exclusivement sur une «expérimentation systématique des fonctionnements du corps» féminin. «Texte, mon corps», proclame Hélène Cixous dans Le rire de la méduse. La réflexion sur le corps, la création à partir du corps, constituent un thème central du féminisme radical. La contrainte corporelle mène à la répression. Depuis des millénaires, le corps féminin a été un objet d'exploitation ou de scandale. Les mythes de l'impureté de la femme ont été développés du moyen âge à nos jours. Ces féministes radicales se sont libérées du tabou sexuel, elles chantent leur corps avec volupté.

Annie Leclerc appartient à ce groupe qui déifie son corps de femme. Dans Parole de femme, elle rappelle que depuis toujours ce sont les hommes qui ont eu la parole, eux qui décidaient de ce qui était grand, vrai et bon. Aux femmes de s'emparer à leur tour de la parole, et de dire qu'elles pensent, aiment, veulent autrement que les hommes. A la parole phallocentrique basée sur les vertus du conquérant, du propriétaire et du maître, elle oppose une parole nouvelle née du corps même de la femme; un corps heureux, parcouru de profondes jouissances, jamais reconnues, toujours bafouées: le sang menstruel, la grossesse, l'accouchement, l'allaitement, et l'accouplement. A l'écoute de son corps, la femme a «envie de rire des choses les plus sérieuses, de jouir des choses les plus humiliées, de réinventer le monde», non pour sa seule libération mais «pour le triomphe de la vie, partout où elle est étouffée». A l'homme, Annie Leclerc fait des reproches:

> Tu m'as empoisonné la vie. Pendant des siècles. A force d'être privée de mon corps, je ne savais plus vivre qu'à travers toi. Mal vivre, à peine vivre. Trimer, endurer, me taire et être belle. Mon corps seulement pour travailler et plaire; jamais pour jouir. [...] Récurée, hygiénisée, déodorée de partout, réodorée à la rose, c'en est trop, j'étouffe, il me faut mon corps. Tout mon corps, son sang, son lait, et la gonflure extrême de mon ventre. Car c'est ça que j'appelle vivre.

Aux femmes, elle veut réapprendre à explorer leur corps, ce qu'elle envisage comme une seconde naissance:

«Je voudrais que la femme apprenne à naître, à manger et à boire, à regarder le jour et à porter la nuit». Aussi dénonce-t-elle tous les tabous dont les femmes sont encore victimes. Mais elle chante aussi le bonheur de la gestation, et le plaisir du travail ménager. Dix ans plus tard dans <u>Hommes et Femmes</u>, Annie Leclerc reconnaît que dans <u>Parole de Femme</u>, elle voulait que «le féminin s'enivre de lui-même, se dilate d'une puissance qu'il ne tiendrait que de lui, et dont le monde entier aurait soif».

> J'aurais voulu qu'il y eût un être-femme qui n'aurait tenu sa force et sa splendeur que de lui-même. Etre-femme, dont il suffirait qu'il soit joyeusement révélé, pour arracher le silence et le mépris qui l'avaient si longtemps accablé. Qu'il s'affirme, et il se répandrait comme une marée d'amour. Il inonderait les vieillards, les hommes et les enfants, d'une pluie de jouvence, fraîche et miraculeuse.
> J'aurais voulu surtout ne tenir que de moi-femme, et de personne d'autre, ce que je pensais, ce que je voulais. Repli passionné, exaltant et sauvage, du féminin sur lui-même (p.19).

Indications bibliographiques

Albistur, Maïté et Daniel Armogathe.<u>Histoire du féminisme français</u>, 2 vols. Paris, Editions des Femmes, 1977.

Marks, Elaine and Isabelle de Courtivron. <u>New French Feminisms</u>, an Anthology with Introductions. N.Y.,Schocken Books, 1981.

Moi, Toril. <u>Sexual/Textual Politics: Feminist Literary Theory</u>. London and New York: Methuen, 1985.

PAROLE DE FEMME

Comme il m'est difficile de parler. C'est une parole si neuve que je désire que mes doigts se tordent[1] et se serrent[2]. Ils sont drôles mes doigts; on dirait qu'ils pétrissent[3] la glaise[4] de mon désir pour en faire de petits bonshommes de mots tout neufs.

Rien n'existe qui ne soit le fait de l'homme, ni pensée, ni parole, ni mot. Rien n'existe encore qui ne soit le fait de l'homme; pas même moi. Surtout pas moi.

Tout est à inventer. Les choses de l'homme ne sont pas seulement bêtes, mensongères[5] et oppressives. Elles sont tristes surtout, tristes à en mourir d'ennui et de désespoir.

Inventer une parole de femme. Mais pas de femme comme il est dit dans la parole de l'homme; car celle-là peut bien se fâcher, elle répète.

Toute femme qui veut tenir un discours qui lui soit propre ne peut se dérober[6] à cette urgence extraordinaire: inventer la femme.

C'est une folie, j'en conviens[7]. Mais c'est la seule raison qui me reste.

Qui parle ici? Qui a jamais parlé? Assourdissant[8] tumulte des grandes voix; pas une n'est de femme. Je n'ai pas oublié le nom des grands parleurs. Platon et Aristote et Montaigne, et Marx et Freud et Nietzsche... Je les connais pour avoir vécu parmi eux et seulement parmi eux. Ces plus fortes voix sont aussi celles qui m'ont le plus réduite au silence. Ce sont ces superbes parleurs qui mieux que tout autre m'ont forcée à me taire.

Qui parle dans les gros livres sages des bibliothèques? Qui parle au Capitole? Qui parle au temple? Qui parle à la tribune et qui parle dans les lois?

1 **se tordent**: to wring
2 **se serrent**: to clench
3 **pétrissent**: knead
4 **glaise**: clay
5 **mensongères**: untrue
6 **se dérober**: to shy away
7 **j'en conviens**: I agree
8 **assourdissant**: deafening

Les hommes ont la parole. Les paroles des hommes ont l'air de se faire la guerre. C'est pour faire oublier qu'elles disent toutes la même chose: notre parole d'homme décide.

Le monde est la parole de l'homme. L'homme est la parole du monde.

Franche est notre langue. Ici, pas de subtilités inutiles, de précautions oiseuses[9], de déférence. Pas de <u>vir</u> et d'<u>homo</u>, pas de <u>Mann</u> et de <u>Mensch</u>[10]. Homme suffit.

Une honnête femme ne saurait être un honnête homme.

Une grande femme ne saurait être un grand homme. La grandeur est chez elle affaire de centimètres.

On peut bien écrire: tout homme est Homme. Mais pas: toute femme est Homme. Ce n'est pas seulement drôle, c'est incompréhensible.

Je suis comme les autres, je parle la langue des hommes. La nuance entre homme et Homme est inaudible. Homme et homme c'est pareil; je ne vous le fais pas dire...

Une femme n'est pas un homme, donc pas un Homme. Une femme est une femme; rien de plus clair.

Non, non, je ne revendique[11] pas. La dignité du statut d'Homme ne me tente pas; elle m'amuse. C'est en me jouant[12] que je considère l'Homme.

Et je me dis: l'Homme? Qu'est-ce que c'est, l'Homme? L'Homme, c'est ce dont l'homme a accouché[13]. Nous avons fait les enfants, et eux, ils ont fait l'Homme.

Ils ont fait naître l'universel du particulier. Et l'universel a porté le visage du particulier.

L'universalité fut désormais leur tour[14] favori. Le décret parut légitime et la loi parut bonne: une parole pour tous. Si la parole est unique, un seul peut la parler. L'homme.

Mais ce n'est pas sans peine qu'ils parvinrent à convertir en justice la tyrannie de l'universalité.

Ils ont conçu leur machine de guerre (qu'ils ne cessent d'ailleurs de mettre au point à travers les

9 **oiseuses**: idle
10 **vir=Mann**: man ; **homo=Mensch**: human being
11 **revendique**: claim
12 **en se jouant**: without trying
13 **accoucher**: to give birth
14 **tour**: trick

siècles tant elle est bancale[15]): le logos[16]. Et la fonction la plus durablement appréciée a été celle de logomachiniste.

Toute bancale qu'elle fut, la machine fonctionna incomparablement mieux qu'aucune machine jamais conçue. Le monde entier, Blancs, Noirs, Jaunes, femmes et enfants, fut nourri, gavé[17], de son produit de base, la vérité et ses sous-produits, âme, raison, valeurs... Le tout toujours garanti, estampillé Universel.

Ils ont dit que la Vérité n'avait pas de sexe. Ils ont dit que l'art, la science et la philosophie étaient vérités pour tous.

Mais qui nous dit que c'est vrai ça, sinon eux? Voulant m'assurer que leur parole est celle de l'universel, ils n'ont que leur parole d'homme à me donner.

Ils sont bêtes; ils ont laissé filer[18] Dieu. C'était très commode pour l'universel, ils disaient qu'ils étaient simplement les transcripteurs, les messagers, les répétiteurs de sa parole.

Du temps où Dieu parlait, la Vérité ne sortait que de sa bouche. Depuis que Dieu s'est tu, les hommes ont repris le relais.

Pourquoi la Vérité sortirait-elle de la bouche des hommes?

La Vérité peut sortir de n'importe où. Pourvu que certains parlent et d'autres se taisent.

La Vérité n'existe que parce qu'elle opprime et réduit au silence ceux qui n'ont pas la parole.

Inventer une parole qui ne soit pas oppressive. Une parole qui ne couperait pas la parole[19] mais délierait les langues[20]...

Non, non, je ne demande pas l'accès à la Vérité, sachant trop combien c'est un puissant mensonge que les hommes détiennent là.

Je ne demande que la parole[21].

Vous me la donnez, d'accord, mais ce n'est pas celle-là que je veux. C'est la mienne que je veux, pas la vôtre à laquelle je ne fais plus confiance.

Car il ne me suffit pas de parler de moi pour trouver une parole qui soit mienne. Littérature de fem-

15 **bancale:** shaky
16 **logos:** word (in Greek); reason
17 **gavé:** stuffed
18 **filer:** to slip away
19 **couper la parole:** render sb speechless
20 **délier la langue:** to loosen sb's tongue
21 **je ne demande que la parole:** I only ask to be allowed to speak

me: littérature féminine, bien féminine, d'une exquise sensibilité féminine. La littérature des hommes n'est pas masculine, bien masculine, d'une exquise sensibilité masculine. Un homme parle au nom des Hommes. Une femme, au nom des femmes. Mais comme c'est l'homme qui a dit ce qu'était la vérité de tous, et la vérité des femmes, c'est l'homme qui parle toujours par sa bouche.

Comme un piano qui croirait faire de la musique, alléguant[22] pour cela que la commande (choc des doigts sur le clavier[23]) n'est pas musicale, que seule est musicale la réponse qu'il fournit. Pauvre fierté du piano qui veut oublier que tout est joué d'avance; par le pianiste.

Toute la littérature féminine a été soufflée[24] à la femme par la parole de l'homme.

Toutes les gammes, toutes les mélodies de la féminité étaient jouées d'avance.

Inventer, est-ce possible?

Il faudra bien inventer de toute façon; à moins qu'il ne reste plus qu'à périr.

Ce monde bête, militaire, et qui sent mauvais, marche tout seul à sa ruine. La parole de l'homme est un tissu plein de trous, déchiré, effiloché[25]; un tissu brûlé.

Aussi fort écarquillerons-nous les yeux[26], aussi loin tendrons-nous les oreilles; les hautes cimes[27] d'où se promulguent les lois, les mâles cimes de toutes les valeurs sacrées sont désormais perdues dans les brumes[28] épaisses de l'ennui, de l'indifférence et du gaz carbonique.

Alors voilà que les femmes ouvrent la bouche, et que leur langue se délie...

Désormais aucune voix d'homme ne parviendra à couvrir ces voix multiples et vigoureuses...

Mais cela n'est rien encore... A vrai dire cela ne sera rien si la femme ne parvient pas à tisser[29] le tissu plein et neuf d'une parole jaillie[30] d'elle-même.

22 **alléguant**: arguing
23 **clavier**: keyboard
24 **souffler**: to prompt
25 **déchiré, effiloché**: torn, frayed
26 **écarquiller**: to stare wide-eyed
27 **cime**: peak
28 **brume**: fog
29 **tisser**: to weave
30 **jaillie**: bursting forth

Car les voix peuvent être neuves et les paroles é-
culées[31].

Attention, femme, attention à tes paroles.

Ne t'approprie pas la parole de l'homme pour guerroyer[32] avec elle.

Ne réclame[33] pas ce dont l'homme jouit car ce
n'est rien d'autre que les armes de ton oppression.

Ne réclame pas ta part du festin[34] qui n'est que
de charognes[35].

Ne cherche pas à ce qu'on reconnaisse en toi
l'Homme. Car l'Homme est homme, et il n'attend que
cette ultime consécration de lui-même.

Que le Noir ne cherche pas à ce qu'on reconnaisse
en lui l'Homme. Car celui qui décrète l'Homme est homme
blanc.

Que le prolétaire ne cherche pas à se faire reconnaître dans sa dignité d'Homme. Car la dignité d'Homme
est une dignité de patron, et de flic, et de suceur de
sang[36].

Que tes paroles de femme se moquent de l'humain...

Je voudrais que la femme apprenne à naître, à manger et à boire, à regarder le jour et à porter la nuit.

Je voudrais que les bonheurs de sa chair[37] lui apprennent à penser dans la solitude.

Je voudrais qu'elle aime d'abord la vie. Puis
l'homme dans la vie.

Je voudrais qu'elle le méprise, l'homme, et le dé-
daigne, dans toutes ses grandeurs et ses décorations,
son génie, son héroïsme, sa force et son honneur,
qu'elle l'abandonne à son autosatisfaction, son auto-
érotisme et son automobile.

Je voudrais qu'elle l'aime, l'homme, dans sa nudité. Comme elle sait parfois aimer, mais seulement ses
enfants. Je voudrais qu'elle apprenne à l'aimer, l'homme; joueur, inventif et dansant.

Que je dise d'abord d'où je tiens ce que je dis.

Je le tiens de moi, femme, et de mon ventre de
femme. Car c'est bien dans mon ventre que cela débuta,

31 **éculées:** worn thin
32 **guerroyer:** to wage war
33 **réclame:** demand
34 **festin:** feast
35 **charogne:** carrion
36 **patron, flic, suceur de sang:** boss, cop,
bloodsucking
37 **chair:** flesh

par de petits signes légers, à peine audibles, lorsque je fus enceinte[38]. Et je me mis à l'écoute de cette voix timide qui poussait[39], heureuse, émerveillée, en moi. Et j'entendis une parole extraordinaire, où les mots me manquaient...

Qui m'aurait dit, pourrai-je jamais dire, de quels mots le tisserai-je, le bonheur bouleversant[40] de la grossesse[41], le bonheur si déchirant[42], immense de l'accouchement[43]...

Voilà comment j'appris d'abord que mon sexe de femme était le lieu des fêtes dionysiaques de la vie.

J'ai regardé alors du côté de l'homme. Pour lui, une seule fête du sexe: le coït. Des autres fêtes, celles multiples de mon sexe, il ne voulut pas entendre parler. On n'en parla pas.

Et cette unique fête à laquelle il était convié[44], il la voulut pour lui tout seul. Il exigea de ma présence nécessaire qu'elle fût discrète et seulement dévouée à la fête de l'homme.

Il décréta qu'il n'y avait qu'une fête du sexe, et qu'elle était virile.

Tant pis pour lui, il faudra que j'en parle, des jouissances[45] de mon sexe, non, non, pas les jouissances de mon âme, de ma vertu ou de ma sensibilité féminine, les jouissances de mon ventre de femme, de mon vagin de femme, de mes seins de femme, des jouissances fastueuses[46] dont vous n'avez nulle idée.

Il faudra bien que j'en parle car c'est seulement de là que pourra naître une parole neuve et qui soit de la femme.

Il faudra bien divulguer ce que vous avez mis au secret avec tant d'acharnement[47], car c'est là que se fondent toutes nos autres répressions. Tout ce qui était nôtre sans être vôtre, vous l'avez converti en souillure[48], en douleur, en devoir, en chiennerie[49], en petitesse, en servitude.

38 **enceinte**: pregnant
39 **poussait**: was growing
40 **bouleversant**: overwhelming
41 **grossesse**: pregnancy
42 **déchirant**: searing
43 **accouchement**: childbirth
44 **convié**: invited
45 **jouissances**: pleasures
46 **fastueuses**: sumptuous
47 **acharnement**: relentlessness
48 **souillure**: defilement
49 **chiennerie**: meanness

Après nous avoir réduites au silence, vous pouviez faire de nous ce qui vous convenait, domestique, déesse, jouet, mère-poule ou femme fatale. La seule chose que vous nous ayez jamais demandée avec une réelle insistance, c'est de nous TAIRE; à vrai dire on ne peut guère exiger davantage; au-delà, c'est la mort qu'il faut exiger.

C'est notre silence et l'éclat triomphant de votre parole qui ont pu autoriser le vol de notre travail, le viol[50] de notre corps et tous nos asservissements béats[51], nos martyres silencieux...

D'où vient que nous sortons de notre coma et que nos langues encore tout engluées[52] du respect de vos valeurs se délient peu à peu?

Vous aviez proclamé l'universalité de votre parole. Un excellent truc pour asseoir votre puissance, mais à la longue un pauvre moyen de la conserver.

On se rend, convaincu, à ceux qui disent:

«Tous les hommes naissent et demeurent libres et égaux en droits.»

Et peu à peu on découvre que celui qui n'a rien n'a droit à rien. Ni à l'égalité ni à la liberté.

Et l'on finit par exiger la lettre de la loi. L'égalité. La liberté.

C'est d'abord à la lumière de vos bons principes de justice que tous les pauvres bougres[53] apprennent à lire le malheur et l'injustice de leur condition.

Voilà comment on se réveille, avec la maladresse inévitable des membres[54] engourdis[55]. L'éveil véritable est à venir; il se prépare.

C'est encore piétiner sur place[56] et c'est encore vous faire trop d'honneur que de mesurer l'injustice qui nous est faite à votre étalon[57] de justice.

C'est à nous-mêmes que nous mesurerons le sort qui nous est fait.

Nous avons découvert en nous une petite lumière qui nous est propre, et c'est elle seule que nous suivrons, dédaignant les chemins de la révolte, déjà tracés et balisés[58] par vous.

50 **viol**: rape
51 **asservissement béat**: complacent subservience
52 **englué**: stuck in
53 **pauvre bougre**: poor devil
54 **membres**: limbs
55 **engourdis**: numb
56 **piétiner sur place**: to be on a treadmill
57 **étalon**: yardstick
58 **balisé**: marked out

Votre phallus est un phare[59] dressé sur la nuit océan.

Voici l'aurore[60] et la naissance de notre lumière.

Nous inventerons le monde car nous parlerons enfin de ce que nous savons, silencieuses. Et nous savons, j'en suis sûre, ce qui est bel et bon.

Pendant que triomphalement, vous, vous nous teniez tête[61], nous, nous tenions le coup[62].

Vous avez eu beau dénigrer la vie, la craindre et l'insulter, nous n'avons cessé de l'aimer dans le secret et patiemment à travers les siècles.

Car vous avez eu raison[63] de tout, sauf de la vie.

Parole de femme, (Grasset, 1974, p. 5-13).

L'homme dit que l'homme vaut absolument. Bien forcé de dire aussi que sa parole prévaut; sinon...

Mais il ne garde pas toute la valeur. Il la distribue alentour, l'accorde, comme Dieu fait de sa grâce; non par un don véritable qui ôterait au donateur un bien particulier, mais par une sorte de rayonnement[64] de lui-même dont il attend la réflexion vers lui. Toutes les valeurs qu'il confère, aux êtres, aux actes, aux choses, sont des valeurs qui lui reviennent, ou plutôt tendent toujours à lui revenir. De droit[65].

Or le statut de la femme, dans le vaste ensemble des opprimés sur lesquels l'homme fonde et entretient sa domination, est tout à fait à part et en un sens privilégié.

Impossible de confondre la femme avec les autres exploités du monde, peuples et travailleurs. La femme n'est pas premièrement et fondamentalement exploitée, du moins dans nos sociétés. Et lorsqu'elle l'est, ce n'est que l'effet lointain d'un mode de domination qui est pour elle d'un type très particulier.

La domination du maître sur l'exploité est immédiatement assurée (sinon toujours garantie) par l'état de misère auquel il l'a réduit. La misère du miséreux suffit au propriétaire pour se faire craindre et obéir. Nul besoin de justifier davantage cet état de dépendan-

59 **phare:** beacon
60 **aurore:** dawn
61 **tenir tête:** to oppose, to resist
62 **nous tenions le coup:** we stuck it out
63 **avoir raison de:** to get the better of sth
64 **rayonnement:** influence, radiance
65 **de droit:** by right

ce tant que le maître peut alléguer[66]: la nécessité du miséreux fait loi.

La femme est bel et bien[67] opprimée, mais d'une tout autre façon.

Le travailleur exploité n'a aucune valeur propre (quelques droits abstraits et généraux ne pouvant constituer une valeur); la seule valeur en jeu est celle de son travail que l'homme-maître s'approprie sans autre forme de procès[68].

Or, à la femme, l'homme accorde de la valeur, et quelle valeur! si troublante parfois pour sa pauvre tête vidée de sa substance propre qu'elle finit par la lui tourner, la tête[69]...

L'homme ne peut pas se passer[70] d'accorder de la valeur, aussi ambiguë soit-elle, à la femme. Et cela parce qu'il attend d'elle bien autre chose que ce qu'il prélève sur l'esclave, le nègre et le bougnoule[71]. Ce qu'il veut d'elle c'est de la <u>reconnaissance</u>[72]. Qu'il la fasse parfois suer sang et eau[73] et se tuer à l'ouvrage n'est qu'une conséquence particulière de leur type de relation et n'est nullement déterminant. La reconnaissance ne saurait avoir de prix émanant d'un être dénué de valeur. Si certains finissent par s'émouvoir et tirer parti de la reconnaissance du chien ou du serviteur, c'est qu'ils n'ont vraiment rien de mieux à se mettre sous la dent[74]. Faute de merle[75]...

Reconnaissance de quoi? De la légitimité du statut de maître que les autres subissent. Si l'esclave, le nègre, l'Arabe ont été soumis, elle, elle doit <u>se</u> soumettre, c'est-à-dire finalement convertir le fait de l'oppression sur les autres en droit à l'oppression.

La soumission, qui chez l'exploité relève de la nécessité, doit donner chez elle l'apparence d'un acte libre, fruit du respect et de l'amour qu'elle éprouve pour le maître.

Si ça marche, et ça n'a que trop bien marché jusqu'à présent, le maître a de quoi être content, totalement content.

66 **alléguer**: to put forward as an excuse
67 **bel et bien**: well and truly
68 **sans autre forme de procès**: without further ado
69 **tourner la tête à qqn**: to go to sb's head
70 **se passer de**: to do without
71 **bougnoule**: half-breed, mongrel
72 **reconnaissance**: gratitude
73 **suer sang et eau**: to sweat blood
74 **rien de mieux à se mettre sous la dent**: nothing better to eat
75 **faute de merle**... refers to the proverb: faute de grives, on mange des merles: beggars can't be choosers

- La femme est soumise; une de plus.
- Il se sent dénué[76] de responsabilité dans cette affaire puisque c'est elle qui s'est soumise.
- Elle devient, et c'est le plus important, sa complice fervente dans l'oppression du faible. Elle consacre enfin la valeur du maître qui jusqu'alors pouvait rester problématique.

Il est vrai que la femme a été aveuglée et corrompue par le pouvoir du maître. Il est vrai aussi qu'elle a été la complice la plus acharnée[77] de l'homme fort dans toutes ses manoeuvres de pillard[78], d'oppresseur, de tyran et d'assassin. Sans son approbation silencieuse ou active, le maître n'aurait jamais été le maître qu'il est.

Il faut donc que la femme reconnaisse l'homme dans sa dignité et sa grandeur d'homme. Reste la question de savoir à quoi l'homme va pouvoir mesurer la reconnaissance de la femme. Il ne pourra lui-même reconnaître cette reconnaissance que si la femme témoigne de sa dévotion envers lui par du <u>dévouement</u>[79].

Si la vertu de l'homme est la force, la vertu de la femme s'appelle dévouement. Et ce qui opprime la femme ce n'est pas tant directement la force de l'homme que sa propre vertu qui est toujours donnée comme sa plus haute valeur: le dévouement.

Ainsi, tout ce qui revient à la femme, soit culturellement, comme les soins ménagers et ceux des enfants, soit naturellement comme la maternité, doit être accompli par et avec dévouement.

L'homme sait se passer du travail de la femme (il l'entretient[80] volontiers à ne rien faire quand il en a les moyens), il ne saurait se passer de son dévouement.

Or le dévouement ne va pas de lui-même, ou n'est pas tangible, s'il ne s'exprime quelque part sous forme d'abnégation, de peine et de sacrifice.

Les conséquences sont alors faciles à déchiffrer. Il a fallu que les travaux domestiques soient vécus comme bas, ingrats[81], que les soins des enfants soient portés comme peine et usure[82], que les règles soient indisposition et souillure[83], la grossesse fardeau[84],

76 **dénué:** devoid
77 **acharnée:** relentless
78 **pillard:** plunderer
79 **dévouement:** dedication, devotion
80 **entretenir:** to support, to keep
81 **ingrat:** thankless
82 **usure:** wearing out
83 **souillure:** defilement
84 **fardeau:** burden

l'accouchement l'image même de la douleur: comme le Christ par sa passion témoigne de son amour des hommes, il a bien fallu que la femme souffre pour témoigner de sa reconnaissance.

Reconnaître le statut du maître c'est aussi et d'un même élan[85] charger de valeur hautement positive le rôle qu'il joue dans la société et les fonctions qu'il y exerce. Rien de ce qui est grand ne saurait échapper à l'homme. L'homme et la grandeur vont de pair.

Ainsi l'ensemble de ce que ne fait pas l'homme dans la société est indigne[86] de lui. Si c'est indigne de lui, ce doit être parce que c'est médiocre, sale, douloureux, ingrat.

Mais comme les tâches, travaux ou faits sexuels de la femme sont nécessaires à la société d'une part et à la preuve de reconnaissance de l'autre, il faut bien que ces tâches soient dignes de quelqu'un; elles le sont donc de la femme.

C'est là que s'articule la dévalorisation de la femme et son statut d'infériorité, dans la dépréciation, le mépris, le dégoût de tout ce qui lui est, soit traditionnellement, soit naturellement imparti[87].

Le prestige des faits virils cautionne[88] l'oppression du chef, du patron, du flic, du mari, du père et de l'amant. Le prestige des faits virils confine la ménagère dans l'ennui, la pauvreté, le sacrifice, convainc l'amante de dévotion et de «don» d'elle-même, impose à la future mère le fardeau de la grossesse, les affres[89] et les douleurs de l'enfantement, bref, force la femme au mépris d'elle-même, au rejet, au dédain de sa propre sexualité, l'empoisonne de répugnante humilité.

Ainsi c'en est fait, tout ce qui touche la femme est dénué d'envergure[90] et de poids véritable, tout ce que vit la femme dans son corps est souillure, peine, souffrance, perversité, et maléfique chair.

Alors, ASSEZ. Tant que nous n'aurons pas extirpé le poison qui est en nous, nous serons sans armes contre les empoisonneurs.

85 **élan:** momentum
86 **indigne:** unworthy
87 **imparti:** assigned
88 **cautionner:** to guarantee
89 **affres:** torments
90 **envergure:** scope

Et le premier ingrédient qui compose notre poison est notre valeur, capacité aux plus grands sacrifices, haute vertu de dévouement, généreuse puissance de l'abnégation et du silence.

Et le deuxième ingrédient de notre poison, qui n'agit véritablement que soutenu par le premier, est celui de notre beauté, non pas comme un fait incontestable, mais comme un ultimatum ancré en nous-mêmes. Si tu n'es ni jeune ni belle (les deux conditions sont exigées), tu n'es plus ou pas véritablement femme, c'est-à-dire <u>pour</u> l'homme.

<u>Parole de femme</u>, (Grasset, 1974, p.31-35).

CHAPITRE 3

Enfance

M O N I Q U E   W I T T I G

(1935)

Née en 1935 dans le Haut-Rhin, Monique Wittig prépare une licence de lettres, étudie le chinois aux Langues Orientales et participe activement aux mouvements féministes.

En 1964, elle publie son premier roman l'Opoponax. Ce texte ne veut pas peindre l'enfance de l'extérieur ni même raconter des histoires d'enfant mais cherche à retrouver le langage de l'enfance, cette parole neuve, imagée, inventive, qui ne se soumet pas encore à la rationalisation et qui ignore les tabous et l'hypocrisie du monde adulte. C'est un langage qui exprime la relation de l'enfant au monde où tout est encore un jeu lié à l'éveil de la curiosité. Nous sommes pris dans le flux de conscience de ces enfants, nous découvrons le monde avec elles, portés par un langage fluide, par une marée d'expériences enfantines. Ce Bildungsroman féministe explore, entre autres, l'éveil à la sexualité de deux jeunes écolières dans un établissement tenu par des religieuses catholiques, la découverte de leur amour l'une pour l'autre. L'opoponax, mot d'enfant chargé de mystère, représente leur prise de conscience de la sexualité qui remet en question les normes hétérosexuelles.

Avec Les Guérillères (1969) et Le Corps Lesbien (1973), Monique Wittig s'intéresse exclusivement au monde des femmes. Comme elle l'avait fait pour l'enfance, elle cherche à dire les différences, celle de la féminité, du saphisme et à inventer un langage propre à ces différences. Il s'agit d'exclure l'écriture apprise, transmise par la littérature parce que toutes ses références sont masculines, le «je» même sous son apparence asexuée adoptant les formes du discours masculin.

Wittig continue son exploration systématique du monde féminin avec Brouillon pour un dictionnaire des amantes, (écrit en collaboration avec Sande Zeig,

1976). C'est un monde clos sur lui-même, où l'on célèbre le corps, les plaisirs de la table et ceux du corps
jusqu'à l'ivresse et l'épuisement, on y chante les a-
ventures des Amazones: «au commencement, s'il y a jamais eu un commencement, toutes les amantes s'appelaient des amazones». Les Guérillères, néologisme qui
signifie guérrières et femmes-guérillas, racontent symboliquement la rébellion, la guerre d'indépendance des
femmes contre le monde masculin, les attaques sur le
modèle de la guérilla cherchant à détruire les institutions patriarchales et le langage hérité d'un passé
phallocentrique. La défaite du régime patriarcal op-
pressif ne peut avoir lieu que grâce à la violence.

> Elles disent, que celles qui revendi-
> quent un langage nouveau apprennent d'a-
> bord la violence. Elles disent, que cel-
> les qui veulent transformer le monde
> s'emparent avant tout de fusils. Elles
> disent qu'elles partent de zéro. Elles
> disent que c'est un monde nouveau qui
> commence. (pp.120-121)

Ce «monde nouveau» qui rejette les pratiques culturelles et l'idéologie dominante dont la tradition
littéraire est un reflet fidèle, n'est possible qu'à
travers la création d'une langue nouvelle. Celle-ci se
distingue de l'écriture littéraire parce qu'elle apparaît immédiatement comme «féminine», en remettant en
question les structures linguistiques, la syntaxe et la
distinction par genres.

Cette écriture nouvelle, nommée «écriture féminine» par ses créatrices veut «écrire le corps». C'est
l'ouvrage d'Hélène Cixous Le Rire de la méduse (1975)
qui sert de manifeste à ce mouvement littéraire. Pour
ces féministes-là, le corps féminin sert de medium, de
porte permettant une communication entre l'intérieur et
l'extérieur. Mais ce corps n'est pas situé socialement,
politiquement ou culturellement, il est simplement mar-
qué sexuellement. L'écriture, «langue fondamentale» y
est vue comme un phénomène éminemment féminin, une gestation, un être au sein d'un autre être, («cet être en
moi»). «La chair est l'écriture», elle est encore «à
lire, à étudier, à chercher, à inventer». Le corps est
donc aussi le point de départ de toute narration.

> en s'écrivant, la femme fera retour à
> son corps qu'on lui a plus que confis-

qué, dont on a fait l'inquiétant étranger dans la place, le malade ou le mort et qui si souvent est le mauvais compagnon, cause et lieu des inhibitions. A censurer le corps on censure du même coup le souffle, la parole.
Ecris-toi: il faut que ton corps se fasse entendre. Alors jailliront les immenses ressources de l'inconscient. Notre naphte, il va répandre, sans dollars or ou noir, sur le monde, des valeurs non côtées qui changeront les règles du vieux jeu. (Le Rire de la méduse, p.43)

«Ecrire», explique Cixous dans une interview avec J.-L. Rambures:
c'est pour moi la descente aux enfers, et la porte, c'est mon corps. Il faut donc que celui-ci se sépare d'un certain dehors, afin que cet être en moi qui est l'écriture puisse entreprendre le voyage.

Monique Wittig qui est moins théoricienne qu'Hélène Cixous cherche à créer cette «écriture féminine» en adoptant, par exemple, l'emploi systématique du féminin pluriel comme signe de communauté de sexe dans Les Guérillères et des barres qui coupent tous les pronoms et adjectifs à la première personne (j/e, m/on, m/a, m/oi...) dans Le Corps lesbien. Cette fragmentation radicale de l'écriture, qui par mimétisme obéit au démembrement que subissent les corps, permet à Wittig de refuser la maîtrise que présuppose toute narration littéraire. L'auteur la remplace par des fusions temporaires d'éléments perpétuellement interchangeables, tels des mobiles langagiers qui se dessinent puis se défont constamment. Elle les insère dans une série de poèmes en prose qui valorisent la désintégration, celle du langage et celle des corps qui pour elle est symptomatique de l'aliénation de la femme dans un monde phallocentrique.

Dans Virgile, non (1985), elle récrit la Divine Comédie; elle en fait un «opéra des gueuses» à la fois féroce et gai, plein de verve. L'auteur devient personnage, une certaine Wittig, et son Virgile est une femme nommée Manastabal qui la guide à travers de brèves visites en Enfer, au Paradis et aux Limbes où elles vont régulièrement pour se restaurer. Les lieux parcourus ressemblent non à l'Antiquité, sauf l'Achéron, mais à la ville de San Francisco où les protagonistes reviennent toujours. On trouve aussi un désert, lieu central, point de départ obligatoire, vortex dont le fort vent rend toute démarche très difficile. Manastabal et Wittig, toutes deux, assistent et parfois prennent part à un long défilé de toutes les horreurs imaginables auxquelles les femmes ont été soumises de toute éternité. La protagoniste participe parfois pour essayer de protéger ou de venger ces victimes de l'agression mâle. Comme chez Dante, tout finit bien, ici dans une utopie féministe, dans les délices d'un paradis où ne règnent que des femmes vivant en communauté dans la nature et qui accueillent la nouvelle venue dans la musique et par un festin.

Indications bibliographiques

Evans, Martha Noel. <u>Masks of tradition</u>. <u>Women and the Politics of Writing in Twentieth-Century France</u>. Ithaca, N.Y., Cornell Univ. Press, 1987.

Jones, Ann Rosalind. «Writing the Body: Toward an Understanding of l'Ecriture féminine», <u>The New Feminist Criticism</u>. <u>Essays on Women, Literature, and Theory</u>. New York: Pantheon Books (1985), 361-377.

Sherzer, Dina. <u>Representation in Contemporary French Fiction</u>. Lincoln, Univ. of Nebraska Press, 1986.

Wenzel, Hélène Vivienne. «The Text as Body/Politics: An Appreciation of Monique Wittig's Writings in Context». <u>Feminist Studies</u> 7 (Summer 1981): 264-287

L ' O P O P O N A X

Le petit garçon qui s'appelle Robert Payen entre
dans la classe le dernier en criant qui c'est qui veut
voir ma quéquette, qui c'est qui veut voir ma quéquette[1]. Il est en train de reboutonner sa culotte. Il a
des chaussettes en laine beige. Ma soeur[2] lui dit de se
taire, et pourquoi tu arrives toujours le dernier. Ce
petit garçon qui n'a que la route à traverser et qui
arrive toujours le dernier. On voit sa maison de la
porte de l'école, il y a des arbres devant. Quelquefois
pendant la récréation[3] sa mère l'appelle. Elle est à la
dernière fenêtre, on l'aperçoit par-dessus les arbres.
Des draps pendent sur le mur. Robert, viens chercher
ton cache-nez[4]. Elle crie de façon à ce que tout le
monde l'entende, mais Robert Payen ne répond pas, ce
qui fait qu'on continue d'entendre la voix qui appelle
Robert. La première fois que Catherine Legrand est venue à l'école, elle a vu de la route la cour de récréation[5] l'herbe et les lilas au bord du grillage[6], c'est
du fil de fer lisse[7] qui dessine des losanges[8], quand
il pleut les gouttes d'eau glissent et s'accrochent
dans les coins, c'est plus haut qu'elle. Elle tient la
main de la mère qui pousse la porte. Il y a beaucoup
d'enfants qui jouent dans la cour de l'école mais pas
du tout de grandes personnes seulement la mère de Catherine Legrand et il vaudrait mieux qu'elle ne rentre
pas dans l'école c'est seulement les enfants, il faut
lui dire, et dedans l'école c'est très grand, il y a
beaucoup de pupitres, il y a un gros poêle[9] rond avec
encore du grillage à losanges autour, on voit le
tuyau[10] qui monte presque jusqu'au plafond, par endroits il est en accordéon[11], ma soeur est sur une

1   **quéquette:** wee-wee (child's word)
2   **ma soeur:** Sister (it is a school run by nuns)
3   **la récréation:** playtime
4   **cache-nez:** muffler
5   **la cour de la récréation:** playground
6   **grillage:** fence
7   **du fil de fer lisse:** smooth metal wire
8   **losanges:** in the shape of diamonds
9   **poêle:** stove
10 **tuyau:** pipe
11 **en accordéon:** pleated

échelle contre la fenêtre, elle fait quelque chose, elle essaie de fermer la dernière vitre. La mère de Catherine Legrand dit, bonjour ma soeur alors elle descend, elle prend la petite fille par la main et elle dit à la mère de s'en aller pendant qu'on ne fait pas attention à elle, que tout va bien. Catherine Legrand entend le bruit qui vient de la cour de récréation, pourquoi ne la laisse-t-on pas avec les autres enfants, c'est peut-être qu'elle n'est pas encore vraiment à l'école, parce que si c'est l'école c'est tout à fait étonnant. Ça ressemble à la maison sauf que c'est plus grand. Quelquefois on fait dormir les enfants l'après-midi mais c'est pour rire[12]. On met, tous, les bras croisés sur la table et la tête dans les bras. On ferme les yeux. C'est défendu de parler. Catherine Legrand ouvre de temps en temps un oeil mais c'est défendu aussi. On chante tout le temps des chansons en rang, à ma main droite y a un rosier qui fleurira au mois de mai et on montre la main droite. Catherine Legrand regarde de ce côté, on n'est pas au mois de mai, ainsi le rosier n'a pas encore poussé. Et on goûte[13]. On a tous des paniers[14] et quand c'est quatre heures ma soeur prend dans ses bras tous les paniers et crie, à qui est ce panier et on répond, à moi quand c'est le sien. Dedans il y a un morceau de pain, une barre de chocolat, une pomme et une orange. Catherine Legrand mange toujours la sienne sur le chemin de l'école quoiqu'on lui a défendu de le faire mais c'est plus fort qu'elle[15]. Quelquefois, elle se contente de mordre dedans, alors ma soeur dit, à qui est le panier avec la pomme à demi rongée[16]. Elle fait souvent exprès de ne pas se rappeler si elle a oui ou non mangé la pomme ou l'orange avant l'heure du goûter pour avoir la surprise et pour si par hasard elle se remettait entière[17] pendant que justement on l'oublie. Catherine Legrand triche, elle le sait bien que ce n'est pas du jeu[18] parce qu'elle n'arrive jamais à oublier complètement et qu'elle n'est qu'un tout petit peu surprise quand on lui fait passer son panier sans pomme ou avec une pomme dont il ne reste plus qu'une espèce de trognon[19] et en tout cas elle

12 **c'est pour rire**: it's only pretend
13 **on goûte**: we have tea
14 **paniers**: baskets
15 **c'est plus fort qu'elle**: she cannot help it
16 **à demi-rongée**: half-eaten
17 **se remettait entière**: on the chance that the apple will become whole again
18 **ce n'est pas du jeu**: it will not work
19 **trognon**: core

n'arrivera jamais à oublier comment est son panier. Ma
soeur épluche[20] les oranges. Avec son couteau, elle découpe la pelure[21] concentriquement[22] et ça se détache
du fruit en ronds. Quand elle a fini elle accroche à la
porte les plus grands ronds, les pelures qu'elle a
réussi à garder entières sans les casser, ça descend le
long de la porte les ronds et ça bouge en rond quand on
les touche, ma soeur ne veut pas les donner. La grosse
petite fille qui s'appelle Brigitte parce qu'elle est
grosse prend Catherine Legrand par le cou, on lui sourit, les joues de la petite fille s'écartent[23] et se
remettent près de la bouche à toute vitesse, elle tire
à elle par le cou, elle devient toute rouge, puis elle
appuie sur le cou et se penche jusqu'à terre en tirant
toujours. Catherine Legrand tombe à plat ventre[24] et se
relève. La grosse petite fille qui s'appelle Brigitte
s'approche de nouveau, on ne lui sourit pas, on s'y
attend cette fois, de nouveau elle tire, ses joues s'é-
cartent, se gonflent[25], la tête est tout près, elle a
des cheveux gris, quand elle tire elle est forte, on
est tout de suite à plat ventre et si on se met à pleurer ça coule dans la raie du plancher. Il ne faut pas
se mettre debout sinon ça recommence. On répète après
ma soeur, soixante-huit, soixante-neuf. On compte. Sep-
tante et un, septante-deux. Ma soeur est belge. On recommence à un. Un, deux, trois. On joue à chat perché[26]
dans l'herbe. Il faut courir vite et trouver quelque
chose pour se mettre dessus. Quand on est trop fatigué,
on dit pouce[27] et on lève le pouce[28]. Catherine Legrand
se perche sur la barrière. Sa culotte[29] se déchire d'un
coup sec sur un clou. Crac. Catherine Legrand redescend
et court avec précaution en criant pouce. Ce n'est pas
tenable. Personne n'a rien vu. C'est impossible de continuer à jouer sans culotte même si les autres ne le
savent pas. Catherine Legrand tourne autour de ma soeur
sans rien dire. C'est comme quand elle rêve qu'elle est
en chemise de nuit dans la rue ou même toute nue parce
qu'elle a oublié de s'habiller. Elle dit pouce quand
quelqu'un s'approche d'elle. Ma soeur lui enlève sa cu-

20 **épluche**: peels
21 **la pelure**: rind
22 **concentriquement**: in circles
23 **s'écartent**: spread apart
24 **tombe à plat ventre**: falls flat on her face
25 **se glonflent**: swell
26 **on joue à chat perché**: we play tag
27 **pouce**: truce
28 **on lève le pouce**: you hold up your thumb
29 **sa culotte**: her panties

lotte et la raccommode[30]. Catherine Legrand est à côté
d'elle sans mouvement. Là-bas les enfants continuent de
courir. La petite fille qui s'appelle Jacqueline Marchand crie pouce et lève le pouce. Il pleut. On joue
dans la classe. On tient les mains du petit garçon qui
s'appelle Guy Romain et qui est assis à côté. On se met
à cheval sur le banc et on chante, maman les petits bateaux qui vont sur l'eau, en se penchant l'un vers
l'autre pour faire le bateau. C'est comme ça qu'on ne
voit pas déboucher[31] ma soeur qui vient de donner le
signal de la fin de la récréation et qu'on reçoit une
gifle de chaque côté de la figure, ça résonne et la
tête brimbale[32]. On s'ennuie pendant les vacances. Catherine Legrand tourne en rond[33] dans le jardin. Elle
va jusqu'à la grille et regarde les gens passer sur la
route. Il y a peu de passants et parmi eux pas d'enfants. On voit quelques noyaux de pêche et de prune
dans la rigole[34]. On peut se glisser en douce[35] hors du
jardin, faire quelques pas sur la route. On marche au
bord du trottoir près de l'arête[36] sans poser le pied
sur la ligne que fait chaque pierre de la bordure. On
passe par-dessus. On revient sans que personne s'en a-
perçoive. Le ciel est gris. On dirait qu'il va pleuvoir
ou on dirait qu'il va faire soleil. Ça a une odeur bizarre ce temps, on dirait qu'il y a de l'herbe mouillée
en haut qu'on ne voit pas. Peut-être que le soleil va
se montrer derrière les nuages plus clairs. Catherine
Legrand marche en fermant les yeux elle appuie les
mains sur les paupières[37] pour ne pas être tentée de
regarder. Elle se donne le temps de remonter l'allée en
marchant très lentement, pour faire ça elle a des pas
qui ne sont pas plus longs que sa chaussure il s'agit
d'ajuster de très près le pied gauche devant le pied
droit, ça fait que le talon[38] de la chaussure gauche
heurte le devant de la droite. Elle ouvrira un petit
peu les yeux en regardant par terre pour voir où elle
en est, mais juste un petit peu. Quand elle sera au
bout de l'allée elle recommencera à marcher en sens

30 **raccommode**: mends
31 **déboucher**: to emerge
32 **ça ... brimbale**: it rings in your ears and makes
your head spin
33 **tourne en rond**: walks round and round
34 **noyaux ... rigole**: some peach pits and plum pits in
the gutter
35 **en douce**: secretly
36 **l'arête**: at the edge of the sidewalk
37 **paupières**: eyelids
38 **talon**: heel

inverse, toujours les yeux fermés puis encore une fois l'allée, elle fait ça en disant soleil soleil chaque fois qu'elle avance l'un ou l'autre pied. Quand elle aura fini elle se donnera la permission d'enlever les mains de la figure, peut-être qu'on verra la soleil derrière les nuages. On est à table. On parle de l'attaque[39] du grand-père, il ne peut plus bouger le côté droit, même l'oeil est fermé, ça tire sur la bouche. Le père et la mère regardent Catherine Legrand. On ne peut pas parler. Le côté droit glisse[40] sur la chaise, l'entraîne, Catherine Legrand se penche pour le suivre, on la voit entre la chaise et le plancher, elle reste là coincée[41], Catherine Legrand ne peut ni remonter ni descendre, elle est en train de regarder le plancher, elle a un mouvement d'oscillation saccadé[42] comme un jouet mécanique. Catherine Legrand est attaquée. La chose a monté le long de la chaise pendant qu'on a mangé sans qu'on la voie ce qui fait que ça combat maintenant sous les yeux du père et de la mère. On la regarde sans bouger. On ne peut pas l'aider. C'est elle toute seule. Catherine Legrand essaie de hisser[43] au moins des mots dans la bouche, les efforts sont terribles, et ça y est voilà que ça sort en hurlements[44]. Le jardin est plein d'eau. On voit les branches d'arbre par la fenêtre quand on est malade. Il y a deux oreillers[45] sous la tête pour qu'on soit en même temps assis et couché. La mère dit, regarde le bouvreuil[46], où maman, dis-moi où, vite là, sur la fourche[47], sur le cerisier. Catherine Legrand se soulève. En bas la terre est toute noire avec beaucoup de pétales tombés du cerisier. Les fleurs se sont cassées cette nuit, maman. La grande petite fille qui s'appelle Inès vient chercher Catherine Legrand pour l'emmener à l'école. Elle a avec elle d'autres enfants. La mère dit, c'est la petite de la cité[48]. On marche sur la route nationale qu'on traverse à la hauteur du Primistère[49]. Inès dit, c'est là que ma mère fait les commissions. On est sur un che-

39 **attaque:** stroke
40 **glisse:** slides down
41 **coincé:** wedged
42 **mouvement d'oscillation saccadé:** jerking back and forth
43 **hisser:** to get out, to pull up
44 **hurlements:** screams
45 **oreillers:** pillows
46 **bouvreuil:** bullfinch
47 **fourche:** fork
48 **cité:** housing project
49 **Primistère:** a supermarket

min. Contre les hauts grillages losangés, il y a des feuilles de lilas et des dahlias rouges. Dans le pré du hangar[50] la jument[51] de monsieur Magnier est debout la tête baissée. Elle se met à courir à toute vitesse contre la barrière. C'est des chemins clos où des gens passent sur des bicyclettes. L'hiver on met des chaussettes de laine. On a les cuisses[52] rouges et gercées[53] à cause du vent. On joue à la ronde sous le préau[54] avec ma soeur. On demande à ma soeur, où il est ton mari. Elle dit là-haut avec le doigt vers le haut. On regarde le ciel. On ne voit rien. On dit à ma soeur, on ne le voit pas ton mari. Ma soeur ne veut pas répondre. Quand on insiste elle dit que ça ne l'étonne pas vraiment. Il y a trop de nuages. Il est assis derrière sur un fauteuil. Peut-être qu'il rentre quand même à midi avec le journal. On dit à ma soeur, il revient quand, il ne revient pas, mais quand, jamais, alors il est mort, non il n'est pas mort, et où c'est qu'on met les gens qui sont morts, dans un trou, mais ils vont au ciel? Il était un petit navire qui n'avait ja-ja-jamais navigué. On va en promenade. On ne met pas les tabliers[55]. On garde les manteaux et les cache-nez[56]. Ma soeur porte un grand panier avec dedans tous les paniers du goûter. On s'assied sur l'herbe. On joue aux petits cailloux[57], combien qu'il y a de cailloux dans ma main. Ma soeur fait des devinettes[58]. Mon premier est un métal, mon second a des ailes, mon troisième se trouve dans les champs et mon tout est un crayon de couleur. Le petit garçon qui s'appelle Alain Trévise et qui habite à côté de la maison a des livres d'images. On y trouve quelques totems. C'est des bêtes jaunes rouges bleues qui mises bout à bout et les unes au-dessus des autres n'en font qu'une. Ça ressemble à un poteau[59] jaune rouge bleu mais ce n'est pas un poteau ça vole. Quand Catherine Legrand rentre de l'école le soir elle a peur d'être attaquée par des totems. La grande petite fille qui s'appelle Inès dit, tu es bête ça ne vole pas à cette heure-ci, mais ça vole quand, j'en ai jamais vu et c'est peut-être pas dans un pays comme

50 **hangar**: shed
51 **jument**: mare
52 **cuisses**: thighs
53 **gercé**: chapped
54 **préau**: covered playground
55 **tabliers**: smocks
56 **cache-nez**: mufflers
57 **cailloux**: pebbles
58 **devinettes**: riddles
59 **poteau**: pole

72   MONIQUE WITTIG

ici, qu'est-ce que c'est un pays, c'est où on est, et où on n'est pas c'est pas un pays dis, non, alors il n'y a pas de totems où on n'est pas si c'est pas un pays dis, je ne sais pas, alors où on est c'est un pays et il y a des totems, oui mais ils ne te font rien quand je suis avec toi. Catherine Legrand ne lâche[60] pas la main de la grande petite fille qui s'appelle Inès parce qu'on ne sait pas ce qui peut arriver et s'il faut courir Catherine Legrand ne peut pas bien, on est toujours en arrière. Quand on va dans le pré on fait très attention de ne pas parler fort. On passe à plat ventre sous[61] les fils de fer barbelés mais c'est défendu. On peut attraper un procès-verbal[62]. Pour ne pas être vu on va se cacher dans le foin qui est ramassé en tas au milieu du champ. On est avec la grande petite fille qui s'appelle Inès et celui qui s'appelle Alain Trévise. On joue à qui touchera la main de quelqu'un à l'intérieur du foin. Le petit garçon qui s'appelle Alain Trévise se tortille[63]. On lui a touché quelque chose. On n'a pas encore fini de jouer quand Inès s'en va du foin en courant. On entend crier, la bête du diable[64], la bête du diable. On se met à courir de tous les côtés. Catherine Legrand est derrière et pleure en courant tombant et se relevant, n'arrivant pas à rejoindre les autres. Pourquoi ils s'en vont si vite, qu'est-ce que c'est la bête du diable, c'est quand le diable est là, c'est la bête, la bête du diable, oui le diable veut emporter les enfants, mais pourquoi il veut emporter les enfants, on n'a rien fait de mal. Il y a toute la longueur du champ entre Catherine Legrand et les autres. Catherine Legrand tombe au niveau de l'herbe qui est coupée à ras[65]. Ça pique. Quand Catherine Legrand se retourne, elle ne voit pas la bête du diable, c'est grand comment, peut-être que c'est une bête qu'on ne voit pas ou peut-être qu'il faut attendre d'être grand comme Inès pour savoir à quoi la reconnaître, peut-être que c'est quand il y a une fleur dans le foin, un coquelicot[66] ou un bleuet[67] ou peut-être quand il y a un morceau de bois, il faut se remettre à courir, peut-être que la bête est déjà là tout autour puisqu'on ne la voit pas, peut-être qu'on

60 **lâcher**: to let go of
61 **passer à plat ventre sous**: to crawl under
62 **attraper un procès-verbal**: to be sued
63 **se tortille**: wriggles
64 **diable**: devil
65 **à ras**: short
66 **coquelicot**: poppy
67 **bleuet**: cornflower

ne pourra jamais plus courir en tout cas c'est grave si
une grande petite fille comme Inès a peur. On lit tout
haut des phrases entières. La meunière[68] du moulin moud
du maïs. Le mari de la meunière emmène le mouton. Le
mouton mange le maïs de la meunière. Sur le livre de
lecture on voit un mouton plus grand que la meunière.
Il a des bosses[69] blanches tout autour de lui, c'est de
la laine. Liliane lave le linge. On répète après ma
soeur. Liliane lave le linge. Ma soeur écrit au tableau
ce qu'il y a sur le livre. Elle désigne chaque syllabe
avec la grande règle en bois. Quand ma soeur entend que
quelque chose ne va pas, elle frappe le tableau, elle
dit, répétez, en tapant sur la syllabe, lin, lin, encore, lin. Catherine Legrand a des snow-boots. Ma soeur
les fait sécher devant le poêle quand il pleut ou quand
il y a de la neige, avec des bottines et d'autres snow-
boots. Catherine Legrand ne sait pas les attacher. Il y
a des boutons sur le côté. Ma soeur oublie de les fermer. On marche avec peine. Catherine Legrand rentre de
l'école avec des snow-boots ouverts. Ils bâillent[70] sur
le côté. Catherine Legrand a de plus en plus de mal à
mettre un pied devant l'autre. Par l'ouverture, c'est
rentré du lourd et Catherine Legrand ne peut pas, non,
ne peut pas du tout lever le pied. Elle regarde derrière elle. Il y a un nuage qui descend de plus en
plus. Dedans il y a un petit vieux qui rit. Catherine
Legrand veut se pencher[71] pour fermer ses snow-boots,
elle ne peut pas faire ça, elle veut se mettre à courir, elle ne peut pas à cause de tout le lourd qui est
entré. Quand elle se retourne, le petit vieux est presque arrrivé près d'elle, sa bouche se découvre de plus
en plus, il ricane[72], on peut l'entendre, il fait hé hé
dans le fond de sa gorge. Catherine Legrand tente un
grand effort pour enlever les pieds de par terre. Elle
y arrive à peine et chaque fois, ça la déporte de côté,
un coup du côté droit, un coup du côté gauche, c'est
pour ça qu'elle n'avance pas, elle fait juste un, deux,
de droite à gauche comme un métronome, il faut il faut
bouger, sortir de là, décamper[73], il va faire nuit, le
petit vieux est juste derrière, hé, hé, hé. Catherine
Legrand tente le plus grand effort possible et ça abou-
tit à un hurlement. Le petit Jésus qui va-t-à l'école,
on lui donne des bonbons, une pomme rouge pour mettre à

68 **meunière**: miller's wife
69 **bosse**: hump, lump
70 **bâiller**: to gape
71 **se pencher**: to bend over
72 **ricaner**: to snigger
73 **décamper**: to scram

sa bouche, un bouquet de fleurs pour mettre à son coeur. On apprend à faire sa prière et même on va à la messe le dimanche. On a un livre avec des images sur les pages et d'autres qui ne sont pas sur les pages. Quand on les fait tomber on ne peut pas les remettre droites dans le livre à cause des gants de laine et quand on enlève les gants en tirant dessus avec la bouche et les dents on ne peut plus enfiler les doigts dans les doigts de gant. On est avec d'autres enfants. On est à genoux sur des bancs de bois. De temps en temps on a le droit de s'asseoir. Il y a un creux[74] sur le genou à l'endroit où on l'appuie contre le banc. On s'amuse à passer le doigt dessus. C'est tout blanc parce que ça a froid. On dessine avec des crayons de couleur. La maison est là avec un toit pointu. On fait les volets[75] verts. Les oiseaux sont autour jusqu'en bas qui volent. On fait les ailes bleues mais on ne voit pas les becs. On ne voit pas les yeux non plus. Il y a des enfants qui dessinent des oiseaux du côté où on leur voit l'oeil. La mère dans le jardin suspend le linge. On fait la mère. Elle lève les bras. De chaque côté d'elle on voit le linge en carrés qu'elle a déjà suspendus. Catherine Legrand porte un pantalon qui lui colle[76] aux jambes quand il fait froid. Ça la gêne[77] quand elle marche elle le sent partout, elle a deux jambes, oui, et entre les jambes la couture ça l'empêche de marcher. On ne met pas de pantalon quand on est une petite fille. On n'aime pas ça parce qu'on devient deux. Catherine Legrand mais aussi ce qui est dans le pantalon et qui n'est pas exactement Catherine Legrand. Peut-être que Catherine Legrand est la seule petite fille à porter un pantalon et à n'être pas exactement une petite fille. Dans la cour de récréation on fait pipi[78] à plusieurs accroupi[79]. Le petit garçon qui s'appelle Robert Payen dit, regarde ma quéquette. Pourquoi tu as ça toi? Parce que je suis grand. Moi j'en aurai aussi? Oui quand tu seras comme moi. Mais quand? Je te dis quand tu seras comme moi. Le petit garçon à la quéquette qui s'appelle Robert Payen est malade. Il a de grandes écharpes[80]. Ses yeux brillent il est tout blanc. Ma soeur dit qu'il ne viendra pas à l'école. Ma soeur dit qu'il ne viendra plus à l'école. Ma soeur dit

74 **creux**: a dent
75 **volets**: shutters
76 **coller**: to stick
77 **gêner**: to bother
78 **pipi**: weewee
79 **accroupi**: squatting
80 **écharpe**: scarf

qu'il est mort. Les volets de la maison qu'on voit par-
dessus les arbres sont fermés. La grande petite fille
qui s'appelle Inès emmène après la classe les enfants
près de la maison. Peut-être qu'on pourra voir quelque
chose. La maison est toute fermée on ne voit rien. La
petite fille qui s'appelle Pascale Delaroche pousse du
coude une autre petite fille, tu entends. L'autre petite fille qui s'appelle Françoise Pommier fait, oh. Sa
bouche est toute ronde. On n'entend rien. On fait le
tour de la maison sur la route. Dans le jardin un camion sans roues est enfoncé dans la terre[81]. Derrière
la maison les volets sont fermés sauf au rez-de-chaussée où la fenêtre est ouverte. On voit une famille à
table. Devant chaque personne il y a l'assiette. Les
enfants assis ont l'air d'être de grands enfants. On
n'entend pas parler. Le père se lève pour fermer la fenêtre. Il pousse sa chaise et dit des mots très fort.
On ne comprend pas quoi. Les vitres tremblent quand il
ferme la fenêtre en la claquant[82]. On dirait qu'il est
fâché. On s'en va en courant. Des enfants se chuchotent[83] quelque chose. Celui qui parle est sur la pointe
des pieds[84] pour avoir la bouche sur l'oreille de celui
qui écoute et qui est plus grand. Catherine Legrand
dit, et les enfants qui sont morts on les met aussi
dans un trou? On ne sait pas. Tout le long de la route
il faut se méfier[85] des trous d'égout[86]. On réfléchit
qu'on ne veut pas passer tout près parce qu'on sait
maintenant que c'est là qu'on met les gens qui sont
morts et peut-être les enfants aussi. Ça s'ouvre au-
dessous du trottoir on ne les voit pas de loin il faut
faire très attention pour se rendre compte qu'ils sont
là, ça s'ouvre sur la route si on glisse dedans on est
mort. Des égouts c'est là pour sucer[87], ça fait mourir.
On peut mourir avant c'est un fait et de toute façon
c'est là qu'on va. Mais si on est attiré dedans par
surprise on meurt aussi et même personne ne sait qu'on
est mort. Ça s'est vu des enfants qui meurent avant le
père et la mère. Quand on entend des enfants jouer
dehors on n'arrive pas à s'endormir. Les draps sont
chauds on n'est pas bien on a envie d'être habillé pour
pouvoir courir. Il fait encore jour les fenêtres sont
ouvertes. Des odeurs d'herbe desséchée, d'arbre qui a

81 **enfoncé dans la terre**: half buried in the ground
82 **claquer**: to slam
83 **chuchoter**: to whisper
84 **pointe des pieds**: tiptoe
85 **se méfier**: to be on your guard
86 **trous d'égout**: sewer holes
87 **sucer**: to suck

eu chaud toute la journée et qui se remue sous le vent
passent à travers les persiennes[88]. On arrose le jardin. On entend le tout petit sifflement du jet d'eau.
La terre aussi a eu chaud et maintenant elle dégage une
odeur avec l'eau qu'on lui verse. Les enfants courent
sur la route. Ils crient parce qu'ils sont contents. Ça
ressemble à des cris d'hirondelle[89] sauf que de temps
en temps il y a des cris plus forts qu'on reconnaît
pour être les cris d'un enfant qui s'est rapproché ou
qui se prend au jeu. Des tas de cris lui répondent. Ils
se chevauchent[90], se recouvrent, l'un dépasse l'autre
pour un instant, on ne reconnaît pas les voix quand on
est couché dans son lit et qu'il faut dormir. Les lattes[91] des persiennes font des ombres très longues en
travers du plafond. Ça se distend par moments et ça
marche d'un côté du plafond à l'autre. Les ombres bou-
gent sans arrêt et quand on ferme les yeux il y en a
des rouges et des vertes entre les paupières et les
yeux. Quelquefois c'est traversé par des fils jaunes.
Elles changent tout le temps de forme on n'a pas le
temps de voir comment c'est. La mère dit qu'il y a du
duvet[92] dans l'oreiller[93]. Ça remue aux oreilles, ça
fait du bruit comme des feuilles sèches ça empêche de
dormir. Il y a aussi quelque chose au fond de l'oreiller qui fait le même bruit qu'un tambour[94] mais qui est
très loin, c'est un battement, ça résonne dans la tête.
On peut regarder par-dessus le mur les enfants de la
cité qui jouent. On saute pour attraper le haut du mur
avec les mains. Après on n'a qu'à racler[95] contre avec
les souliers jusqu'à ce qu'on soit monté. Il y a des
petites maisons alignées. Devant la porte la mère d'un
enfant secoue le tapis où l'on s'essuie les pieds. Elle
le pose par terre et frappe dessus avec les pieds un
pied après l'autre. Elle le retourne et refait la même
chose. Quand elle le change de place il y a sur le sol
un tas de poussière de la forme du tapis. Elle le pousse avec le balai. Les enfants sont loin. Ils courent
autour des maisons. En tournant les coins leurs pieds
dérapent[96] sur la poussière de charbon[97] en quoi le

88 **persiennes**: blinds
89 **hirondelle**: swallow
90 **se chevaucher**: to overlap
91 **lattes**: slats
92 **duvet**: down
93 **oreiller**: pillow
94 **tambour**: drum
95 **racler**: to scrape
96 **déraper**: to skid
97 **charbon**: coal

chemin est fait. On peut leur lancer des pierres pour
qu'ils regardent du côté du mur. On ne les atteint pas.
On les envoie contre une porte et il faut redescendre
du mur à toute vitesse en laissant traîner les genoux
contre pour retrouver le sol au bout des pieds. On joue
à mettre des araignées[98] en boîte. On arrache toutes
les pattes[99] pour qu'elles ne se sauvent pas quand il
n'y a pas de couvercle[100]. On leur laisse les petits
crochets[101] devant. Elles avancent avec ça. On les pose
sur le ciment et on leur fait faire la course. On les
met dans des maisons. On les jette. Dans la cour de
l'école on joue à être malade. Ma soeur est assise sur
une chaise. Le médecin utilise les feuilles de lilas en
compresse. Il fait des applications de lilas trempé
dans la boue[102] sur les bras sur les cuisses[103] et sur
les ventres. On lit des phrases entières. Ma soeur les
écrit au tableau. Le tisserand[104] tisse la toile. Les
tuiles du toit[105] tiendront tout l'été. Elle suit chaque syllabe avec le bout de la règle de bois. Ma soeur
dit, répétez avec moi, les-tu-i-les-du-toit. On répète
tout le temps la même phrase. On est sur le banc. C'est
défendu de bouger. On s'enfonce[106]. Ma soeur demande au
petit garçon qui s'appelle Pierre Bertrand de lire tout
seul la phrase qu'elle suit au tableau la règle au-des-
sous de chaque syllabe. Pierre Bertrand ne comprend pas
ce que lui dit ma soeur. Il ne lit pas. Il n'ouvre pas
la bouche. Il est debout dans l'allée. Ma soeur le met
à un banc tout seul. Elle dit, on répète encore pour
Pierre Bertrand, les-tu-i-les-du-toit. Quand on sera
grand on pourra lire sans la règle et sans ma soeur
dans un livre tout seul sans répéter. On lira des tas
de pages sans s'arrêter. Tu l'aimes toi ta mère? La
petite fille qui s'appelle Josiane Fourmont dit ça.
J'aime ma mère, oui j'aime ma mère. Tu l'aimes comment?
Comme ça. On écarte[107] les mains pour faire voir la
longueur. Catherine Legrand les écarte autant qu'elle
peut. Et toi? Moi, comme ça. Les doigts de la petite
fille qui s'appelle Josiane Fourmont se touchent presque. Dis donc tu ne l'aimes pas toi ta mère. Pas beau-

98 **araignée**: spider
99 **pattes**: legs
100 **couvercle**: lid
101 **crochet**: hook
102 **boue**: mud
103 **cuisse**: thigh
104 **tisserand**: weaver
105 **tuiles du toit**: tiles on the roof
106 **s'enfoncer**: to sink into
107 **écarter**: to spread

coup. Ma soeur descend de l'estrade[108] en sautant. Sa robe vole d'un seul coup derrière elle. Elle marche en deux pas dans toute la classe. Ma soeur tire Josiane Fourmont par l'oreille et la force à se mettre debout hors du banc, la main de ma soeur continue de secouer[109] l'oreille. Quand elle a fini l'oreille est à côté de la tête toute froissée[110] et violette. Dans la cour de récréation le petit garçon qui s'appelle Guy Romain fait l'automobile. Il court un peu en tapant[111] les pieds par terre. Les mains font un moulinet[112] à la hauteur de son ventre. Elles tournent à rebours[113] d'avant en arrière. Il est en marche arrière[114]. Il avance pourtant. La petite fille qui s'appelle Pascale Delaroche crie, pas comme ça puisque tu avances. Guy Romain n'écoute pas. Sa bouche fait un bruit monocorde. Pascale Delaroche montre les moulinets dans le bon sens. Les mains tournent d'arrière en avant. Elle dit, c'est ça la marche avant. Pascale Delaroche va près du petit garçon qui s'appelle Guy Romain et le tire par les mains pour qu'il se mette à les tourner dans le bon sens. Guy Romain s'arrache à elle sans cesser le bruit qu'il fait avec la bouche et sans que ses pieds s'arrêtent de taper par terre. Il prend son virage[115] en se penchant complètement sur la droite au moment où il tourne près de la barrière. Il redresse avant d'arriver à la hauteur de l'école.

L'Opoponax, (Les Editions de Minuit, 1964, p.7-24).

108 **estrade:** platform
109 **secouer:** to shake
110 **froissé:** bruised
111 **taper les pieds:** to stamp his feet
112 **les mains font un moulinet:** to whirl one's hands about
113 **à rebours:** back to front
114 **en marche arrière:** in reverse
115 **virage:** turn

CHRISTIANE ROCHEFORT

(1917)

Christiane Renée Rochefort est née le 17 juillet 1917 à Paris, rue Daguerre, dans le XIVe arrondissement, fille unique de gens pauvres - son père était ouvrier - appartenant à un prolétariat un peu bohème et révolutionnaire. L'école communale fut le temps heureux; puis les parents divorcent et on met Christiane au couvent, le cours Lacordaire. C'est là qu'elle passe son brevet élémentaire. Déclarée «bonne» pour les études secondaires, elle entre ensuite en première au Lycée Fénelon. Brillante élève en mathématiques, en histoire naturelle, mauvaise en littérature, on la présente, malgré tout, au Concours général. Après avoir essayé le dessin, la peinture, la musique, la sculpture, commencé des études de médecine, de psychiatrie et étudié à la Sorbonne (histoire des religions et ethnologie), ce qu'elle considère avoir été une erreur, elle s'est mise à écrire «pour sa propre joie», tout en gagnant sa vie comme employée de banque, fonctionnaire puis journaliste dans des quotidiens et hebdomadaires nés à la Libération. Passionnée de cinéma, elle devient chef de presse du Festival de Cannes. Elle écrit la nuit et le matin, fait de la peinture qu'elle désavouera par la suite et lit énormément. En fait elle écrit depuis l'enfance, mais pour elle-même, des vers, des chansons, des pièces de théâtre, des récits, des souvenirs. Christiane Rochefort a également travaillé à la Cinémathèque pour Henri Langlois. Tout imprégnée de littérature anglo-saxonne, elle est également influencée par Kafka, Queneau et Michaux.

Elle se dit très contente de ses mauvais souvenirs d'enfance: «une famille désunie c'est irremplaçable: ça apprend à se battre. Un excellent entraînement. Lutter, résister, prendre parti, on sait ce que c'est. [...] J'ai appris très jeune à être seule et à m'en trouver bien». Elle fera l'expérience du mariage, un autre échec qui durera quatre ans.

Son premier roman, Le repos du guerrier, publié en 1958, fit scandale et la rendit célèbre. Ce livre reçut le Prix de la Nouvelle Vague et fut adapté à l'écran quelques années plus tard (1962) par Roger Vadim, avec Brigitte Bardot dans le rôle principal.

Elle publie ensuite régulièrement: Les petits enfants du siècle (prix du Roman populiste 1961), Les stances à Sophie (1963), qui est une transposition de son expérience maritale ratée, Une rose pour Morrison (1966), Printemps au parking (1969), C'est bizarre l'écriture (1970), Archaos ou le jardin étincelant (1972), Encore heureux qu'on va vers l'été (1975). Les enfants d'abord (1976), est l'aboutissement d'une oeuvre qui dénonce toutes les formes d'aliénation de notre société. Cet essai postule que «les enfants sont une classe opprimée» et ceci d'autant plus qu'ils n'ont jamais connu autant de bonheur et de liberté que de nos jours. Le roman Encore heureux qu'on va vers l'été montrait que plus les enfants paraissent libres et plus ils sont insidieusement menacés. Le premier roman de Rochefort procédait déjà d'une réfléxion sur le thème de la liberté, sur le pouvoir révélateur du sexe, et sur la fonction aliénante de l'amour dans la société. Dans les romans «sociologiques» que sont Les petits enfants du siècle et Les stances à Sophie, l'individu est en proie à la solitude, au milieu d'une société hostile et agressive. La famille, le mariage, l'urbanisme HLM, les grands ensembles, les produits de consommation sont autant de prisons pour ceux qui rêvent de liberté et d'amour. Printemps au parking reprend les grandes idées libertaires de mai 68 et appelle à la désobéissance civile au nom du désir et de la vraie vie.

En 1978 dans Ma vie revue et corrigée par l'auteur, Christiane Rochefort s'essaie dans l'autobiographie en partant d'entretiens qu'elle a eus avec Maurice Chavardès.

> Au stade du projet, je pense: moi qui écris tout naturellement en langage parlé, le résultat peut être rigolo, surtout si imprimé tel quel, qui sait? On peut le risquer.

Ne se reconnaissant pas du tout dans le décryptage de ces quarante heures d'entretien enregistré, elle décide de retravailler entièrement le texte. Elle produit alors un livre poétique, insolite, qui ne donne pratiquement aucune information biographique, mais qui dévoile par contre ses goûts, ses dégoûts, ses rages et ses rêves, le tout dans ce style qu'elle nomme elle-même de «l'écrit-parlé». Elle reconnaît que cette écriture «toute naturelle» est en fait «le fruit de longues recherches». «L'écrit-parlé est tout ce qu'il y a de sophistication en fait d'écriture», avoue-t-elle dans l'avertissement.

Elle continue à publier: <u>Quand tu vas chez les femmes</u> (1982), <u>Le monde est comme deux chevaux</u> (1984). Elle a aussi rédigé des traductions de l'anglais: <u>En flagrant délire</u> de John Lennon avec Rachel Mizrahi et de l'hébreu, <u>Le cheval fini</u>, <u>Holocauste II</u> et <u>La route d'Ein Harod</u> de Amos Kenan. En 1988, Christiane Rochefort reçoit le prix Médicis pour <u>La Porte du fond</u>. Ce «roman d'éducation» est à la fois noir et comique, scandaleux et pudique. La narratrice, à des âges différents (7 ans, 30, 9 puis 15), raconte la victimisation dont elle a été l'objet pendant son enfance. A l'âge de neuf ans, son père l'a poussée de l'autre côté de la «porte du fond» pour lui enseigner les «choses de la vie». Ce qui se passera chaque jeudi, pendant six ans, derrière cette porte destinée à demeurer close, ne sera jamais dit explicitement. L'enfant, même si elle osait, n'aurait pas les mots pour l'exprimer. Rochefort, qui dans ce roman s'insurge contre l'oppression paternelle dans ses ramifications les plus perverses, insiste qu'elle ne s'en prend pas à l'institution familiale. «Le malheur n'est pas le sexe et pas non plus l'inceste. Le malheur c'est le Patron». Elle veut dire que l'oppression vient du pouvoir, ce qu'elle appelle «l'infamie». L'inceste qu'elle met en scène n'en est qu'une forme «de chambre», comme elle dit. Elle veut surtout nous faire assister au combat dérisoire qui se livre entre le tout-puissant et la toute faible, montrant comme elle perd chaque bataille mais y forge ses armes: le mensonge, la ruse, la haine.

La narratrice des <u>petits enfants du siècle</u>, Josyane Rouvier, est la fille aînée d'une famille nombreuse vivant dans un HLM à Bagnolet, dans un des grands ensembles à la périphérie de Paris. On la suit du berceau au mariage. Son père est ouvrier dans une fabrique de moutarde. Grâce aux allocations familiales l'augmentation des naissances représente une accession possible à une certaine prospérité, en tout cas elle semble être le seul moyen de se sortir de la misère. Chaque nouvel enfant offre la possibilité d'acquérir un frigidaire, une machine à laver, un poste de télévision, une voiture. Chaque naissance - et pendant longtemps c'est à une cadence annuelle - est monnayée en équipement ménager et en biens de consommation. A ce rythme, la mère est vite usée, souvent à bout de souffle mais elle a une domestique sans gages: la petite Josyane, qui à dix ans est déjà «une vraie petite maman». L'enfant est bonne élève, on croit deviner qu'elle s'en sortira, elle semble se révolter contre son sort, vouloir être libre et échapper à la déshumanisation de cette manière de vivre. Mais après avoir été initiée à onze ans à la sexualité, elle tombera, encore adolescente, dans le piège du grand amour, épousera Philippe et aura des enfants à son tour. La boucle est bouclée. On revient au départ. L'engrenage continue avec la seconde génération.

C'est un réquisitoire sur un ton acerbe et tendre à la fois. Christiane Rochefort cherche à rendre la langue parlée pleine de verve de l'enfant en y substituant cet «écrit-parlé» qu'elle a inventé.

Je suis née des Allocations[1] et d'un jour férié[2]
dont la matinée s'étirait, bienheureuse, au son de «Je
t'aime Tu m'aimes» joué à la trompette douce. C'était
le début de l'hiver, il faisait bon dans le lit, rien
ne pressait.

A la mi-juillet, mes parents se présentèrent à
l'hôpital. Ma mère avait les douleurs. On l'examina, et
on lui dit que ce n'était pas encore le moment. Ma mère
insista qu'elle avait les douleurs. Il s'en fallait de
quinze bons jours[3], dit l'infirmière; qu'elle resserre
sa gaine[4].

Mais est-ce qu'on ne pourrait pas déclarer tout de
même la naissance maintenant? demanda mon père. Et on
déclarerait quoi? dit l'infirmière: une fille, un garçon, ou un veau? Nous fûmes renvoyés sèchement.

Zut dit mon père c'est pas de veine, à quinze
jours on loupe la prime[5]. Il regarda le ventre de sa
femme avec rancoeur. On n'y pouvait rien[6]. On rentra en
métro. Il y avait des bals, mais on ne pouvait pas danser.

Je naquis le 2 août. C'était ma date correcte,
puisque je résultais du pont de la Toussaint[7]. Mais
l'impression demeura, que j'étais lambine[8]. En plus
j'avais fait louper les vacances, en retenant mes parents à Paris pendant la fermeture de l'usine. Je ne
faisais pas les choses comme il faut.

J'étais pourtant, dans l'ensemble, en avance: Patrick avait à peine pris ma place dans mon berceau[9] que
je me montrais capable, en m'accrochant, de quitter la

1 **allocations familiales**: child benefits
2 **jour férié**: official holiday
3 **il s'en fallait de quinze bons jours**: it was a matter
of another two weeks at the very least
4 **qu'elle resserre sa gaine**: let her tighten her girdle
5 **à quinze jours on loupe la prime**: because of two
weeks we miss the subsidy
6 **on n'y pouvait rien**: you couldn't do anything about
it
7 **le pont de la Toussaint**: All Saints' Day holiday
8 **lambin**: slow
9 **berceau**: cradle

pièce dès qu'il se mettait à brailler[10]. Au fond[11] je peux bien dire que c'est Patrick qui m'a appris à marcher.

Quand les jumeaux[12], après avoir été longtemps égarés[13] dans divers hôpitaux, nous furent finalement rendus - du moins on pouvait supposer que c'était bien eux, en tout cas c'était des jumeaux - je m'habillais déjà toute seule et je savais hisser[14] sur la table les couverts, le sel, le pain et le tube de moutarde, reconnaître les serviettes dans les ronds.

«Et vivement que tu grandisses, disait ma mère, que tu puisses m'aider un peu.»

Elle était déjà patraque[15] quand je la connus; elle avait une descente d'organes[16]; elle ne pouvait pas aller à l'usine plus d'une semaine de suite, car elle travaillait debout; après la naissance de Chantal elle s'arrêta complètement, d'ailleurs on n'avait plus avantage, avec le salaire unique, et surtout pour ce qu'elle gagnait, sans parler des complications avec la Sécurité à chaque Arrêt de Travail, et ce qu'elle allait avoir sur le dos à la maison avec cinq tout petits enfants à s'occuper, ils calculèrent qu'en fin de compte ça ne valait pas la peine, du moins si le bébé vivait.

A ce moment-là je pouvais déjà rendre pas mal de services, aller au pain, pousser les jumeaux dans leur double landau[17], le long des blocs, pour qu'ils prennent l'air, et avoir l'oeil sur Patrick, qui était en avance lui aussi, malheureusement. Il n'avait pas trois ans quand il mit un chaton dans la machine à laver; cette fois-là tout de même papa lui en fila une bonne[18]: la machine n'était même pas finie de payer.

Chantal finalement survécut, grâce à des soins si extraordinaires que la mère en demeura à jamais émerveillée, et ne se lassait pas de raconter l'histoire aux autres bonnes femmes, et comment elle avait poussé un cri en voyant sa petite fille toute nue au milieu

10 **brailler**: to howl
11 **au fond**: as a matter of fact
12 **jumeaux**: twins
13 **égaré**: mislaid
14 **hisser**: to hoist
15 **patraque**: unwell
16 **descente d'organe**: prolapse of an organ
17 **landau**: baby carriage
18 **lui en fila une bonne** (râclée): gave him a good thrashing

des blocs de glace, et que le médecin lui avait dit
qu'il n'y avait pas d'autre moyen de la sauver, et en
effet. A cause de cela, elle avait une sorte de préférence pour Chantal, autant qu'on pouvait parler de préférence avec elle; mais enfin elle s'en occupait complètement, tandis que le autres étaient pour moi, y
compris par la suite Catherine, même lorsqu'elle était
encore un tout petit bébé.

Je commençais à aller à l'école. Le matin je faisais déjeuner les garçons, je les emmenais à la maternelle, et j'allais à mon école. Le midi, on restait à
la cantine. J'aimais la cantine, on s'assoit et les assiettes arrivent toutes remplies; c'est toujours bon ce
qu'il y a dans des assiettes qui arrivent toutes remplies; les autres filles en général n'aimaient pas la
cantine, elles trouvaient que c'était mauvais; je me
demande ce qu'elles avaient à la maison; quand je les
questionnais, c'était pourtant la même chose que chez
nous, de la même marque, et venant des mêmes boutiques,
sauf la moutarde, que papa rapportait directement de
l'usine; nous on mettait de la moutarde dans tout.
Le soir, je ramenais les garçons et je les laissais dans la cour, à jouer avec les autres. Je montais
prendre les sous et je redescendais aux commissions.
Maman faisait le dîner, papa rentrait et ouvrait la
télé, maman et moi on faisait la vaisselle, et ils allaient se coucher, moi je restais dans la cuisine, à
faire mes devoirs.

Maintenant, notre appartement était bien. Avant,
on habitait dans le treizième, une sale[19] chambre avec
l'eau sur le palier[20]. Quand le coin avait été démoli,
on nous avait mis ici; on était prioritaires; dans cette Cité[21] les familles nombreuses étaient prioritaires.
On avait reçu le nombre de pièces auquel nous avions
droit selon le nombre d'enfants. Les parents avaient
une chambre, les garçons une autre, je couchais avec
les bébés dans la troisième; on avait une salle d'eau,
la machine à laver était arrivée quand les jumeaux é-
taient nés, et une cuisine-séjour où on mangeait; c'est
dans la cuisine, où était la table, que je faisais mes
devoirs. C'était mon bon moment: quel bonheur quand ils
étaient tous garés[22], et que je me retrouvais seule
dans la nuit et le silence! Le jour je n'entendais pas

19 **sale:** awful
20 **palier:** landing
21 **cité:** housing project
22 **garé:** parked

le bruit, je ne faisais pas attention; mais le soir j'entendais le silence. Le silence commençait à dix heures: les radios se taisaient, les piaillements[23], les voix, les tintements de vaisselle; une à une, les fenêtres s'éteignaient. A dix heures et demie c'était fini. Plus rien. Le désert. J'étais seule. Ah! comme c'était calme et paisible autour, les gens endormis, les fenêtres noires, sauf une ou deux derrière lesquelles quelqu'un veillait comme moi, seul, tranquille, jouissant de la paix! Je me suis mise à aimer mes devoirs peu à peu. A travers le mur, le grand ronflement[24] du père, signifiant qu'il n'y avait rien à craindre pour un bon bout de temps; parfois un bruit du côté des bébés: Chantal qui étouffait, couchée sur le ventre; Catherine qui avait un cauchemar[25]; je n'avais qu'à les bouger un peu et c'était fini, tout rentrait dans l'ordre, je pouvais retourner.

Tout le monde disait que j'aimais beaucoup mes frères et soeurs, que j'étais une vraie petite maman. Les bonnes femmes me voyaient passer, poussant Catherine, tirant Chantal, battant le rappel des garçons, et elles disaient à ma mère que j'étais «une vraie petite maman». En disant ça elles se penchaient vers moi avec une figure molle comme si elles allaient se mettre à couler[26], et je me reculais[27] pour me garer. Les bonnes femmes étaient pleines de maladies, dont elles n'arrêtaient pas de parler avec les détails, spécialement dans le ventre, et tous les gens qu'elles connaissaient étaient également malades.

La plupart avaient des tumeurs, et on se demandait toujours si c'était cancéreux ou pas, quand c'était cancéreux ils mouraient, et on donnait pour la couronne. Maman n'avait pas de tumeur, elle avait de l'albumine et avec sa grossesse il fallait qu'elle mange absolument sans sel, ce qui compliquait encore tout, parce qu'on faisait deux cuisines.

Quand le bébé mourut en naissant, je crois que je n'eus pas de véritable chagrin. Cela nous fit seulement tout drôle de la voir revenir à la maison sans rien cette fois-là. Elle non plus ne s'y habituait pas, elle tournait sans savoir quoi faire, pendant que le travail autour s'accumulait. Puis elle s'y remit petit à petit, et nous avons tous fini par oublier le pauvre bébé.

23 **piaillements**: squawking
24 **ronflement**: snoring
25 **cauchemar**: nightmare
26 **couler**: to run down, to flow
27 **se reculer**: to step back

Chantal alors marchait et commençait à parler, elle tirait sur la robe de ma mère et n'arrêtait pas de répéter: où ti fère, où ti fère? On le lui avait promis. Ah! laisse-moi donc tranquille, répondait la mère comme toujours, tu me fatigues! Donne ton nez que je te mouche. Souffle. Chantal était enrhumée: l'hiver, elle n'était qu'un rhume, d'un bout à l'autre, avec de temps en temps pour varier une bronchite ou une sinusite. Cette année-là les jumeaux avaient la coqueluche[28].

Pour faire tenir Chantal tranquille, je lui dis que le Petit Frère n'avait pas pu venir, il n'y avait pas assez de choux, mais il viendrait sûrement la prochaine.

«Parle pas de malheur, dit ma mère, j'ai assez de tracas[29] avec vous autres!»

Le vendeur vint reprendre la télé, parce qu'on n'avait pas pu payer les traites[30]. Maman eut beau expliquer[31] que c'est parce que le bébé était mort, et que ce n'était tout de même pas sa faute s'il n'avait pas vécu, et avec la santé qu'elle avait ce n'était déjà pas si drôle, et si en plus elle ne pouvait même pas avoir la télé, le truc fut bel et bien[32] embarqué, et par-dessus le marché quand papa rentra il se mit à gueuler[33] qu'elle se soit laissé faire, ces salauds-là dit-il viennent vous supplier de prendre leur bazar[34], ils disent qu'ils vous en font cadeau pour ainsi dire et au moindre retard ils rappliquent[35] le récupérer; s'il avait été là lui le père le truc y serait encore.

«Tiens avec ça que t'es plus malin[36] que les autres, lui dit-elle, y a qu'à voir la vie qu'on a», et là-dessus ils partirent à se reprocher tout depuis le début.

C'était une mauvaise passe. Ils comptaient le moindre sou.

Je sais pas comment tu t'arranges disait le père, je sais vraiment pas comment tu t'arranges, et la mère disait que s'il n'y avait pas le PMU[37] elle s'arrangerait sûrement mieux. Le père disait que le PMU ne coûtait rien l'un dans l'autre avec les gains et les per-

---

28 **coqueluche**: whooping cough
29 **tracas**: trouble
30 **traites**: monthly installments
31 **eut beau expliquer**: explained in vain
32 **bel et bien**: well and truly
33 **gueuler**: to yell
34 **bazar**: stuff
35 **rappliquer** (argot): to come
36 **malin**: clever
37 **PMU** (pari mutuel urbain): betting

tes qui s'équilibraient et d'ailleurs il jouait seulement de temps en temps et s'il n'avait pas ce petit plaisir alors qu'est-ce qu'il aurait, la vie n'est pas déjà si drôle. Et moi qu'est-ce que j'ai disait la mère, moi j'ai rien du tout, pas la plus petite distraction dans cette vacherie d'existence[38] toujours à travailler du matin au soir pour que Monsieur trouve tout prêt en rentrant se mettre les pieds sous la table, Merde disait Monsieur c'est bien le moins après avoir fait le con[39] toute la journée à remplir des tubes d'une cochonnerie de moutarde[40] et arriver crevé[41] après une heure et demie de transport si encore il avait une bagnole[42] ça le détendrait un peu, Ah! c'est bien le moment de penser à une bagnole, partait la mère, ah! c'est bien le moment oui! quand on n'arrive même pas à ravoir la télé et Patrick qui n'a plus de chaussures avec ses pieds qui n'arrêtent pas de grandir, C'est pas de ma faute dit Patrick, Toi tais-toi dit le père ça ne te regarde pas, Mais j'ai mal aux pieds dit Patrick, Tu vas te taire, oui? Le soir on ne savait pas quoi foutre sans télé, toutes les occasions étaient bonnes pour des prises de bec[43]. Le père prolongeait l'apéro[44], la mère l'engueulait[45], il répondait que pour ce que c'était marrant[46] de rentrer pour entendre que des récriminations il n'était pas pressé et ça recommençait. Les petits braillaient[47], on attrapait des baffes[48] perdues.

J'ai horreur des scènes. La bruit que va fait, le temps que ça prend. Je bouillais intérieurement, attendant qu'ils se fatiguent, qu'ils se rentrent dans leurs draps, et que je reste seule dans ma cuisine, en paix.

Un jour, une dame vint à la maison, et demanda si les enfants allaient au catéchisme[49]. C'était un jeudi, après le déjeuner, j'habillais les petites pour les sortir. Maman repassait[50]; la dame expliquait les avantages qu'elle aurait à envoyer les enfants au catéchis-

38 **vacherie d'existence**: damned life
39 **faire le con**: to ass about
40 **cochonnerie de moutarde**: lousy mustard
41 **crevé**: worn out
42 **bagnole** (argot): car
43 **prise de bec**: row
44 **l'apéro** = l'apéritif
45 **engueuler**: to bawl sb out
46 **marrant** (argot) = amusant
47 **brailler**: to howl
48 **baffe**: slap
49 **catéchisme**: Sunday school
50 **repasser**: to iron

me; maman n'avait pas d'avis; si Patrick était aux lou-veteaux[51], dit la dame, il irait en sorties le jeudi et le dimanche. Maman débrancha[52] le fer; elle demanda si les jumeaux étaient assez grands aussi, pour ces sor-ties du jeudi et du dimanche. Par contre, de moi elle avait besoin. La dame expliqua que le patronage n'était pas obligé, il suffisait que j'aille au catéchisme une heure par semaine, après la classe. Ma mère ne savait pas, il faudrait qu'elle demande au père. Je finissais de boutonner le manteau de Chantal. Je dis: «Moi je voudrais y aller au catéchisme.»

Ma mère me regarda étonnée. La dame me fit un tel sourire que je faillis regretter. Elle ressemblait à un fromage blanc.

On ne trouva rien contre. «Bah! comme ça ce sera fait», dit ma mère.

Le lundi, en sortant de l'école, je prenais à gauche au lieu d'à droite, et je rentrais une heure et demie plus tard à la maison, quand tout était prêt. Ça valait la peine.

Les Petits Enfants du siècle, (Grasset, 1961, p.7-16).

51 **louveteau**: cub scout
52 **débrancher**: to unplug

CHAPITRE 4

Formation

N A T H A L I E   S A R R A U T E

(1902)

Nathalie Sarraute est née le 18 juillet 1902, à Ivanovo-Voznessensk (à 300 km au N.E. de Moscou), où son père dirigeait une fabrique de matières colorantes. C'est là qu'elle a passé les deux premières années de son enfance. Ses parents ayant divorcé et s'étant remariés de part et d'autre, les années suivantes la petite Nathalie vivra tour à tour en Suisse, en France et en Russie. Elle vit tantôt avec sa mère, à Paris, tantôt avec son père, à Ivanovo. Puis sa mère ayant épousé un historien russe, l'emmène à Saint-Pétersbourg. Elle parle le français et le russe. Elle lit beaucoup.

Quand elle a huit ans, elle retourne en France, où elle vivra désormais. Son père, pour des raisons politiques, est venu s'établir en France où il crée une usine semblable à celle qu'il possédait en Russie. La mère de sa belle-mère apprend à Nathalie le piano et l'allemand. Elle suit les cours des demoiselles Brébant, va au lycée Fénelon puis passe une licence d'anglais à la Sorbonne. En 1920 elle étudie à Oxford pour obtenir un diplôme en histoire. Durant l'hiver 1921-22, elle étudie la sociologie à Berlin. De 1922 à 1925, elle suit les cours de la Faculté de Droit, à Paris. Elle y rencontre Raymond Sarraute, qu'elle épousera à la fin de ses études. Elle s'inscrit avec lui au Barreau. Pendant douze ans elle s'occupera d'affaires correctionnelles, avant de se consacrer à la littérature. Entre 1927 et 1933, elle aura trois filles.

L'adolescence de Nathalie Sarraute a été nourrie des classiques russes et français mais c'est un roman allemand, <u>Tonio Kröger</u> de Thomas Mann, lu à vingt ans, qui va éveiller en elle le désir d'écrire. Vers 1932, elle rédige les premiers tropismes, elle en écrira régulièrement pendant les années suivantes. Le recueil <u>Tropismes</u> paraît en 1939. Pendant la guerre, elle se réfugie en Seine-et-Oise, prend le nom de Nicole Sauvage, rencontre Sartre et Simone de Beauvoir et continue à travaillller à son deuxième ouvrage Portrait d'un Inconnu qui paraîtra en 1948, précédé d'une préface de Sartre qui qualifiera le livre d'anti-roman.

L'accueil suscité par cet ouvrage confirme Nathalie Sarraute dans sa recherche fondamentale. Elle voit de plus en plus clairement ce qui la sépare des romanciers de son temps, ce qui la lie à Dostoïevski et Proust et ce qui constitue son originalité. Elle se met à rédiger des réflexions critiques qui seront réunies en 1956 sous le titre L'Ere du Soupçon. En préface, elle écrit:

> On opposait une littérature métaphysique, celle de Kafka, à une littérature qu'on qualifiait avec dédain de "psychologique". C'est pour réagir contre cette discrimination simpliste que j'ai écrit mon premier essai De Dostoïevski à Kafka [...] Quand j'écrivais mon second essai, L'Ere du Soupçon, on n'entendait guère parler de romans traditionnels ou de "recherches". Ces termes, employés à propos du roman, avaient un air prétentieux et suspect. Les critiques continuaient à juger les romans comme si rien n'avait bougé depuis Balzac. Feignaient-ils d'ignorer ou avaient-ils oublié les changements profonds qui s'étaient produits dans cet art depuis le début du siécle?
> Depuis l'époque où j'ai écrit cet article, il n'est question que de recherches et de techniques [...] Je pense que l'intérêt principal de cet article, paru en 1950, vient de ce qu'il a marqué le moment à partir duquel une nouvelle manière de concevoir le roman devait enfin s'imposer.

Martereau paraît en 1953, Le Planétarium en 1959. Ce roman a pour thème la «création d'un état naissant: cet effort créateur qui sans cesse s'ébauche, tâtonne, cherche son objet, s'enlise, se dégrade, ainsi par exemple dans ce qui paraît n'être que de banals commérages, ou les obsessions d'une vieille femme maniaque». En 1963, Les Fruits d'or prennent comme héros du roman le roman lui-même. Ce livre reçoit à Salzbourg un Prix International de Littérature. En écrivant que «des mouvements à l'état naissant qui ne peuvent pas encore être nommés, qui n'ont pas encore accédé à la conscience où ils se figeront en lieux communs, forment la substance de tous mes livres», Nathalie Sarraute a inventé une des formes du Nouveau Roman.

Elle a aussi écrit deux pièces radiophoniques, Le Silence (1964) et Le Mensonge (1966). De précurseur du Nouveau Roman, elle est devenue un des chefs de file de ce mouvement littéraire. Entre la vie et la mort paraît en 1968, Vous les entendez? en 1972, "Disent les imbéciles" en 1976. En 1983 elle publie un roman autobiographique, Enfance. Tu ne t'aimes pas (1989) reste au centre de ses préoccupations littéraires. On y retrouve un roman tout en dialogues «intérieurs», où une voix plurielle, multiforme d'un narrateur-acteur-metteur en scène projette une succession de scènes recomposées, démontées, revécues et revues au ralenti. Isma (1970), C'est beau (1973), Elle est là (1978), Pour un oui ou pour un non (1982) sont des pièces de théâtre.

Dans L'Ere du soupçon, Nathalie Sarraute affirme que le lecteur ne croit plus aux personnages, aux histoires, qu'il se méfie de l'imagination mais désire le «petit fait vrai». Il cherche des types et déforme la littérature. Chez Sarraute, le roman devient une sorte de film au ralenti qui, par des images donnent l'équivalence de ces mouvements indéfinissables qu'elle désire communiquer au lecteur. Le mot «tropisme» est emprunté à la biologie et se définit comme le mouvement réflexe d'un organisme causé par une excitation de l'extérieur. Dans l'oeuvre de Sarraute, il s'applique aux «mouvements indéfinissables et fuyants qui glissent très rapidement aux limites de la conscience» et qui sont, selon elle, à l'origine de nos gestes, sentiments, et paroles. Ces tropismes sont déclenchés le plus souvent par la présence d'autrui et constituent ce qu'elle appelle la «sous-conversation» qui révèle les drames véritables de l'existence qui se cachent sous les clichés et les actions banales de la vie quotidienne. Dans les romans de Sarraute, l'intrigue et les personnages ne servent que de support aux tropismes qui sont les mêmes chez tout le monde. L'écrivain devra donc capter ces pulsions souterraines en les traduisant en images et en dialogues. S'écartant du roman psychologique proprement dit, Sarraute veut découvrir la tension secrète entre le conscient et l'inconscient, entre la conversation et la sous-conversation, entre le geste extérieur et la pulsion intérieure, entre le moi social inauthentique qui se crée un personnage et le «ça» authentique et anonyme. Le présent est démesurément agrandi. Rien ne doit distraire de ces drames révélés par les sous-conversations; ni l'intrigue romanesque, ni les personnages, ni les sentiments connus et nommés. Les personnages restent le plus souvent anonymes, à peine visibles, le dialogue prend la place de l'action. C'est par son rejet des conventions du roman traditionnel et par son concept du roman comme recherche que Nathalie Sarraute se rattache au groupe de Nouveau Roman.

Tropismes contient en germe toute l'oeuvre future de Sarraute. Il s'agit de 24 textes numérotés, extrêmement brefs. Aucun ne dépasse quatre pages. On assiste à une série de «mini-drames» où Sarraute nous fait observer ce qui se dissimule sous les apparences. Les personnages de Tropismes sont habitués à absorber la souffrance, l'amour, la nature, la beauté sous forme de clichés. Réagir, briser les masques créés par le langage, ne pas accepter les clichés qui les engluent est au-dessus de leurs forces. Ce sont des solitaires, des inadaptés mais malgré leur docilité extrême envers les clichés, il leur arrive de rêver à une évasion, à une délivrance de ce monde qui les étouffe.

Les femmes dans cet univers sont toujours dépendantes. Elles ne travaillent pas, vivent entretenues par un mari ou un père. Elles sont parfois vues comme sangsues. Les objets ont une grande importance, ils servent de protection à ces femmes, de mur qui les défend du monde extérieur, de l'angoisse mais aussi d'arme que certaines utilisent pour manipuler les autres (Tropisme VI). La notion de masque est primordiale. L'être réel se cache sous le personnage social. On joue toujours des rôles. Il n'y a pas de contact réel entre les personnages, le contact est toujours manqué. Les personnages sont noués et leurs paroles sont des tentatives infructueuses de dénouement. Tous les dialogues ont leurs victimes et leurs bourreaux, victimes complaisantes et bourreaux sadiques. En effet le langage se présente comme possession amoureuse (inceste, adultère, viol, Tropisme XV) ou comme meurtre potentiel. Le mot est investi de tous les pouvoirs.

Indications bibliographiques

Allemand, André. L'Oeuvre romanesque de Nathalie Sarraute. Neuchâtel, La Baconnière-Payot, 1980.

Benmussa, Simone. Nathalie Sarraute, qui êtes-vous? Paris, La Manufacture, 1987.

Calin, Françoise. La vie retrouvée. étude de l'oeuvre romanesque de Nathalie Sarraute. Paris, Minard, Lettre Modernes, 1976.

Cranaki, Mimica et Belaval, Yvon. Nathalie Sarraute. Paris, Gallimard, 1965.

Micha, René. Nathalie Sarraute. Paris, Editions Universitaires, 1966.

Watson-Williams, Helen. The Novels of Natahlie Sarraute: Towards an Aesthetic. Amsterdam, Rodopi, 1981.

247872

XXI

Dans son tablier noir en alpaga[1], avec sa croix épinglée[2] chaque semaine sur sa poitrine, c'était une petite fille extrêmement «facile»[3], une enfant très docile et très sage: «Il est pour les enfants, Madame, celui-là?» demandait-elle à la papetière[4], quand elle n'était pas sûre, en achetant un journal illustré ou un livre.

Elle n'aurait jamais pu, oh! non, pour rien au monde elle n'aurait pu, déjà à cet âge-là, sortir de la boutique avec ce regard appuyé sur son dos, avec tout le long de son dos quand elle allait ouvrir la porte pour sortir, le regard de la papetière.

Elle était grande maintenant, petit poisson deviendra grand, mais oui, le temps passe vite, ah! c'est une fois passé vingt ans[5] que les années se mettent à courir toujours plus vite, n'est-ce pas? eux aussi trouvaient cela? et elle se tenait devant eux dans son ensemble noir qui allait avec tout, et puis le noir, c'est bien vrai, fait toujours habillé[6]... elle se tenait assise, les mains croisées sur son sac assorti[7], souriante, hochant[8] la tête, apitoyée, oui, bien sûr elle avait entendu raconter, elle savait comme l'agonie de leur grand'mère avait duré, c'est qu'elle était si forte, pensez donc, ils n'étaient pas comme nous, elle avait conservé toutes ses dents à son âge... Et Madeleine? Son mari... Ah! les hommes, s'ils pouvaient mettre au monde des enfants, ils n'en auraient qu'un seul, bien sûr, ils ne recommenceraient pas deux fois, sa mère, la pauvre femme, le répétait toujours - Oh! oh! les

1 **alpaga:** alpaca
2 **sa croix épinglée:** her cross pinned (it is an award for good work in school)
3 **«facile»:** manageable, docile
4 **papetière:** lady running a stationery store
5 **c'est une fois ... ans:** it's once you are past twenty
6 **fait toujours habillé:** always looks dressy
7 **sac assorti:** matching handbag
8 **hochant:** nodding

pères, les fils, les mères! - l'aînée était une fille, eux qui avaient voulu avoir un fils d'abord, non, non, c'était trop tôt, elle n'allait pas se lever déjà, partir, elle n'allait pas se séparer d'eux, elle allait rester là, près d'eux, tout près, le plus près possible, bien sûr elle comprenait, c'est si gentil, un frère aîné, elle hochait la tête, elle souriait, oh! pas elle la première, oh! non, ils pouvaient être tout à fait rassurés, elle ne bougerait pas, oh! non, pas elle, elle ne pourrait jamais rompre cela tout à coup. Se taire; les regarder; et juste au beau milieu de la maladie de la grand'mère se dresser[9] et, faisant un trou énorme, s'échapper en heurtant les parois déchirées[10] et courir en criant au milieu des maisons qui guettaient accroupies[11] tout au long des rues grises, s'enfuir en enjambant[12] les pieds des concierges qui prenaient le frais[13] assises sur le seuil de leurs portes, courir la bouche tordue[14], hurlant des mots sans suite[15], tandis que les concierges lèveraient la tête au-dessus de leur tricot et que leurs maris abaisseraient leur journal sur leurs genoux et appuieraient le long de son dos, jusqu'à ce qu'elle tourne le coin de la rue, leur regard.

Tropisme XXI, (Les Editions de Minuit, 1957, p.121-123).

XXIII

Ils étaient laids, ils étaient plats, communs, sans personnalité, ils dataient[16] vraiment trop, des clichés, pensait-elle, qu'elle avait vus déjà tant de fois décrits partout, dans Balzac, Maupassant, dans Madame Bovary, des clichés, des copies, la copie d'une copie, pensait-elle.

9 **se dresser:** to stand up
10 **en heurtant ... déchirées:** knocking against the torn walls
11 **au milieu ... accroupies:** between the crouched houses which were lying in wait
12 **enjambant:** stepping over
13 **prenaient le frais:** were enjoying the fresh air
14 **tordue:** twisted
15 **sans suite:** incoherent
16 **dater:** être démodé

Elle aurait tant voulu les repousser[17], les empoigner[18] et les rejeter très loin. Mais ils se tenaient autour d'elle tranquillement, ils lui souriaient, aimables, mais dignes, très décents, toute la semaine ils avaient travaillé, ils n'avaient toute leur vie compté que sur eux-mêmes, ils ne demandaient rien, rien d'autre que de temps en temps la voir; de rajuster un peu entre elle et eux le lien[19], sentir qu'il était là, toujours bien à sa place le fil qui les reliait à elle. Ils ne voulaient rien d'autre que demander - comme c'était naturel, comme tout le monde faisait, quand on se rendait visite entre amis, entre parents - lui demamder ce qu'elle avait fait de bon, si elle avait lu beaucoup ces derniers temps, si elle était sortie souvent, si elle avait vu cela, ces films, ne les trouvait-elle pas bien... Eux ils avaient tellement aimé Michel Simon, Jouvet[20], ils avaient tellement ri, passé une si bonne soirée...

Et quant à tout cela, les clichés, les copies, Balzac, Flaubert, Madame Bovary, oh! ils savaient très bien, ils connaissaient tout cela, mais ils n'avaient pas peur - ils la regardaient gentiment, ils souriaient, ils semblaient se sentir en lieu sûr auprès d'elle, ils semblaient le savoir, qu'ils avaient été tant regardés, dépeints, décrits, tant sucés[21] qu'ils en étaient devenus tout lisses[22] comme des galets[23], tout polis, sans une entaille[24], sans une prise[25]. Elle ne pourrait pas les entamer[26]. Ils étaient à l'abri[27].

Ils l'entouraient, tendaient vers elle leurs mains: «Michel Simon... Jouvet... Ah! il avait fallu, n'est-ce pas, s'y prendre bien à l'avance pour retenir ses places... Après, on n'aurait plus trouvé de billets ou à des prix exorbitants, rien que des places de loges, des baignoires[28]...» Ils resserraient[29] le lien un

17 **repousser**: push them away
18 **empoigner**: to grab
19 **lien**: bond
20 **Michel Simon, Jouvet**: acteurs français très célèbres dans les années 30
21 **sucés**: sucked
22 **lisses**: smooth
23 **galets**: pebbles
24 **entaille**: gash
25 **prise**: grip
26 **entamer**: to cut into
27 **à l'abri**: sheltered
28 **des loges, des baignoires**: boxes in the grand circle, ground floor boxes
29 **resserraient**: drew tighter

peu plus fort, bien doucement, discrètement, sans faire mal, ils rajustaient le fil ténu, tiraient...

Et peu à peu une faiblesse, une mollesse[30], un besoin de se rapprocher d'eux, d'être approuvée par eux, la faisait entrer avec eux dans la ronde[31]. Elle sentait comme sagement (Oh! oui... Michel Simon... Jouvet...) bien sagement, comme une bonne petite fille docile, elle leur donnait la main et tournait avec eux.

Ah! nous voilà enfin tous réunis, bien sages, faisant ce qu'auraient approuvé nos parents, nous voilà donc enfin tous là, convenables[32], chantant en choeur comme de braves enfants qu'une grande personne invisible surveille pendant qu'ils font la ronde gentiment en se donnant une menotte[33] triste et moite[34].

Tropisme XXIII, (Les Editions de Minuit, 1957, p.133-135).

30 **mollesse:** lethargy
31 **ronde:** dance in a ring
32 **convenable:** proper
33 **menotte:** little hand (langage enfantin), handcuffs
34 **moite:** sweaty, sticky

MARIE CARDINAL

(1929)

Marie, Simone, Odette, Thérèse Cardinal est née le 9 mars 1929 à Alger. Son père était un industriel et sa mère appartenait à une famille de colons. Son enfance en Algérie lui a laissé un souvenir lumineux. «Les jardins de ma jeunesse sont ce qu'il y a de meilleur en moi», écrit-elle, car «là-bas j'ai connu l'harmonie. Je l'ai éprouvée. Elle m'a marquée pour toujours». Marie a commencé ses études au Cours Fénelon à Alger, les a poursuivies à l'Institut Maintenon à Paris, et a étudié à l'Université d'Alger et à la Sorbonne. En août 1953 elle épouse Jean-Pierre Ronfard, un metteur en scène. Ils ont eu trois enfants. Diplômée d'études supérieures de philosophie, elle a enseigné à l'étranger pendant sept ans (à partir de 1957). Elle a été professeur de philosophie aux lycées français à Thessalonique (Grèce), à Lisbonne (Portugal), à Vienne (Autriche) et finalement à Montréal.

Depuis 1962, année de parution de sa première oeuvre, Ecoutez la mer qui a obtenu le prix international du premier roman, elle se consacre exclusivement à l'écriture, en tant que journaliste et écrivain. Elle collabore aux magazines l'Express et Elle. En 1964 a paru La Mule du corbillard, puis La Souricière (1965), un essai Cet été-là (1967), et La Clé sur la porte (1972), récit d'une expérience de vie communautaire très libre, où des jeunes affrontent le monde des adultes, symbolisé par une mère qui se fait en fait leur complice. Les Mots pour le dire (1975) qui relate une psychanalyse fut un immense succès de librairie qui la rendit célèbre. Ce roman lui a valu un courrier considérable. Elle décida d'y répondre collectivement avec un nouvel ouvrage: Autrement dit (1976) qui se présente sous forme d'un dialogue avec Annie Leclerc et dans lequel Marie Cardinal parle de ses expériences et des sujets qui lui tiennent à coeur.

Elle continue à écrire et à publier très régulièrement. En 1978, a paru le roman Une vie pour deux, l'histoire de deux Français passant des vacances en Irlande. Mariés depuis 20 ans, un amour profond les unit mais un tiers met en cause leur équilibre, il s'agit d'une mystérieuse noyée que le mari a découverte sur la plage. En marge de l'enquête menée par les autorités, le couple occupe tout son temps à imaginer le passé de l'inconnue. Chacun projette sur elle ses propres fantasmes, ses hantises secrètes. La morte acquiert ainsi plusieurs vies imaginaires très variées et riches en péripéties. Ce jeu de l'imagination qui s'apparente à une psychanalyse finira par rapprocher le couple dont l'harmonie avait été menacée par l'intruse. Au Pays de mes racines (1980) est le récit du retour de Marie Cardinal en Algérie, avec sa fille cadette Bénédicte, après vingt-cinq ans d'absence. On y retrouve le thème de l'attachement à la terre, déjà abordé dans La Mule du corbillard (l'histoire de Mademoiselle Couturier, 70 ans, qui n'a qu'une passion, celle de la terre). Au bout du voyage c'est la révélation brutale de la vie intérieure, du retour aux racines, d'une identification avec la terre d'origine. Dans Le Passé empiété (1983), la narratrice est une brodeuse qui empiète «dans le passé pour se lancer dans l'avenir». C'est un roman qui se réfère aux mythes grecs et s'apparente à la littérature métaphysique.

Les Grands Désordres (1987), raconte et analyse une expérience vécue et transposée, les rapports douloureux entre mère et fille, face à la drogue. Ce roman retrace l'histoire d'Elsa Labbé, une femme de quarante-cinq ans, passionnée par son métier de psychologue pour enfants, à la vie équilibrée et sereine et mère de Laure, une fille de vingt-deux ans qu'elle adore. De retour d'un voyage aux Etats-Unis elle découvre que sa fille se drogue à l'héroïne. Persuadée que le savoir peut résoudre la plupart des désarrois de la vie, Elsa, la femme forte, va entrer dans l'univers des drogués, un monde qui échappe à la raison, à la connaissance et à la science, pour tenter de sauver sa fille. Finalement Laure s'en sort par elle-même et c'est la mère qui s'effrondre car toutes les valeurs auxquelles elle croyait, ont cessé d'exister pour elle après son passage dans l'enfer des drogués. Par instinct de survie, Elsa décide tout de même de raconter son expérience en faisant appel à un «nègre». De leur dialogue naîtra une prise de conscience des fausses valeurs et la découverte de vérités stables. Les Pieds-noirs (1988) est un livre-album avec de nombreux documents photographiques sur les Français d'Algérie entre 1920 et 1954 dont le texte est rédigé par Marie Cardinal. Elle y évoque entre autres la terre familiale, ce sol rouge au sud de Mostagadem où elle a passé son enfance. Elle rend hommage à ceux qui l'ont initiée aux rites de la ferme, en particulier Youssef, le jardinier; par l'écriture elle cherche à retrouver l'enchantement de cette vie-là, reconstituant le foisonnement des couleurs et des odeurs et communiquant au lecteur cette sensation de bonheur «si intact qu'il a vaincu, par sa seule grâce, la nostalgie».

La jeune femme qui est la narratrice des Mots pour le dire est un être physiquement malade, moralement désemparé, et au bord de la folie. Sujette à des troubles psychosomatiques très graves, près du suicide, elle se décide un jour à confier son destin à un psychanalyste. Alors au fil des séances qui dureront sept ans, elle va remonter le cours de sa vie et revivre les différentes étapes qui l'ont traumatisée: le divorce de ses parents, la mort du père, les difficultés de la sexualité infantile, l'adolescence dans une Algérie en guerre et finalement, le souvenir le plus enfui dans le subconscient, celui qu'elle a tant de peine à arracher au refoulement, et qui est probablement l'origine de tout le mal. Il s'agit de l'aveu terrible que sa mère lui a fait un jour: son effort répété pour avorter cet enfant qui allait naître alors qu'elle était déjà en instance de divorce. Avec acharnement, la narratrice vient à bout de toutes ses résistances intérieures et à la fin du récit, elle s'aperçoit qu'elle est délivrée de ses angoisses dont elle était constamment la proie et qu'elle a surmonté sa haine farouche pour sa mère qui vient de mourir. La jeune femme peut recommencer à vivre avec son mari et ses enfants, et être enfin elle-même.

Indications bibliographiques

Lionnet, Françoise. Autobiographical Voices. Race, Gender, Self-Portraiture. Ithaca, N.Y., Cornell University Press, 1989.

LES MOTS POUR LE DIRE

Quand la porte s'est ouverte j'ai sursauté[1] si fort que le docteur m'a demandé: «Tu t'étais endormie?» J'ai souri en acquiesçant de la tête pour lui faire croire qu'il avait deviné juste. Je n'ai pas dit «oui» parce que je ne pouvais pas mentir devant ma mère.

Nous sommes sorties, Kader nous attendait en bas avec la voiture. Il a ôté sa casquette, a tenu la porte ouverte pendant que nous nous installions, puis nous a-vons roulé jusqu'à la ferme, sans dire un mot. C'est en arrivant dans la cour qu'elle m'a parlé:

«Viens donc prendre le thé avec moi, j'ai quelque chose à te dire.»
Ainsi nous étions là, à boire notre thé brûlant à petites gorgées, à regarder le feu.
«Es-tu toujours aussi fatiguée que cet été?
- Non maman, je ne suis fatiguée que par moments.»

Depuis quelques mois j'avais des vertiges, l'im-pression que mon corps devenait très faible, très lé-ger, et qu'il tombait, tombait, tombait, sans que je puisse rien faire pour le retenir.

«Sais-tu que le docteur pense que tu vas devenir une jeune fille et que c'est cela qui te tracasse[2]? Il est vrai que tu n'es pas en avance de ce côté-là, cela aurait déjà dû t'arriver. Autrement, tu es en excellen-te santé. Rien, absolument rien aux poumons[3], c'est ce que je craignais le plus.»

Une jeune fille! Comment est-ce que je pouvais tout à coup me transformer en jeune fille? Pour moi les jeunes filles c'étaient les grandes de première qui se mettaient des bas et se maquillaient dès qu'elles a-vaient tourné le coin de la rue Michelet. Elles don-naient rendez-vous à des garçons en face de la pâtis-serie «La Princière» et elles restaient là à minauder[4]

1 **sursauter**: to jump
2 **tracasser**: to bother
3 **poumons**: lungs
4 **minauder**: to flutter about

108   MARIE CARDINAL

avec eux. Comment est-ce que tout à coup je pouvais devenir comme elles? Je n'étais même pas en première. Je travaillais bien mais, tout de même, je n'étais pas encore en première, le docteur devait se tromper.

«Sais-tu ce que c'est que de devenir une jeune fille? Tes amies t'en ont-elles parlé? Il doit bien y en avoir dans ta classe auxquelles c'est arrivé. Je suis même certaine que tu es la seule à qui ce n'est pas arrivé car si tu es en avance dans tes études tu ne l'es pas pour le reste.»

Je ne comprenais rien de ce qu'elle disait. Je la sentais gênée[5], un désarroi[6] s'emparait de moi: que voulait-elle dire?

«Je suppose que tu sais que les petits garçons ne naissent pas dans les choux et les petites filles dans les roses.»
Au ton de sa voix je savais qu'elle se moquait de moi en lâchant cette phrase.
«Nany dit quelquefois que ce sont les cigognes[7] qui apportent les enfants mais je sais, bien sûr, que ce n'est pas vrai. Vous m'avez expliqué vous-même autrefois, à l'époque où la femme de Barded attendait un enfant, qu'elle le portait dans son ventre et que c'étaient les parents qui commandaient les enfants. Mais je ne sais pas comment ils font.
- C'est une manière de parler. Tu dois tout de même bien avoir une idée là-dessus.»

Dans mon école il y avait un groupe d'élèves, au centre duquel régnait Huguette Meunier, qui se gavaient[8] d'histoires salaces[9] pendant les récréations. Je n'aimais pas me joindre à elles. Mais dans les rangs elles continuaient de parler. Huguette Meunier disait que les garçons faisaient des enfants avec leur robinet. Sabine de la Borde soutenait[10] qu'il suffisait qu'un homme mette son doigt dans les fesses d'une fille pour qu'elle ait un enfant. Il y en avait d'autres qui disaient que ça venait en s'embrassant sur la bouche.

5 **gêné:** embarrassed
6 **désarroi:** disarray
7 **cigogne:** stork
8 **se gaver:** to devour
9 **salace:** salacious, dirty
10 **soutenir:** to maintain, to assert

En fait, depuis un an ou deux, je m'étais isolée, je n'avais pas beaucoup de rapports avec les filles de mon école, en tout cas pour ce genre de choses, si bien que je n'avais pas d'idées très précises sur la sexualité. C'était un sujet épineux[11] qui m'attirait énormément et qui me faisait peur, je n'en avais jamais parlé avec personne.

D'ailleurs toutes ces choses étaient honteuses et il n'était sûrement pas question que je les aborde avec ma mère. Quant au fait d'être ou de ne pas être une jeune fille c'était un problème d'âge, et je n'avais pas l'âge.

«Allons, voyons, ne fais pas la sotte. Tu m'as dit toi-même tout à l'heure que tu savais que les femmes portent leurs enfants dans leur ventre avant de les mettre au monde. Tu as sûrement peur de me choquer en m'avouant que tu en sais plus long. Tu te trompes, je trouve cela tout naturel. Je sais très bien que tu ne vas pas rester toute ta vie une enfant, que tu vas devenir une femme.

«Tu sais que le rôle des femmes est non seulement de mettre des enfants au monde mais aussi de les élever dans l'amour du Seigneur... Dieu nous soumet à des épreuves[12] que nous devons accepter avec joie car elles nous rendent dignes[13] de nous approcher de lui... Tu te trouves devant la première de ces épreuves puisque tu vas bientôt avoir tes règles[14].

- ...
- Tu ne sais vraiment pas ce que cela veut dire?
- Mes règles? ... Non maman, je ne sais pas ce que cela veut dire.»
C'est vrai que je ne le savais pas. En classe les filles ne m'en avaient jamais parlé et ailleurs mes seuls amis étaient des garçons.
«Eh bien, un jour tu trouveras un peu de sang dans ta culotte. Et puis cela reviendra chaque mois. Cela ne fait pas mal, c'est sale et il faut que personne ne s'en aperçoive mais c'est tout. Tu ne devras pas avoir peur quand cela t'arrivera. Tu n'auras qu'à me prévenir[15] et je te montrerai ce qu'il faut faire pour ne rien salir.

11 **épineux**: thorny, tricky
12 **épreuve**: test, trial, ordeal
13 **digne**: worthy
14 **règles**: periods
15 **prévenir**: to let know

- Ça m'arrivera quand? Est-ce que le docteur vous l'a dit?
- Il ne le sait pas exactement, mais il pense que cela ne doit pas tarder... dans les six mois qui viennent. Sais-tu ce que cela signifie d'avoir ses règles?
- Non, maman.
- Je pourrais ne pas te parler de tout cela. Tu comprends bien que c'est aussi gênant[16] pour moi que pour toi. Mais je suis pour certains principes modernes d'éducation. Trop d'ignorance nuit[17]. Moi, j'ai toujours regretté de n'en avoir pas su plus long sur certaines choses. Je pense que j'aurais pu éviter de commettre de graves erreurs. C'est pour ça que j'ai pris la décision de te parler. D'ailleurs le docteur m'y a beaucoup poussée. Il convient[18] comme moi que l'éducation ancienne a parfois de mauvais côtés.

«Eh bien, ma petite fille, avoir ses règles signifie qu'on est capable d'avoir des enfants.»

Je regardais le tapis sans le voir. J'étais paralysée par cette situation, par cette conversation, par cette révélation. Comment, alors qu'on a toute l'enfance dans le corps, peut-on avoir un enfant dans le ventre? Comment, alors qu'on veut jouer dans la forêt et courir dans l'eau à la lisière[19] des vagues[20], là où elles font une mousse ajourée[21], peut-on être promue[22] au rang vénérable et essentiel de reproductrice?

Je ne m'en sentais pas capable, je repoussais, terrorisée et dégoûtée, la première épreuve du Seigneur. Je ne voulais pas avoir d'enfants tout de suite. Je n'osais pas relever les yeux pour que ma mère n'y voie pas le sacrilège.

Les souches de vigne[23] qui brûlaient dans la cheminée pétaient[24] sec dans le silence.

Le thé, le feu, les meubles encaustiqués[25], les tapis de haute laine, dehors la soirée sur les vignes,

16 **gênant:** embarrassing
17 **nuire:** to harm
18 **convenir:** to agree
19 **lisière:** edge
20 **vagues:** waves
21 **mousse ajourée:** froth with an openwork design
22 **promu:** promoted
23 **souches de vigne:** stocks (vine)
24 **péter:** to crackle
25 **encaustiqué:** polished

les chiens qui aboyaient[26], ma mère: toute ma vie! Un
monde beau, généreux, exemplaire, chaleureux[27], où il y
avait une place pour moi. Et je refusais les difficultés de mon rôle! Je n'acceptais pas ma condition, elle
me faisait peur.

A la ferme, les vaches et les juments[28] qui allaient avoir des petits étaient l'objet de soins très
particuliers. Leurs enfants accroissaient[29] le cheptel[30] et enrichissaient la famille. On ne m'avait pourtant jamais autorisée à assister à une naissance et
quand les chiens se montaient dessus on faisait tout
pour me détourner de ce spectacle. J'en avais assez vu
cependant pour me donner à imaginer. Et ces images qui
naissaient dans ma tête me faisaient honte. On m'avait
toujours dit, en parlant de quelqu'un de grossier ou
d'un criminel: «Il s'est conduit comme un animal, comme
une bête, comme un chien!» Mais ces histoires-là, ces
histoires de sang, d'enfants, c'étaient des histoires
de chiennes! Et c'était ma propre mère qui voulait me
faire entrer dans cette vie, qui en parlait devant moi?

«Ne baisse pas la tête, n'aie pas peur. Toutes les
femmes en passent par là, tu sais, elles n'en meurent
pas. J'avoue que les hommes sont tout de même mieux lo-
tis[31] que nous. Ils ne connaissent pas ces ennuis... Il
est vrai qu'ils font la guerre.... Je me demande si
c'est pire...

   - Et vous aussi vous avez ça?
   - Bien sûr, je te l'ai dit: toutes les femmes. On
s'y fait[32], ce n'est pas pénible, la saleté mise à
part, cela ne dure que deux ou trois jours, quatre au
plus.
   - Chaque mois!
   - Tous les vingt-huit jours en principe.

« Le fait d'avoir ses règles est une chose. Le
fait d'avoir des enfants en est une autre bien qu'elle
soit liée aux règles. La première est choquante au début mais on s'y fait et elle peut se cacher facilement.
Cela ressemble à la respiration, à la faim, à n'importe

26 **aboyer**: to bark
27 **chaleureux**: warm
28 **jument**: mare
29 **accroître**: to increase
30 **cheptel**: livestock
31 **mieux loti**: better off
32 **s'y faire**: to get used to it

quelle fonction naturelle. Tu vois ce que je veux dire?... C'est inévitable[33], nous sommes ainsi faites, il faut respecter les lois du Seigneur dont les voies[34] sont impénétrables... La seconde est plus compliquée parce qu'elle ne dépend pas que de toi... Tu sais que c'est en vivant avec son mari que la seconde arrive?

- Oui maman.
- Qui te l'a dit?
- Huguette Meunier.
- Elle est dans ta classe?
- Oui maman.
- Que fait son père?
- Je ne sais pas.
- Je le demanderai à la directrice. Que t'a-t-elle dit?
- Eh bien, qu'on avait des enfants avec son mari. Qu'on les portait dans le ventre... Que ça durait neuf mois.
- Eh bien, elle en sait des choses cette petite-là! Et tu vas me faire croire qu'avec tout ça elle ne t'a pas parlé des règles?
- Je vous assure, maman, qu'elle ne m'en a jamais parlé. Je ne parle pas beaucoup avec elle.
- C'est normal dans le fond[35] qu'elle n'en ait rien dit, nous n'aimons pas beaucoup parler de ça.»
Ce «nous» qui les liait, Huguette Meunier et elle, ce n'était pas imaginable!
«T'as-t-elle dit que certaines femmes avaient des enfants en dehors du mariage?
- Non, maman, elle n'en a pas parlé.»

En fait Huguette Meunier parlait de garçons, elle ne parlait pas de maris. Comme elle ressemblait à une belette[36] et que, pour raconter ses histoires, elle réunissait les filles dans un coin de la cour où nous étions cachées des surveillantes, je pensais qu'elle inventait des mensonges pour faire l'intéressante ou pour nous amuser.

«Ça peut arriver. C'est un péché[37] si grand que le Seigneur ne le pardonne jamais. La femme qui a fait ce péché et l'enfant qui en naît sont maudits[38] pour toute leur vie. Tu m'entends?

33 **inévitable**: unavoidable
34 **voies**: ways
35 **dans le fond**: basically, as a matter of fact
36 **belette**: weasel
37 **péché**: sin
38 **maudit**: cursed

– Oui, maman.

– Aussi, à partir du moment où tu auras tes règles tu ne devras plus jamais rester seule avec un garçon et encore moins avec un homme. Toi qui aimes bien les jeux de garçons il faudra te contrôler. Finies les cavalcades dans la forêt avec les fils de Barded! C'est compris?

– ...

– Tu ne devras plus jamais te laisser toucher ou embrasser sur les joues. Nous devrons toujours savoir où tu es et avec qui. C'est compris?

– ...

– Si je viens à apprendre qu'en sortant de classe tu fais comme ces petites dévergondées[39] qui rencontrent des garçons que je ne connais pas, je te préviens que tu ne resteras pas ici. Ce sera le couvent dans les vingt-quatre heures.

– Pourquoi?

– Parce que c'est comme ça... Je n'ai pas d'explications à te donner... On ne parle pas à n'importe qui, il faut savoir se faire respecter. Un point c'est tout.»

Quel bouleversement[40]! Pourtant j'étais consciente de l'importance du moment et, finalement, fière d'entrer enfin dans les confidences de ceux de mon milieu. Car, au fond, je comprenais ce qu'elle voulait me dire. Je faisais l'âne pour avoir du son[41], je voulais qu'elle me parle encore, mais je savais très bien qu'il y avait une différence entre les enfants du peuple et moi, que pour certaines choses il n'y avait pas de pont, pas de communication possible entre nous. Ils ne savaient rien. Je le voyais bien à la façon dont ils mangeaient, parlaient et même s'amusaient. Ils n'avaient aucune retenue[42] et, parfois, ils sentaient un peu mauvais. J'aimais les enfants de la ferme mais je savais que je n'étais pas comme eux.

C'était une séance d'initiation à laquelle ma mère et moi nous nous étions livrées. A une séance importante, la plus importante peut-être. Elle me donnait les pièces les plus précieuses de l'uniforme invisible qui désignera ma caste à quiconque me rencontrera. Il fal-

39 **dévergondée**: shameless, licentious
40 **bouleversement**: upheaval
41 **faire l'âne pour avoir du son**: to play dumb to find out what you want to know
42 **retenue**: reserve, restraint, self-control

lait que je sois dressée[43] de telle sorte qu'à n'importe quel moment, dans n'importe quelle circonstance, on puisse reconnaître mon origine. En mourant, en jouant, en mettant un enfant au monde, en faisant la guerre, en dansant avec mon fiancé dans une guinguette[44] ou au bal du gouverneur, je devrai porter mon uniforme invisible. Il me protégera, il m'aidera à reconnaître mes semblables et à me faire reconnaître d'eux, il inspirera le respect aux inférieurs.

«Maman, s'il vous plaît, pourquoi est-ce que les filles d'Henriette sortent seules sur la plage avec des garçons?
- Henriette est une excellente cuisinière. Je n'ai qu'à me louer[45] de ses services. Mais elle élève[46] ses enfants comme elle l'entend[47]. Cela ne me regarde pas, ni toi non plus. Les gens qui travaillent n'ont pas le temps de s'occuper de l'éducation de leurs enfants. D'ailleurs cela ne leur servirait à rien. Cela pourrait même les gêner[48] plus tard.

Les Mots pour le dire, (Grasset, 1975, p.135-143).

43 **dressé:** trained
44 **guinguette:** open-air café
45 **je n'ai qu'à me louer:** I can only praise her
46 **élever:** to raise
47 **comme elle l'entend:** the way she wants
48 **gêner:** to hamper

CHAPITRE 5

Découverte de la sexualité

C O L E T T E

(1873-1954)

Gabrielle Sidonie Colette naît le 28 janvier 1873 à Saint-Sauveur-en-Puisaye, Basse-Bourgogne où son père a un modeste emploi de percepteur. D'un premier mariage, sa mère, Sidonie Landoy a une fille, "Juliette aux longs cheveux" et un fils Achille. De son mariage avec le Capitaine Jules Colette (un invalide de guerre) naissent Léopold (Léo) et Gabrielle Sidonie, l'écrivain. La mère est spontanée, généreuse, et elle transmet très tôt à sa fille cadette sa passion pour toutes les formes de la vie et une certaine sagesse naturelle. La petite Gabi, «Minet chéri» pour sa mère, passe une paisible enfance villageoise entre ses parents et ses frères dans la maison familiale héritée de Jules Robineau-Duclos, le premier mari de Sidonie. La famille vit modestement mais confortablement. Colette décrira dans toute son oeuvre ce paradis enfantin, magnifié par le souvenir. La petite va à l'école à Saint-Sauveur et à 16 ans obtient son brevet élémentaire. En 1890 la maison familiale est vendue aux enchères publiques et les Colette ruinés par les erreurs financières du père, se réfugient auprès d'Achille devenu médecin.

En mai 1893, Gabrielle Sidonie épouse Henry Gauthier-Villars, journaliste mondain, critique musical, personnalité parisienne célèbre pour ses mots d'esprit (né en 1859), qui l'avait éblouie par sa vie luxueuse et son parisianisme. Grâce à lui elle rencontre le Tout-Paris des Lettres et des Arts, d'Anatole France à Claude Debussy, de Marcel Proust à Gabriel Fauré, de la grande journaliste Rachilde à Anna de Noailles. Gauthiers-Villars pousse sa femme à rédiger ses souvenirs d'écolière. Ecrivain incapable d'écrire, mais bon critique, il corrige le style, trop lyrique à son goût, et signera de son propre pseudonyme Willy, la série des Claudine. Il s'agit de Claudine à l'école (1900), Claudine à Paris (1901), Claudine en ménage (1902), et Claudine s'en va (1903).

<u>Dialogues de Bêtes</u> paraissent en 1904 signés Colette Willy. L'année suivante, les deux époux se séparent mais leur divorce ne sera prononcé que quatre ans plus tard. Dès 1906, Colette prend des cours de mime avec Georges Wague et devient danseuse de music-hall. Elle débute au <u>Théâtre des Mathurins</u> avec la création d'une pantomime: <u>le Désir, l'amour et la chimère</u>. Elle paraît toujours nue sous des voiles ou des peaux de bête et joue ainsi de nombreux mimodrames avec Wague entre 1907 et 1912. En janvier 1907, elle fait scandale au Moulin-Rouge dans <u>Rêve d'Egypte</u>, qu'elle interprète avec "Missy", la fille du duc de Morny, (femme du marquis de Belbeuf), avec laquelle elle a une liaison notoire. Le spectacle est interdit mais la liaison continue jusqu'en 1911. A côté de sa vie de music-hall, Colette écrit <u>La Retraite sentimentale</u> (1907), <u>les Vrilles de la vigne</u> (1908), <u>l'Ingénue libertine</u> (1908), et <u>La Vagabonde</u> (1910), qui obtient 3 voix pour le prix Goncourt.

Sa mère, «le personnage principal de toute ma vie», écrira plus tard Colette, meurt en septembre 1912 et en décembre l'écrivain épouse Henry de Jouvenel des Ursins, rédacteur en chef du journal <u>Le Matin</u> où elle collabore. Entre conférences, articles, pantomime et grossesse, Colette commence à écrire un nouveau roman destiné à paraître en feuilleton dans <u>Le Matin</u>, <u>L'entrave</u>. En juillet (1913), naît une fille, Colette de Jouvenel, dite Bel-Gazou. Colette, baronne de Jouvenel, mène pour la première fois une vie mondaine, va voir sa fille à la campagne (à Castel-Novel, la propriété des Jouvenel) et rédige des articles. Pendant la Première Guerre Mondiale, Henry de Jouvenel ayant été mobilisé, Colette organise chez elle une sorte de phalanstère avec trois amies et assure des gardes de nuit dans un lycée transformé en hôpital militaire. En décembre 1914, elle rejoint son mari à Verdun. Partagée entre des visites au front, des reportages et des chroniques de guerre, elle n'écrit pas de livre. Elle consacre de plus en plus de temps au journalisme qui a le mérite de représenter pour elle un travail fractionnable. En juin 1919, elle devient rédactrice littéraire du <u>Matin</u>. Elle y est aussi chargée des critiques dramatiques. <u>Dans la foule</u> (1918) reprend des articles rédigés entre 1911 et 1914.

Son deuxième mariage se termine par un divorce en avril 1925. Pendant cette période, Colette produit ses grands romans. De 1900 à sa mort, elle n'a jamais cessé d'écrire. Mitsou paraît en 1919, Chéri en 1920. Des pièces sont tirées des Claudine et de la Vagabonde, comme plus tard de Chéri. Colette y joue parfois les rôles principaux. C'est ainsi qu'en février 1922, pour la 100e représentation de Chéri, c'est elle-même qui tient le rôle de Léa. La même année elle compose La Maison de Claudine, recueil de récits et un an plus tard Le Blé en herbe, signé pour la première fois simplement Colette. En 1924 paraît La Femme cachée. A Monte-Carlo on donne L'Enfant et les Sortilèges avec un livret de Colette sur une musique de Maurice Ravel. En 1926 elle termine La Fin de Chéri, et achète une maison à Saint-Tropez, «La treille muscate» (titre d'un livre à venir) et s'installe au Palais-Royal, au coeur de Paris, en 1927. Elle donne des conférences dans de nombreux pays d'Europe et d'Afrique du Nord, collabore à plusieurs scénarios de films et rédige la critique théâtrale hebdomadaire pour Le Journal. Ces textes seront rassemblés dans La Jumelle noire.

Avec les années 30, commence la gloire et les oeuvres se multiplient. Elle écrit La Naissance du Jour (1928), La Seconde et Sido (en hommage à sa mère) en 1929, Ces Plaisirs, (repris sous le titre Le Pur et L'Impur en 1941), La Chatte (1933), et Duo (1934). En avril 1935, Colette épouse Maurice Goudeket qu'elle connaît depuis 10 ans et avec qui elle vivra jusqu'à sa mort. Elle revient à la forme autobiographique avec Mes Apprentissages en 1936 et est élue Membre de l'Académie Royale de Belgique puis Membre de l'Académie Goncourt en 1945. Pendant l'Exode de juin 40, elle se réfugie en Corrèze, chez sa fille, mais revient s'installer à Paris quelques mois plus tard et continue d'écrire: Journal à rebours (1941), Julie de Carneilhan (1941), Paris de ma fenêtre (1942), Gigi (1942), Le Képi (1943), L'étoile Vesper (1946), Le Fanal bleu (1949).

Dans l'apppartement du Palais-Royal qu'elle occupait depuis de nombreuses années, elle meurt en pleine gloire le 3 août 1954 (elle avait été fait Grand Officier de la Légion d'Honneur). C'est la première femme à recevoir des obsèques nationales. Dans ce logis de la rue de Beaujolais, elle avait vécu en compagnie de ses chats, dans son «lit-radeau» pratiquement paralysée par une arthrite pendant les dix dernières années de sa vie.

Colette est la vie même, elle a consciemment refusé l'angoisse et le conformisme. Sa littérature exprime la sensation dans toute sa fraîcheur, dans sa constante nouveauté. Elle regarde vivre les êtres et les animaux avec une lucidité passionnée. Le personnage central de sa mère met du temps à s'imposer dans l'oeuvre de Colette. La référence maternelle est absente de ses premiers livres. «Ma mère» apparaît tout d'abord dans des textes de 1911 et elle ne sera désignée par son surnom de Sido que dans La Naissance du jour (1928). A partir de là, la mère biologique se transforme en mère mythique, personnage qui ne cesse plus de hanter l'oeuvre et de grandir en elle, au fur à mesure que Colette vieillit. «Je célèbre la clarté originelle qui, en elle, refoulait, éteignait les petites lumières péniblement allumées au contact de ce qu'elle nommait le commun des mortels» (Sido).

Colette s'est intéressée à tous les problèmes de l'amour: les troubles de l'adolescence (Le Blé en herbe), les tourments de la jalousie (La Chatte et Duo), et le drame du couple (La Retraite sentimentale), le saphisme (Claudine en ménage, La Vagabonde, Le Pur et l'Impur). Il y a chez Colette une certaine sagesse naturelle, une indulgence envers les autres, un goût de la beauté, un amour passionné pour toutes les manifestations de la nature (sentiment rare chez les écrivains français), et finalement une acceptation sereine du monde et de soi-même qu'elle partage dans une certaine mesure avec George Sand et Yourcenar.

Dans La Main, tirée de La Femme cachée, recueil de vingt-deux nouvelles très brèves (1924), Colette explore le traumatisme que peut représenter pour une jeune femme la découverte de la sexualité masculine. La narratrice, une jeune mariée, passe d'un état de bonheur ému à la brusque révélation d'une bestialité insoupçonnée, d'une violence meurtrière. Elle finit par maîtriser son horreur, se soumet humblement sans dire un mot et «commence sa vie de duplicité».

Indications bibliographiques

Beaumont, Germaine et Parinaud, André. <u>Colette</u>. Paris, Seuil, 1951.

Colette. <u>Mes Apprentissages</u>. Paris, Ferenczi, 1936.

Evans, Martha Noel. <u>Masks of tradition</u>. <u>Women and the Politics of Writing in Twentieth-Century France</u>. Ithaca, N.Y., Cornell Univ. Press, 1987.

Hollander, Paul. <u>Colette à l'heure de Willy</u>. Montréal, Presses de l'U de Montréal et Klincksieck, 1988.

Malige, Jeannie. <u>Colette, qui êtes-vous?</u> Paris, édition La Manufacture, 1987.

Resch, Yannick. <u>Corps féminin, corps textuel. Essai sur le personnage féminin dans l'oeuvre de Colette.</u> Paris, Klincksieck, 1973.

Sarde, Michèle. <u>Colette libre et entravée</u>. Paris, Stock, 1984.

Stewart, Joan Hinde. <u>Colette</u>. Boston, Twayne Publishers, 1983.

LA MAIN

Il s'était endormi sur l'épaule de sa jeune femme, et elle supportait orgueilleusement[1] le poids de cette tête d'homme, blonde, sanguine, aux yeux clos. Il avait glissé son grand bras sous le torse léger, sous les reins adolescents, et sa forte main reposait à plat sur le drap, à côté du coude droit de la jeune femme. Elle sourit de voir cette main d'homme qui surgissait[2] là, toute seule et éloignée de son maître. Puis elle laissa errer ses regards dans la chambre à demi éclairée. Une conque[3] voilée versait sur le lit une lumière couleur de pervenche[4].

«Trop heureuse pour dormir», pensa-t-elle. Trop émue aussi, et souvent étonnée de sa condition nouvelle. Depuis quinze jours seulement, elle menait la scandaleuse vie des jeunes mariées, qui goûtent la joie d'habiter avec un inconnu dont elles sont amoureuses. Rencontrer un beau garçon blond, jeune veuf, entraîné au tennis et à l'aviron[5], l'épouser un mois après: son aventure conjugale n'enviait presque rien à un enlèvement[6]. Elle en était encore, lorsqu'elle veillait[7] auprès de son mari, comme cette nuit, à fermer les yeux longuement, puis les rouvrir pour savourer[8], étonnée, la couleur bleue des tentures[9] toutes neuves, au lieu du rose abricot qui filtrait le jour naissant dans sa chambre de jeune fille.

Un tressaillement[10] parcourut le corps endormi qui reposait près d'elle, et elle resserra[11] son bras gauche autour du cou de son mari, avec l'autorité charmante des êtres faibles. Il ne s'éveilla pas.

1 **orgueilleusement**: proudly
2 **surgir**: to emerge
3 **conque**: a conch-shaped lamp
4 **pervenche**: periwinkle
5 **aviron**: sailing
6 **enlèvement**: abduction
7 **veiller**: to lay awake
8 **savourer**: to relish
9 **tentures**: curtains
10 **tressaillement**: shudder
11 **resserrer**: to tighten

«Comme il a les cils[12] longs», se dit-elle.

Elle loua aussi en elle-même la bouche, lourde et gracieuse, le teint de brique rose et jusqu'au front, ni noble ni vaste, mais encore pur de rides[13].

La main droite de son mari, à côté d'elle, tressaillit à son tour, et elle sentit vivre, sous la cambrure[14] de ses reins, le bras droit sur lequel elle pesait tout entière.

«Je suis lourde ... Je voudrais me soulever et éteindre cette lumière. Mais il dort si bien...»

Le bras se tordit[15] encore, faiblement, et elle creusa les reins[16] pour se faire plus légère.

«C'est comme si j'étais couchée sur une bête», songea-t-elle.

Elle tourna un peu la tête sur l'oreiller, regarda la main posée à côté d'elle.

«Comme elle est grande! C'est vrai qu'il me dépasse de toute la tête.»

La lumière, glissant sous les bords d'une ombelle de cristal bleuâtre, butait contre cette main[17] et rendait sensibles les moindres reliefs de la peau, exagérait les noeuds puissants des phalanges[18], et les veines que la compression du bras engorgeait. Quelques poils roux[19], à la base des doigts, se courbaient tous dans le même sens, comme des épis[20] sous le vent, et les ongles plats, dont le polissoir n'effaçait pas les cannelures[21], brillaient, enduits de vernis rosé.

«Je lui dirai qu'il ne mette pas de vernis à ses ongles, pensa la jeune femme. Le vernis, le carmin, cela ne va pas à une main si ... une main tellement ...»

Une secousse[22] électrique traversa cette main et dispensa[23] la jeune femme de chercher un qualificatif. Le pouce se raidit[24], affreusement long, spatulé, et s'appliqua étroitement contre l'index. Ainsi la main

12 **cils:** eyelashes
13 **rides:** wrinkles
14 **cambrure:** curve
15 **se tordre:** to twist
16 **creuser les reins:** to arch one's back
17 **glissant ... main:** creeping from under the edge of a blue crystal globe fell on to this hand
18 **phalanges:** knuckles
19 **poils roux:** russet hairs
20 **épis:** ears of wheat
21 **cannelures:** ridges
22 **secousse:** shock
23 **dispenser:** to spare
24 **le pouce se raidit:** the thumb stiffened

prit soudain une expression simiesque[25] et crapuleu-
se[26].

- Oh! fit tout bas la jeune femme, comme devant
une inconvenance[27].

Le sifflet[28] d'une automobile qui passait perça le
silence d'une clameur si aiguë qu'elle semblait lumineuse. Le dormeur ne s'éveilla pas, mais la main offen-
sée, se souleva, se crispa[29] en forme de crabe et attendit, prête au combat. Le son déchirant décrut et la
main, détendue peu à peu, laissa retomber ses pinces[30],
devint une bête molle, pliée de travers, agitée de sursauts[31] faibles qui ressemblaient à une agonie. L'ongle
plat et cruel du pouce trop long brillait. Une dévia-
tion du petit doigt, que la jeune femme n'avait jamais
remarquée, apparut, et la main vautrée[32] montra, comme
un ventre rougeâtre, sa paume charnue[33].

- Et j'ai baisé cette main!... Quelle horreur! Je
ne l'avais donc jamais regardée?

La main, qu'un mauvais rêve émut, eut l'air de répondre à ce sursaut, à ce dégoût. Elle réunit ses forces, s'ouvrit toute grande, étala ses tendons, ses
noeuds et son pelage[34] roux, comme une parure de
guerre. Puis repliée lentement, elle saisit une poignée
de drap, y enfonça ses doigts recourbés, serra, serra
avec un plaisir méthodique d'étrangleuse[35]...

- Ah! cria la jeune femme.

La main disparut, le grand bras, arraché à son
fardeau[36], se fit en ce moment ceinture protectrice,
chaud rempart contre toutes les terreurs nocturnes.
Mais le lendemain matin, à l'heure du plateau sur le
lit, du chocolat mousseux et des rôties[37], elle revit
la main, rousse et rouge, et le pouce abominable arc-
bouté[38] sur le manche[39] du couteau.

25 **simiesque:** apelike
26 **crapuleux:** villainous
27 **inconvenance:** indecency
28 **sifflet:** horn
29 **se crisper:** to clench
30 **pinces:** claws
31 **sursauts:** jerks
32 **vautré:** sprawling
33 **paume charnue:** fleshy palm
34 **pelage:** fur, hairiness
35 **étrangleuse:** strangler
36 **fardeau:** burden
37 **rôties:** toasts
38 **arc-bouté:** braced up
39 **le manche:** handle

- Tu veux cette tartine, chérie? Je la prépare pour toi.

Elle tressaillit et sentit sa chair se hérisser[40], en haut des bras et le long du dos.

- Oh! non ... non ...

Puis elle cacha sa peur, se dompta[41] courageusement, et commençant sa vie de duplicité, de résignation, de diplomatie vile et délicate, elle se pencha, et baisa humblement la main monstrueuse.

La Femme cachée (Flammarion, 1974, p.39-43).

40 **sentir sa chair se hérisser:** to feel gooseflesh
41 **se dompter:** to control oneself

FRANÇOISE MALLET-JORIS

(1930)

Fille de l'avocat, professeur de droit et ministre d'Etat belge Albert Lilar et de l'écrivain Suzanne Lilar, née Verbist, avocate et membre de l'Académie de Belgique, Françoise-Eugénie-Julienne est née le 6 juillet 1930 à Anvers. Elle passe son enfance en Belgique. A quatorze ans, elle écrit ses premiers poèmes qu'elle publiera en 1947 sous le titre de Poèmes du dimanche. Puis elle séjourne aux Etats-Unis pendant deux ans où elle poursuit ses études au collège Bryn-Mawr (en Pennsylvanie) et épouse Robert Amadou, un Français, professeur de lettres. Ils viennent ensuite se fixer en France, et Françoise suit des cours de littérature comparée à la Sorbonne.

Elle devient célèbre avec son premier roman, Le rempart des béguines, qu'elle publie en 1951 sous le pseudonyme de Françoise Mallet, nom choisi au hasard. Le sujet du roman (une jeune fille découvrant l'amour lesbien avec la maîtresse de son père) et l'âge de l'auteur suscitent un scandale. En 1952, elle entre comme lectrice aux éditions Julliard et ajoute Joris, un prénom flamand, à son pseudonyme pour éviter toute confusion; et elle épouse un historien, Alain Joxe. Elle poursuit les aventures de ses personnages dans La chambre rouge (1955). Avec deux petits enfants à la maison, elle découvre les joies de l'écriture matinale dans les cafés, aux environs du Luxembourg. En 1956, elle publie Cordélia, un recueil de nouvelles, et Les mensonges, roman qui obtient Le Prix des Libraires. Au début 1958, c'est la naissance de son troisième enfant et son troisième mariage; elle épouse le peintre Jacques Delfau. Puis paraît L'Empire céleste (Prix Fémina 1958), et sur un thème historique: Les personnages. Suivra un essai autobiographique: Lettre à moi-même (1963). L'année suivante, elle publie une biographie de Marie Mancini, le premier amour de Louis XIV (Prix Monaco 1964), puis Les signes et les prodiges (1966), Trois âges de la nuit (1968) et La maison de papier

(1970), autre écrit autobiographique où elle parle de sa vie de famille, et elle se met à écrire des chansons.

Lauréate de nombreux prix littéraires, elle devient membre du jury Fémina en 1969 et est élue à l'Académie Goncourt l'année suivante. Mère de quatre enfants (nés de différents mariages), elle continue néanmoins à écrire très régulièrement et abondamment. En 1973 paraît Le jeu du souterrain, puis Allégra (1976), Jeanne Guyon (1978), Dickie-Roi (1979), Un chagrin d'amour et d'ailleurs (1981), Le clin d'oeil de l'ange (1983), Le rire de Laura (1985) et La tristesse du cerf-volant (1988).

Ses récits sont toujours racontés dans une écriture claire, selon une construction classique. Ce n'est pas un écrivain expérimental, mais elle met en scène des situations bizarres, dramatiques ou émouvantes. Elle dénonce les mensonges que la société invente pour préserver sa bonne conscience (Les mensonges) ou par lesquels un individu se masque ses échecs (L'Empire céleste). Elle parle de la rencontre difficile avec Dieu (Les signes et les prodiges), de l'univers merveilleux de l'enfance (Le jeu du souterrain et Allégra). Elle questionne le monde avec un mélange d'étonnement naïf et de volonté de comprendre qui font le charme de ses oeuvres.

Elle est devenue la spécialiste des problèmes de famille. Ses romans racontent des histoires de famille mais elle utilise aussi les familles pour tramer et dénouer les fils de l'intrigue. Dans Le rempart des béguines, par exemple, le roman se termine quand Tamara Soulerr, qui a initié Hélène Noris (à 15 ans) à la sexualité, épouse le père de la jeune fille. La chambre rouge (qui met en scène les mêmes personnages et sert de suite et de fin au Rempart) se termine parce que Jean Delfau qui devait épouser Hélène, renonce à sa fiancée et par conséquent n'entre pas dans la famille.

Le narrateur commente les personnages, cherche à savoir ce qu'ils sont par ce qu'ils étaient, ce qu'ils ont subi, leur milieu familial d'où de nombreux portraits de familles. L'auteur utilise la technique du flash-back qui raconte le passé des personnages, trouvant dans leur enfance ou adolescence les événements qui révèlent leur moi profond et la raison de leur conduite, la blessure qui les a marqués, le grand amour perdu, par exemple, qu'ils cherchent à oublier dans la débauche et l'alcool. Au-delà de la surprise et de l'allégresse, la plupart des personnages sont marqués par la détresse; parfois leur faiblesse est apparente mais souvent ils parviennent à la masquer.

Le rempart des béguines est le récit d'une éducation sentimentale. Dans ce roman, l'héroïne, Hélène Noris, est une adolescente de quinze ans qui vit dans une ville de province auprès de son père, veuf et riche industriel qui a des ambitions politiques. Hélène raconte sa grande aventure, comment elle est entrée en contact avec la maîtresse de son père, une femme toute différente de celles qu'elle connaissait, et qui se nomme Tamara Soulerr. Femme exotique, d'origine russe, qui habite une maison mal famée au Rempart des Béguines, elle paraît infiniment mystérieuse à la jeune fille encore innocente, qui se sent attirée par cet être poétique, ensorcelant et dangereux. Hélène se laisse séduire sans trop savoir ce qui lui arrive. Enfant négligée par son père, elle découvre la sexualité, la tendresse et la violence auprès de Tamara qui se révèle être une femme possessive et dure. Mais pour Hélène cette liaison représente l'aventure et le bonheur et elle se donne totalement à son aînée, exprimant le meilleur d'elle-même dans cette relation. Lorsque Tamara fait passer son intérêt avant ses amours et décide d'épouser M. Noris pour des raisons de sécurité financière, Hélène se sent doublement trahie. Ne pouvant surmonter sa déception, elle décide de devenir dure, en jouant la cynique et la libertine pour ne plus souffrir dans ses relations affectives qui la rendent vulnérable.

Indications bibliographiques

Becker, Lucille Frackman. Françoise Mallet-Joris. Boston: Twayne Publishers, 1985.

Detry, Monique. Françoise Mallet-Joris, dossier critique, suivi de Le Miroir, Le voyage et la fête. Paris: Grasset, 1976.

Mme Périer se retournait vers moi: «Alors, mon enfant, et vos études? Vous avez l'intention de les poursuivre? Vous n'en savez rien? Voilà enfin une vraie jeune fille! Comment, vous n'avez l'intention de devenir ni avocat, ni médecin, ni actrice, ni assistante sociale? — Mais non, madame.» J'étais profondément gênée[1] par ces éclats de voix[2], et plus encore de sentir l'attention générale se porter sur moi. Aussi baissai-je le nez derrière mon divan en essayant de me faire oublier, quand une voix retentit[3] non loin de moi qui me fit sursauter[4]: «Qui est-ce qui n'a pas l'intention de devenir assistante sociale?» Tamara venait d'entrer.

Je ne sais si j'éprouvai de la frayeur, ou du ravissement[5]; mais je rougis[6] considérablement et je souhaitai pouvoir disparaître derrière le canapé pendant que Mme Périer, que cette rencontre semblait mettre au comble de la joie[7], s'écriait d'une voix que tout le salon entendait: «Mais notre petite Hélène, voyons! Vous ne la connaissez pas? Comme c'est amusant! Mais c'est la fille de notre ami Noris!» Et elle fit place à côté d'elle sur le canapé bleu à Tamara, moins par égards[8] sans doute que pour provoquer entre Tamara et moi une confrontation qui pouvait être intéressante. Je crois aussi que supposant la rencontre fortuite, elle espérait être désagréable à mon père. Mais il se tenait de l'autre côté du salon, ayant salué Tamara d'un sourire, et ne paraissant pas mécontent du tout. Quant à elle, elle me tendit sa main brune par-dessus le canapé, le plus simplement du monde. Déçue, Mme Périer se tourna d'un autre côté et la conversation redevint générale. Les dames parlaient politique aussi, à leur manière, mais avec assurance.

1 **gêné**: embarrassed
2 **éclats de voix**: raised voices
3 **retentir**: to ring
4 **sursauter**: to jump
5 **ravissement**: rapture
6 **rougir**: to blush
7 **au comble de la joie**: overjoyed
8 **par égards**: out of consideration

Si les chapeaux mettaient plusieurs mois à arriver de Paris à Gers, le stock d'idées à la mode ne se renouvelait qu'après plusieurs années. Ces dames étaient donc, avec audace, féministes, et discutaient l'union libre, l'adultère et l'émancipation de la femme avec fougue[9] et en appelant les choses par leur nom. Cela ne les empêchait pas de renvoyer[10] impitoyablement les femmes de chambre qui «manquaient de conduite», ou la malheureuse souillon[11] qu'avait engrossée[12] le laitier, en faisant sa tournée.

Je n'écoutais pas la conversation, toute à ma contemplation de Tamara. Elle portait un tailleur gris clair, sobre et, me semblait-il, élégant, avec la même blouse de soie jaune que je lui avais déjà vue. J'avais tant pensé à elle que l'incertitude dans laquelle j'étais encore - était-elle réellement belle? - se dissipa; j'aimais déjà son visage un peu dur, sa corolle de cheveux aux reflets presque bleus, la ligne flexible de sa nuque[13] brune qui ployait et se redressait devant moi. Personne ne me regardait plus; je pouvais observer tout à mon aise Tamara qui «faisait la conversation», souriait avec coquetterie aux hommes d'affaires, avec déférence aux hommes de loi, répondait à ce moment précis à une jeune mariée agressive de sa voix calme où semblait toujours se cacher un peu d'ironie: «Comme ce doit être intéressant d'être mêlée à toutes ces affaires! Votre mari vous consulte toujours? Certainement, il a raison. Il y a des cas où seule une sensibilité de femme peut comprendre... » J'avais envie de lui sauter au cou, car sans aucun doute, elle se moquait de cette prétentieuse jeune femme que je détestais. «On! je tâche évidemment de faire un peu de bien... minaudait[14] l'autre; mais j'ai un principe: ne jamais venir en aide aux collaborateurs de guerre. Tenez dernièrement, mon mari me donne à lire la lettre d'un détenu. A l'en croire, l'auteur était un pauvre diable, calomnié[15] par des voisins envieux. Je dis à mon mari, toujours trop bon: «A ta place, Jacques, je ferais ma petite enquête...» Tamara écoutait, approuvait de façon un peu lasse. Mais ce que moi seule je pouvais voir, c'était sa

9 **fougue**: ardor
10 **renvoyer**: to dismiss
11 **souillon**: slut
12 **engrosser**: to get sb pregnant
13 **nuque**: neck
14 **minauder**: to mince
15 **calomnier**: to slander

main grande et brune, pendant en arrière du canapé et en griffant[16] nerveusement la soie.

Une vague[17] de tendresse me submergea, si brusque que les larmes me vinrent aux yeux presque en même temps. Je n'avais jamais eu d'amie, personne à qui je puisse dire mes répugnances et mes colères contre les gens de Gers, mes puérils désirs d'aventure, les rêves étranges que je faisais. Je pensais même que personne, à Gers, ne me comprendrait jamais, qu'il n'y vivait que des personnes méchantes et bêtes comme Mme Périer, incompréhensives comme Julia, ou hypocrites comme mon père (qui s'ennuyait autant que moi aux festivités gersoises, mais refusait farouchement[18] de le reconnaître). Et tout à coup, je découvrais quelqu'un qui s'intéressait à moi, qui partageait sûrement mon mépris pour cette «société» dépourvue[19] d'intérêt, que mon père ne m'empêcherait pas de voir, et dont la vie me faisait rêver. Je n'en revenais pas[20] de penser qu'une personne aussi parfaite pût habiter Gers, et à Gers, le quartier le plus pittoresque, la maison la plus étrange, maison où je pensais pouvoir pénétrer désormais, autant que je le voudrais. Je soupirai[21] de bonheur.

Toute mon angoisse avait disparu. Je ne comprenais plus de quoi j'avais eu peur. Assise dans l'ombre, serrée entre le mur et le canapé, sur mon tabouret[22], j'étais heureuse comme je l'avais été souvent dans la librairie entre le poêle ronflant[23] et les rangées de livres, mais avec plus d'exaltation. Je me sentais bonne tout à coup: j'aimais mon père, j'avais envie d'être la première en classe, de calligraphier des devoirs dans des cahiers impeccables. Pêle-mêle, je me promis soudain de mieux travailler, de faire une prière tous les soirs, de râtisser[24] le jardin pour faire plaisir à mon père, de ne plus négliger de jeter du pain aux moineaux[25], dans la gouttière[26].

16 **griffer**: to scratch
17 **vague**: wave
18 **farouchement**: fiercely
19 **dépourvu**: wanting, lacking
20 **je n'en revenais pas**: I could not believe
21 **soupirer**: to sigh
22 **tabouret**: stool
23 **poêle ronflant**: humming stove
24 **râtisser**: to rake
25 **moineaux**: sparrows
26 **gouttière**: gutter

Dehors, il faisait gris. On avait fait allumer deux lampes, et dans la pénombre[27] rose, le visage de Tamara était encore plus beau; ces deux légères rides[28] d'amertume[29] qui cernaient[30] sa bouche avaient disparu, son front était aplani, son sourire même presque doux. Et c'était une chose merveilleuse que d'être assise dans ce salon où si souvent je m'étais ennuyée, en face de ces visages qui m'avaient agacée[31] à pleurer, mais à l'ombre d'une telle beauté.

Sa main reposait toujours sur le bord du canapé; je remarquais qu'elle portait une chevalière[32] en argent, marquée du chiffre E. De temps en temps, elle se retournait, et les autres devaient penser qu'elle me parlait. Mais elle ne disait rien, elle me regardait simplement d'un regard oblique où je démêlais[33] mal la moquerie et la caresse, et qui ordonnait quelque chose, quelque chose qu'il me semblait comprendre mieux que si elle m'avait parlé. Je luttai plusieurs minutes. J'avais froid, mes tempes battaient, il me semblait que j'allais tomber de mon tabouret au milieu d'un rire général. Enfin, je ne résistai plus, je me baissai vivement, comme pour ramasser[34] quelque chose, et je posai mes lèvres sur la main de Tamara.

Les dames gersoises, les femmes de magistrats ou d'officiers qui tiennent absolument à embrasser les jeunes filles, à leur mouiller légèrement la joue à travers une voilette, ne sont en général pas parfumées, ou, si elles le sont, c'est à la violette, à la lavande, ou, suprême extravagance, au chypre. La main de Tamara sentait l'eau de Cologne, le cuir et le tabac. J'éprouvai de nouveau un vertige presque agréable.

Mon père s'approchait en me cherchant des yeux: «Ah! tu es là. Dépêchons-nous, ma petite. Il faut que je passe au chantier[35] avant sept heures, et j'ai deux personnes qui doivent m'attendre à la maison.» J'eus le courage de murmurer: «Je ne pourrais pas rester encore un peu, papa?» Tamara intervint d'une voix douce, mais

27 **pénombre**: half-light
28 **rides**: wrinkles
29 **amertume**: bitterness
30 **cerner**: to ring
31 **agacer**: to irritate
32 **chevalière**: ring
33 **démêler**: to sort out
34 **ramasser**: to pick up
35 **chantier**: construction site

en le regardant dans les yeux: «Vous serait-il impossible de la laisser quelques instants? Voulez-vous que je la ramène? J'ai été si contente de faire sa connaissance...» Papa, sans doute, n'avait pas envie d'entamer[36] une discussion en public, car il acquiesça tout de suite! «Parfait, dit-il d'un ton léger. Je vous renvoie la voiture dans un quart d'heure, elle vous déposera par la même occasion. Au revoir, chère amie.» Il passait déjà le seuil de la porte que j'étais encore abasourdie[37]. «Venez donc vous asseoir ici, mignonne», susurra[38] Mme Périer, en me faisant place entre Tamara et elle.

Je croyais rêver. Et comme dans les rêves, je m'avançais avec une aisance miraculeuse, sans heurter[39] personne, sans même effleurer[40] la table périlleusement chargée de tasses et de fleurs. Tout en répondant de mon mieux aux questions que l'on me posait, je m'efforçais de remarquer autour de moi de petits détails concrets, pour me prouver que je me trouvais bien réellement dans le salon de Mme Périer, l'Egérie du radicalisme. Je fixais[41] la table, les tasses à moitié vides, les sandwiches desséchés et les madeleines ramollies sans parvenir à les voir vraiment. Mon imagination trop exercée à se concentrer sur un seul objet ne me permettait plus de voir, d'entendre que Tamara. Tout me semblait flotter dans un brouillard miraculeux. «La voiture doit être en bas, me dit-elle tout à coup. Voulez-vous que nous allions voir?» Et à Mme Périer: «Vous permettez, chère madame, que je prenne congé[42]? – Mais certainement, répondit celle-ci d'un ton venimeux. Puisque vous avez l'occasion de profiter de la voiture des Noris...»

Pendant que Tamara serrait la main de quelques personnes, je m'étais éclipsée vivement, et je l'attendais sur le palier[43], en feignant de regarder les dessins qui s'y trouvaient exposés. Il y avait divers paysages au fusain[44] et un très grand dessin représen-

36 **entamer**: to start
37 **abasourdi**: stunned
38 **susurrer**: to whisper
39 **heurter**: to collide with, to jostle
40 **effleurer**: to brush against
41 **fixer**: to stare at
42 **prendre congé**: to take one's leave
43 **palier**: landing
44 **fusain**: charcoal

tant une femme nue. Tamara sortit du salon et referma la porte: «Attendons un instant. Je ne crois pas que la voiture soit déjà là, mais je n'y tenais plus. Je déteste ces gens! Et quelle idée de recevoir sous ces portraits drapés de crêpe! On se croirait à un enterrement!» Sur les murs du salon en effet, figuraient trois portraits de famille entourés d'une bande noire. J'eus un rire nerveux, vite éteint.

Nous étions seules sur le palier sombre, devant l'escalier silencieux. En bas, dans le vestibule, une lanterne en fer forgé brûlait. On entendait le murmure confus des invités, dans le salon, et de temps en temps, une rafale[45] de vent secouait les vitres. Que faisions-nous là, debout dans la pénombre, n'osant pas élever la voix? «Il va neiger tout à l'heure», dis-je d'une voix tremblante. Je n'avais plus envie de rire. Elle sourit sans répondre, et j'y voyais tout juste assez pour deviner qu'elle avait encore cette expression complexe, où une tendresse bizarre se mêlait à l'ironie.

Ce fut à ce moment précis que je retrouvai ma peur. Je savais bien qu'il y avait quelque chose d'effrayant dans mon attirance pour Tamara, quelque chose de semblable à mon désir de vide en me penchant par la fenêtre, ou à celui de rencontrer en nageant dans le lac le tourbillon[46] dangereux, «pour voir»...

Par une absurdité dont j'avais honte, mais qui s'imposait irrésistiblement à moi, une phrase tournait dans ma tête confuse comme une lueur fugitive, comme une petite luciole[47], et je me la répétais sans même la comprendre, sans la réaliser une seconde: «Et Phèdre au labyrinthe, avec toi descendue, se serait avec toi retrouvée ou perdue...»[48] C'était encore un de mes jeux, que de me répéter un vers jusqu'à tout oublier hors ce rythme. Je m'étais amusée souvent à le faire, et parfois j'en arrivais à perdre entièrement conscience. Mais à présent que je voulais de toutes mes forces, réfléchir, comprendre avant qu'il fût trop tard, à présent que j'étais là, moi, Hélène, sur ce palier obscur, me taisant, respirant avec peine et écoutant ma propre

45 **rafale**: gust
46 **tourbillon**: whirlpool
47 **luciole**: firefly
48 a quotation taken from <u>Phèdre</u> (act II, sc.5), a tragedy by the 17th century French dramatist Jean Racine.

respiration, mon imagination, plus forte que ma volonté, m'emportait et il me semblait assister de très loin à une scène, incompréhensive et indifférente, pendant que ma propre voix chuchotait: «Et Phèdre au labyrinthe avec vous descendue, se serait avec vous...» Pourquoi avais-je pensé: avec toi, la première fois que ce vers s'était imposé à moi? Je le connaissais pourtant, je savais que Phèdre ne tutoyait pas Hippolyte. Mais je ne tutoyais pas Tamara non plus. Et pourquoi cette phrase-là? Ah! oui, c'était à cause du mot: perdue. Le vertige, le balcon, le tourbillon[49] dans le fleuve... Perdue... «Hélène au labyrinthe avec toi descendue se serait avec toi retrouvée ou perdue...» Comme elle aurait ri si je lui avais dit cela, tout à coup, en chuchotant, dans l'obscurité... Ou peut-être n'aurait-elle pas ri. Elle était capable de comprendre. De comprendre quoi? Ce que je ne comprenais pas moi-même? Je me sentais comme victime d'un dédoublement; une partie de moi-même restait là, immobile, tenant fort une main dure et réconfortante (quand lui avais-je pris la main? Ou avait-elle pris la mienne?), et une autre partie de moi, très loin au-delà, s'efforçait de distinguer et de comprendre ce qui se passait, distraite par cette voix intérieure qui, sans arrêt, recommençait: «Et Phèdre au labyrinthe... Et Phèdre au labyrinthe...» pour finir toujours sur le même soupir: «... perdue... perdue...»

Enfin une sonnerie[50] brutale me ramena à moi-même. Un moment, je regardai de tous côtés, effarée[51] comme au sortir d'un rêve. Combien de temps étions-nous restées là sans rien dire? Qu'avait pensé Tamara? S'il était sorti quelqu'un du salon, je ne m'en serais même pas aperçue... Elle me conduisit par la main jusqu'à l'escalier, comme une aveugle. La voiture venait d'arriver. J'entrai la première, je me laissai tomber sur les coussins, et j'étais tellement épuisée[52] par ce moment d'absence, courbaturée[53] comme d'avoir marché que je posai sans réfléchir ma tête douloureuse sur une épaule toute prête. A travers la vitre, je voyais défiler lentement les rues tristes, les petits magasins tassés[54] sous leurs auvents[55], les tramways roulant lentement à grand bruit de ferraille, transportant

49 **tourbillon**: whirlpool
50 **sonnerie**: ringing
51 **effaré**: alarmed, lost
52 **épuisé**: exhausted
53 **courbaturé**: aching
54 **tassé**: crammed
55 **auvent**: awning

quelques voyageurs transis[56] et un receveur au nez rouge. C'était déjà le parc. On s'enfonçait sous les arbres; les bancs vides luisaient par plaques de givre[57]. Au coin du Rempart des Béguines, un agent saupoudré[58] de neige sautait sur un pied, puis sur l'autre, pour se réchauffer.

«Et voilà! dit Tamara. Un bon après-midi malgré toutes ces mondanités. Cela m'a fait plaisir de vous voir. A jeudi. - Jeudi? - Mais oui. Jeudi, vers trois, quatre heures, si vous voulez bien. Je ne suis pas libre demain après-midi. - Oui», dis-je. J'aurais été bien incapable de dire autre chose. L'angoisse délicieuse me tenait aux genoux, au défaut de l'épaule, me faisait frissonner[59]. Si j'avais eu à formuler mon sentiment, il ne me serait venu à la bouche que le mot «terrible». Une douceur terrible, c'est bien cela. La voiture s'était arrêtée devant la façade, que le soir tombant rendait encore plus étrange. Seules, les chaînes dorées des balcons brillaient encore d'un restant de jour. Tamara ouvrit la portière et, sur le point de descendre, posa sur ma joue ses lèvres fraîches.

Par la glace arrière, je la vis disparaître dans son temple marin, et le Rempart des Béguines s'éloigna. Il faisait sombre, et il neigeait.

Tout ce que je sais sur la vie de Tamara, je l'ai appris peu à peu par recoupements, par de vieilles lettres, par un album de photos, une phrase par-ci, par-là qui lui échappait. Elle aimait peu à se confier, parce qu'elle détestait l'échec, et qu'il lui semblait qu'elle n'avait pas réussi sa vie. Son orgueil[60] blessé, son ambition engourdie[61] mais toujours vivante, un intérêt passionné pour tous les êtres humains, et un grand fond d'indifférence, tout cela se mêlait en elle à d'autres choses qu'aujourd'hui encore je n'ai pas bien comprises, et la faisait se comporter souvent d'une façon incohérente. C'est ainsi, du moins, que j'explique à pré-

56 **transi:** numb with cold
57 **givre:** frost
58 **saupoudrer:** to dust, to sprinkle
59 **frissonner:** to shudder
60 **orgueil:** pride
61 **engourdi:** numb

sent son étrange assurance, les efforts qu'elle avait
faits pour me rencontrer, et l'air presque impatienté
avec lequel elle me reçut lorsque je sonnai chez elle,
comme elle me l'avait demandé, le jeudi suivant.

Elle m'ouvrit en robe de chambre, les boucles em-
mêlées sur son front mat, l'air endormi et irrité. A-
vant de me laisser entrer, elle me dévisagea[62] un long
moment, comme si elle ne m'avait pas reconnue. «Ah!
c'est vous! Je dormais.» Un moment, j'eus l'impression
qu'elle allait me renvoyer. J'entrai dans la grande
pièce bleue, jetai un regard ahuri[63] sur le désordre
qui y régnait: les deux fauteuils de cuir renversés, la
table couverte de mégots[64] comme le jour de ma première
visite. Tamara y écrasait au fur et à mesure[65] ses cigarettes, ne balayant[66] que tous les huit jours, les
livres épars[67] sur le sol avec les disques. Ce jour-là,
en dépit de mon désarroi, je pus tout de même regarder
les bibelots posés sur les étagères[68], verreries et
masques nègres. La porte du fond était ouverte sur une
cuisine blanche.

Je m'attendais pour le moins à ce que Tamara me
donnât une explication de ce désordre invraisemblable.
Mon père m'avait élevée (si on peut dire qu'il m'avait
donné une éducation quelconque) dans l'idée que l'ordre
était une des qualités essentielles de l'être humain,
et qu'en manquer était manquer du sens le plus élémentaire de sa propre dignité. De ce décor bouleversé[69]
devais-je conclure que, sur ce point encore, il m'avait
tenu des propos contraires à sa pensée? Ou qu'il nour-
rissait pour Tamara une telle passion qu'il subissait
avec résignation un tel état de choses? Je pensai plutôt que, sans doute, elle devait, avant sa venue, faire
un effort de volonté, et apporter quelques rangements
dans la pièce, ce qui n'était pas entièrement faux.
Mais ce que je compris plus tard, c'est que sans hypocrisie aucune, mon père qui détestait le désordre chez
lui et en souffrait presque physiquement, aimait assez
le trouver au-dehors, le considérant comme un élément
de pittoresque, un décor qui ajoutait à son dépayse-

62 **dévisager**: to stare at
63 **ahuri**: flabbergasted
64 **mégot**: cigarette butt
65 **au fur et à mesure**: as soon as
66 **balayer**: to sweep
67 **épars**: scattered
68 **étagère**: shelf
69 **bouleversé**: turned upside down

ment[70]   auprès de Tamara au même titre que cette maison
bizarre qui l'amusait autant que moi, mais dans laquelle il n'eût voulu pour rien au monde habiter. Quand je
compris cela, je compris aussi qu'il n'était pas aussi
dépourvu[71] d'imagination que je l'avais décidé une fois
pour toutes dans ma vanité de petite fille. Mais son
imagination ne lui tenait lieu que de diversion, d'a-
gréable délassement[72], alors que par des exercices répétés, et sans m'en rendre compte bien clairement, j'a-
vais fait de la mienne un monstre qui dévorait même ma
volonté.

Tamara, pendant que je réfléchissais, se passait
un peu d'eau de Cologne sur le visage, brossait ses
boucles drues[73] d'un air absent, et sans plus se sou-
cier de moi que si je n'avais pas existé. «L'appartement n'est pas commode, dit-elle enfin d'une voix neutre. C'est une enfilade[74] très mal distribuée qui tient
tout l'arrière de la maison...» Elle entra dans la cuisine, et je crus bien faire en la suivant. Je m'étais
imaginée sans plus réfléchir, ayant entrevu la cuisine,
que son appartement se composait seulement de cette
grande pièce dans laquelle on entrait de plain-pied.
Mais je découvris que la cuisine donnait sur une autre
pièce de la même taille qui servait à Tamara de chambre
à coucher. Le lit était ouvert et visiblement, elle
l'avait quitté pour venir ouvrir la porte. A côté du
lit, un cendrier plein était posé à même le sol, près
d'un livre ouvert. Le parquet luisait. L'absence de tapis dans cet appartement me surprit agréablement, moi
qui détestais la façon brusque dont tout le monde apparaissait à la maison, les tapis épais étouffant le
moindre bruit de pas. La fenêtre, large comme celle de
l'autre pièce donnait aussi sur le lac. Cette chambre
était plus vide encore que l'autre. Un miroir, une commode marquetée et un fauteuil de cuir en formaient tout
l'ameublement.

Tamara jeta sur le fauteuil sa robe de chambre
persane. Elle portait un pyjama bleu clair et des pan-
toufles de cuir. J'admirai sa minceur et ce vêtement
qui me parut extrêmement élégant, moi qui portais, en
guise de[75] chemise de nuit, une sorte de sac à fleuret-

70 **dépaysement:** feeling of strangeness, change of
scenery
71 **dépourvu:** lacking in
72 **délassement:** relaxation
73 **dru:** thick
74 **enfilade:** row, string
75 **en guise de:** by way of

tes, confectionné par les soins de Julia, et qu'elle
remplaçait par un autre sac garni de fleurettes identiques quand le précédent tombait en lambeaux[76].

«La vue est agréable, dit-elle, mais j'entends la
musique des cafés parfois toute la nuit. - Cela vous
empêche de dormir?» Je sentais bien obscurément qu'il y
avait quelque chose de grotesque à lui parler sur ce
ton poli et bien élevé, moi qui détestais les «jeunes
filles bien élevées» qu'on me forçait à fréquenter.
Mais elle ne m'encourageait guère à lui parler autrement.

Elle s'était assise sur le lit, jetait ses pantou-
fles de cuir, et s'allongeait entre les draps. Debout
devant elle, embarrassée de mon manteau, de ma serviet-
te (j'avais passé une demi-heure d'étude au cours), je
me sentais profondément ridicule, je rougissais de colère à la pensée que j'étais là comme une indésirable,
alors que c'était elle qui m'avait ordonné presque de
venir, et il me sembla qu'elle jouissait de mon embarras. La conduite à tenir s'imposait sans le moindre
doute: sortir et rentrer chez moi, sans écouter ses
protestations. Mais justement je n'étais pas sûre du
tout qu'elle protestât, et bizarrement, cette pensée me
retenait. Enfin elle me dit tranquillement; comme si je
venais d'arriver: «Posez votre cartable[77] contre le
mur. Enlevez votre manteau. Sur le fauteuil, c'est cela. Et asseyez-vous près de moi.» Quand je fus assise
sur le lit, elle me regarda avec une expression que je
ne lui connaissais pas encore, presque une expression
de bonté. «Il faut que tu décides dès maintenant que tu
ne m'en voudras pas, me dit-elle, en me tutoyant avec
une aisance, une sorte d'habitude qui me saisit. Je ne
suis pas toujours gaie, et j'ai beaucoup de raisons de
ne pas l'être. Tu ne peux rien y faire, n'y attache pas
d'importance. Prends les choses comme elles viennent,
et ne te pose pas de questions.»

Ce qui me stupéfiait, c'est qu'elle me parlait
comme s'il avait été décidé tout à coup que je devais
passer ma vie avec elle. «Qu'est-ce que tu pensais,
hier soir?» En dépit de son attitude déconcertante, je
me sentais pourtant une subite confiance en elle. Aussi, j'essayai de lui expliquer mon impression de dédoublement, cette sorte d'évanouissement[78] d'une partie de

76 **lambeaux:** tatters
77 **cartable:** schoolbag
78 **évanouissement:** fainting

moi-même, et «Phèdre au labyrinthe avec vous descendue...» Elle m'interrompit au bout de quelques minutes. «Trop d'imagination, petite fille. Beaucoup trop d'imagination!» Je ne pus m'empêcher de lui dire: «Je ne suis pas si petite! Et vous n'êtes pas si vieille, non plus.» Elle me regarda en souriant pour la première fois. «J'ai trente-cinq ans. - Ah!» fut la seule réponse que je trouvai devant cette affirmation surprenante. Mais en l'observant mieux, je remarquai la ride légère au coin de sa bouche, sa joue à l'ovale creusé, ses yeux ce jour-là marqués d'un cerne[79], et ces signes de fléchissement[80] dans sa beauté me troublèrent plus qu'une caresse. «Cela ne veut rien dire pour toi, trente-cinq ans. Pour moi, cela signifie beaucoup de choses. Un mariage manqué, une fortune manquée, un amour manqué... Trente-cinq ans, ce n'est pas encore la résignation, mais presque... Et me voilà installée à Gers, petite fille. Je suis partie aussi d'une petite ville, comme celle-ci. Plus petite, peut-être, oui. Et j'habitais une cabane au lieu de cette ancienne maison de passe[81]...» Je fus sur le point de l'interrompre pour lui dire que j'aimais beaucoup sa maison, et aussi pour lui demander ce qu'était une maison de passe. Mais je me retins, craignant quelque rebuffade, et qu'elle ne se tût. Elle me regardait, me semblait-il, avec affection. «Et toi aussi tu vas partir d'une petite ville. Car tu rêves de la quitter, n'est-ce pas? Qui sait où tu finiras? Je ne puis même pas te donner de conseils, j'ai toujours su moi-même ce qu'il fallait que je fasse, et je ne l'ai pas fait. Tout ira mieux, peut-être, pour toi qui ne sais rien...» Son abandon me toucha jusqu'au coeur. J'entrevis une longue amitié, des récits passionnants, un refuge enfin qui, loin de la maison, m'accueillît quand je le voudrais... Je lui baisai la main pour la seconde fois. Elle me dévisagea avec curiosité. «Enlève tes souliers», me dit-elle doucement, et comme une chose toute naturelle.

Je mis un temps infini à dénouer les lacets[82]. Ma main tremblait, il me fallut m'y reprendre à plusieurs fois. Enfin ce fut fait. «Ta jupe... ton chemisier... C'est cela. Couche-toi, maintenant.» Je tremblais convulsivement en entrant dans le lit. Ma résille[83] se défit, et j'entendis sa voix (je n'osais pas la regarder)

79 **cerne**: dark ring
80 **fléchissement**: sagging, weakening
81 **maison de passe**: house of ill repute
82 **dénouer les lacets**: to untie shoelaces
83 **résille**: hairnet

parfaitement·calme et normale: «Tu as de beaux cheveux.» D'un mouvement instinctif, je cherchai son épaule pour y dissimuler mon visage: j'avais l'impression qu'il allait se passer quelque chose d'affreux. Mais en me prenant par le menton, elle me força de la regarder: «Tu n'as pas peur? Si? A ton âge?» Elle était un peu soulevée sur un coude sur l'oreiller, et moi couchée à plat, fort mal à l'aise et au comble de la frayeur[84]. Cependant, elle se penchait en arrière du lit, et elle dut tourner le bouton d'une radio posée à terre, car j'entendis bientôt une musique assez douce s'élever.

«Ça va mieux, n'est-ce pas? dit-elle en attirant ma tête sur sa poitrine. Ne dis rien. Attends que ça passe.» Et j'obéis. Bientôt, je pus écouter la musique avec plus de liberté d'esprit; la faculté de penser me revint, et je commençai à me demander ce que je faisais en chemise, dans le lit de cette dame.

Une pensée me tourmentait surtout: je portais des chemises de toile grossière, par esprit de contradiction, pour ne pas faire comme mes compagnes qui ne rêvaient que dentelles[85], soieries[86] et jours brodés[87]. Mais j'aurais donné beaucoup pour porter ce jour-là ces lingeries méprisées. Cependant, je regardais le plafond de bois traversé de fausses poutres[88]: je me sentais mieux. La main de Tamara caressait mes cheveux. «Un peu rassurée? Tu n'as pas froid?» Je fis un signe de dénégation. «Pas encore en train pour parler, je vois. Fais un effort. Parle-moi de toi, comme l'autre jour.» J'essayai, je ne pus articuler une parole. «Dis n'importe quoi, mais dis quelque chose.» Elle paraissait légèrement impatientée, ce qui me paralysa bien davantage. Elle me releva encore une fois la tête et me fixa sérieusement. «Ecoute, si tu n'as pas dit quelque chose d'ici cinq minutes, ne fût-ce qu'un Ah! je te gifle[89]. Maintenant, choisis.» Elle ne semblait pas en colère le moins du monde, mais je sentis qu'il ne s'agissait pas d'une menace en l'air. «J'ai peur! murmurai-je presque involontairement. - C'est un début», répondit-elle avec un grand calme. Mais le saisissement de sa menace, la peur, l'embarras, me firent éclater en sanglots[90]. Aus-

---

84 **comble de la frayeur**: dreadful fright
85 **dentelle**: lace
86 **soierie**: silk
87 **jours brodés**: embroidered openwork borders
88 **poutre**: beam
89 **gifler**: to slap
90 **sanglot**: sob

sitôt, elle se rapprocha de moi, et me prit dans ses bras. Je sentis son corps plat et musclé comme celui d'un garçon. Elle m'entourait les épaules d'un bras, et j'inondai de larmes son cou et sa poitrine.

J'ai toujours aimé pleurer, et à quinze ans, je pleurais à tout propos: pour un livre, un chien écrasé, un mot dur, un même un beau paysage, un concert, une chanson mélancolique, il me semblait que mon coeur se déchirait, se fendait[91] dans ma poitrine avec un mal délicieux. Souvent Julia m'avait prise ainsi dans ses bras et ses tendres consolations m'avaient procuré un plaisir compliqué mais immédiat. Aussi goûtai-je dans les bras de Tamara cette joie d'être consolée, embrassée, de m'entendre murmurer de tendres paroles, et il me sembla que ce plaisir trouvait sa suite naturelle dans le long baiser qui suivit.

Je n'avais jamais embrassé personne de cette façon, et bien que j'eusse entendu mes compagnes du cours raconter de longues histoires au sujet d'une dévergondée[92] qui se laissait embrasser sur la bouche par tous les garçons du lycée, je n'avais pas idée de ce que c'était qu'un baiser. Je gardai même pendant plusieurs semaines la curieuse illusion que ce baiser était une création géniale de Tamara, jusqu'au moment où la curiosité me vint d'aller regarder de près les amoureux du parc, ce que j'avais toujours évité de faire avec un certain dégoût, et ce qui me désabusa.

Ce baiser fut donc pour moi une révélation totale et merveilleuse. A peine avait-elle cessé de m'embrasser que je tendais le visage pour qu'elle reprît mes lèvres, et cet accord entre nous fut tout de suite parfait. Plus tard, elle me déshabilla complètement et sans insister me flatta un peu de la main, comme on fait à un cheval; mais je ne pensais à rien d'autre. Le plaisir de l'embrasser me paraissait assez complet, et je ne laissais pas d'être gênée de me trouver ainsi auprès d'une autre personne, chose que je n'avais jamais envisagée. Et entre ses baisers dont je ne pouvais pas me lasser[93], je lui parlais de tout, je lui confiais pêle-mêle tout ce que j'avais jamais rêvé, imaginé, désiré. J'inventais, même, sentant que je l'intéressais, et je sursautai lorsqu'elle me dit avec sa calme autorité: « Il est temps de t'habiller, ma ché-

91 **fendre:** to split
92 **dévergondée:** a shameless girl, a loose woman
93 **se lasser de:** to tire of

rie, et de rentrer chez toi.» Je partis, titubante[94] de bonheur, caressant de la main les murs, les arbres, la neige. C'était deux jours avant Noël, et dans mon in-conscience, je me disais que le Ciel m'avait fait ce cadeau.

Ainsi commença ma liaison[95] avec Tamara.

Le Rempart des Béguines, (Julliard, 1951, p.34-53).

94 **tituber:** to stagger
95 **liaison:** affair

CHAPITRE 6

Passion

MARGUERITE DURAS

(1914)

Elle est née le 4 avril 1914 à Gia-Dinh, en Indochine, où ses parents, des Français de la métropole,
s'étaient installés avant la naissance de leurs trois
enfants. C'est là qu'elle passera son enfance et son
adolescence. Son père, Henri Donnadieu, est professeur
de mathématiques, sa mère Marie est institutrice. Or-
pheline de père à quatre ans, vivant dans la misère
matérielle, elle ne quitte l'Indochine qu'en 1932 après
avoir suivi le lycée à Saïgon. Elle vient à Paris poursuivre ses études et y passe un bac de philosophie. A-
près des études supérieures de droit, de mathématiques
et de sciences politiques, elle épouse Robert Antelme
en 1939. Elle travaille dans une maison d'édition. En
mai 1942, son premier enfant décède à la naissance.
Elle divorce en 1946 et son fils Jean Mascolo naît en
1947. A partir de 1980, Yann Andréa devient une présence permanente à ses côtés. Son premier livre La
famille Tameran est refusé par Gallimard en 1941. Deux
ans plus tard, elle publie son premier roman Les Impu-
dents. Elle participe à la Résistance; en automne 1944
elle s'inscrit au Parti Communiste dont elle démission-
nera dix ans plus tard. Elle devient journaliste dans
les années d'après-guerre.

A partir de 1958, elle se tourne vers le théâtre,
le cinéma, et la télévision tout en continuant à écrire
des romans. Elle a publié une soixantaine d'oeuvres:
romans, pièces et films. Parcours exemplaire que celui
de Marguerite Duras: au contact avec toutes les moder-
nités d'après guerre: le Nouveau Roman, le cinéma de la
Nouvelle Vague, le gauchisme, le féminisme d'après 68,
la mise en question du langage cinématographique des
années 70, la recherche d'une écriture de l'oralité (au
moment où Libération instaure ce mode dans la presse
écrite), la quête d'une pratique polymorphe du texte
(que recherchait Roland Barthes) qui chez elle est à la
fois récit, roman, film et pièce de théâtre. Il suffit
de lire Les Parleuses (conversations avec Xavière Gau-

thier) pour voir comme Duras refuse de se laisser anne-
xer, se veut inclassable, constamment en fuite vers autre chose. L'expérience primordiale de l'adolescence,
c'est que pour survivre, il faut fuir. C'est une démarche qu'elle va répéter toute sa vie.

Ses premiers romans de style assez classique sont
encore traditionnels avec une narration, des descrip-
tions et des personnages bien campés. Ces récits ne
laissent pas deviner son glissement progressif vers les
thèses formalistes et l'écriture duNouveau Roman dont
elle sera une des figures centrales, avant de refuser
dans les années 70 d'appartenir à aucune école. Elle a
malgré tout beaucoup en commun avec ce mouvement littéraire qui préconise un renversement du rapport entre la
substance romanesque (c'est-à-dire les personnages et
l'intrigue) et le langage. Celui-ci n'est plus chargé
d'exprimer une matière psychologique ou événementielle
mais il tend à être sa propre fin. La production du
langage ne se réfère plus à aucune réalité extérieure,
ce qui mène entre autres à l'abolition des personnages
et de l'intrigue.

Duras donne une grande importance au dialogue.
Elle confère au langage le pouvoir de suggérer un monde
hanté par l'obsession de l'impuissance du dialogue. Le
moment durassien privilégié, c'est celui où il ne se
passe rien d'autre qu'une conversation entre deux
êtres, mais une conversation par laquelle ils n'arrivent pas à communiquer. A travers les mots de tous les
jours, les plus banals, ils cherchent à projeter aux
yeux de l'autre l'image de ce qu'ils ont été ou de ce
qu'ils voudraient être. Chez Duras la notion temporelle
est très floue, passé et futur se distinguent diffici-
lement. On a une atmosphère étouffante où les personnages sont murés en eux-mêmes, vivant dans l'attente, une
attente passive mais qui pourrait être une promesse
d'espoir, l'espoir d'un amour, amour impossible. On retrouve toujours ce rêve d'un amour fou qui ne s'accom-
plit pleinement que dans la mort, d'où la fascination
du crime passionnel qu'on trouve souvent dans les romans de Duras. Chacun reste muré dans sa solitude, ron-
gé par une nostalgie de l'amour-passion dont ils cherchent l'amorce dans un dialogue toujours recommencé,
dialogue banal et monotone. Il s'agit pour Duras d'évoquer ce qui n'est pas exprimé, de donner à voir ce qui
n'est pas dit. Il y a tout un art du creux où silences
et vides sont plus éloquents que ce qui est dit.

Dans cette littérature du silence, où ce qui est dit est toujours banal, tout se défait: les rapports entre les personnages, leur identité même. Il se passe de moins en moins de choses dans les romans de Duras, tot y est statique, plus rien n'arrive. On revient sans cesse à l'histoire d'un amour à peine ébauché et qui reste sans lendemain. L'amour, ou plutôt la passion fait problème chez Duras. C'est le but vers lequel on aspire et qu'on ne voit pas, qu'on manque dès qu'on l'a trouvé, qui ne se révèle qu'après coup comme une possibilité gâchée. Ainsi les époux divrcés de <u>la Musica</u> (1962) ne se parlent vraiment qu'après s'être quittés, ne se dévoilent et se comprennent que lorsque tout est perdu. Dans l'univers durassien, tout se dissout dans le mystère. C'est un monde dans lequel l'incantation, la litanie et le rite deviennent de plus en plus puissants. Le lecteur ou le spectateur ne peut pas s'empêcher d'être fasciné par une langue envoûtante dans son dénuement, il est pris au sortilège de ce lieu symbolique où se déroule un ballet abstrait de l'amour et de la mort. A force d'explorer la banalité du langage, Marguerite Duras en tire une ambiguïté onirique. Ses personnages tendent à être des ombres ou des fantômes, les événements perdent leur poids. L'auteur parvient ainsi à une déréalisation des apparences du réel.

Il y a une valorisation absolue du silence. Pour elle, le silence est «militant», la passivité féminine est la plus grande force du mouvement, «inaugurale d'une politique féminine» (<u>Les Parleuses</u>, p.146-149). La grande déception politique de Marguerite Duras a été la récupération du «silence» de 68 (au sens de non-signification) par «l'imbécillité théorique de l'homme». A travers son oeuvre elle veut faire passer le silence du recueillement et de l'écoute, en refusant la vie telle qu'elle est, mais espérant une autre vie. Cette nouvelle vie rêvée par Duras commence dans chaque roman par le silence d'après la destruction: refus de la famille, descente au fond de la haine, de l'ivresse, incendie, meurtre de lépreux.

En été 1988, Marguerite Duras a donné une série de quatre émissions à la télévision où elle dialogue avec Luce Perrot. Voilà ce qu'en dit Jacques-Pierre Amette:

> Elle parle comme elle écrit: avec des blancs épais, une hésitation tendue, des silences qui convoquent une partie du ciel, une exigence intérieure qui ressemble à une souffrance. [...]

Duras déraille, déconne, avec un sérieux si particulier qu'il produit au bout de quelque temps un effet féerique. On est fasciné, cloué, imposé, par l'expression ardente d'une conscience qui tourne et fonctionne devant nous en toute transparence. Duras, version 1988, vieille peau couverte de gloire avant-gardiste, de titres magnifiques, de millions de lecteurs, adorée par la génération-_Libé_, Duras reste elle-même, cette solitaire jeune fille, au visage d'étudiante de Sorbonne-années cinquante, qui écrivit clandestinement «Moderato Cantabile» en 1958. [...]
Le résultat est d'autant plus troublant qu'on n'y gagne aucune certitude, qu'on n'y perçoit aucune construction intellectuelle solide, qu'on ne suit aucune leçon logique. [...] Elle prend les chemins de la liberté pour nous égarer; déconstruisant les théories, elle atteint cette zone désertique balayée par les solitudes intérieures, voyageuse de ténèbres qui chante à sa façon la désespérance humaine. «Que le monde aille à sa perte» est son refrain.
Il faut écouter ce solo durassien, la violence théologique d'une Passionaria passée par le communisme, le féminisme, l'avant-gardisme, comme on passe par la folie ou par la fenêtre.

Après les _Impudents_ et _La Vie tranquille_ (1944), _Un barrage contre le Pacifique_ (1950), semblait confirmer la place de Duras, au début des années 50, dans le courant néo-réaliste. On peut tout de même discerner dans ce roman autobiographique un détachement du narrateur par rapport à l'action. Une Française d'Indochine, veuve, qui vit dans la pauvreté avec ses enfants, lutte désespérément pour préserver une misérable lande de terre contre les déferlements de l'océan qui détruit chaque année ses cultures. Dans ce combat édifiant, sous ce décor exotique on voit se tramer un autre conflit, celui des enfants contre leur mère. La solidarité forcée dans la lutte contre les eaux recouvre, mais fait aussi ressortir la solitude intérieure des personnages. Réunis par un destin commun tragique, ils sont infiniment séparés les uns des autres par l'indifférence que chacun éprouve. Se disputant constamment, ils n'ont rien à se dire. Dans une forme narrative encore descriptive et «classique», on trouve déjà là des thèmes privilégiés chez Duras: la séparation, l'impossibilité de communiquer.

Le thème de l'absence, on le découvre dans Le Marin de Gibraltar (1952), où il y a encore une «histoire», celle d'un vacancier désoeuvré qui se promène en Italie, y rencontre une femme riche et fantasque qui parcourt les mers à la recherche de ses rêves, de l'hypothétique marin de Gibraltar, souvenir ou anticipation du «grand amour». Rompant avec une existence dont il est lassé, il est soudain disponible. Les deux personnages reprennent ensemble cette quête impossible du passé ou de l'avenir, de l'amour perdu ou à découvrir.

Les Petits Chevaux de Tarquinia (1953) appartiennent encore par l'écriture à la période du Barrage et du Marin mais pour la première fois dans un livre de Duras, il ne se passe précisément rien. Rien que le sentiment déconcerté mais fasciné du lecteur qui est témoin d'un spectacle figé où cinq personnages en vacances, abrutis par le soleil et l'alcool semblent perdre leur temps, leur identité même. On assiste à des affrontements larvés chez ces êtres dans un état de disponibilité ennuyé et agressif. L'action se réduit à quelques incidents minimes. Les personnages se nimbent de mystère.

Avec Moderato Cantabile (1958), Marguerite Duras renonce au roman traditionnel. C'est d'ailleurs avec cette oeuvre qu'elle fait commencer son existence d'écrivain. Il s'agit d'un récit bref et dépouillé, tout en silences et en non-dit où les accents lents d'un piano ne font qu'alourdir l'atmosphère pesante. On est pris par l'insoutenable mystère d'un crime passionnel. Le crime est l'un des prétextes romanesques préférés de Duras qui l'exploitera encore dans Dix heures et demie du soir en été (1967), et au théâtre dans Les Viaducs de la Seine-et-Oise (1950). Mais l'action criminelle, dans Moderato Cantabile, ne compte déjà plus pour elle-même. Seuls importent le jeu des mobiles, des suppositions et des malentendus, le jeu de cache-cache des dialogues où deux êtres se dérobent et s'épient à travers leurs mots. Désir et mort se trouvent inextricablement mêlés et exercent une fascination irrésistible sur l'héroïne, Anne.

Hiroshima mon amour, scénario que Duras rédige en 1959 et que tourne Alain Resnais, la rend célèbre. A-près avoir été la scénariste de nombreux films, elle deviendra réalisatrice à son tour. A partir de 1960, elle se tourne également vers le théâtre, adaptant pour la scène certains de ses romans et rédigeant aussi des pièces telle La Musica. La plus célèbre est Le Square (1962).

Une nouvelle étape dans son écriture, dix ans a-près Moderato, c'est Détruire, dit-elle, écrit en 1969, dans la lancée de la «révolution» gauchiste de mai 1968. Ce texte dont elle fera un film (le premier qu'elle réalise seule) représente d'abord une utopie historiquement datée: celle d'une communauté nouvelle, basée sur le rejet de la société de consommation, et sur une volonté de marginalité typique des année soi-xante. Dans un décor simplifié à l'extrême, un hôtel, un parc, une forêt, où la présence des autres, anony-mes, n'est plus que suggérée, cinq personnages vont é-voluer. L'objet de la fascination, c'est la recherche de l'Autre, à quoi se livrent deux personnages: Alissa et Elisabeth, qui vont lentement se mutiler psychologi-quement, se déposséder progressivement et volontaire-ment de tout: mari, amant, fortune et habitudes, pour essayer de se trouver et de trouver chacune l'être de l'autre.

Détruire, dit-elle va donner une nouvelle impul-sion à l'art durassien, où la sensibilité de toute une décennie va se reconnaître dans cette oeuvre multifor-me, romans/pièces/films pour aboutir en 1973 et 1975 à India Song qui couronne toute cette époque, faisant de Duras plutôt une cinéaste qu'une romancière, mais pour elle, une telle distinction n'a pas de sens. Plus ré-cemment une autre Duras s'est affirmée, la journaliste qu'elle a toujours été, avec des articles recueillis dans Outside (1981), et L'Eté 80, une série d'articles rédigés pour le journal Libération. Les Yeux verts (1980), sont un numéro spécial des Cahiers du Cinéma à l'occasion de la sortie de son film Aurélia Steiner où se mêlent et se répondent des textes, des photos, pho-tos de Duras à différents âges, photos de films, let-tres, et réflexions.

A l'allusion, au sous-entendu, au décalage qui ca-ractérisaient ses textes antérieurs, succèdent alors le silence, le blanc. Silences dont l'importance est énor-me, à la fois parce qu'ils mettent en valeur le mot

ainsi isolé et parce qu'ils provoquent chez le lecteur/
spectateur une activité créatrice qui cherche à produire à son tour un texte. «C'est pareil, le spectateur ou
l'auteur», dit Duras. Son texte s'apparente de plus en
plus à un découpage cinématographique, tissu troué, jamais vraiment constitué, et indéfiniment ouvert à des
manipulations nouvelles. Duras veut supprimer de son é-
criture (filmique et écrite) tout ce qu'elle considère
comme du «bavardage», c'est-à-dire les explications, la
psychologie, les réflexions de tout genre. Elle va donner la primauté à «la chose la moins énoncée sur la
chose énoncée», ne se souciant ni de la logique, ni du
sens. «Je ne m'occupe jamais du sens, de la significa-
tion. S'il y a sens, il se dégage après.» Une telle é-
criture se rapproche de l'écriture automatique des sur-
réalistes. A partir de Détruire, chaque livre s'écrit
en quelques jours, chaque film se tourne en quelques
semaines dans un état d'angoisse et de crise. L'écriture naît ainsi du désir, en cela, elle est proche des
militantes féministes, pour qui écrire, quand on est
femme, c'est écrire son corps. «La femme, c'est le désir. On n'écrit pas du tout au même endroit que les
hommes. Et quand les femmes n'écrivent pas dans le lieu
du désir, elles n'écrivent pas, elles sont dans le pla-
giat.», dit-elle dans Les Parleuses .

Cette expérience d'écriture se radicalise dans
L'Amour (1971): les personnages n'ont plus de nom, les
pronoms personnels passent d'une silhouette à une autre, le lieu devient mythique: la plage, la digue, la
prison, la ville. L'auteur simplifie jusqu'au bout une
situation qu'elle a empruntée au Ravissement de Lol V.
Stein (1964) et au Vice-Consul (1966). En reprenant,
non seulement les mêmes thèmes, mais aussi les mêmes
personnages, les mêmes lieux, elle développe des cycles, celui de l'Indochine (qui va du Barrage jusqu'à
l'Eden cinéma, 1977), et celui de l'Inde (La Femme du
Gange, 1973, Son nom de Venise dans Calcutta désert,
1976) dont chaque livre ou film prolonge le texte anté-
rieur, le manipule, le détruit, ou le dépasse. Elle a
ainsi créé un monde familier où l'initié se retrouve,
en retrouvant ce système d'échos qui joue avec les silences du texte. C'est ainsi qu'elle élabore le texte
«modèle» d'India Song, «texte théâtre film» qui met en
scène la mémoire de l'histoire racontée autrement dans
Le Vice-Consul, celle du désir impossible du Vice-Consul, chassé de Lahore, pour Anne-Marie Stretter entourée de Michael Richardson (qu'elle avait «ravi» à Lol
V. Stein) et d'autres hommes, mais aussi l'histoire pa-

rallèle de la mendiante venue à pied à Calcutta depuis la lointaine Indochine. Duras établit ainsi un lien entre les deux grands cycles, pour créer un texte polyphonique lu/remémoré.

Dans l'écriture cinématographique, Duras trouve la justification de sa recherche d'écrivain: «On est toujours débordé par l'écrit, par le langage, quand on traduit en écrit; ce n'est pas possible de tout rendre, de rendre compte de tout. Alors que dans l'image, vous écrivez tout à fait, tout l'espace filmé est écrit, c'est au centuple l'espace du livre.» Après India Song elle a réalisé un grand nombre de films, Baxter, Vera Baxter (1976), Son nom de Venise (1976), Des journées entières dans les arbres (1976), Le Camion (1977), Le Navire Night (1978), Césarée (1979), Les Mains négatives (1979), deux Aurélia Steiner (1979), qui sont peut-être le début d'un nouveau cycle, celui du judaisme et de la mémoire des camps de concentration, puis Agatha (1981) et L'Homme atlantique (1981) qui marque probablement la fin de sa production cinématographique puisqu'elle a déclaré à propos de ce film: «Le cinéma n'est qu'un leurre, seule demeure la chose écrite».

Duras revient en effet à l'écriture avec La Maladie de la mort (1982), au théâtre avec Agatha (1981), au roman avec L'Amant (1984), Les Yeux bleus, cheveux noirs (1986), Emily L. (1987), La Pluie d'été (1990) et au journal avec La Douleur (1985).

Au cours des années, Marguerite Duras a reçu de nombreux prix; prix Jean Cocteau pour Des journées entières dans les arbres (1954), le prix Ibsen en 1970 pour L'Amante anglaise, le Grand prix de l'Académie du cinéma pour India Song (1970), le Grand prix du théâtre de l'Académie française pour l'ensemble de son oeuvre en 1983 et finalement le prix Goncourt pour couronner L'Amant en 1984.

Les derniers films de Duras répètent que l'amour fou n'est pas facile, qu'il fait connaître les affres de la mort, mais c'est la seule chance d'une «vraie» vie: s'embarquer avec d'autres vers l'inconnu, en commençant par le silence. On retrouve cette nostalgie de l'amour-passion, du désir qui ronge les êtres (qu'on trouvait déjà dans Moderato) dans L'Amant. Ce roman, qui a eu un immense succès en France, peut être vu comme une oeuvre de réconciliation: réconciliation de l'auteur avec toutes les strates de ses lecteurs ou spectateurs successifs, réconciliation de l'auteur avec elle-même, puisque dans ce récit elle revient au monde de son adolescence, celui décrit dans Un barrage. Nous sommes dans les années 1929-1930, à Saigon où la narratrice vit avec sa mère et ses deux frères. Vu leur pauvreté extrême, ils souffrent d'ostracisme de la part des colons blancs dont ils font pourtant partie. Ils vivent misérablement comme des paysans vietnamiens, méprisés par tous, pourchassés par les créanciers. Avec ce roman, on refait l'itinéraire qui conduit le je autobiographique de l'Indochine coloniale à la France avec son cargo de souvenirs: la découverte du désir, la folie maternelle, la haine fraternelle, l'amour fou d'une mère pour son fils aîné, d'une soeur pour son jeune frère, d'une jeune fille, devenue femme à quinze ans, pour son riche amant chinois, amour pour ce temps immobile et cet espace figé qu'est pour elle l'Indochine de l'époque.

> Il faut fuir pour vivre. Fuir d'abord. La voie se découvrira à mesure, aux carrefours de l'imaginaire, là où résonnent les appels: appels romantiques aux paroxismes de passion et d'aventure, éblouissements de l'imagination et du rêve, promesse d'un au-delà - mais lequel? Tout n'est peut-être que leurres et mirages du néant. Et c'est avec une sorte de piété, érodée par une ironie compatissante, que Duras évoque ces départs pour l'aventure. Départs seulement, jamais d'arrivée, car la terre promise est celle où l'on n'entre jamais, qu'on n'entrevoit qu'au risque de la folie, et qui n'est peut-être que le miroitement de nos désirs sur le désert de l'Etre. Tel est l'univers romanesque de Marguerite Duras. Ses personnages hésitent, aux confins des appels et du silence, entre la passion et le sommeil ou la mort. Ils n'ont pas de lieu propre, et leurs refuges sont précaires - l'amour plus qu'aucun autre, car il est inhumain comme le reste, et poutant le seul but digne de l'attente.
> (Micheline Tison-Braun: Marguerite Duras p. 8)

Que Marguerite Duras mette en scène une bonne, une femme d'industriel, un vice-consul ou une intellectuelle de gauche, c'est toujours, non pas l'histoire d'un amour mais l'histoire de l'amour qu'elle raconte. Une histoire qui se passe en quelques heures, quelques jours, le temps d'une rencontre. Des silences, quelques mots et soudain l'éclair d'un geste ou d'un cri: et c'est le foudroiement de la passion, que les deux êtres aillent l'un vers l'autre ou qu'ils s'éloignent définitivement. Ils n'ont pas besoin de consommer leur amour pour qu'ils en soient consumés. «Aucun amour au monde ne peut tenir lieu de l'amour», a écrit Duras. _Moderato Cantabile_ est le plus autobiographique de ses romans, du point de vue de son expérience intime. Comme _Les Chantiers_ ou _Le Square_, c'est l'histoire de la rencontre d'un homme et d'une femme. Ils se retrouvent presque journellement dans un café d'un quartier populaire pour discuter d'un crime passionnel qui vient d'avoir eu lieu et qui a bouleversé Anne Desbaresdes, la femme d'un industriel d'une petite ville côtière. Voulant comprendre ce crime qui la fascine, elle interroge Chauvin, un ancien ouvrier de son mari. Des liens étranges se nouent entre eux; elle entre dans une trance émotionnelle, due à son dénuement affectif, à l'alcool, à son identification avec la victime. La relation Anne/Chauvin devient peu à peu la reconstitution lente et pénible de la séquence originelle (du crime inexpliqué). Chauvin lève la main mais c'est un geste inutile parce qu'Anne, hypnotisée, se considère déjà morte. C'est finalement le drame d'un envoûtement consenti et d'une liaison imaginaire.

Le ton de ce texte est singulier. Qui raconte les gestes, les propos? Ce ne sont ni les personnages, ni un narrateur omniscient traditionnel. C'est un regard, celui d'une caméra, doublé d'une voix; une voix neutre qui ne semble appartenir à personne, implacablement objective et pourtant compatissante.

Indications bibliographiques

Borgomano, Madeleine. _L'écriture filmique de Marguerite Duras_. Paris, Albatros, 1985.

Duras, Marguerite et Gauthier, Xavière. _Les Parleuses_. Paris, Ed. de Minuit, 1974.

Duras, Marguerite. _La vie matérielle_. Marguerite Duras parle à Jérôme Beaujour. Paris: P.O.L., 1987.

Evans, Martha Noel. <u>Masks of tradition</u>. <u>Women and the Politics of Writing in Twentieth-Century France</u>. Ithaca, N.Y., Cornell Univ. Press, 1987.

Gosselin, Monique. «Voyage au bout de la féminité: figures féminines dans quelques romans de Marguerite Duras», <u>Figures féminines et roman</u>. Publications de l'Université de Picardie. Paris: P.U.F. (1982), 143-168.

Guers-Villate, Yvonne. <u>Continuité/discontinuité de l'oeuvre durassienne</u>. Bruxelles, Ed. de l'U de Bruxelles, 1985.

Marini, Marcelle. <u>Territoires du féminin avec Marguerite Duras</u>. Paris, Minuit, 1978.

Murphy, Carol J. <u>Alienation and Absence in the Novels of Marguerite Duras</u>. French Forum Monographs, 37. Lexington, Ky, French Forum Publ., 1982.

Tison-Braun, Micheline. <u>Marguerite Duras</u>. Amsterdam, Rodopi, 1985.

Willis, Sharon. <u>Marguerite Duras. Writing on the Body</u>. Urbana, U of Illinois Press, 1987.

MODERATO CANTABILE

VII

Sur un plat d'argent à l'achat duquel trois générations ont contribué, le saumon arrive, glacé dans sa forme native. Habillé de noir, ganté de blanc, un homme le porte, tel un enfant de roi, et le présente à chacun dans le silence du dîner commençant. Il est bien-séant[1] de ne pas en parler.

De l'extrémité nord du parc, les magnolias versent leur odeur qui va de dune en dune jusqu'à rien. Le vent, ce soir, est du sud. Un homme rôde[2], boulevard de la Mer. Une femme le sait.

Le saumon passe de l'un à l'autre suivant un rituel que rien ne trouble, sinon la peur cachée de chacun que tant de perfection tout à coup ne se brise ou ne s'entache d'une trop évidente absurdité. Dehors, dans le parc, les magnolias, élaborent leur floraison funèbre dans la nuit noire du printemps naissant.

Avec le ressac[3] du vent qui, va, vient, se cogne[4] aux obstacles de la ville, et repart, le parfum atteint l'homme et le lâche[5], alternativement.

Des femmes, à la cuisine, achèvent de parfaire la suite, le sueur au front, l'honneur à vif, elles écorchent[6] un canard mort dans son linceul[7] d'oranges. Cependant que rose, mielleux[8], mais déjà déformé par le temps très court qui vient de se passer, le saumon des eaux libres de l'océan continue sa marche inéluctable vers sa totale disparition et que la crainte d'un manquement quelconque au cérémonial qui accompagne celle-ci se dissipe peu à peu.

Un homme, face à une femme, regarde cette inconnue. Ses seins sont de nouveau à moitié nus. Elle ajus-

1 **bienséant**: proper, seemly
2 **rôder**: to roam
3 **ressac**: undertow (used here metaphorically for the wind)
4 **se cogner**: to bang against
5 **lâcher**: to let go of
6 **écorcher**: to graze
7 **linceul**: shroud
8 **mielleux**: honeyed

ta hâtivement sa robe. Entre eux, se fane[9] une fleur.
Dans ses yeux élargis, immodérés, des lueurs de lucidité passent encore, suffisantes, pour qu'elle arrive à
se servir à son tour du saumon des autres gens.

A la cuisine, on ose enfin le dire, le canard
étant prêt, et au chaud, dans le répit qui s'ensuit,
qu'elle exagère. Elle arriva ce soir plus tard encore
qu'hier, bien après ses invités.

Ils sont quinze, ceux qui l'attendirent tout à
l'heure dans le grand salon du rez-de-chaussée. Elle
entra dans cet univers étincelant[10], se dirigea vers le
grand piano, s'y accouda, ne s'excusa nullement. On le
fit à sa place.

- Anne est en retard, excusez Anne.

Depuis dix ans, elle n'a pas fait parler d'elle.
Si son incongruité la dévore, elle ne peut s'imaginer.
Un sourire fixe rend son visage acceptable.

- Anne n'a pas entendu.

Elle pose sa fourchette, regarde alentour, cherche, essaye de remonter le cours de la conversation,
n'y arrive pas.

On répète. Elle passe légèrement la main dans le
désordre blond de ses cheveux, comme elle le fit tout à
l'heure, ailleurs. Ses lèvres sont pâles. Elle oublia
ce soir de les farder.

Excusez-moi, dit-elle, pour le moment, une petite
sonatine de Diabelli.

- Une sonatine? Déjà?
- Déjà.

Le silence se reforme sur la question posée. Elle,
elle retourne à la fixité de son sourire, une bête à la
forêt.

- Moderato Cantabile, il ne savait pas?
- Il ne savait pas.

Le fleurissement des magnolias sera ce soir ache-
vé. Sauf celui-ci, qu'elle cueillit ce soir en revenant
du port. Le temps fuit, égal à lui-même, sur ce fleurissement oublié.

- Trésor, comment aurait-il pu deviner?
- Il ne pouvait pas.
- Il dort, probablement?
- Il dort, oui.

Lentement, la digestion commence de ce qui fut un
saumon. Son osmose à cette espèce qui le mangea fut ri-

9 se faner: to wither, to wilt
10 étincelant: glittering

tuellement parfaite. Rien n'en troubla la gravité.
L'autre attend, dans une chaleur humaine, sur son linceul d'oranges. Voici la lune qui se lève sur la mer et
sur l'homme allongé[11]. Avec difficulté on pourrait, à
la rigueur, maintenant, apercevoir les masses et les
formes de la nuit à travers les rideaux blancs. Madame
Desbaresdes n'a pas de conversation.

    - Mademoiselle Giraud, qui donne également comme
vous le savez, des leçons à mon petit garçon, me l'a
racontée hier, cette histoire.
    - Ah oui.
    On rit. Quelque part autour de la table, une fem-
me. Le choeur des conversations augmente peu à peu de
volume et, dans une surenchère[12] d'efforts et d'inven-
tivités progressive émerge une société quelconque. Des
repères[13] sont trouvés, des failles[14] s'ouvrent où
s'essayent des familiarités. Et on débouche[15] peu à peu
sur une conversation générale partisane et particulièrement neutre. La soirée réussira. Les femmes sont au
plus sûr de leur éclat[16]. Les hommes les couvrirent de
bijoux au prorata de leurs bilans[17]. L'un d'eux, ce
soir, doute qu'il eut raison.

    Dans le parc correctement clos, les oiseaux dor-
ment d'un sommeil paisible et réconfortant, car le
temps est au beau. Ainsi qu'un enfant, dans une même
conjugaison. Le saumon repasse dans une forme encore
amoindrie. Les femmes le dévoreront jusqu'au bout.
Leurs épaules nues ont la luisance[18] et la fermeté
d'une société fondée, dans ses assises[19], sur la certitude de son droit, et elles furent choisies à la con-
venance de celle-ci. La rigueur de leur éducation exige
que leurs excès soient tempérés par le souci majeur de
leur entretien[20]. De celui-ci on leur en inculqua, jadis, la conscience. Elles se pourlèchent[21] de mayonnaise, verte, comme il se doit, s'y retrouvent, y trouvent
leur compte[22]. Des hommes les regardent et se rappel-
lent qu'elles font leur bonheur.

11 **allongé**: lying
12 **surenchère**: outbidding, increasing
13 **repère**: landmark
14 **faille**: rift
15 **déboucher**: to emerge
16 **éclat**: radiance
17 **bilan**: balance sheet
18 **luisance**: glow
19 **assise**: foundation
20 **entretien**: upkeep
21 **se pourlécher**: to lick one's lips
22 **y trouver son compte**: to get something out of it

162   MARGUERITE DURAS

L'une d'entre elles contrevient[23] ce soir à l'appétit général. Elle vient de l'autre bout de la ville, derrière les môles[24] et les entrepôts[25] à huile, à l'opposé de ce boulevard de la Mer, de ce périmètre qui lui fut il y a dix ans autorisé, où un homme lui a offert du vin jusqu'à la déraison. Nourrie de ce vin, exceptée de la règle, manger l'exténuerait[26]. Au-delà des stores[27] blancs, la nuit et, dans la nuit, encore, car il a du temps devant lui, une homme seul regarde, tantôt la mer, tantôt le parc. Puis la mer, le parc, ses mains. Il ne mange pas. Il ne pourrait pas, lui non plus, nourrir son corps tourmenté par d'autre faim. L'encens des magnolias arrive toujours sur lui, au gré du vent, et le surprend et le harcèle[28] autant que celui d'une seule fleur. Au premier étage, une fenêtre s'est éteinte tout à l'heure et elle ne s'est pas rallumée. On a dû fermer les vitres de ce côté-là, de crainte de l'odeur excessive, la nuit, des fleurs.

Anne Desbaresdes boit, et ça ne cesse pas, le Pommard[29] continue d'avoir ce soir la saveur anéantissante[30] des lèvres inconnues d'un homme de la rue.

Cet homme a quitté le boulevard de la Mer, il a fait le tour du parc, l'a regardé des dunes qui, au nord, le bordent, puis il est revenu, il a redescendu le talus[31], il est redescendu jusqu'à la grève[32]. Et de nouveau il s'y est allongé, à sa place. Il s'étire, reste un moment immobile face à la mer, se retourne sur lui-même et regarde une fois de plus les stores devant les baies illuminées. Puis il se relève, prend un galet[33], vise[34] une de ces baies, se retourne de nouveau, jette le galet dans la mer, s'allonge, s'étire encore et tout haut, prononce un nom.

Deux femmes, dans un mouvement alterné et complémentaire, préparent le deuxième service. L'autre victime attend.

23 **contrevenir:** to contravene
24 **môle:** jetty
25 **entrepôt:** warehouse
26 **exténuer:** to exhaust
27 **store:** a blind
28 **harceler:** to harass
29 **le Pommard:** red wine
30 **anéantissant:** overwhelming, exhausting
31 **talus:** embankment, slope
32 **grève:** shore, strand
33 **galet:** pebble
34 **viser:** to aim for

- Anne, comme vous le savez, est sans défense devant son enfant.

Elle sourit davantage. On répète. Elle lève encore la main dans le désordre blond de ses cheveux. Le cerne[35] de ses yeux s'est encore agrandi. Ce soir, elle pleura. L'heure est arrivée où la lune s'est levée tout à fait sur la ville et sur le corps d'un homme allongé au bord de la mer.

- Il est vrai, dit-elle.

Sa main s'abaisse de ses cheveux et s'arrête à ce magnolia qui se fane entre ses seins.

- Nous sommes toutes pareilles, allez.
- Oui, prononce Anne Desbaresdes.

Le pétale de magnolia est lisse[36], d'un grain nu. Les doigts le froissent[37] jusqu'à le trouer puis, interdits[38], s'arrêtent, se reposent sur la table, attendent, prennent une contenance[39], illusoire. Car on s'en est aperçu. Anne Desbaresdes s'essaye à un sourire d'excuse de n'avoir pu faire autrement, mais elle est ivre[40] et son visage prend le faciès[41] impudique[42] de l'aveu[43]. Le regard s'appesantit[44], impassible, mais revenu déjà douloureusement de tout étonnement. On s'y attendait[45] depuis toujours.

Anne Desbaresdes boit de nouveau un verre de vin tout entier les yeux mi-clos. Elle en est déjà à ne plus pouvoir faire autrement. Elle découvre, à boire, une confirmation de ce qui fut jusque-là son désir obscur et une indigne[46] consolation à cette découverte.

D'autres femmes boivent à leur tour, elles lèvent de même leurs bras nus, délectables, irréprochables, mais d'épouses. Sur la grève, l'homme siffle[47] une chanson entendue dans l'après-midi dans un café du port.

La lune est levée et avec elle voici le commencement de la nuit tardive et froide. Il n'est pas impossible que cet homme ait froid.

35 **cerne:** dark ring
36 **lisse:** smooth
37 **froisser:** to crush
38 **interdit:** taken aback
39 **contenance:** attitude, bearing
40 **ivre:** drunk
41 **faciès:** features
42 **impudique:** shameless
43 **aveu:** confession
44 **s'appesantir:** to grow heavier
45 **s'y attendre:** to expect
46 **indigne:** shameful
47 **siffler:** to whistle

Le service du canard à l'orange commence. Les femmes se servent. On les choisit belles et fortes, elles feront front à tant de chère[48]. De doux murmures montent de leurs gorges à la vue du canard d'or. L'une d'elles défaille[49] à sa vue. Sa bouche est desséchée par d'autre faim que rien non plus ne peut apaiser qu'à peine, le vin. Une chanson lui revient, entendue dans l'après-midi dans un café du port, qu'elle ne peut pas chanter. Le corps de l'homme sur la plage est toujours solitaire. Sa bouche est restée entrouverte sur le nom prononcé.

    - Non merci.

Sur les paupières[50] fermées de l'homme rien ne se pose que le vent et, par vagues impalpables et puissantes, l'odeur du magnolia, suivant les fluctuations de ce vent.

Anne Desbaresdes vient de refuser de se servir. Le plat reste cependant encore devant elle, un temps très court, mais celui du scandale. Elle lève la main, comme il lui fut appris, pour réitérer son refus. On n'insiste plus. Autour d'elle, à table, le silence s'est fait.

    - Voyez, je ne pourrais pas, je m'en excuse.

Elle soulève une nouvelle fois sa main à hauteur de la fleur qui se fane entre ses seins et dont l'odeur franchit le parc et va jusqu'à la mer.

    - C'est peut-être cette fleur, ose-t-on avancer, dont l'odeur est si forte?

    - J'ai l'habitude de ces fleurs, non, ce n'est rien.

Le canard suit son cours. Quelqu'un en face d'elle regarde impassiblement. Et elle s'essaye encore à sourire, mais ne réussit encore que la grimace désespérée et licencieuse de l'aveu. Anne Desbaresdes est ivre.

On redemande si elle n'est pas malade. Elle n'est pas malade.

    - C'est peut-être cette fleur, insiste-t-on, qui écoeure[51] subrepticement?

    - Non, J'ai l'habitude de ces fleurs. C'est qu'il m'arrive de ne pas avoir faim.

On la laisse en paix. La dévoration du canard commence. Sa graisse va se fondre dans d'autres corps. Les paupières fermées d'un homme de la rue tremblent de tant de patience consentie. Son corps éreinté[52] a

---

48 **chère:** food
49 **défaillir:** to faint
50 **paupière:** eyelid
51 **écoeurer:** to nauseate
52 **éreinté:** exhausted

froid, que rien ne réchauffe. Sa bouche a encore prononcé un nom.

A la cuisine, on annonce qu'elle a refusé le canard à l'orange, qu'elle est malade, qu'il n'y a pas
d'autre explication. Ici, on parle d'autre chose. Les
formes vides des magnolias caressent les yeux de l'homme seul. Anne Desbaresdes prend une nouvelle fois son
verre qu'on vient de remplir et boit. Le feu nourrit
son ventre[53] de sorcière[54] contrairement aux autres.
Ses seins si lourds de chaque côté de cette fleur si
lourde se ressentent[55] de sa maigreur nouvelle et lui
font mal. Le vin coule[56] dans sa bouche pleine d'un nom
qu'elle ne prononce pas. Cet événement silencieux lui
brise les reins.
   L'homme s'est relevé de la grève, s'est approché
des grilles[57], les baies sont toujours illuminées,
prend les grilles dans ses mains, et serre. Comment
n'est-ce pas encore arrivé?
   Le canard à l'orange, de nouveau, repassera. Du
même geste que tout à l'heure, Anne Desbaresdes implo-
rera qu'on l'oublie. On l'oubliera. Elle retourne à
l'écartèlement[58] silencieux de ses reins, à leur brûlante douleur, à son repaire[59].
   L'homme a lâché les grilles du parc. Il regarde
ses mains vides et déformées par l'effort. Il lui a
poussé, au bout des bras, un destin.
   Le vent de la mer circule toujours à travers la
ville, plus frais. Bien du monde dort déjà. Les fenêtres du premier étage sont toujours obscures et fermées
aux magnolias sur le sommeil de l'enfant. Des bateaux
rouges à moteur voguent à travers sa nuit innocente.
   Quelques-uns ont repris du canard à l'orange. La
conversation, de plus en plus facile, augmente à chaque
minute un peu davantage encore l'éloignement de la
nuit.

   Dans l'éclatante[60] lumière des lustres[61], Anne
Desbaresdes se tait et sourit toujours.
   L'homme s'est décidé à repartir vers la fin de la
ville, loin de ce parc. A mesure qu'il s'en éloigne,

53 **ventre:** belly
54 **sorcière:** witch
55 **se ressentir de:** to feel the effects of
56 **couler:** to flow, to run down
57 **grille:** gate, railings
58 **écartèlement:** gnawing pain in the lower back
59 **repaire:** hideout
60 **éclatant:** bright
61 **lustre:** chandelier

l'odeur des magnolias diminue, faisant place à celle de la mer.

Anne Desbaresdes prendra un peu de glace au moka afin qu'on la laisse en paix.

L'homme reviendra malgré lui sur ses pas. Il retrouve les magnolias, les grilles, et les baies au loin, encore et encore éclairées. Aux lèvres, il a de nouveau ce chant entendu dans l'après-midi, et ce nom dans la bouche qu'il prononcera un peu plus fort. Il passera.

Elle, le sait encore. Le magnolia entre ses seins se fane tout à fait. Il a parcouru[62] l'été en une heure de temps. L'homme passera outre[63] au parc tôt ou tard. Il est passé. Anne Desbaresdes continue dans un geste interminable à supplicier[64] la fleur.

- Anne n'a pas entendu.

Elle tente de sourire davantage, n'y arrive plus. On répète. Elle lève une dernière fois la main dans le désordre blond de ses cheveux. Le cerne de ses yeux s'est encore agrandi. Ce soir, elle pleura. On répète pour elle seule et on attend.

- Il est vrai, dit-elle, nous allons partir dans une maison au bord de la mer. Il fera chaud. Dans une maison isolée au bord de la mer.

- Trésor, dit-on

- Oui.

Alors que les invités se disperseront en ordre irrégulier dans le grand salon attenant[65] à la salle à manger, Anne Desbaresdes s'éclipsera, montera au premier étage. Elle regardera le boulevard par la baie du grand couloir de sa vie. L'homme l'aura déjà déserté. Elle ira dans la chambre de son enfant s'allongera par terre, au pied de son lit, sans égard[66] pour ce magnolia qu'elle écrasera[67] entre ses seins, il n'en restera rien. Et entre les temps sacrés de la respiration de son enfant, elle vomira là, longuement, la nourriture étrangère que ce soir elle fut forcée de prendre.

Une ombre apparaîtra dans l'encadrement de la porte[68] restée ouverte sur le couloir, obscurcira plus avant la pénombre[69] de la chambre. Anne Desbaresdes

62 **parcourir:** to run through
63 **passer outre à:** to disregard
64 **supplicier:** to torture
65 **attenant:** adjoining
66 **égard:** consideration
67 **écraser:** to crush
68 **encadrement de la porte:** doorway
69 **pénombre:** darkness

passera légèrement la main dans le désordre réel et
blond de ses cheveux. Cette fois, elle prononcera une
excuse.

On ne lui répondra pas.

VIII

Le beau temps durait encore. Sa durée avait dépassé toutes les espérances. On en parlait maintenant avec
le sourire, comme on l'eût fait d'un temps mensonger
qui eût caché derrière sa pérennité quelque irrégula-
rité qui bientôt se laisserait voir et rassurerait sur
le cours habituel des saisons de l'année.

Ce jour-là, même eu égard aux jours derniers, la
bonté de ce temps fut telle, pour la saison bien entendu, que lorsque le ciel ne se recouvrait pas trop de
nuages, lorsque les éclaircies[70] duraient un peu, on
aurait pu le croire encore meilleur, encore plus avancé
qu'il n'était, plus proche encore de l'été. Les nuages
étaient si lents à recouvrir le soleil, si lents à le
faire, en effet, que cette journée était presque plus
belle encore que celles qui l'avaient précédée. D'autant plus la brise qui l'accompagnait était marine,
molle, très ressemblante à celle qui soufflerait certains jours, dans les prochains mois.

Certains prétendirent[71] que ce jour avait été
chaud. La plupart le nièrent[72] - non sa beauté - mais
que celle-ci avait été telle que ce jour avait été
chaud. Certains n'eurent pas d'avis.

Anne Desbaresdes ne revint que le surlendemain de
sa dernière promenade sur le port. Elle arriva à peine
plus tard que d'habitude. Dès que Chauvin l'aperçut, de
loin, derrière le môle, il rentra dans le café pour
l'attendre. Elle était sans son enfant.

Anne Desbaresdes entra dans le café au moment
d'une longue éclaircie du temps. La patronne ne leva
pas les yeux sur elle, continua à tricoter[73] sa laine
rouge dans la pénombre du comptoir. Déjà, la surface de
son ouvrage avait augmenté. Anne Desbaresdes rejoignit
Chauvin à la table où ils s'étaient assis les jours qui
avaient précédé, au fond[74] de la salle. Chauvin n'était

70 **éclaircie:** sunny interval
71 **prétendre:** to claim
72 **nier:** to deny
73 **tricoter:** to knit
74 **au fond:** in the back

pas rasé du matin, mais seulement de la veille. Le visage d'Anne Desbaresdes manquait du soin qu'elle mettait d'habitude à l'apprêter avant de le montrer. Ni
l'un ni l'autre, sans doute, ne le remarqua.

- Vous êtes seule, dit Chauvin.

Elle acquiesça longtemps après qu'il l'ait dite à
cette évidence, tenta de l'éluder, s'étonna encore de
ne pas y parvenir.

- Oui.

Pour échapper à la suffocante simplicité de cet
aveu, elle se tourna vers la porte du café, la mer. Les
Fonderies de la Côte vrombissaient[75] au sud de la ville. Là, dans le port, le sable et le charbon[76] se dé-
chargeaient comme à l'accoutumée[77].

- Il fait beau, dit-elle.

Dans un même mouvement que le sien, Chauvin
regarda au-dehors, scruta[78] aveuglément le temps, le
temps qu'il faisait ce jour-là.

- Je n'aurais pas cru que ça arriverait si vite.

La patronne, tant durait leur silence, se retourna
sur elle-même, alluma la radio, sans aucune impatience,
avec douceur même. Une femme chanta loin, dans une ville étrangère. Ce fut Anne Desbaresdes qui se rapprocha
de Chauvin.

- A partir de cette semaine, d'autres que moi mè-
neront mon enfant à sa leçon de piano, chez Mademoiselle Giraud. C'est une chose que j'ai acceptée que l'on
fasse à ma place.

Elle but le reste de son vin, à petites gorgées.
Son verre fut vide. Chauvin oublia de commander d'autre
vin.

- Sans doute est-ce préférable, dit-il.

Un client entra, désoeuvré[79], seul, seul, et com-
manda également du vin. La patronne le servit, puis
elle alla servir les deux autres dans la salle, sans
qu'ils l'aient demandé. Ils burent immédiatement ensemble, sans un mot pour elle. Anne Desbaresdes parla de
façon précipitée.

- La dernière fois, dit-elle, j'ai vomi ce vin. Il
n'y a que quelques jours que je bois...

- Ça n'a plus d'importance désormais[80].

75 **vrombir**: to hum
76 **charbon**: coal
77 **à l'accoutumée**: as usual
78 **scruter**: to scrutinize
79 **désoeuvré**: idle
80 **désormais**: henceforth

- Je vous en prie ... supplia-t-elle[81].
- Au fond[82], choisissons de parler ou de ne rien
dire, comme vous le voudrez.

Elle examina le café, puis lui, l'endroit tout entier, et lui, implorant un secours qui ne vint pas.
- J'ai souvent vomi, mais pour des raisons différentes de celle-ci. Toujours très différentes, vous
comprenez. De boire tellement de vin à la fois, d'un
seul coup, en si peu de temps, je n'en avais pas l'habitude. Que j'ai vomi. Je ne pouvais plus m'arrêter,
j'ai cru que je ne pourrai plus jamais m'arrêter, mais
voilà que tout à coup ça n'a plus été possible, j'ai eu
beau essayer. Ma volonté n'y a plus suffi.

Chauvin s'accouda à la table, la tête dans ses
mains.
- Je suis fatigué.

Anne Desbaresdes remplit son verre, le lui tendit.
Chauvin ne lui résista pas.
- Je peux me taire, s'excusa-t-elle.
- Non.

Il posa sa main à côté de la sienne, sur la table,
dans l'écran[83] d'ombre que faisait son corps.
- Le cadenas[84] était sur la porte du jardin, comme
d'habitude. Il faisait beau, à peine du vent. Au rez-
de-chaussée, les baies étaient éclairées.

La patronne rangea son tricot rouge, rinça des
verres et, pour la première fois, ne s'inquiéta pas de
savoir s'ils resteraient encore longtemps. L'heure approchait de la fin du travail.
- Nous n'avons pas beaucoup de temps, dit Chauvin.

Le soleil commença à baisser. Il en suivit des
yeux la course fauve[85] et lente sur le mur au fond de
la salle.
- Cet enfant, dit Anne Desbaresdes, je n'ai pas eu
le temps de vous le dire...
- Je sais, dit Chauvin.

Elle retira sa main de dessus la table, regarda
longuement celle de Chauvin toujours là, posée, qui
tremblait. Puis elle se mit à gémir[86] doucement une
plainte impatiente - la radio la couvrit - et elle ne
fut perceptible qu'à lui seul.

81 **supplier:** to beg
82 **au fond:** basically
83 **écran:** screen
84 **cadenas:** padlock
85 **fauve:** tawny
86 **gémir:** to moan

- Parfois, dit-elle, je crois que je l'ai inventé...
- Je sais, pour cet enfant, dit brutalement Chauvin.

La plainte d'Anne Desbaresdes reprit, se fit plus
forte. Elle posa de nouveau sa main sur la table. Il
suivit son geste des yeux et péniblement[87] il comprit,
souleva la sienne qui était de plomb et la posa sur la
sienne à elle. Leurs mains étaient si froides qu'elles
se touchèrent illusoirement dans l'intention seulement,
afin que ce fût fait, dans la seule intention que ce le
fût, plus autrement, ce n'était plus possible. Leurs
mains restèrent ainsi, figées[88] dans leur pose mortuaire. Pourtant la plainte d'Anne Desbaresdes cessa.
- Une dernière fois, supplia-t-elle, dites-moi.
Chauvin hésita, les yeux toujours ailleurs, sur le
mur du fond, puis il se décida à le dire comme d'un
souvenir.
- Jamais auparavant, avant de la rencontrer, il
n'aurait pensé que l'envie aurait pu lui en venir un
jour.
- Son consentement à elle était entier?
- Emerveillé[89].
Anne Desbaresdes leva vers Chauvin un regard ab-
sent. Sa voix se fit mince, presque enfantine.
- Je voudrais comprendre un peu pourquoi était si
merveilleuse son envie qu'il y arrive un jour.
Chauvin ne la regarda toujours pas. Sa voix était
posée[90], sans timbre[91], une voix de sourd.
- Ce n'est pas la peine d'essayer de comprendre.
On ne peut pas comprendre à ce point.
- Il y a des choses comme celle-là qu'il faut
laisser de côté?
- Je crois.

Le visage d'Anne Desbaresdes prit une expression
terne[92], presque imbécile. Ses lèvres étaient grises à
force de pâleur et elles tremblaient comme avant les
pleurs.
- Elle ne tente rien pour l'en empêcher, dit-elle
tout bas.
- Non. Buvons encore un peu de vin.

87 **péniblement:** with difficulty
88 **figé:** frozen
89 **émerveillé:** filled with wonder
90 **voix posée:** steady voice
91 **sans timbre:** lacking in resonance
92 **terne:** lifeless

Elle but, toujours à petites gorgées, il but à son tour. Ses lèvres à lui tremblaient aussi sur le verre.
- Le temps, dit-il.
- Il faut beaucoup, beaucoup de temps?
- Je crois, beaucoup. Mais je ne sais rien. Il ajouta tout bas: «Je ne sais rien, comme vous. Rien.»
Anne Desbaresdes n'arriva pas jusqu'aux larmes. Elle reprit une voix raisonnable, un instant réveillée.
- Elle ne parlera plus jamais, dit-elle.
- Mais si. Un jour, un beau matin, tout à coup, elle rencontrera quelqu'un qu'elle reconnaîtra, elle ne pourra pas faire autrement que de dire bonjour. Ou bien elle entendra chanter un enfant, il fera beau, elle dira il fait beau. Ça recommencera.
- Non.
- C'est comme vous désirez le croire, ça n'a pas d'importance.

La sirène retentit, énorme, qui s'entendit allégrement de tous les coins de la ville et même de plus loin, des faubourgs, de certaines communes environnantes, portée par le vent de la mer. Le couchant se vautra[93], plus fauve encore sur les murs de la salle. Comme souvent au crépuscule[94], le ciel s'immobilisa, relativement, dans un calme gonflement[95] de nuages, le soleil ne fut plus recouvert et brilla librement de ses derniers feux. La sirène, ce soir-là, fut interminable. Mais elle cessa cependant, comme les autres soirs.
- J'ai peur, murmura Anne Desbaresdes.
Chauvin s'approcha de la table, la rechercha, la recherchant, puis y renonça.
- Je ne peux pas.
Elle fit alors ce qu'il n'avait pas pu faire. Elle s'avança vers lui d'assez près pour que leurs lèvres puissent s'atteindre. Leurs lèvres restèrent l'une sur l'autre, posées, afin que ce fût fait et suivant le même rite mortuaire que leurs mains, un instant avant froides et tremblantes. Ce fut fait.

Déjà, des rues voisines une rumeur arrivait, feutrée[96], coupée de paisibles et gais appels. L'arsenal avait ouvert ses portes à ses huit cents hommes. Il n'était pas loin de là. La patronne alluma la lampe lumineuse au-dessus du comptoir bien que le couchant fût

93 **se vautrer:** to wallow
94 **crépuscule:** dusk
95 **gonflement:** swelling
96 **feutré:** muffled

étincelant[97]. Après une hésitation, elle arriva vers eux qui ne se disaient plus rien et les servit d'autre vin sans qu'ils l'aient demandé, avec une sollicitude dernière. Puis elle resta là après les avoir servis, près d'eux, encore cependant ensemble, cherchant quoi leur dire, ne trouva rien, s'éloigna.

– J'ai peur, dit de nouveau Anne Desbaresdes.

Chauvin ne répondit pas.

– J'ai peur, cria presque Anne Desbaresdes.

Chauvin ne répondit toujours pas. Anne Desbaresdes se plia en deux presque jusqu'à toucher la table de son front et elle accepta la peur.

– On va donc s'en tenir là[98] où nous sommes, dit Chauvin. Il ajouta:«Ça doit arriver parfois».

Un groupe d'ouvriers entra, qui les avaient déjà vus. Ils évitèrent de les regarder, étant au courant[99], eux aussi, comme la patronne et toute la ville. Un choeur[100] de conversations diverses, assourdies[101] par la pudeur, emplit le café.

Anne Desbaresdes se releva et tenta encore, par-dessus la table, de se rapprocher de Chauvin.

– Peut-être que je ne vais pas y arriver, murmura-t-elle.

Peut-être n'entendit-il plus. Elle ramena sa veste sur elle-même, la ferma, l'étriqua[102] sur elle, fut reprise du même gémissement sauvage.

– C'est impossible, dit-elle.

Chauvin entendit.

– Une minute, dit-il, et nous y arriverons.

Anne Desbaresdes attendit cette minute, puis elle essaya de se relever de sa chaise. Elle y arriva, se releva. Chauvin regardait ailleurs. Les hommes évitèrent encore de porter leurs yeux sur cette femme adultère. Elle fut levée.

– Je voudrais que vous soyez morte, dit Chauvin.

– C'est fait, dit Anne Desbaresdes.

Anne Desbaresdes contourna[103] sa chaise de telle façon qu'elle n'ait plus à faire le geste de s'y rasseoir. Puis elle fit un pas en arrière et se retourna sur elle-même. La main de Chauvin battit l'air et re-

97 **étincelant**: sparkling, gleaming
98 **s'en tenir là**: to leave it at that
99 **être au courant de**: to know about
100 **choeur**: chorus
101 **assourdi**: muffled
102 **étriquer**: to fit too tight
103 **contourner**: to walk round

tomba sur la table. Mais elle ne le vit pas, ayant déjà quitté le champ où il se trouvait.

Elle se retrouva face au couchant, ayant traversé le groupe d'hommes qui étaient au comptoir, dans la lumière rouge qui marquait le terme de ce jour-là.

Après son départ, la patronne augmenta le volume de la radio. Quelques hommes se plaignirent qu'elle fût trop fort[104] à leur gré.

<u>Moderato Cantabile</u>, (Les Editions de Minuit, 1958, p.91-115)

104 **fort:** loud

ANNE HEBERT

(1916)

Poétesse et romancière canadienne d'expression française, Anne Hébert naquit, le premier août 1916, à Sainte-Catherine de Fossambault, près de Québec dans une famille appartenant à la bonne bourgeoisie. Elle a deux frères et une soeur. Leur père, Maurice Hébert, était fonctionnaire, poète et critique. Il était très exigeant pour la langue et fit lire les classiques à ses enfants. «Nous n'étions pas élevés de façon très américaine, ni moderne. C'est une éducation plus exigeante que celle de mes camarades, une éducation plus française qu'américaine». Son cousin le poète canadien Hector de Saint-Denys Garneau l'a beaucoup influencée.

En 1939, elle fit publier ses premiers poèmes dans des revues. Trois ans plus tard, parut un recueil de poèmes Les Songes en équilibre. Elle continua à publier régulièrement des poèmes dans des revues. Dès 1945, elle se mit à écrire des contes tel L'Ange de Domini-que. En 1950 parut Le Torrent, un recueil de nouvelles. Entre 1950 et 1953, elle collabora à Radio Canada et continua à publier des poèmes. Elle rédigea une pièce radiophonique, Les Invités au procès. Puis en 1953 elle devint scénariste et rédactrice de commentaires à l'Office National du Film. La même année Le Tombeau des rois, recueil de poèmes, fut publié. En 1954, ayant reçu une bourse de la société royale du Canada, elle fit son premier séjour à Paris. C'est là, quatre ans plus tard que fut publié son premier roman, Les Chambres de bois.

Depuis cette époque, Anne Hébert vit surtout à Paris, avec des visites occasionnelles au Québec. La Mercière assassinée est une pièce qui a été jouée à la télévision canadiennne en 1958 et qui a obtenu le Prix France-Canada. Les années suivantes Anne Hébert reçut de nombreux prix canadiens pour ses poèmes et pour sa prose. Elle devint membre de la Société royale du Canada (1960), publia Poèmes à Paris (1960), une nouvelle,

Un grand mariage (1963), une pièce de théâtre, Le Temps sauvage (1963). En 1970, son deuxième roman, Kamouraska parut au Seuil et reçut le Prix des Libraires de France. Claude Jutras en a tiré un film (1973). Elle a continué à écrire des pièces de théâtre, L'Ile de la demoiselle (1979), mais surtout des romans; Les Enfants du sabbat (Prix du Gouverneur du Canada et Prix de l'Académie Française, 1975), Héloïse (1980), dont l'action se passe pour la première fois à Paris et non au Canada, et en 1982, Les Fous de Bassan, roman qui a obtenu le prix Fémina. Le Premier Jardin (1988) renoue avec le Québec. Flora Fontanges, l'héroïne de ce roman, est une actrice devenue célèbre qui revient après de longues années dans sa ville natale de Québec en quête de son passé, de son enfance difficile.

Dès Le Tombeau des rois, un thème domine toute l'oeuvre, celui de l'incommunicabilité entre les êtres, de l'oppression exercée par les conventions. Anne Hébert a renouvelé la poésie québécoise avec une langue réduite à l'essentiel. Elle s'intéresse aux passions les plus farouches, à l'amour absolu, romanesque et sauvage. «Il n'y a que la véhémence d'un très grand amour qui puisse nourrir l'oeuvre d'art», écrit-elle.

Avec Kamouraska, Anne Hébert construit une aventure romanesque, tragique et épique, où le sang du meurtre tranche sur l'immensité neigeuse des plaines du Québec. Ce roman a un aspect obsessionnel, qui emprunte sa structure mythique et son style à la poésie. La cruauté domine, une joie sauvage émane des spectacles de destruction. «La sainte barbarie instituée. Nous serons sauvés par elle». L'action se déroule dans l'esprit de l'héroïne, Elisabeth d'Aulnières-Tassy-Rolland, comme un cinéma onirique. Celle-ci détestait son mari, Antoine de Tassy, seigneur de Kamouraska, un débauché qui la maltraitait. Elle incita son amant, le docteur George Nelson, au crime et celui-ci finit par tuer Tassy. Une fois le mari disparu, elle se remaria avec Jérôme Rolland pour donner le change à cette société prude et hypocrite du milieu du XIXe siècle, où seules les apparences comptent. Elisabeth, la narratrice, reconstruit son passé comme une série d'épisodes fantastiques. Simultanément à sa narration, elle vit une situation dramatique au chevet de son second mari mourant, qui est obsédé par la terreur que sa femme l'empoisonne. Elle joue avec lui la comédie de cette terreur. Mais en fait, il ne compte pas. Ce qui obsède Elisabeth, c'est le souvenir du meurtre du premier mari et sa liaison a-

vec le docteur Nelson. Des couches de vie passée se su-
perposent au présent avec coupures, reculs successifs,
sans chronologie. On passe de souvenirs conscients, à
des rêveries, à des cauchemars avec des retours à l'angoisse du présent. L'héroïne nie souvent que tels événements aient vraiment eu lieu.

Dans cette longue et fiévreuse confrontation avec
son passé, elle se voit sinistre, indifférente, adultère, révoltée, vierge et innocente et mère dans le crime. On assiste à une sorte de dialogue avec les différents niveaux de sa psyché. Madame Rolland a pu maintenir pendant dix-huit ans sa respectabilité et son innocence aux yeux de tous, en étouffant la complicité criminelle d'Elisabeth Tassy. Par moments, elle se fait
horreur, rêve qu'elle est une sorcière mais elle est é-
galement fascinée par sa propre histoire. A travers une
série de dédoublements, son vrai visage apparaît. Elle
se réfugie dans ses doubles pour échapper à une identité fixe, celle du moment, la «respectable» Madame Rolland. Cette autobiographie racontée en brouillant la
chronologie est aussi une lente découverte de son moi
authentique à travers ses différentes identités. Elle
finit par accepter sa propre culpabilité pour le meurtre de Tassy, en intégrant les stades discontinus de sa
vie; la jeune fille romanesque: Elisabeth d'Aulnières,
la jeune femme sensuelle et fougueuse: Elisabeth Tassy
et Madame Rolland: la mère de famille nombreuse. Dès le
début du roman, elle rejette ce masque de respectabilité: «C'est cela une honnête femme: une dinde qui marche, fascinée par l'idée qu'elle se fait de son honneur» (p.9). L'évocation de son amour fou pour le docteur Nelson est le seul trésor de cette vie gâchée.
«L'amour meurtrier. L'amour infâme. L'amour funeste.
Amour. Amour. Unique vie de ce monde. La folie de l'a-
mour» (p.11). Finalement le conflit à résoudre est en
elle, entre son refus d'accepter la passion, qui à
l'extrême inclut le meurtre, et la prise de conscience
que cet amour vécu jusqu'au paroxysme est la seule vie
authentique qu'elle ait jamais vécue. On retrouve ici
un des puissants mythes occidentaux de la passion comme
une malédiction destructrice mais en même temps comme
la seule manière de vivre pleinement sa vie.

Elisabeth a été élevée par sa mère, veuve à dix-
sept ans, «entrée en deuil pour l'éternité» et par ses
trois tantes célibataires, «sans hommes et sans espoir». Le roman souligne cette complicité féminine et
lorsqu'Elisabeth quitte Tassy et revient vivre avec ces

quatre femmes, sa mère élabore leur désir d'un monde sans hommes, où les femmes deviendraient veuves aussitôt que possible, après n'avoir donné naissance qu'à des filles. Chez ces femmes, la solitude est vue comme une «volupté supérieure», un «bagne de vierges suppliciées». La virginité des trois tantes, mais aussi celle de la mère et même celle d'Elisabeth est un leitmotiv important. On peut voir en Elisabeth d'Aulnières une vierge farouche, imperméable qui éveille la bête dans l'homme et le conduit à tous les excès. Elle est, d'une certaine manière, fière de son aliénation. D'ailleurs, le lecteur a tendance à sympathiser avec l'héroïne. On peut comprendre que la mère de onze enfants puisse se sentir encore vierge, intouchée et innocente. «Mon pauvre amour, je ne saurai sans doute jamais comment t'expliquer qu'au-delà de toute sainteté règne l'innocence astucieuse et cruelle des bêtes et des fous» (p.173). Innocence meurtrière et virginité redoutable que rien ne peut satisfaire parce que pour cette femme, l'amour est un absolu.

Cette histoire d'amour fou, de désir destructeur qui s'achève sur une vie mutilée révèle une volonté farouche de se libérer des forces étouffantes de la tradition qui était au Québec à l'époque entièrement sous l'emprise de l'Eglise catholique. Mais Elisabeth ne peut échapper à la malédiction tragique liée à la découverte de son moi. Elle est une damnée même si elle se considère comme foncièrement innocente. La prédiction de Rolland moribond, au début du roman: «le fond des coeurs apparaîtra - rien d'invengé ne restera» (p.16) se réalise. Dans son dernier cauchemar, elle se voit comme une revenante qui terrorise les gens.

> Chacun se dit que la faim de vivre de cette femme, enterrée vive, il y a si longtemps, doit être féroce et entière [...] Lorsque la femme se présente dans la ville, courant et implorant, le tocsin se met à sonner. Elle ne trouve que des portes fermées [...] Il ne lui reste sans doute plus qu'à mourir de faim et de solitude. (p.250)

Indications bibliographiques

Emond, Maurice. *La femme à la fenêtre*. L'univers symbolique d'Anne Hébert dans les Chambres de bois, Kamouraska et Les Enfants du Sabbat. Laval, Presses de l'Université de Laval, 1984.

Harvey, Robert. *Kamouraska d'Anne Hébert: Une écriture de La Passion*. Cahier du Québec, Collection «Littérature», Montréal: Hurtubise, 1982.

Lacôte, René. *Anne Hébert*. Poètes d'aujourd'hui, 189. Paris: Seghers, 1969.

Paterson, Janet. *Anne Hébert: Architecture romanesque*. Ottawa, Ed. de l'U d'Ottawa, 1985.

Roy, Lucille. *Entre la lumière et l'ombre. L'univers poétique d'Anne Hébert*. Coll «Thèses ou Recherches», 17. Sherbrooke, Naaman, 1984.

Russell, Delbert W. *Anne Hébert*. Boston: Twayne Publishers, 1983.

Thériault, Serge. *La Quête d'équilibre dans l'oeuvre romanesque d'Anne Hébert*. Québec, Astium, 1980.

KAMOURASKA

La nourrice[1] de mon second fils s'est tarie[2] brusquement. Elle pleure et se lamente. Jure que c'est la faute du docteur qui lui a jeté un sort[3].

— Il a les yeux si noirs. Il regarde si fixement. Quand il s'est approché de moi pour examiner le petit, dans mes bras ... J'ai eu un choc...

Aurélie s'empresse[4] de colporter[5] dans tout Sorel que le docteur Nelson est un diable américain qui maudit[6] les mamelles[7] des femmes. Comme on empoisonne des sources.

Tante Adélaïde affirme[8] qu'on voit le docteur Nelson à la messe le dimanche. Mais que tout le monde sait bien qu'il a déjà été protestant.

Tante Luce-Gertrude murmure que le plus étrange de toute cette histoire est que le docteur Nelson habite une petite maison d'habitant, dans la campagne, vit comme un colon[9] et, depuis deux ans qu'ils est à Sorel, malgré sa jeunesse, refuse absolument de se mêler à la société de Sorel...

Mon mari, lui, retrouve pour parler de George Nelson, une voix lointaine, quasi enfantine, que je ne lui connaissais pas.

— Au collège, avoir eu un ami; c'est lui que j'aurais choisi.

Un oeil bleu que les souvenirs d'enfance embuent[10]. Je détourne la tête. Dis que je suis malade. Réclame le médecin qui n'est plus revenu depuis que... Mon mari prétend[11] que je ne suis pas malade.

Ma mère retrouve ses migraines et s'enferme à nouveau dans son veuvage. Comme si mon sort[12] était ré-

1 **nourrice**: wet-nurse
2 **se tarir**: to go dry
3 **jeter un sort**: to put a curse on sb
4 **s'empresser**: to hasten
5 **colporter**: to spread gossip
6 **maudir**: to curse
7 **mamelle**: breast
8 **affirmer**: to claim
9 **colon**: settler
10 **embuer**: to mist over
11 **prétendre**: to claim
12 **sort**: fate

glé[13] à jamais. Mes tantes prennent l'air rampant[14] et
affligé des bêtes domestiques pressentant le drame dans
la maison.

Je pourrais encore m'échapper. Ne pas provoquer la
suite. Reprendre pied rue du Parloir. Ouvrir les yeux,
enfin. Hurler, les mains en porte-voix[15]: je suis Mme
Rolland!

Trop tard. Il est trop tard. Le temps retrouvé
s'ouvre les veines. Ma folle jeunesse s'ajuste sur mes
os. Mes pas dans les siens. Comme on pose ses pieds
dans ses propres pistes sur la grève[16] mouillée. Le
meurtre et la mort retraversés. Le fond du désespoir
touché. Que m'importe. Pourvu que je retrouve mon a-
mour. Bien portant. Eclatant de vie[17]. Appuyant si doucement sa tête sur ma poitrine. Attentif à un si grand
malheur en moi. Se récriant avec indignation: «Mais
vous êtes blessée!» Je joue avec la chaîne de montre
qui barre la poitrine[18] de George Nelson. Je respire
l'odeur de son gilet[19]. Plus que la pitié, je cherche
la colère dans son coeur.

«Tout ça c'est du théâtre», déclare la voix méprisan-
sante de ma belle-mère.

Comme si je n'attendais plus que ce signal, j'entre en scène. Je dis «je» et je suis une autre. Foulée
aux pieds[20] la défroque[21] de Mme Rolland. Aux orties[22]
le corset de Mme Rolland. Au musée son masque de plâ-
tre. Je ris et je pleure, sans vergogne[23]. J'ai des bas
roses à jours[24], une large ceinture sous les seins. Je
me déchaîne[25]. J'habite la fièvre et la démence, comme
mon pays natal. J'aime un autre homme que mon mari. Cet
homme je l'appelle de jour et de nuit: Docteur Nelson,
docteur Nelson... L'absence intolérable. Je vais mourir. Le docteur n'est pas revenu depuis que j'ai mis
mes bras autour de son cou. Mes larmes dans son cou.
Docteur Nelson, je suis si malheureuse. Docteur Nelson,
docteur Nelson...

13 **réglé**: settled, sealed
14 **rampant**: cringing
15 **les mains en porte-voix**: to cup one's hands round
one's mouth
16 **grève**: shore
17 **éclatant de vie**: bursting with life
18 **poitrine**: chest
19 **gilet**: vest
20 **foulé aux pieds**: trampled
21 **défroque**: garb
22 **aux orties**: off with
23 **sans vergogne**: unashamed
24 **bas à jours**: openwork stockings
25 **se déchaîner**: to let oneself go

- Madame, le docteur n'est pas chez lui! Son petit domestique ne sait pas quand il rentrera.
  - Il le fait exprès[26]! Je suis sûre qu'il le fait exprès! Retourne le chercher Aurélie. Dis-lui que je suis malade. Ramène-le. Il le faut. Tu m'entends? Il le faut.

Aurélie s'éloigne à contrecoeur[27]. Je ravale mes larmes. J'étouffe. Je me roule sur mon lit. Je menace de me jeter par la fenêtre. Lorsque, épuisée[28], je sombre[29] dans un lourd sommeil, je rêve que quelqu'un m'appelle d'une voix pressante, déchirante. J'éprouve une attraction étrange qui me soulève dans mon lit. Me réveille en sursaut[30]. Me précipite à la fenêtre. Les yeux grands ouverts. Le coeur battant. J'écoute le pas d'un cheval qui s'éloigne, dans la ville. Je me retourne et fais face au désordre de ma chambre. Le lit en bataille. Impression de chute dans le vide. Vertige. Je regagne mon lit avec peine.

Il faudrait appeler un autre médecin. La Petite est très malade. - La première mesure à prendre serait d'éloigner d'elle son mari... - C'est lui qui est cause de tout... - Le renvoyer à Kamouraska... - ou tout au moins lui interdire absolument la chambre de la Petite... - Poster des domestiques à la porte. - Veiller[31] toute la nuit, si c'est nécessaire... - Moi vivante, il ne franchira[32] pas cette porte. - Il me passera sur le corps plutôt... - Demander conseil à maître Lafontaine. - Seule une séparation de corps et de biens...

Mon mari répète à qui veut l'entendre que mes tantes sont trois vieilles fées qu'il faudrait supprimer[33].

Toutes les nuits il passe sous mes fenêtres. Avec son cheval noir et son traîneau[34] noir. Je suis sûre que c'est lui. Longtemps, dans le silence de la nuit, j'épie[35] le pas du cheval, le glissement du traîneau sur la neige. Avant même que cela ne soit perceptible à aucune oreille humaine. Je le flaire[36] dès le départ de

26 **exprès**: on purpose
27 **à contrecoeur**: against one's will
28 **épuisé**: exhausted
29 **sombrer**: to sink
30 **se réveiller en sursaut**: to wake up with a start
31 **veiller**: to stay up
32 **franchir**: to go through
33 **supprimer**: to do away with
34 **traîneau**: sleigh
35 **épier**: to spy on
36 **flairer**: to smell, to sense

la petite maison de bois. A l'autre bout de Sorel. (Les grelots[37] sont soigneusement relégués sous le siège, déjà.) Je n'ose plus me lever et courir à la fenêtre. Je reste recroquevillée[38] dans mon lit. J'attends qu'il passe, j'écoute avec désespoir (aussi longtemps qu'il m'est possible de le faire) le son décroissant de l'attelage[39] dans la nuit.

Je ne puis vivre ainsi. Un jour, j'irai le trouver. Je lui dirai, d'un air hautain[40]: Docteur, est-ce ainsi que vous laissez dépérir vos malades, sans tenter de les secourir? Docteur Nelson, docteur Nelson, je suis folle.

- Elisabeth! Pourquoi ne réponds-tu pas? Cela fait deux fois que je te pose la même question.

Vous avez tort d'insister, tante Adélaïde. Je suis profondément occupée, de jour comme de nuit, à suivre en moi le cheminement[41] d'une grande plante vivace, envahissante qui me dévore et me déchire à belles dents. Je suis possédée.

J'ai une idée fixe. Comme les vrais fous dans les asiles. Les vrais fous qui paraissent avoir perdu la raison. Enfermés, enchaînés, ils conservent en secret le délirant génie de leur idée fixe. Je ne quitte plus mon lit. Prostrée ou agitée, j'invente les lois strictes de mon bonheur futur. Ne pas chercher à revoir le docteur Nelson, avant un certain temps. Bien m'assurer d'abord que je ne suis pas enceinte. M'établir dans une chasteté parfaite. Me défendre farouchement[42] contre toute approche de mon mari. Me laver d'Antoine à jamais. Effacer de mon corps toute trace de caresse ou de violence. Jusqu'au souvenir même de ... Renaître à la vie, intouchée, intouchable, sauf pour l'unique homme de ce monde, en marche vers moi. Violente, pure, innocente! Je suis innocente! J'attends que mon amour me prenne et me garde. Cet homme est le bonheur. Il est la justice.

Je dors à présent chez tante Luce-Gertrude. Je feins[43] l'enfance. La parfaite soumission des enfants sages. J'attends avec patience mes prochaines règles[44]. Je déteste Antoine quand il est ivre. Je le déteste

37 **grelots**: sleigh bells
38 **recroquevillé**: curled up
39 **attelage**: horse and sleigh
40 **hautain**: haughty
41 **cheminement**: progress, advance
42 **farouchement**: fiercely
43 **feindre**: to pretend
44 **règles**: period

lorsqu'il est sobre. Je ris et je pleure sans raison. Je deviens légère comme une bulle[45].

    - Ma femme est une salope[46]!

    Antoine ne peut supporter[47] que je dorme la nuit chez tante Luce-Gertrude. Une nuit, il a essayé d'approcher de mon lit. Après avoir assommé[48] le domestique, posté à la porte. J'ai tant crié. Une espèce de crécelle[49] stridente dans ma gorge. Une mécanique terrible déclenchée[50]. Incontrôlable. Cela n'a plus rien d'humain, m'étouffe[51] et m'épouvante[52]. Une lame[53] de rasoir un instant brille, près de ma gorge. Tante Luce-Gertrude prétend qu'Antoine l'a sortie de sa poche, cette lame. Mais moi, je ne suis sûre de rien. La lame de rasoir aurait fort bien pu se trouver là, dans la chambre. Suspendue par un fil, au-dessus de mon lit, de toute éternité...

    Désarmé, escorté, chassé, Antoine quitte la maison de la rue Augusta. Il va pleurer dans le giron[54] malodorant[55] et irlandais de Horse Marine. Jure d'y vivre désormais et d'oublier sa femme. Horse Marine est si maigre que lorsqu'elle lève les bras, on peut lui compter les côtes. Comme une carcasse de navire.

    Un matin. Au réveil, le filet[56] de sang libérateur, entre mes cuisses. Ce signe irréfutable. Aucun enfant d'Antoine ne mûrira plus dans mon ventre. Ne prendra racine. Ne se choisira un sexe et un visage dans la nuit. Me voici libre et stérile. Comme si nul homme ne m'avait jamais touchée. Quelques jours encore et je serai purifiée. Libre.

    Il faut que je voie le docteur. Rien ni personne au monde ne pourra m'en empêcher. Aurélie à qui j'ai fait part de mon projet s'illumine d'une sombre joie. Feint de m'obéir à contrecoeur. Accepte en maugréant[57] de me servir de cocher[58]. Me coiffe et m'habille silen-

---

45 **bulle**: bubble
46 **salope**: bitch
47 **supporter**: to bear, to put up with
48 **assommer**: to knock down
49 **crécelle**: rattle
50 **déclenché**: set in motion
51 **étouffer**: to choke
52 **épouvanter**: to fill with horror
53 **lame**: blade
54 **giron**: lap
55 **malodorant**: stinking
56 **filet**: trickle
57 **maugréer**: to grumble
58 **cocher**: coachman

cieusement. Saisie d'une sorte de recueillement[59] é-
trange, presque religieux. M'apporte mon manteau de
fourrure, mes châles et les moufles[60] fourrées d'Antoine. Elle habille les enfants.

Je frissonne[61] sous mes fourrures. Je jette très
vite les moufles d'Antoine dans la neige. Soulagée[62],
apaisée par ce geste, j'enfouis[63] joyeusement mes mains
nues dans mon manchon[64]. Je rêve de perdre à jamais
dans la campagne toutes les affaires d'Antoine. Ses
pipes, ses bouteilles, ses fusils, ses vestes, ses chemises, ses ceintures et ses bretelles[65]. Les enfants
pèsent dans mes bras. Les yeux bleus d'Antoine, répétés
deux fois. J'ai un mouvement brusque de tout le corps
qui réveille le petit Louis endormi sur mes genoux. Le
fait pleurer.

- Bonjour, madame Tassy! - Salut par-ci, madame
Tassy! - Salut par-là, madame Tassy!

Les habitants de Sorel et de la campagne sont là
pour vous voir passer, Mme Tassy. Pâle et grelottan-
te[66], l'air un peu hagard[67]. Avec vos deux petits enfants blonds aux joues couleur de pommes mûres. Alibi
parfait. Vous pouvez être tranquille.

Les ombres bleues sur la neige se perdent dans la
nuit qui tombe. Voici la maison du docteur. Doucement
les enfants passent de mes bras dans ceux d'Aurélie. Se
rendorment. Je descends seule.

Une voix claire et sonore me dit d'entrer. Me voici dans la salle d'attente. Un vieux sofa de crin[68].
Des murs de bois nu, plein de noeuds. Un petit poêle de
fonte[69], noir, tout rond, sur des pattes torses[70], é-
normes. J'attends que le docteur ait fini sa consulta-
tion.

On bouge et on respire bruyamment, derrière la
cloison[71]. Une sorte de piétinement[72] confus, de halè-

59 **recueillement**: meditation
60 **moufles**: mittens
61 **frissonner**: to shiver
62 **soulagé**: relieved
63 **enfouir**: to thrust
64 **manchon**: muff
65 **bretelles**: suspenders
66 **grelottant**: trembling
67 **hagard**: distraught
68 **crin**: horsehair
69 **poêle de fonte**: cast-iron stove
70 **pattes torses**: twisted legs
71 **cloison**: partition
72 **piétinement**: stamping

tement[73] sourd[74]. Comme si deux hommes luttaient[75] ensemble. Je tente de concentrer toute mon attention sur le poêle, au milieu de la pièce. Je prends plaisir à déchiffrer[76], parmi les guirlandes repoussées[77], les lettres bâtardes[78] de «Warm Morning», marque déposée.

Soudain un cri, suivi d'un long gémissement[79] s'échappe de derrière la cloison de planches. Un silence glacial suit, interminable. Puis, un bruit en sourdine[80] de toile[81] que l'on roule et plie[82] soigneusement. La porte s'ouvre enfin. Un adolescent, le bras en écharpe[83], s'avance si lentement qu'on dirait qu'il va tomber, à chaque pas. Il tourne vers moi un visage livide[84], plein de larmes. Il m'examine longuement, avec une espèce de curiosité douloureuse. Un étonnement sans borne[85]. Il chancelle[86] sur ses jambes. Le docteur doit le prendre aux épaules et le diriger vers la porte.

George Nelson est en bras de chemise. Manches retroussées[87]. Cheveux ébouriffés[88], comme s'il sortait du lit. Ses gestes sont vifs, rapides, énergiques. Il me lance un regard soupçonneux[89]. Puis il s'éloigne dans la cuisine. A grandes enjambées[90]. Emportant la lampe. Je reste seule dans le noir. Le docteur se lave les mains et le visage. S'ébroue[91] dans un grand fracas[92] d'eau, sous la pompe. Il revient vers moi, le visage ruisselant[93]. Rebattant[94] ses manches. Il s'essuie le front avec son mouchoir. Me regarde bien en face. Une sorte d'insistance étrange, à peine polie.

73 **halètement**: puffing
74 **sourd**: muffled
75 **lutter**: to wrestle
76 **déchiffrer**: to decipher
77 **repoussé**: embossed
78 **lettres bâtardes**: fancy letters
79 **gémissement**: groan
80 **en sourdine**: barely audible
81 **toile**: cloth
82 **plier**: to fold
83 **en écharpe**: in a sling
84 **livide**: pallid
85 **sans borne**: limitless
86 **chanceller**: to stagger
87 **retroussé**: rolled up
88 **ébouriffé**: disheveled
89 **soupçonneux**: suspicious
90 **grandes enjambées**: long strides
91 **s'ébrouer**: to shake oneself
92 **fracas**: roar
93 **ruisselant**: dripping
94 **rebattre**: to roll down

- Il a fallu recasser le bras de ce garçon pour le lui remettre en place. Un ramancheur[95] lui avait recollé cela tout de travers[96]. Le pays est infesté de charlatans. L'ignorance, la superstition et la crasse[97] partout. Une honte! Il faudrait empêcher les guérisseurs[98] de tuer les gens. Soigner tout le monde de force! Empêcher votre servante Aurélie de jouer les sorcières[99] auprès des nouveau-nés...

L'éclair[100] de sa chemise blanche. Il tient la lampe à la hauteur de son visage qui se creuse et se ravine[101]. Une mobilité extrême. Un bouillonnement[102] sauvage. Je regarde, j'épie chaque éclat de vie, sur le visage basané[103]. J'écoute chaque parole véhémente. Comme si cela me concernait personnellement. J'attends que le sens secret de toute cette indignation me soit révélé. Se retourne sur moi, à jamais. Me comble[104] de sainte colère partagée. Comme vous me regardez, docteur Nelson. Non pas la paix, mais le glaive[105]. Cete pâleur soudaine. Cette fièvre dans vos yeux. La lampe sans doute. Cette ombre noire sur vos joues.

- Est-ce que vous trouvez que j'ai l'air drôle, madame Tassy? Pourquoi me regardez-vous ainsi? Pensez-vous vraiment que je puisse jeter des sorts? Me croyez-vous capable de maudire les nourrices?

Il rit d'un petit rire sec qui me gêne.

- Qu'est-ce qui me vaut l'honneur de votre visite? Vous venez de la part d'Antoine peut-être?

Je réponds «non». Je dirais «oui» si c'était oui. Aucun mot ne me semble assez bref et net pour dissiper tout bavardage inutile entre nous.

- Ainsi personne ne vous envoie? Vous venez de vous-même?

Je réponds «oui». Mais cette fois je voudrais continuer, enchaîner. M'expliquer. Me défendre. Un je ne sais quoi d'ironique et de bizarre dans le sourire de George Nelson (dans ses dents très blanches plutôt) me déconcerte au plus profond de moi. M'empêche d'articuler une parole de plus.

95 **ramancheur:** quack
96 **recoller cela tout de travers:** to set the bones all wrong
97 **crasse:** dirt
98 **guérisseur:** healer
99 **sorcière:** witch
100 **éclair:** flash
101 **se raviner:** to furrow
102 **bouillonnement:** seething
103 **basané:** swarthy
104 **combler:** to shower sb with
105 **glaive:** sword

Il élève la lampe au-dessus de sa tête. Me demande de le suivre. Me fait les honneurs de sa maison.

- Maintenant que vous m'avez regardé, examinez bien la maison. Vous voyez que tout est normal? Une brave maison d'habitant comme les autres. Sauf les livres peut-être? Mais vous n'allez pas jusqu'à croire que les livres...?

Une enfilade[106] de petites pièces, carrées, à moitié meublées. Leur ressemblance angoissante avec des caisses[107] de bois blanc, rugueux[108], plein d'échardes[109]. Des livres sur des planches, des livres sur la table de la cuisine, des livres empilés par terre, des livres servant de pieds à une grosse armoire.

- Antoine vous a parlé de moi. Il vous a dit qu'au collège nous jouions aux échecs, tous les deux? Il aimait perdre, je crois. Avec moi il n'a jamais gagné, pas une seule fois, vous m'entendez?

Il hausse à nouveau la voix. Semble me jeter un défi. Puis se tait brusquement. Devient très sombre. Il se retire avec une facilité, une impudeur totale. S'absorbe sans doute dans une muette et savante partie d'échecs, contre un garçon blond, battu d'avance. Il faut ramener cet homme près de moi. Interrompre sur-le-champ[110] une partie d'échecs entre fantômes[111]. Docteur Nelson, je vous aime farouchement jusqu'à désirer franchir avec vous les sources de votre enfance. Pour mon malheur je les trouve, ces sources, inextricablement mêlées à l'enfance d'Antoine Tassy.

Mes jambes tremblent sous moi. Un grand frisson[112] m'agite de la tête aux pieds. Je m'accroche au dossier[113] du sofa, pour ne pas tomber.

- Docteur Nelson, je suis là. Vous ne me demandez pas de mes nouvelles?

Il bondit vers moi. Me fait asseoir sur le sofa. Va à la cuisine. M'apporte un verre d'eau. S'agite. Tâte mon pouls. Atterré[114]. Bouleversé.

- De vos nouvelles? Pauvre créature de Dieu, blessée et torturée, comme si je ne pensais pas qu'à ça, depuis que je vous aie vue... De vos nouvelles, ma petite enfant... Pourquoi avez-vous épousé Antoine Tassy?

106 **enfilade:** row, series
107 **caisse:** crate
108 **rugueux:** rough
109 **écharde:** splinter
110 **sur-le-champ:** immediately
111 **fantôme:** ghost
112 **frisson:** shudder
113 **dossier:** back
114 **atterré:** appalled

Pourquoi? Vous me semblez mieux portante, aujourd'hui, malgré... Ne vous ai-je pas bien soignée? Ne suis-je pas un bon médecin?

 - Vous savez très bien que je suis malheureuse...

Tout son visage tressaille[115]. Il parle bas, pourtant sans me regarder. Il me rejette. Ses paroles, une à une. Comme des pierres.

 - Je ne peux rien pour vous, Elisabeth. Je ne suis qu'un étranger...

Nos ombres énormes sur le mur, distantes l'une de l'autre. Une sorte de désert se creusant entre nous. Le silence. Le vide. George s'éloigne de moi à nouveau. Comment faire pour le rejoindre? Je suis encombrée[116]. Surchargée. Ligotée[117]. Prisonnière de la rue Augusta et de la ville de Sorel. Me libérer. Retrouver l'enfance libre et forte en moi. La petite fille aux cheveux tondus[118] s'échappant de la maison par une fenêtre. Pour rejoindre les gamins[119] de Sorel. Que faut-il faire? Docteur Nelson, que faut-il faire? Dites seulement une parole et je vous obéirai. Dois-je à nouveau sacrifier ma chevelure? Laisser derrière moi mes enfants et ma maison? Hors de ce monde, si vous le désirez. C'est là que je vous donne rendez-vous. Telle qu'en moi-même, absolue et libre. Etrangère à tout ce qui n'est pas vous.

 - Et moi, est-ce que vous croyez que je ne suis pas une étrangère?

Il détourne la tête.

 - Vous ne savez pas ce que vous dites...

 - Plus que vous ne croyez...

Le silence. De nouveau un mur entre nous, bien lisse[120] et dur. Le refuge peu sûr du collège, exhumé à la hâte.

 - Je n'ai jamais eu d'amis. Ni au collège, ni plus tard. Mais j'aimais bien jouer aux échecs avec Antoine Tassy...

 - C'est sans doute pour cela que vous vous promenez sous mes fenêtres, la nuit?

Cette fois il me regarde bien en face. Furieux. Vexé, comme un enfant pris en faute.

 - Vous n'auriez pas dû me dire cela, Elisabeth. Vous n'auriez pas dû. Apprenez que je ne crains rien tant que d'être découvert.

---

115 **tressaillir**: to quiver
116 **encombré**: loaded down
117 **ligoté**: bound hand and foot
118 **tondu**: close-cropped
119 **gamin**: kid
120 **lisse**: smooth

«Elisabeth». Il m'a appelée par mon nom. Pour la première fois. Je baisse la tête pour cacher ma joie. Je me penche sur mon métier à tapisserie[121]. Evitant de regarder ma mère et mes tantes. Calme soirée dans la maison de la rue Augusta. «Le petit point se fait en deux temps, dans le biais du canevas. Verticalement: de gauche à droite, en descendant. Horizontalement: de droite à gauche, en remontant. Travailler avec trois brins[122] de laine, en suivant la grille[123]...»

Le feutre vert, lacéré de coups de canif[124] de la table d'étude. Ce parfum indélébile de choux aigres. La messe, le salut[125], les vêpres, les rogations, le carême[126] la semaine sainte (ô mes rotules)! La craie qui crisse[127] au tableau noir, les coups de férule sur les mains, tachées d'encre. L'odeur de chambrée de dortoir. La glace dans les brocs[128] qu'il faut casser au petit matin. La tête d'Antoine, larmoyante, penchée au-dessus d'une cuvette[129] où flottent des glaçons. Elève Nelson, comme vous le regardez ce gros garçon misérable. Pourquoi détournez-vous la tête? Est-ce la pitié?

«Tous les protestants sont des damnés, sont des damnés!» scandent[130] quinze garçons joyeusement féroces. L'adolescent noir et maigre, ainsi hué[131], arbore[132] un cache-nez troué et une vieille casquette en phoque[133]. On le dit étranger et sans famille. Il apprend le français et la religion catholique romaine sans y mettre aucune bonne volonté. L'abbé Foucas, exaspéré par l'air arrogant et méprisant du garçon, le bat sauvagement avec un bâton de hockey. George à moitié assommé ne pousse pas un cri, ne laisse pas échapper une plainte. Cette force indomptable vous fait totalement défaut, élève Tassy, vous fascine et vous blesse. Rien de commun entre les deux garçons. Sauf le plus secret de leur âme. Une muette, précoce expérience du désespoir.

121 **tapisserie**: needlework
122 **brin**: strand
123 **grille**: mesh
124 **canif**: pocket knife
125 **le salut**: evensong
126 **carême**: Lent
127 **crisser**: to scrape
128 **broc**: pitcher
129 **cuvette**: basin
130 **scander**: to chant
131 **huer**: to boo
132 **arborer**: to wear
133 **phoque**: sealskin

Qui le premier propose à l'autre une partie d'échecs? Les jeux sont pourtant faits d'avance. Le vainqueur et le vaincu désignés au préalable[134]. Qui peut prétendre conjurer le sort[135]? Récréation après récréation[136]. Année après année. Le même silence obstiné. La même complicité obscure. Durant d'interminables parties d'échecs.

- Echec et mat!

Cette voix rugueuse d'adolescent victorieux (est-ce bien vous, docteur Nelson? Un jour, cette voix mûrira et me prendra corps et âme).

Antoine repousse d'un revers de main les pièces d'échecs qui tombent à terre. Perdant et pervers, ce garçon n'a pas son pareil pour faire éclater les grenouilles vertes, sur l'étang, après les avoir emplies de la fumée de sa pipe. Son grand rire fracassant[137].

- Nelson, tu triches!

Jalouse, je veille[138]. Au-delà du temps. Sans tenir compte d'aucune réalité admise. J'ai ce pouvoir. Je suis Mme Rolland et je sais tout. Dès l'origine j'interviens dans la vie de deux adolescents perdus. Je préside joyeusement à l'amitié qui n'aura jamais lieu entre George Nelson et Antoine Tassy.

Je guette en vain le pas d'un cheval, le passage d'un traîneau. Se peut-il qu'il ne revienne plus rôder[139] sous mes fenêtres? Un instant, il m'attire vers lui, il m'appelle «Elisabeth». Puis il me rejette aussitôt. Il fuit. Je n'aurais pas dû lui avouer que, la nuit, penchée à ma fenêtre... Comme il m'a regardée. Son oeil perçant. Son air traqué[140].

Il s'enferme dans sa maison. Il se barricade comme un criminel. Je m'approche de sa solitude, aussi près qu'il m'est possible de le faire. Je le dérange, je le tourmente. Comme il me dérange et me tourmente.

- Cet homme est un étranger. Il n'y a qu'à se méfier de lui, comme il se méfie de nous.

- Tais-toi, Aurélie. Va-t'en Aurélie. Je suis profondément occupée.

Je me concentre. Je ferme les yeux. J'ai l'air d'évoquer des esprits et pourtant c'est la vie même que

---

134 **au préalable:** in advance
135 **sort:** fate
136 **récréation:** recess
137 **fracassant:** shattering
138 **veiller:** to keep watch
139 **rôder:** to prowl
140 **traqué:** cornered

je cherche... Là-bas, tout au bout de Sorel. Un homme seul, les deux coudes sur la table de la cuisine. Un livre ouvert devant lui, les pages immobiles. Lire par-dessus son épaule. M'insinuer au plus creux de sa songerie.

On ne vous perd pas de vue, élève Nelson. On vous suit à la trace. Tous les protestants sont des... Cette vieille casquette en phoque mal tannée.

Celui qui dit «le» table, au lieu de «la» table, se trahit. Celui qui dit «la Bible» au lieu des «saints Evangiles», se trahit. Celui qui dit «Elisabeth», au lieu de «Mme Tassy», se compromet et compromet cette femme avec lui.

La merveilleuse charité. La médecine choisie comme une vocation. La pitié ouverte comme une blessure. Tout cela devrait vous rassurer. Vous combattez le mal, la maladie et les sorcières, avec une passion égale. D'où vient donc, qu'en dépit de votre bonté, on ne vous aime guère, dans la région? On vous craint, docteur Nelson. Comme si, au fond de votre trop visible charité, se cachait une redoutable identité... Plus loin que le protestantisme, plus loin que la langue anglaise, la faute[141] originelle... Cherchez bien... Ce n'est pas un péché[142], docteur Nelson, c'est un grand chagrin.

Chassé, votre père vous a chassé de la maison paternelle (ses colonnes blanches et son fronton colonial), avec votre frère et votre soeur, comme des voleurs. Trois petits enfants innocents, traités comme des voleurs. Votre mère pleure contre la vitre. A Montpellier, Vermont.

L'indépendance américaine est inacceptable pour de vrais loyalistes. N'est-il pas préférable d'expédier les enfants au Canada, avant qu'ils ne soient contaminés par l'esprit nouveau? Qu'ils se convertissent à la religion catholique romaine. Qu'ils apprennent la langue française, s'il le faut. Tout, pourvu qu'ils demeurent fidèles à la couronne britannique.

– Vous ne connaissez pas ma famille, Elisabeth? Vous avez tort. Vous verrez comme nous nous ressemblons, tous les trois, depuis qu'on nous a convertis au catholicisme, ma soeur, mon frère et moi...

Un jour tu me diras «tu», mon amour. Tu me raconteras que ta soeur Cathy est entrée chez les dames Ursulines, à l'âge de quinze ans. Tu évoqueras son nez aquilin et ses joues enfantines, criblées de son[143]. Tu

141 **faute:** flaw
142 **péché:** sin
143 **criblé de son:** covered with freckles

parleras aussi de ton frère Henry, jésuite, qui prêche des retraites convaincantes.

Tu cherches mon corps dans l'obscurité. Tes paroles sont étranges. Le temps n'existe pas. Personne autre que moi ne doit les entendre. Nous sommes nus, couchés ensemble, durant l'éternité. Tu chuchotes contre mon épaule.

— Et moi, Elisabeth, j'ai juré d'être un saint. Je l'ai juré! Et je n'ai de ma vie éprouvé une telle rage, je crois.

De nouveau un jeune homme studieux, penché sur ses livres, dans une maison de bois. Une rengaine[144] dérisoire tourne dans sa tête. «Ne pas être pris en faute! Surtout ne pas être pris en faute.» Tu te lèves précipitamment, ranges tes livres. Tu mets ton manteau, ta casquette, tes mitaines. Une telle précision de gestes, et pourtant une telle précipitation. On pourrait croire que le médecin est appelé aux malades. Il sait bien que, cette fois encore, il va atteler et errer dans les rues de Sorel, au risque de... Passer dix fois peut-être, devant les fenêtres de Mme Tassy... Dans la crainte et l'espoir, inextricablement liés, de voir apparaître le mauvais mari, chassé de la maison de sa femme, surgissant au coin de la rue. Le mettre en joue[145]. L'abattre[146] comme une perdrix[147]. Antoine Tassy est né perdant. «A celui qui n'a rien, il sera encore enlevé quelque chose.» Je lui prendrai sa tour[148]. Je lui prendrai sa reine. Je lui prendrai sa femme, il le faut. Je ne puis supporter l'idée que... Une femme, aussi belle et touchante, torturée et humiliée. Couchée dans le lit d'Antoine, battue par Antoine, caressée par Antoine, ouverte et refermée par Antoine, violée par Antoine, ravie par Antoine. Je rétablirai la justice initiale du vainqueur et du vaincu. Le temps d'un éclair, entrevoir la réconciliation avec soi-même, vainement cherchée depuis le commencement de ses souvenirs. Se découvrir jusqu'à l'os, sans l'ombre d'une imposture. Avouer enfin son mal profond. La recherche éperdue de la possession du monde.

Posséder cette femme. Posséder la terre.

Je suis celle qui appelle George Nelson, dans la nuit. La voix du désir nous atteint, nous commande et

144 **rengaine**: refrain
145 **mettre en joue**: to take aim at sb
146 **abattre**: to shoot down
147 **perdrix**: partridge
148 **tour** (chess): rook

nous ravage. Une seule chose est nécessaire. Nous perdre à jamais, tous les deux. L'un avec l'autre. L'un par l'autre. Moi-même étrangère et malfaisante.

Est-ce donc cela désormais, dormir; quelques heures à peine de sommeil, agité par les cauchemars[149]?

Une cabane de bois, au milieu de la campagne, plate et déserte. La lisière[150] de la forêt à l'horizon. Il y a beaucoup de monde dans la cabane. Tous ces gens sont extrêmement inquiets au sujet d'un animal domestique qui n'est pas rentré. Les pires malheurs menacent cet animal, si on ne parvient pas à le rappeler, immédiatement. Toutes les personnes présentes, d'un commun accord, se tournent vers moi et me supplient de «crier» pour appeler l'animal. Une grande panique s'empare de moi. Je sais très bien ce que «crier» signifie. Je connais mon pouvoir et cela me fait trembler de peur. On me presse de tous côtés. Chaque instant qui passe peut être fatal pour l'animal qui n'est pas rentré.

Le cri qui s'échappe de moi (que je ne puis m'empêcher de pousser, conformément à ce pouvoir qui m'a été donné), est si rauque[151] et si terrible qu'il m'écorche[152] la poitrine et me cloue de terreur. Longtemps mon cri retentit dans la campagne. Sans que je puisse ni l'arrêter, ni en diminuer l'intensité grandissante. Irrépressible. Les bêtes les plus féroces, de la plaine et de la forêt, se mettent en marche. Montent à l'assaut de la cabane. Pas une seule qui ne soit mise en mouvement par mon cri. Les hommes et les femmes les plus cruels sont attirés aussi. Fascinés, débusqués[153] de leurs repaires[154] de fausse bonté. Le docteur Nelson est avec eux. Ses dents blanches sont pointues comme des crocs[155]. J'ai un chignon noir, mal attaché sur le dessus de la tête. Avec de grosses mèches[156] qui retombent. Je suis une sorcière[157]. Je crie pour faire sortir le mal où qu'il se trouve, chez les bêtes et les hommes.

En quel songe les ai-je appelés tous les deux? Non seulement mon amour, mais l'autre, mon mari? Comme si

149 **cauchemar:** nightmare
150 **lisière:** edge
151 **rauque:** harsh
152 **écorcher:** to flay
153 **débusqué:** drawn out of
154 **repaire:** lair
155 **crocs:** fangs
156 **mèche:** lock of hair
157 **sorcière:** witch

l'on ne pouvait appeler l'un sans l'autre. Toutes les bêtes de la forêt convoquées... Ce cri dans ma poitrine. Cet appel.

Ils sont deux maintenant à passer sous mes fenêtres, la nuit. Un traîneau suivant l'autre. Antoine poursuivant George, dans un carillon[158] de clochettes et de rires de femmes. Brandissant son fouet[159] en direction de ma fenêtre. Hurlant, joyeusement ivre.

— Je veux offrir un verre à ce bon vieux camarade de collège!

Les voisins réveillés n'en reviennent pas[160] d'une course aussi extravagante dans la nuit. Entre deux jeunes hommes de bonne famille.

Je m'endors longtemps après que le calme est revenu. Une sorte de manège[161] confus persiste dans mon âme surexcitée où les chevaux et les hommes se poursuivent, s'affrontent, se piétinent[162] et longtemps se cabrent[163].

Les notables de Sorel, réveillés la nuit, s'ennuient le jour. Nous leur offrirons la vie et la mort dans un tourbillon[164] qui les effraye et les fascine. Bénis sommes-nous par qui le scandale arrive.

Jamais les réceptions ne se sont succédé à une telle allure. C'est à qui inviterait cette pauvre Mme Tassy dont le mari mène une vie si dissolue ici même, à Sorel, avec une fille appelée Horse Marine. Pourquoi ne pas inviter le jeune médecin américain qui parle si bien français? Nous lui ferons quitter sa retraite, ses livres et ses malades. Cet homme possède un pouvoir, c'est certain. Voyez comme Mme Tassy, si tremblante, se ranime soudain à son approche?

— Il est si sévère et réservé et, jusqu'à ces derniers temps, il refusait toutes les invitations.

— Vous avez remarqué comme son visage s'illumine lorsqu'il aperçoit Mme Tassy? Le croirait-on, ce jeune homme n'a que vingt-cinq ans.

Qui donc affirme qu'il faut aussi inviter mon mari? Qu'il est le seigneur de Kamouraska et qu'il serait regrettable de le mettre au ban[165] de la société?

Un soir, Antoine, lassé de Horse Marine, entrera dans le salon des Kelly, ou celui des Marchand. Bouscu-

---

158 **carillon:** tinkle
159 **fouet:** whip
160 **ils n'en reviennent pas:** they can't get over it
161 **manège:** game, ploy
162 **piétiner:** to trample
163 **se cabrer:** to rear up
164 **tourbillon:** whirl
165 **mettre au ban:** to ostracize

lant[166] les invités. Le chapeau derrière l'oreille. Je verrai sur son visage rose et étonné, le cheminement difficile de la vérité se faisant jour dans sa tête lourde. Il nous tuera sans doute, à moins que...

George me salue. Il s'incline légèrement devant moi. Je regarde ses cheveux noirs et drus[167]. Il parle sans relever la tête, d'une voix basse, douce, presque suppliante. Comme si ce qu'il disait avait une importance secrète et douloureuse.

— Irez-vous au bal à Saint-Ours, dimanche? Si vous vouliez me faire l'honneur de monter dans mon traîneau, je serais le plus heureux des hommes...

— Et moi, la plus heureuse des femmes...

On ne l'entend jamais venir. Tout à coup elle est là. Comme si elle traversait les murs. Légère et transparente. La voici qui étend ma robe de bal neuve sur le lit. Tapote[168] le beau velours cerise, avec une sorte de gourmandise[169], mêlée de crainte.

— Mon Dou[170] que cette robe est jolie! Mon âme pour en avoir une comme ça!

Aurélie soupire[171]. Elle rallume le feu. Range la pièce. Chacun de ses mouvements me semble étrange, inquiétant. Sa voix haut perchée me persécute à la limite de mes forces.

— Tais-toi, Aurélie. Je t'en prie.

— Je parle pour qu'on m'entende, Madame.

Le cabinet de toilette de ma mère. On étouffe ici. Cette odeur de renfermé[172]. J'ai la nausée. L'étoffe verte de la coiffeuse s'effiloche[173]. La vraie vie est ailleurs; rue du Parloir, au chevet[174] de mon mari. Je m'assois pourtant, docile, sur le tabouret[175]. Face à la glace piquée[176].

Aurélie secoue le peigne et la brosse d'ivoire jauni. Souffle la poussière.

— Je vais nettoyer la glace!

J'ai un mouvement de recul.

166 **bousculer**: to bump into
167 **dru**: thick
168 **tapoter**: to pat, to tap
169 **gourmandise**: greediness
170 Mon Dou = mon Dieu
171 **soupirer**: to sigh
172 **odeur de renfermé**: musty smell
173 **s'effilocher**: to fray
174 **chevet**: bedside
175 **tabouret**: stool
176 **glace piquée**: mirror covered with spots

- Non, surtout ne touche pas à la glace!

Une sorte de brisure soudaine dans la voix d'Aurélie. Du verre filé[177] qui éclate à la pointe du souffle. Elle parle maintenant si bas qu'on l'entend à peine.

- Un petit coup de torchon[178]. Là. C'est fait. Il faut que Madame se regarde bien en face. Voyez quelle jolie figure. Quelles épaules. Je vais coiffer Madame pour le bal. Madame doit se rendre compte par elle-même.

Le miroir ravivé comme une source. Ma jeunesse sans un pli. L'échafaudage[179] des boucles me semble un peu ridicule. Un port de reine. Une âme de vipère. Un coeur fou d'amour. Une idée fixe entre les deux yeux. Une fleur dans les cheveux. L'oeil gauche devient fou. Les deux paupières s'abaissent. Le frôlement des cils sur la joue.

Un homme s'avance précipitamment. Prend place à côté de la femme trop parée. Son souffle rude sur l'épaule nue de la femme.

Je n'ai pas le temps de m'étonner. Comment Antoine a-t-il pu faire pour venir jusqu'ici? Je croyais la maison bien gardée? Mes petites tantes? Les domestiques?

Un homme et une femme côte à côte. Mari et femme. Se haïssent. Se provoquent mutuellement. Dans une lueur douce de bougies, allumées de chaque côté du miroir.

- Tu n'iras pas à ce bal.
- J'ai promis d'y aller. Et j'irai.
- Une femme mariée, une mère de famille... C'est tout à fait déplacé[180].
- De quoi te mêles-tu? Rien de ce qui me concerne ne te regarde plus maintenant. Je ne suis plus ta femme comme tu n'es plus mon mari. Va-t'en, ou j'appelle!

Le visage poupin d'Antoine prend une expression ahurie[181]. Ni fureur ni étonnement. Une espèce d'anéantissement plutôt, doux, envahissant, gagne tous ses traits[182]. Je regarde résolument cette image d'homme qui se défait, dans la glace. Le ton ferme de ma propre voix me surprend, tandis que la peur me serre la gorge.

- Tous les invités de Sorel partiront ensemble. Une longue procession de traîneaux jusqu'à Saint-Ours...

177 **verre filé**: spun glass
178 **torchon**: cloth
179 **échafaudage**: pile
180 **déplacé**: indecent
181 **ahuri**: stunned
182 **traits**: features

Je lis sur les lèvres d'Antoine, plutôt que je ne l'entends, la phrase sans réplique.

– Je viendrai te chercher. Tu monteras avec moi, dans mon traîneau.

– Je monterai avec le docteur Nelson. Il m'a invitée. C'est décidé.

La glace se brouille[183]. Quelqu'un souffle les bougies. Cette scène est intolérable. Je ne supporterai pas davantage... La voix d'Aurélie monte, devient aiguë, comme un cri d'enfant. Emplit tout l'espace. Comble l'obscurité. S'affaisse[184] en un chuchotement effrayé de confessionnal.

– Madame a reçu le coup de poing de Monsieur dans le côté. Je l'ai vue toute pliée en deux de douleur. Monsieur est tout de suite sorti de la maison, avant que personne ait pu l'arrêter. En passant la porte il jurait[185] beaucoup. Monsieur répétait:«Je t'interdis d'aller à ce bal. Je t'interdis...»

Mais, ce soir-là, pour la promenade en traîneau à Saint-Ours, Madame est montée avec le docteur Nelson...

Le sleigh américain monté sur de hauts patins est rapide comme le vent. Et pour ce qui est du cheval noir, pas un aubergiste[186] (tout le long de la rive sud, de Sorel à Kamouraska) qui ne s'émerveillera de son endurance et de son extraordinaire beauté.

Nous évitons[187] de nous regarder. Tous deux dans une même bonne chaleur. Sous les robes de fourrure. Très droits. L'air indifférents. Sans aucune émotion visible. Aveugles. Hautains[188]. De profil sur le ciel d'hiver.

Nous sommes en queue de la longue file de traîneaux. La fumée de nos respirations se mêle en volutes blanches. Le cheval marche au pas. Rien n'est encore arrivé. Nous sommes encore innocents.

Plus que son désir, je veux exciter sa colère. Quand on appréhende ce que cela signifie que la colère de cet homme. Quand on pressent le déchaînement[189] possible de cette colère.

Tout bas, la tête contre son épaule. Le visage enfoui[190] dans le col de son manteau. Je lui dis que mon

183 **se brouiller**: to blur
184 **s'affaisser**: to collapse, to sink
185 **jurer**: to swear
186 **aubergiste**: innkeeper
187 **éviter**: to avoid
188 **hautain**: haughty
189 **déchaînement**: explosion
190 **enfoui**: buried

mari est revenu à la maison, qu'il m'a défendu d'aller à Saint-Ours et qu'il m'a donné un coup de poing dans le ventre. Je regarde avec avidité le visage de George. Une pâleur grise lui blanchit les lèvres. Comme celle des morts. Je voudrais l'apaiser, m'excuser de l'avoir réduit à une telle extrémité de rage. Et, en même temps, une joie extraordinaire se lève en moi. Me fait battre le coeur de reconnaissance[191] et d'espoir. Toute haine épousée, me voici liée à cet homme, dans une seule passion sauvage.

Il bondit[192] sur ses pieds. Saisit le fouet et en assène de grands coups sur la croupe[193] de son cheval qui part au galop, sur la neige raboteuse[194], dans la direction opposée à celle de Saint-Ours. Je suis projetée en tous sens dans le traîneau. Je supplie George. J'essaye d'arrêter son bras qui frappe le cheval.

Nous versons[195] dans la neige, sens dessus dessous. Le silence de la nuit me saisit, après cette chevauchée insensée[196]. On n'entend que le cheval qui s'ébroue[197]. J'ai de la neige dans le cou. Mon bonnèt de fourrure est tombé. George met une des robes du traîneau sur le dos de son cheval. Il vient vers moi. Sans un mot. Me prend dans ses bras. Nous roulons dans la neige. Dégringolons le talus en pente[198]. Comme des enfants, couverts de neige. De la neige plein mon cou, dans mes oreilles, dans mes cheveux. Je mange de la neige. Son visage glacé sur mon visage. La chaleur humide de sa bouche sur ma joue.

Hors d'haleine. Etouffés de froid et de rire. Nous nous asseyons au bord de la route. L'un de nous articule très lentement, entre deux respirations haletantes: «Antoine est un très méchant homme.» Je secoue mon bonnet sur mon genou, pour en faire tomber la neige. Quelqu'un, en moi, qui ne peut être moi (je suis trop heureuse), pense très fort: «Nous irons en enfer tous les trois.» Mon amour m'embrasse. Il dit «qu'il m'aime plus que tout au monde». Je lui réponds «qu'il est toute ma vie».

Nous restons dans la neige. Couchés sur le dos. Regardons le ciel, piqué[199] d'étoiles. Frissonnons de

191 **reconnaissance:** gratitude
192 **bondir:** to leap
193 **croupe:** back
194 **raboteuse:** bumpy
195 **verser:** to overturn
196 **chevauchée insensée:** frantic ride
197 **s'ébrouer:** to snort
198 **dégringoler le talus en pente:** to roll down the embankment
199 **piqué:** dotted

froid. Longtemps j'essaye de me retenir de claquer des dents[200].

Je parviens avec peine à enlever mon manteau de fourrure, à me dégager des écharpes de laine. Puis, je reste là n'osant bouger. Exposée sur la place publique. Le velours de ma robe est mouillé de neige fondante[201], par larges plaques. J'ai des épingles à cheveux[202] entre les seins. Mes boucles défaites[203] pendent dans mon cou! Un homme est avec moi. Je crois qu'il me tient par le bras. Il me répète de ne pas avoir peur. Il serre les poings[204].

Danseurs, danseuses et chaperons se figent[205] et retiennent leur souffle. Quelle apparition dans l'encadrement de la porte! Mme Tassy et le docteur Nelson, grelottants[206], le visage rougi par le froid. Ne baissant pas les yeux. Insolents, quoique traqués. Ce bonheur étrange, cette victoire amère. La joie des fous, au bord du désespoir.

Il faudrait traverser le grand salon. Faire face à Antoine, sans doute. Etre tués, tous les deux?

- Nous nous sommes trompés de chemin... Avons versé dans la neige...

On me jette un filet[207] noir sur la tête et les épaules. Me voici prise, entraînée, poussée, tirée. Capturée. Mes trois petites tantes tremblantes m'emmènent avec elles, près du feu. Elles me protègent et me gardent. Enveloppée dans le châle immense de tante Adélaïde, je me retrouve assise au beau milieu du clan des chaperons. Livrée aux regards sévères des vieilles filles et des veuves.

Ne pas courber l'échine[208]. Ne pas cligner des yeux[209]. Regarder par-dessus les têtes immobiles, à bandeaux tirés. Tous ces bonnets à ruchés[210], ces rubans de satin tombant sur les épaules. Feindre de fixer un point sur le mur. Le vide. Prisonnière. Je suis prisonnière. Examinons à la dérobée[211] les quatre coins du

200 **je claque des dents**: my teeth are chattering
201 **fondant**: melting
202 **épingles à cheveux**: hairpins
203 **boucles défaites**: unpinned curls
204 **serrer les poings**: to clench one's fists
205 **se figer**: to freeze
206 **grelotter**: to shiver
207 **filet**: net
208 **courber l'échine**: to submit
209 **cligner des yeux**: to blink
210 **bonnets à ruchés**: frilly bonnets
211 **à la dérobée**: surreptitiously

salon. Attendons l'arrivée d'Antoine. Imaginons ses injures[212] et ses coups. Un couteau peut-être, caché dans son gilet[213]? Ou ce lourd chandelier d'argent qui ... Je vais tomber! Fixer[214] le mur. M'y accrocher en rêve. Je glisse. Le sol se dérobe sous mes pieds. Ma vie chavire[215]. Quelqu'un dit qu'Antoine, quoique invité à ce bal, s'est bien gardé d'y venir. Ne pas fermer les yeux sur cette bonne parole. Reprendre mon guet[216]. Fouiller méthodiquement le salon dans la crainte de voir surgir mon mari. On me fait boire une boisson chaude qui sent la canelle[217]. Tante Angélique murmure à mon oreille.

– Ma petite fille, quelle inconscience[218]! Te promener ainsi toute seule la nuit avec le docteur Nelson! Pense à ta réputation. Pense à ton mari. Il ne faut pas le pousser à bout, cet homme...

Peu à peu, les invités du manoir de Saint-Ours se remettent à danser. Au son du piano discordant[219]. Poussent un soupir de soulagement et se retrouvent miraculeusement indemnes[220]. Combles[221] d'émotion et de vie nouvelle.

«Je suis un grand pécheur, c'est connu. Mais toi, ma petite femme, tu es maudite[222]. Je ne survivrai pas à la honte de Saint-Ours. Inutile de m'attendre, je vais me noyer[223]. C'est très facile de faire un trou dans la glace et de s'y laisser tomber comme dans un puits[224]. Tu verras qui l'on va trouver dans le fleuve au printemps. Embrasse les enfants pour moi. Ton mari. Antoine.»

Fausse noyade. Fausse joie. Me méfier d'Antoine. Je veux bien jouer le jeu. Faire semblant[225] de chercher un noyé et de le pleurer. D'attendre que l'on me dépose un cadavre d'homme ruisselant et glacé dans les bras. Mais le plus difficile est de convaincre ma mère et mes tantes de ne pas mettre la police dans nos his-

212 **injure**: insult
213 **gilet**: vest
214 **fixer**: to stare at
215 **chavirer**: to sink
216 **guet**: look-out
217 **canelle**: cinnamon
218 **inconscience**: recklessness
219 **discordant**: untuned
220 **indemne**: unscathed
221 **comble**: climax, peak
222 **maudit**: damned
223 **se noyer**: to drown
224 **puits**: well
225 **faire semblant**: to pretend

toires de famille. La rivière et le fleuve ne pourront être dragués qu'au printemps. Attendons que les glaces calent[226]. Il n'est que de vivre comme si j'étais veuve.

- Aurélie, chère Aurélie, donne vite ce billet que t'a remis monsieur le docteur pour moi. Aurélie rapporte-lui ma réponse tout de suite.

- Aurélie, va dire qu'on attelle[227] le cheval rouge. Monsieur le docteur m'attend.

- Aurélie, fais bien attention que personne ne nous suive. Quel charmant cocher tu fais, Aurélie. Nous ferions mieux d'emmener les enfants.

- Madame sait ce qu'elle a à faire.

- Mon Dou, Madame! C'est Monsieur! Je suis sûre que c'est monsieur qui nous suit!

- Tu te trompes Aurélie. Tu sais bien que Monsieur s'est noyé, l'autre semaine, dans un grand trou creusé dans la glace?

Rebrousser chemin[228]. Pleurer de rage. Mon mari est vivant et il me poursuit comme un mort. Tuer deux fois, trois fois, ce mort sans cesse renaissant.

Rentrée rue Augusta, j'ai un accès de fièvre qui inquiète mes petites tantes. Je supplie Aurélie d'aller chercher le médecin. Ses yeux s'agrandissent de frayeur. Ses pupilles se dilatent comme celle des chats. Elle obéit pourtant. Aurélie ne peut s'empêcher de m'obéir en tout.

- Si Monsieur t'arrête en chemin, tu diras qu'il est indispensable que le docteur vienne immédiatement. J'ai le croup, Aurélie! Tu m'entends? Tu diras que j'ai le...

Je ferme les yeux. Je dessine son visage et son corps dans le noir. Avec mes mains, avec ma bouche, comme les aveugles. Une attention extrême. Des traits justes. Un instant j'atteins la ressemblance parfaite. La bouleversante nudité de son corps d'homme. Soudain une vague extraordinaire monte, roule et disparaît. Entraînant mon amour loin de moi. Sa tête décapitée! Ses membres disloqués! Je crie.

- Madame! Madame! Vous rêvez! Voici le docteur que je vous ramène.

Le visage inquiet de George, penché sur moi. Ses bras ouverts où je me jette. Ma mère fait la sieste. Mes petites tantes sont aux vêpres. Et moi, je n'ai que le temps de vivre. Il s'agit de ne pas se déshabiller complètement et de ne pas allumer la lampe.

226 **caler:** to give way
227 **atteler:** to hitch up
228 **rebrousser chemin:** to turn back

Quand un homme et une femme ont ressenti cela, une seule fois, dans leur vie. Ce désir absolu. Comment peuvent-ils désormais vivre comme tout le monde: manger, dormir, se promener, travailler, être raisonnables? Tu feins pourtant de croire encore à la réalité des autres. Tu dis «mes malades», ou «les pauvres gens de la campagne». Tu me supplies «d'être prudente, à cause des enfants». Mais tu grinces des dents[229], lorsqu'il est question de mon mari. Tu jures de le descendre[230], si jamais il cherche à revenir auprès de moi. Tu montes la garde autour de ma maison, la nuit.

Il y a un soleil qui bouge au ciel. Une lueur rouge plutôt qui fait semblant d'être le soleil. Simule le déroulement régulier des jours et des nuits. Dans un autre monde, une autre vie existe, mouvante et bouleversante. De vrais arbres bourgeonnent[231] dans le bourg de Sorel et dans la campagne alentour. On assure que c'est le printemps. L'amère charité tourmente le docteur Nelson, bientôt le désespère plus qu'une meule[232] pendue à son cou.

La terre vaste, plate longue. Le comté de Richelieu, à perte de vue. Comme s'il n'y avait plus d'horizon nulle part. Je crains d'avancer en terrain découvert. Jusqu'à cette maison de bois, isolée dans les champs. Mon mari peut surgir d'un moment à l'autre, se jeter sur moi.

La mémoire, lanterne sourde brandie à bout de bras. Ta maison. Ta chambre. Ton lit. La courtepointe[233] rouge et bleue que personne ne songe à retirer. Nous avons si peu de temps à être ensemble. Aurélie et les enfants vont revenir. J'ai promis à ma mère de rentrer à... La complication des vêtements que l'on froisse et dégrafe[234].

– Laisse-moi enlever au moins mon manteau!

Vêtements lourds brusquement ouverts sur la tendresse du ventre. Comme une bête que l'on écorche.

Le temps manque autour de nous. Se raréfie pareil à l'air dans la boîte de verre où sont enfermés deux oiseaux. Une seule parole serait de trop. Risquerait de nous enlever l'un à l'autre. Un instant en moins et nous étoufferons dans cette cage. Une seule larme,

229 **grincer des dents:** to gnash one's teeth
230 **descendre:** to shoot down
231 **bourgeonner:** to bud
232 **meule:** millstone
233 **courtepointe:** quilt
234 **dégrafer:** to unfasten

l'espace d'une seule larme, d'un seul cri, et il sera trop tard. La cloche de la séparation sonnera partout autour de la maison. Pareille à un glas[235]. Aurélie et les enfants, Antoine peut-être, peuvent survenir d'un moment à l'autre. A moins que n'arrivent des boiteux, des pustuleux[236], des femmes grosses avec des yeux de vache suppliante, des enfants couverts de croûtes tendant leurs petites mains sales: «Docteur Nelson, je suis malade, sauvez-moi. Docteur Nelson, docteur Nelson, ayez pitié de moi!»

Les malades et les infirmes vont faire irruption, nous saisir tous les deux. Nous dénoncer. Nous traîner sur la place publique. Nous livrer enchaînés à la justice. Un juge en perruque[237] nous séparera l'un de l'autre. D'un seul coup d'épée[238]. Ah! je vais mourir de froid sans toi!

- Elisabeth! Ce n'est qu'un cauchemar[239]. Calme-toi, je t'en prie. Je ne veux pas que tu pleures sans moi, que tu aies peur sans moi. Raconte-moi tout. A quoi rêves-tu donc?

- A rien. Je t'assure. Ce sont tes malades qui me font peur. Un jour ... C'est la peur qui nous perdra. Nous arrachera l'un à l'autre...

- Qu'allons-nous devenir, George?

Cet air hagard[240] sur ton visage, en guise de réponse. Ce tressaillement[241] sur ta joue. Un tic sans doute? Se peut-il que tu saches déjà à quoi t'en tenir? Je détourne la tête. Refuse de te regarder en face. D'être regardée par toi. Qui le premier osera se trahir devant l'autre?

Voici Aurélie, des rubans rouges dans ses cheveux crépus. Elle raconte, très excitée.

- Monsieur est parti pour Kamouraska! C'est Horse Marine qui me l'a dit! Mais cette fille est aussi menteuse qu'elle est maigre!

<u>Kamouraska</u>, (Editions du Seuil, 1970, p.114-144).

235 **glas**: death knell
236 **boiteux, pustuleux**: limping, covered with running sores
237 **perruque**: wig
238 **épée**: sword
239 **cauchemar**: nightmare
240 **hagard** : distraught
241 **tressaillement**: quiver

204   ANNE HEBERT

CHAPITRE 7

Servage

G E O R G E   S A N D

(1804-1876)

Amantine-Aurore-Lucile Dupin naquit en juillet 1804 de toute une suite d'unions romanesques et «disproportionnées». Elle descend en ligne directe d'Auguste II, électeur de Saxe et roi de Pologne, par son arrière-grand-père, le Maréchal de Saxe qui eut une fille naturelle: Marie-Aurore de Saxe (veuve du comte de Horn, fils naturel de Louis XV). Celle-ci épousa en secondes noces un vieillard, Louis-Claude Dupin de Francueil, dont elle eut un fils unique: Maurice, le père de George Sand. Sa mère, par contre, appartenait au petit peuple, la belle Sophie-Antoinette-Victoire Delaborde était la fille d'un oiseleur parisien.

A la mort de son père, alors que la petite Aurore avait quatre ans, elle vint vivre à Nohant (dans Le Berry) chez sa grand-mère paternelle qui l'éleva. Elle y mena une vie très libre, partageant les jeux et la vie des petits paysans des alentours, élevée avec son demi-frère Hippolyte Chatiron, mais très vite, elle se réfugia dans la création de personnages imaginaires pour échapper à la réalité d'une enfance tiraillée entre ses «deux mères» possessives qui ne se supportaient pas. Aurore souffrait de la mésentente de ces deux femmes. «J'ai besoin d'une mère. J'en ai deux en réalité qui m'aiment trop, que j'aime trop, et nous ne nous faisons que du mal les unes aux autres» (<u>Histoire de ma vie</u> p.178). Elle considérait que sa mère l'avait «abandonnée» à six ans quand celle-ci était retournée vivre à Paris. Dans <u>Voyage en Auvergne</u> (écrit en 1827), Aurore parle de son rapport difficile avec sa mère: «O que je vous aurais aimée, ma mère, si vous l'aviez voulu! Mais vous m'avez trahie, vous m'avez menti, ma mère, est-il possible? Vous m'avez menti, oh! que vous êtes coupable! Vous avez brisé mon coeur. Vous m'avez fait une blessure qui saignera toute ma vie». On confia son éducation au vieux précepteur de son père, François Deschartres, abbé défroqué par la Révolution.

A treize ans, sa grand-mère l'envoya dans une des pensions les plus aristocratiques de Paris, le couvent des Augustines anglaises. Pendant la première année elle continua à être l'enfant terrible, appartenant au «camp des diables» parce qu'une «sorte de désespoir [...] dans mes affections me poussait à m'étourdir et à m'enivrer de ma propre espièglerie» (<u>Hist</u>. p.140), puis elle devint dévote avant de trouver un certain équilibre. Au moment de quitter le couvent, elle eut le «coeur brisé» mais constata qu'«après trois années de couvent [j'en suis] sortie beaucoup plus ignorante que je n'y étais entrée. J'y avais même perdu ces accès d'amour pour l'étude dont je m'étais sentie prise de temps en temps à Nohant» (<u>Hist</u>. p.22).

De retour chez sa grand-mère malade, elle passa une année et demie à Nohant, vivant en garçon plus qu'en jeune fille. Elle montait à cheval et allait à la chasse habillée en costume masculin. Elle refit connaissance avec la campagne berrichonne, se mêlait à la vie paysanne, et Deschartres l'initia à l'administration du domaine. Elle se fit tout un cercle d'amis dans le voisinage, se passionnait pour les sciences naturelles, surtout l'anatomie et la physiologie grâce au jeune Stéphane de Grandsagne. Enthousiasmée par l'idéalisme romanesque et la littérature pré-romantique, elle lisait beaucoup; des penseurs, des philosophes, des moralistes et des poètes dont Chateaubriand, Condillac, Montesquieu, Leibniz, Aristote, Milton, Shakespeare, Byron et surtout Rousseau. Elle lisait une partie de la nuit mais sans plan précis.

A la mort de sa grand-mère (25 décembre 1821), sa parenté paternelle offrit de la prendre en tutelle à condition qu'elle rompe toute relation avec sa mère. Aurore refusa. Mais sa mère, être capricieux et tyrannique, «caractère malade» au dire de sa fille, lui enleva tous ses livres, la priva de ses amis. «Elle avait un profond mépris pour ce qu'elle appelait mon originalité [...] J'avais abandonné tout ce qui me plaisait. Je n'en parlais jamais» (<u>Hist</u>. p.253). Trois mois plus tard elle fit la connaissance d'un jeune sous-lieutenant, Casimir Dudevant, le fils naturel d'un baron d'Empire. Il passait pour riche. Il avait fait quelques études de droit. Elle voyait en lui un sauveur qui allait la soustraire à un «joug odieux et insupportable». Ils se marièrent en septembre 1822.

Les premières impressions d'Aurore sont excellentes, «bonheur inouï» écrit-elle sur son carnet. Elle a dix-huit ans. Un fils, Maurice, naît en juin 1823 mais Aurore commence à s'ennuyer. Le mariage connaît alors des difficultés mais il durera malgré tout treize ans et se terminera par une séparation en 1836. En 1825, pendant un séjour dans le sud-ouest, Aurore reprend goût à la vie en faisant la connaissance d'Aurélien de Sèze, jeune avocat aux ambitions politiques. Ils échangent une longue correspondance passionnée qui stimule l'activité intellectuelle d'Aurore qui se remet à lire furieusement. Ils se communiquent leurs essais littéraires. Aurélien, le confident, se veut l'ami tendre, rien de plus. Elle prend plaisir à discuter, à opposer son avis à celui de Sèze et prend ainsi conscience de son goût pour le romantisme. Elle renoue avec son cercle d'amis, retrouve Stéphane de Grandsagne qui a moins de scrupules qu'Aurélien. En septembre 1828 naît Solange Dudevant qui est la fille de Stéphane. Casimir ne se fait aucune illusion sur la fidélité de sa femme; il se console avec les servantes, boit et continue à dilapider les biens de la famille.

Aurore s'intéresse à tout, la botanique: en 1827 elle constitue son premier herbier, à la littérature: elle lit énormément. Elle dessine des portraits, elle peint sur bois, elle se met à rédiger des textes, un roman: <u>La Marraine</u>. Elle expose à Paris les objets qu'elle peint dans l'espoir de les vendre. Entourée de toute une cour d'adorateurs, où la limite entre l'amitié amoureuse et la liaison n'est pas toujours nette, elle fait scandale en province. En automne 1830, elle décide d'aller vivre à Paris. Elle est alors la maîtresse du jeune écrivain Jules Sandeau. Ses liaisons successives et parfois simultanées avec des hommes en vue de l'époque (Musset, Chopin, Mérimée, Michel de Bourges et bien d'autres) la rendent vite scandaleusement célèbre. A Juliette Lambert, elle écrit pourtant: «Quand je m'examine, je vois que les deux seules passions de ma vie ont été la maternité et l'amitié».

George Sand a écrit en quarante-cinq ans cent quatre-vingt volumes dont une centaine de romans, une cinquantaine de pièces de théâtre, des essais philosophiques, d'innombrables articles dans des revues ou des quotidiens ainsi que quarante mille lettres. Elle travaille, dit-elle souvent comme «un âne», «un forçat», «un cheval de pressoir». Elle exagère à peine quand elle avoue n'avoir le temps «ni de manger, ni de dormir», elle se sent souvent «hébétée». La vitesse avec laquelle elle rédige un texte est extraordinaire. En

1846 elle écrit par exemple <u>la Mare au diable</u> en quatre jours.

Elle va commencer sa vie littéraire par le journalisme, «cet affreux métier d'écrivassier» travaillant pour <u>Le Figaro</u> d'Hyacinthe de Latouche. Elle se fait remarquer dès janvier 1831 par un article satirique qui prend à parti Louis-Philippe. En collaboration avec Jules Sandeau, elle écrit <u>Rose et Blanche ou la Comédienne et la Religieuse</u>, un roman d'aventures qui paraît sous le nom de Jules Sand en décembre 1831.

<u>Indiana</u>, le premier roman qu'elle publie seule, en mai 1832, est un succès qui lui permet de vivre de sa plume, ce qu'elle désirait ardemment. Le roman suivant, <u>Valentine</u>, (novembre 1832), est une autre histoire de femme malheureuse à cause d'une union mal assortie. <u>Lélia</u> (1833), un roman sur «la raison humaine débattant contre la douleur et l'impuissance» est un hymne à la liberté sous forme de méditation poétique et philosophique mais il fait scandale. On le considère comme immoral et George Sand préparera une nouvelle édition édulcorée qui paraîtra en 1839. Elle fréquente beaucoup d'écrivains et d'artistes. Certains sont encore peu connus mais elle est indifférente à ce qui se passe dans les cénacles littéraires. Elle reste à demi provinciale, faisant de fréquents séjours à Nohant.

Après <u>Jacques</u> (1834), <u>Mauprat</u> (1837) revient à un des thèmes favoris de Sand, celui des relations entre hommes et femmes. Là elle attaque plus directement l'église catholique qu'elle voit comme un instrument de répression des femmes. <u>Gabriel</u> est un roman historique sous forme de dialogue qui raconte l'histoire d'une femme déguisée en homme. La réaction du public à la parution des romans de Sand est très inégale. Certains sont des succès immédiats, d'autres ne suscitent que peu d'intérêt. Elle a même parfois des difficultés de se faire publier. <u>Les Sept Cordes de la Lyre</u> (1839) est une condamnation de l'art gratuit. <u>Le Compagnon du Tour de France</u> (1841) met en scène des ouvriers et des artisans. C'est une oeuvre qui cherche à diffuser «l'évangile socialiste», elle est inspirée par l'admiration qu'elle portait aux théories de Pierre-Henri Leroux qui désirait établir une religion de l'humanité en supprimant les privilèges et en affranchissant la femme. C'est un système politique à base mystique: l'individu se réincarne dans la collectivité. C'est à Leroux qu'on doit la première adaptation française du mot <u>socialisme</u>.

<u>Consuelo</u>, également inspirée par les théories de Leroux, paraît dans <u>La Revue Indépendante</u> entre 1842 et 1844 et remporte un tel succès que George Sand va lui donner une suite, plus didactique, avec <u>La Comtesse de Rudolstadt</u>. Les lecteurs de l'époque se passionnent pour le récit des années d'apprentissage et de voyages de la bohémienne Consuelo, une cantatrice de génie. L'héroïne connaît toutes les aventures: les succès de l'artiste, les voyages au charme imprévu ou tragique, les soirées hallucinantes au Château des Géants, la fréquentation d'un roi, l'emprisonnement dans la forteresse de Spandau, l'initiation maçonnique et l'amour. Elle sera fêtée, adulée, elle finira dans le dénuement, parcourant les routes, gagnant sa vie en chantant, heureuse d'être pauvre et de se dévouer à ceux qu'elle aime. Ce vaste roman se déroule dans plusieurs pays d'Europe. Les thèmes philosophiques de <u>Consuelo</u> reprennent et développent ceux de <u>Spiridon</u> (1839): le progrès religieux est l'oeuvre des grands hérétiques, l'âme humaine se réincarne au sein de l'humanité. Albert de Rudolstadt, un visionnaire, adepte de sociétés secrètes qui cherchent à établir l'égalité sociale sans violence, prétend être la réincarnation de plusieurs personnages du passé. Le public suit avidemment toutes ces péripéties, il est également rassuré par l'image de la femme consolatrice, intercédant entre l'homme et le divin.

Dans <u>Jeanne</u> (1845) George Sand utilise pour la première fois des paysans, qui seront ses personnages de prédilection pendant de nombreuses années, comme <u>Le Meunier d'Angibault</u> (1845). Parmi ses romans champêtres les plus connus, il faut citer: <u>La Mare au diable</u> (1846), <u>François le Champi</u> (1847), et <u>La petite Fadette</u> (1848), qui tout en étant un roman de paysans peut être lu comme un roman féministe (dans la veine de <u>Lélia</u>) puisque c'est avant tout l'histoire d'une fillette abandonnée, garçon manqué que la société force à devenir une jeune fille modèle. Ce n'est qu'à ce prix qu'elle trouvera l'amour et deviendra très riche (comme dans les contes de fée).

Pendant la révolution de 1848, George Sand joue un rôle important, ce qui l'oblige à interrompre sa production littéraire au profit d'écrits politiques. Dès les premières nouvelles de la révolution, elle accourt à Paris et s'institue la conseillère de Ledru-Rollin, un des membres du gouvernement provisoire. Elle publie une <u>Lettre à la classe moyenne</u> (3 mars), deux <u>Lettres</u>

au peuple (7 et 19 mars), une Lettre aux riches (12 mars). Elle fonde un journal La Cause du peuple qui n'aura que trois numéros. C'est elle qui rédige la plus grande partie des Bulletins de la République. Dans celui du 15 avril, elle suggère le recours à l'illégalité, pour le cas où les élections ne donneraient pas une majorité républicaine. Elle semble avoir participé au complot qui cherchait à éliminer du gouvernement provisoire tous les éléments modérés. Puis elle collabore au journal La Vraie République. Immédiatement après l'échec de sa faction le 15 mai, elle se réfugie à Nohant. Déçue dans ses aspirations politiques elle va revenir à la littérature en décidant de consacrer son temps à L'Histoire de ma Vie (1855), qu'elle avait commencée en 1847. Cette biographie se veut «une série de souvenirs, de professions de foi et de méditations dans un cadre où les détails auront quelque poésie et beaucoup de simplicité». Ce somt moins des mémoires que le roman d'une vie où elle ne raconte que ce qu'il lui plaît de dire, et qui s'arrête en 1847, à la mort de son demi-frère Hippolyte Chatiron, au moment de son divorce avec le baron Dudevant.

A partir de 1853, retirée à Nohant, elle se remet à écrire des romans; vrai forçat littéraire, elle en produit deux par an, et ceci jusqu'à sa mort le 8 juin 1876. La légende de la femme à la vie scandaleuse se transforme, elle devient «la bonne dame de Nohant».

Indiana est le premier roman publié par George Sand. Dès l'adolescence, elle a écrit des souvenirs, des relations de voyage, de nombreuses lettres littéraires (celles à Aurélien de Sèze, par exemple), mais il n'était pas question de publier ces textes. Elle a aussi collaboré avec Jules Sandeau; ils ont produit ensemble un roman et quelques nouvelles. Par ce roman rédigé «le nez dans la petite armoire qui [lui] servait de bureau» à Nohant, George Sand cherche à affirmer son indépendance à l'égard des êtres qui entravent cette liberté indispensable à l'écriture; elle veut s'affranchir de la tutelle de tous ces hommes qui l'entourent, du mari, du collaborateur, de son éditeur Latouche, du souvenir d'Aurélien de Sèze.

Indiana la créole passionnée annonce Emma Bovary, c'est une héroïne qui souffre du contraste entre l'infini du rêve et la pauvreté de son existence de femme esclave, confinée dans l'univers étroit de la vie quotidienne entre un mari limité et tyrannique, et Raymon, l'homme qu'elle adore mais qui sous les apparences d'un séducteur est un ambitieux au coeur sec. Dans sa préface de 1832, voilà comme George Sand présente son héroïne:

> C'est un type; c'est la femme, l'être faible chargé de représenter les passions comprimées, ou, si vous l'aimez mieux, supprimées par les lois; c'est la volonté aux prises avec la nécessité; c'est l'amour heurtant son front aveugle à tous les obstacles de la civilisation. (p.40)

Mais dix ans plus tard, dans la préface à la nouvelle édition, l'auteur, devenue une féministe convaincue, fait part de son sentiment d'indignation contre l'oppression dont sont victimes les femmes. Sa mission a changé, elle se veut maintenant l'avocat de la lutte contre «l'injustice» et la «barbarie des lois qui régissent encore l'existence de la femme dans le mariage, dans la famille et dans la société. [...] La guerre sera longue et rude»(pp.46-7). Partant d'une analyse de la dialectique du maître et de l'esclave que l'on retrouve chez Marx et Engels, elle affirme défendre une cause importante, celle de la femme: «c'est celle de la moitié du genre humain, c'est celle du genre humain tout entier; car le malheur de la femme entraîne celui de l'homme, comme celui de l'esclave entraîne celui du maître» (p.46).

Sans être le sujet exclusif d'Indiana, l'esclavage de la femme en est cependant le thème majeur. Ce n'est pas uniquement une attaque contre le mariage: celui d'Indiana et de Delmare est certainement sinistre; elle n'a aucune liberté, elle est contrainte à une dissimulation perpétuelle, elle ne peut ni agir, ni penser, ni même écrire. Mais son esclavage avec Raymon est encore pire. L'amant, dans ce roman, est encore plus décevant que le mari, car l'héroïne attendait tout de lui. Avide de changer un esclavage contre un autre, elle est prête, une fois libérée du mari, à subir toutes les humiliations de la part de l'amant. Elle est incapable de vivre sa liberté comme le feront d'autres héroïnes sandiennes, telles Lélia ou Consuelo. Sans mari et sans amant, Indiana est réduite à rien. C'est le sens de l'épisode tragique du retour à Bordeaux après la mort du mari où elle échoue dans l'hôpital des pauvres. Sans argent, sans papier, Indiana perd connaissance. «Elle avait été inscrite sous la désignation d'inconnue sur les registres de l'administration» (p.293). Privée d'homme, elle n'a plus rien, pas même un nom: elle n'est plus rien, plus qu'une épave.

Indications bibliograhiques

Barry, Joseph. Infamous Woman. The Life of George Sand. N.Y., Doubleway & Co., 1976.

Glasgow, Janis. (Ed. by) George Sand: Collected Essays. Troy, N.Y. Whitson, 1985.

Mallet, Francine. George Sand. Paris, Grasset, 1976.

George Sand. Colloque de Cerisy, dir. Simone Vierne. Paris, SEDES, 1983.

George Sand, recherches nouvelles. C.R.I.N. 6.7 Institut des langues romanes, Groningen, 1983.

Sand, George. Indiana. Ed. présentée par Béatrice Didier avec une préface. Paris, Gallimard, 1984.

Schaeffer, Gérald. Espace et temps chez George Sand. Neuchâtel, La Baconnière, 1981.

Vermeylen, Pierre. Les idées politiques et sociales de George Sand. Bruxelles, Ed. de l'U. de Bruxelles, 1984.

Wingard, Kristina. Socialité, sexualité et les impasses de l'Histoire; l'évolution de la thématique sandienne d'Indiana à Mauprat. Uppsala, Acta universitatis uppsaliensis, 1987.

INDIANA

Insensiblement elle se trouva au bord de l'eau, qui charriait[1] des glaçons[2] à ses pieds et les brisait avec un bruit sec et froid sur les pierres de la rive[3]. Cette eau verdâtre exerçait une force attractive sur les sens d'Indiana. On s'accoutume aux idées terribles; à force de les admettre, on s'y plaît. Il y avait si longtemps que l'exemple du suicide de Noun apaisait les heures de son désespoir, qu'elle s'était fait du suicide une sorte de volupté tentatrice. Une seule pensée, une pensée religieuse, l'avait empêchée de s'y arrêter définitivement; mais dans cet instant aucune pensée complète ne gouvernait plus son cerveau épuisé[4]. Elle se rappelait à peine que Dieu existât, que Raymon eût existé, et elle marchait, se rapprochant toujours de la rive, obéissant à l'instinct du malheur et au magnétisme de la souffrance.

Quand elle sentit le froid cuisant[5] de l'eau qui baignait déjà sa chaussure, elle s'éveilla comme d'un état de somnambulisme, et, cherchant des yeux où elle était, elle vit Paris derrière elle, et la Seine qui fuyait sous ses pieds, emportant dans sa masse huileuse le reflet blanc des maisons et le bleu grisâtre du ciel. Ce mouvement continu de l'eau et l'immobilité du sol se confondirent dans ses perceptions troublées, et il lui sembla que l'eau dormait et que la terre fuyait. Dans ce moment de vertige, elle s'appuya contre un mur, et se pencha, fascinée, vers ce qu'elle prenait pour une masse solide ... Mais les aboiements[6] d'un chien qui bondissait[7] autour d'elle vinrent la distraire et apporter quelques instants de retard à l'accomplissement de son dessein[8]. Alors un homme qui accourait, guidé par la voix du chien, la saisit par le corps, l'entraîna, et la déposa sur les débris d'un bateau abandonné à la rive. Elle le regarda en face et ne le

1 **charrier**: to carry along
2 **glaçon**: block of ice
3 **rive**: shore
4 **épuisé**: exhausted
5 **cuisant**: burning
6 **aboiement**: barking
7 **bondir**: to leap
8 **dessein**: intention

reconnut pas. Il se mit à ses pieds, détacha son manteau dont il l'enveloppa, prit ses mains dans les siennes pour les réchauffer, et l'appela par son nom. Mais son cerveau était trop faible pour faire un effort: depuis quarante-huit heures, elle avait oublié de manger.

Cependant, lorsque la chaleur revint un peu dans ses membres engourdis[9], elle vit Ralph à genoux devant elle, qui tenait ses mains et épiait[10] le retour de sa raison.

— Avez-vous rencontré Noun? lui dit-elle.

Puis elle ajouta, égarée[11] par son idée fixe:

— Je l'ai vue passer sur ce chemin (et elle montrait la rivière). J'ai voulu la suivre, mais elle allait trop vite, et, je n'ai pas la force de marcher. C'était comme un cauchemar[12].

Ralph la regardait avec douleur. Lui aussi sentait sa tête se briser et son cerveau se fendre.

— Allons-nous-en, lui dit-il.

— Allons-nous-en, répondit-elle; mais, auparavant, cherchez mes pieds, que j'ai égarés là sur ces cailloux[13].

Ralph s'aperçut qu'elle avait les pieds mouillés et paralysés par le froid. Il l'emporta dans ses bras jusqu'à une maison hospitalière, où les soins d'une bonne femme lui rendirent la connaissance. Pendant ce temps, Ralph envoya prévenir M. Delmare que sa femme était retrouvée; mais le colonel n'était point rentré chez lui lorsque cette nouvelle y arriva. Il continuait ses recherches avec une rage d'inquiétude et de colère. Ralph, mieux avisé, s'était rendu déjà chez M. De Ramière; mais il avait trouvé Raymon, ironique et froid, qui venait de se mettre au lit. Alors il avait pensé à Noun, et il avait suivi la rivière dans un sens, tandis que son domestique l'explorait dans l'autre. Ophélia avait saisi aussitôt la trace de sa maîtresse, et elle avait guidé rapidement sir Ralph au lieu où il l'avait trouvée.

Lorsque Indiana ressaisit la mémoire de ce qui s'était passé pendant cette nuit misérable, elle chercha vainement à retrouver celle des instants de son délire. Elle n'aurait donc pu expliquer à son cousin quelles pensées la dominaient une heure auparavant; mais il les devina, et comprit l'état de son coeur sans

9 **engourdi**: numb
10 **épier**: to watch closely
11 **égaré**: distraught
12 **cauchemar**: nightmare
13 **caillou**: pebble

l'interroger. Seulement, il lui prit la main et lui dit d'un ton doux, mais solennel:

- Ma cousine, j'exige de vous une promesse: c'est le dernier témoignage d'amitié dont je vous importunerai.

- Parlez, répondit-elle; vous obliger est le dernier bonheur qui me reste.

- Eh bien, jurez-moi, reprit Ralph, de ne plus avoir recours au suicide sans m'en prévenir[14]. Je vous jure sur l'honneur de ne m'y opposer en aucune manière. Je ne tiens qu'à être averti; quant au reste, je m'en soucie aussi peu que vous, et vous savez que j'ai eu souvent la même idée...

- Pourquoi me parlez-vous de suicide? dit madame Delmare. Je n'ai jamais voulu attenter à ma vie. Je crains Dieu; sans cela!...

- Tout à l'heure, Indiana, quand je vous ai saisie dans mes bras, quand cette pauvre bête (et il caressait Ophélia) vous a retenue par votre robe, vous aviez oublié Dieu et tout l'univers, votre cousin Ralph comme les autres...

Une larme vint au bord de la paupière d'Indiana. Elle pressa la main de sir Ralph.

- Pourquoi m'avez-vous arrêtée? lui dit-elle tristement; je serais maintenant dans le sein[15] de Dieu, car je n'étais pas coupable, je n'avais pas la conscience de ce que je faisais...

- Je l'ai bien vu, et j'ai pensé qu'il valait mieux se donner la mort avec réflexion. Nous en reparlerons si vous voulez...

Indiana tressaillit[16]. La voiture qui les conduisait s'arrêta devant la maison où elle devait retrouver son mari. Elle n'eut pas la force de monter les escaliers; Ralph la porta jusque dans sa chambre. Tout leur domestique était réduit à une femme de service, qui était allée commenter la fuite de madame Delmare dans le voisinage, et à Lelièvre, qui, en désespoir de cause, avait été s'informer à la Morgue des cadavres apportés dans la matinée. Ralph resta donc auprès de madame Delmare pour la soigner. Elle était en proie à de vives souffrances lorsque la sonnette, rudement ébranlée[17], annonça le retour du colonel. Un frisson[18] de terreur

14 **prévenir**: to let know
15 **sein**: bosom
16 **tressaillir**: to shudder
17 **ébranler**: to shake, to rattle
18 **frisson**: shiver

et de haine parcourut tout son sang. Elle prit brusquement le bras de son cousin:

— Ecoutez, Ralph, lui dit-elle, si vous avez un peu d'attachement pour moi, vous m'épargnerez[19] la vue de cet homme dans l'état où je suis. Je ne veux pas lui faire pitié, j'aime mieux sa colère que sa compassion ... N'ouvrez pas, ou renvoyez-le; dites-lui que l'on ne m'a pas retrouvée...

Ses lèvres tremblaient, ses bras se contractaient avec une énergie convulsive pour retenir Ralph. Partagé entre deux sentiments contraires, le pauvre baronnet ne savait quel parti prendre. Delmare secouait la sonnette à la briser, et sa femme était mourante sur son fauteuil.

— Vous ne songez qu'à sa colère, dit enfin Ralph, vous ne songez pas à ses tourments, à son inquiétude; vous croyez toujours qu'il vous hait ... Si vous aviez vu sa douleur ce matin! ...

Indiana laissa retomber son bras avec accablement[20], et Ralph alla ouvrir.

— Elle est ici? cria le colonel en entrant. Mille sabords de Dieu! j'ai assez couru pour la retrouver: je lui suis fort obligé du joli métier qu'elle me fait faire! Le ciel la confonde! Je ne veux pas la voir, car je la tuerais.

— Vous ne songez pas qu'elle vous entend, répondit Ralph à voix basse. Elle est dans un état à ne pouvoir supporter aucune émotion pénible. Modérez-vous.

— Vingt-cinq mille malédictions! hurla le colonel, j'en ai bien supporté d'autres, moi, depuis ce matin. Bien m'a pris d'avoir les nerfs comme des câbles. Où est, s'il vous plaît, le plus froissé[21], le plus fatigué, le plus justement malade d'elle ou de moi? Et où l'avez-vous trouvée? que faisait-elle? Elle est cause que j'ai outrageusement traité cette vieille folle de Carvajal, qui me faisait des réponses ambiguës et s'en prenait[22] à moi de cette belle équipée[23]... Malheur! je suis éreinté[24]!

En parlant ainsi de sa voix rauque[25] et dure, Delmare s'était jeté sur une chaise dans l'antichambre; il essuyait son front baigné de sueur malgré le froid rigoureux de la saison; il racontait en jurant ses fati-

19 **épargner**: to spare
20 **accablement**: despondency
21 **froissé**: ruffled
22 **s'en prendre à**: to lay the blame on sb
23 **équipée**: escapade
24 **éreinté**: exhausted
25 **rauque**: hoarse

gues, ses anxiétés, ses souffrances; il faisait mille questions, et heureusement, il n'écoutait pas les réponses, car le pauvre Ralph ne savait pas mentir, et il ne voyait rien dans ce qu'il avait à raconter qui pût apaiser le colonel. Il restait assis sur une table, impassible et muet comme s'il eût été absolument étranger aux angoisses de ces deux personnes, et cependant plus malheureux de leurs chagrins qu'elles-mêmes.

Madame Delmare, en entendant les imprécations de son mari, se sentit plus forte qu'elle ne s'y attendait. Elle aimait mieux ce courroux[26] qui la réconciliait avec elle-même, qu'une générosité qui eût excité ses remords. Elle essuya la dernière trace de ses larmes, et rassembla un reste de force qu'elle ne s'inquiétait pas d'épuiser[27] en un jour, tant la vie lui pesait. Quand son mari l'aborda d'un air impérieux et dur, il changea tout d'un coup de visage et de ton, et se trouva contraint devant elle, maté[28] par la supériorité de son caractère. Il essaya alors d'être digne et froid comme elle; mais il n'en put jamais venir à bout.

- Daignerez-vous[29] m'apprendre, madame, lui dit-il, où vous avez passé la matinée et peut-être la nuit?

Ce peut-être apprit à madame Delmare que son absence avait été signalée assez tard. Son courage s'en augmenta.

- Non, monsieur, répondit-elle, mon intention n'est pas de vous le dire.

Delmare verdit de colère et de surprise.

- En vérité, dit-il d'une voix chevrotante[30], vous espérez me le cacher?

- J'y tiens[31] fort peu, répondit-elle d'un ton glacial. Si je refuse de vous répondre, c'est absolument pour la forme. Je veux vous convaincre que vous n'avez pas le droit de m'adresser cette question.

- Je n'en ai pas le droit, mille couleuvres[32]! Qui donc est le maître ici, de vous ou de moi? qui donc porte une jupe et doit filer[33] une quenouille[34]? Prétendez-vous m'ôter la barbe du menton? Cela vous sied[35] bien, femmelette!

26 **courroux**: wrath
27 **épuiser**: to exhaust
28 **maté**: subdued
29 **daigner**: to condescend
30 **chevrotant**: quavering
31 **tenir à**: to care about
32 **couleuvre**: snake
33 **filer**: to spin
34 **quenouille**: distaff
35 **cela vous sied** (seoir): to become sb

— Je sais que je suis l'esclave et vous le seigneur. La loi de ce pays vous a fait mon maître. Vous pouvez lier[36] mon corps, garrotter[37] mes mains, gouverner mes actions. Vous avez le droit du plus fort, et la société vous le confirme; mais sur ma volonté, monsieur, vous ne pouvez rien, Dieu seul peut la courber et la réduire. Cherchez donc une loi, un cachot[38], un instrument de supplice[39] qui vous donne prise sur moi! c'est comme si vous vouliez manier[40] l'air et saisir le vide.

— Taisez-vous, sotte et impertinente créature; vos phrases de roman nous ennuient.

— Vous pouvez m'imposer silence, mais non m'empêcher de penser.

— Orgueil[41] imbécile, morgue[42] de vermisseau[43]! vous abusez de la pitié qu'on a de vous! Mais vous verrez bien qu'on peut dompter[44] ce grand caractère sans se donner beaucoup de peine.

— Je ne vous conseille pas de le tenter, votre repos en souffrirait, votre dignité n'y gagnerait rien.

— Vous croyez? dit-il en lui meurtrissant[45] la main entre son index et son pouce.

— Je le crois, dit-elle sans changer de visage.

Ralph fit deux pas, prit le bras du colonel dans sa main de fer, et le fit ployer[46] comme un roseau[47] en lui disant d'un ton pacifique:

— Je vous prie de ne pas toucher à un cheveu de cette femme.

Delmare eut envie de se jeter sur lui; mais il sentit qu'il avait tort, et il ne craignait rien tant au monde que de rougir de lui-même. Il le repoussa en se contentant de lui dire:

— Mêlez-vous de vos affaires.

Puis, revenant à sa femme:

— Ainsi, madame, lui dit-il en serrant ses bras contre sa poitrine pour résister à la tentation de la frapper, vous entrez en révolte ouverte contre moi,

36 **lier**: to tie up
37 **garrotter**: to strap down
38 **cachot**: dungeon
39 **supplice**: torture
40 **manier**: to handle
41 **orgueil**: pride
42 **morgue**: haughtiness
43 **vermisseau**: mere worm
44 **dompter**: to tame
45 **meurtrir**: to bruise
46 **ployer**: to bend
47 **roseau**: reed

vous refusez de me suivre à l'île Bourbon, vous voulez vous séparer? Eh bien, mordieu! moi aussi ...

- Je ne le veux plus, répondit-elle. Je le voulais hier, c'était ma volonté; ce ne l'est plus ce matin. Vous avez usé de violence en m'enfermant dans ma chambre: j'en suis sortie par la fenêtre pour vous prouver que ne pas régner sur la volonté d'une femme, c'est exercer un empire[48] dérisoire. J'ai passé quelques heures hors de votre domination; j'ai été respirer l'air de la liberté pour vous montrer que vous n'êtes pas moralement mon maître et que je ne dépends que de moi sur la terre. En me promenant, j'ai réfléchi que je devais à mon devoir et à ma conscience de revenir me placer sous votre patronage; je l'ai fait de mon plein gré[49]. Mon cousin m'a <u>accompagnée</u> ici, et non pas <u>ramenée</u>. Si je n'eusse pas voulu le suivre, il n'aurait pas su m'y contraindre, vous l'imaginez bien. Ainsi, monsieur, ne perdez pas votre temps à discuter avec ma conviction; vous ne l'influencerez jamais, vous en avez perdu le droit dès que vous avez voulu y prétendre[50] par la force. Occupez-vous du départ; je suis prête à vous aider et à vous suivre, non pas parce que telle est votre volonté, mais parce que telle est mon intention. Vous pouvez me condamner, mais je n'obéirai jamais qu'à moi-même.

- J'ai pitié du dérangement de votre esprit, dit le colonel en haussant les épaules[51].

Et il se retira dans sa chambre pour mettre en ordre ses papiers, fort satisfait, au-dedans de lui, de la résolution de madame Delmare, et ne redoutant[52] plus d'obstacles; car il respectait la parole de cette femme autant qu'il méprisait[53] ses idées.

Indiana, (Gallimard, 1984, p.227-234).

48 **exercer son empire sur**: to exert one's authority over
49 **de son plein gré**: of one's own free will
50 **prétendre**: to claim, to want
51 **hausser les épaules**: to shrug
52 **redouter**: to fear
53 **mépriser**: to despise

ANNIE ERNAUX

(1940)

Annie Thérèse Blanche Ernaux est née le 1er septembre 1940 à Lillebonne en Normandie. Ses parents Alphonse et Blanche Duchesne, d'origine très modeste, y tenaient un petit commerce. La petite Annie est entrée au Pensionnat Saint-Michel à Yvetot, ensuite elle est allée au Lycée Jeanne d'Arc à Rouen. Elle a fait ses études à la Faculté des Lettres de Rouen puis à celle de Bordeaux. Agrégée de lettres modernes, elle a été professeur à Bonneville, à Annecy et à Pontoise. Depuis 1977 elle enseigne au Centre national d'enseignement par correspondance. Divorcée, elle est la mère de deux garçons.

Son premier roman, Les armoires vides, paru en 1974, est un ouvrage semi-autobiographique de la déchirure sociale. Il parle de l'abîme qui sépare la narratrice Denise Lesur, qui est maintenant étudiante, de ses parents qui appartiennent à un milieu ouvrier. Entre la fille qui est devenue une intellectuelle et la mère qui a été une ouvrière d'usine avant de tenir une petite épicerie-café de quartier, la communication est pratiquement impossible. L'adolescente fait siens les jugements que son nouveau milieu social porte sur celui de ses parents. Elle se met à les mépriser, les trouve «minables» mais elle souffre car ils l'adorent et elle a honte de son attitude.

> Ça suffit d'être une vicieuse, une cachottière, une fille poisseuse et lourde vis-à-vis des copines de classe, légères, pures de leur existence... Fallait encore que je me mette à les mépriser mes parents. Tous les péchés, tous les vices. Personne ne pense mal de son père ou de sa mère. Il n'y a que moi. [...] Ce n'est pas vrai, je ne suis pas née avec la haine, je ne les ai pas toujours détestés, mes parents, les clients, la

boutique... Les autres, les cultivés,
les profs, les convenables, je les
déteste aussi maintenant. (pp.99, 17)

Denise Lesur connaît une enfance insouciante et heureuse auprès de ses parents qui font de grands sacrifices pour l'envoyer dans une école tenue par des religieuses, ayant toujours peur qu'elle «tourne mal», han-
tise d'un atavisme de classe. Une fois à l'école elle
découvre l'humiliation répétée de ne pas appartenir à
la bourgeoisie comme ses camarades et elle prend sa revanche en devenant la meilleure élève. Pour «conserver
[sa] supériorité [sa] vengeance» elle entre de plus en
plus dans le jeu scolaire, dans ce milieu qui la reje-
tait; et prend ainsi conscience de tout ce qui la sépare irrémédiablement de ses parents. Plus elle avance
dans ses études et plus elle s'éloigne du monde paternel. Par ses lectures elle a accès à un nouveau langage
qu'elle ne peut s'approprier que par l'écriture.

> Ce n'était plus pour fermer la gueule
> des filles que je racontais des histoi-
> res, c'était pour vivre dans un monde
> plus beau, plus pur, plus riche que le
> mien. Tout entier en mots. Je les aime
> les mots des livres, je les apprends
> tous. Ma mère m'offre le _Larousse_ aux
> pages roses dans le milieu, elle confie
> fièrement à la maîtresse que je passe
> des heures le nez dedans. La grâce, tou-
> jours! Langage bizarre, délicat, sans
> épaisseur, bien rangé et qui prononcé,
> sonne faux chez moi. [...] Flouée,
> flouée, que je suis, mais personne com-
> prendrait chez moi ce que ça veut dire
> ... C'est pour ça que je n'employais mes
> nouveaux mots que pour écrire, je leur
> restituais leur seule forme possible
> pour moi. Dans la bouche, je n'y arri-
> vais pas. Expression orale maladroite en
> dépit des bons résultats, elles écri-
> vaient, les maîtresses sur le carnet de
> notes ... Je porte en moi deux langages,
> les petits points noirs des livres,
> les sauterelles folles et gracieuses, à
> côté des paroles grasses, grosses, bien
> appuyées, qui s'enfoncent dans le ven-
> tre, dans la tête. [...] C'était tout

artificiel, un système de mots de passe pour entrer dans un autre milieu. Ça ne tenait pas au corps. (pp.77-78)

Ce qu'ils disent ou rien, roman qui paraît en 1977, évolue dans le même milieu. C'est l'histoire d'Anne, la narratrice de quinze ans, qui habite un pavillon de banlieue avec ses parents ouvriers qu'elle adore et déteste à la fois. Ayant obtenu son B.E.P.C. qui va lui permettre de «faire institutrice», elle se retrouve au seuil de l'été, disponible et un peu désemparée. Elle va découvrir la sexualité, l'amour et l'abandon. L'adolescente, devenue femme presque malgré elle, se retrouve seule, stupéfaite et dépouillée. Elle puise alors dans sa révolte, dans sa rage contre sa condition, un espoir furieux de s'en sortir malgré tout.

En 1984, Annie Ernaux reçoit le prix Théophraste-Renaudot pour son roman La Place. Dans cet ouvrage, elle revient à la veine autobiographique. Après la mort de son père, la narratrice veut témoigner de sa vie, sentant que par son propre métier de professeur et son mariage bourgeois, elle semble avoir désavouer ses parents, son père surtout, garçon de ferme, ouvrier d'usine puis épicier-cabaretier dans une petite ville de Normandie. Se fondant sur des faits, des photos, des souvenirs de scènes précises et de phrases souvent entendues, elle cherche à faire revivre son père. Mais c'est aussi le récit d'une éducation où l'héroïne est déchirée entre son milieu familial étroit, suffocant et l'aspiration à la connaissance qui est ressentie comme une promesse de liberté. Au fur à mesure qu'elle «s'élève», elle s'éloigne de l'épicerie-buvette paternelle et prend son milieu social en horreur. En changeant de milieu, de classe sociale, elle change aussi de langage. Le père qu'elle adorait, enfant, lui est devenu étranger. Ils n'ont plus de langue commune. Symboliquement, celui-ci meurt au moment où sa fille accède au professorat et elle se reproche de l'avoir «trahi».

Avec Une Femme (1988), Annie Ernaux veut faire pour sa mère ce qu'elle avait fait pour son père dans La Place. Sa mère venant de mourir après une longue maladie qui lui avait dérobé la mémoire et sa personnalité, l'auteur en écrivant sur elle veut la «mettre au monde» et la comprendre comme elle n'a jamais pu le faire auparavant. C'est ainsi qu'elle revient à son thème principal: la déchirure de classe au sein même de la famille. Cette mère qui considérait parfois sa fille comme une «ennemie de classe», était aussi de son côté, prenant toujours le parti du corps enseignant, poussant sa fille à faire des études pour qu'elle puisse échapper à ce milieu, «désirant s'élever » par sa fille, vivant à travers elle. Celle-ci se fait à son tour archiviste de sa mémoire et de son «savoir-faire». Avec minutie, elle met au jour les coutumes, les goûts, les valeurs du milieu maternel, tout un héritage culturel des dominés chez qui la religion est vécue comme une culture à leur mesure, la seule à laquelle ils aient accès, et qui leur donne une dignité que leur refuse la société.

La femme gelée, parue en 1981, donne un inventaire désenchanté de la condition féminine. «La Femme gelée ou trente ans après Le Deuxième Sexe une femme toujours piégée»; voilà comme l'auteur a présenté son roman. La narratrice a trente ans, elle est professeur, mariée à un cadre, mère de deux enfants. Elle habite un appartement agréable dans une petite ville de province mais pourtant c'est une femme gelée, prise dans l'engrenage des obligations domestiques qui lui ont ôté toute liberté d'esprit et de mouvement. Après avoir connu la curiosité, l'élan, le bonheur, la complicité d'un amour à deux, sa vie se fige au fil des jours entre les courses à faire, le dîner à préparer, les soins à donner à ses deux petits enfants et son travail d'enseignante; ce que l'on dit être la condition «normale» de la femme. La narratrice retrace son enfance sans contrainte, entre un père affectueux et une mère ardente, qui se partageaient le plus naturellement du monde les tâches de la maison et du commerce. Elle raconte ses problèmes d'adolescente quand, pour être aimée, elle se conforme au modèle qu'«ils» préfèrent, s'efforçant de paraître mignonne, gentille et compréhensive. C'est ensuite l'oscillation entre les rêves romanesques et la volonté de rester indépendante, la poursuite sérieuse d'études et la recherche obstinée de l'amour. Elle rencontre enfin le frère d'élection avec qui elle pourra tout partager. Elle avait imaginé leur vie commune comme une aventure. Après le mariage et la venue des enfants, elle découvre la réalité, avec les rôles inégaux que la société et la tradition ont dévolu à l'homme et à la femme. Tous deux exercent un métier après des études d'un niveau égal, mais c'est à elle et à elle seule de s'occuper des enfants, du ménage, de la «nourriture corvée», simplement parce qu'elle est née femme. La narratrice ne gémit pas, elle ne s'apitoie pas sur son sort, elle consent par vanité à «tout concilier». Elle rit, crie, et constate:

> Elles ont fini sans que je m'en aper-
> çoive, les années d'apprentissage.
> Après, c'est l'habitude. Une somme de
> petits bruits à l'intérieur, moulin à
> café, casseroles; prof discrète, femme
> de cadre vêtue de Cacharel ou Rodier
> dehors. Une femme gelée. (p.185)

mais le ressentiment est là, on sent la révolte sour-dre, on devine la rage qui va éclater. «Toutes les fem-mes à mari et à mômes font partie d'un univers mort» (p.113), pense-t-elle comme étudiante. Enfant, elle était libre de devenir ce qu'elle voulait, «devenir quelqu'un ça n'avait pas de sexe pour mes parents» (p.39), et voilà qu'elle est maintenant piégée, elle ne voit pas d'issue possible. «Toute mon histoire de femme est celle d'un escalier qu'on descend en renâclant» (p.181). Elle avait pourtant imaginé sa vie d'adulte comme un moyen d'acquérir un équilibre qui lui man-quait. «Je me persuade qu'en me mariant je serai libé-rée de ce moi qui tourne en rond, se pose des ques-tions, un moi inutile. Que j'atteindrai l'équilibre» (p.127). Comme Marie Cardinal, elle ne rejette pas la responsabilité de son sort sur ses enfants, en tout cas pas explicitement mais peut-être inconsciemment. Dans Une vie pour deux, Marie Cardinal laisse entendre que le maternage représente pour la femme une perte d'iden-tité, une sorte de mort. Trente ans auparavant, Simone de Beauvoir voyait déjà dans le maternage - qui a tou-jours été le domaine des femmes - une des sources du servage féminin. Pour la théoricienne du féminisme, il n'était pas question de «tout concilier». Croire qu'on peut avoir des enfants, nourrir une famille, tenir un ménage et «faire carrière», c'est-à-dire chercher à me-ner une «vie d'homme», est un leurre. Les féministes radicales du M.L.F. constatent que le travail ménager et le maternage, c'est-à-dire les travaux domestiques et l'élevage des enfants sont, dans nos sociétés, des responsabilités exclusives des femmes et non rémuné-rées. Elle en tirent la conclusion que les femmes ont «un rapport spécifique à la production, qui est assimi-lable au servage» (Albitur/Armogathe: Histoire du fémi-nisme français, II p.676).

A une question posée par la Quinzaine littéraire (mai 1989): «de façon générale comment pourriez-vous définir en 1989 votre projet d'écrivain?», Annie Ernaux répond ainsi:

> Je ne veux pas faire du roman, traditionnel ou nouveau, mais comme cela m'est apparu avec plus de clarté dans un dernier livre «quelque chose entre l'histoire, la sociologie et la littérature». J'ajouterais peut-être, maintenant, «la poésie». Ce que j'ai toujours plus ou moins demandé à la littérature, c'est qu'elle m'explique la vie, qu'elle donne un sens, plein de sens, différents (dont l'absence de sens!).
> [...]
> Je m'intéresse à la philosophie, plus encore à la sociologie, aux sciences humaines en général, et ma préférence, en littérature, va aux écrivains qui me donnent le sentiment que leur démarche littéraire est aussi «action» sur le monde, témoignage, mise en question du réel.

Sur un ton détaché, impersonnel, dans une langue sobre, drue, vive, Annie Ernaux dit avec un minimum de mots. Son style lapidaire, dépouillé, sa sécheresse apparente donnent à l'oeuvre une densité bouleversante qui libère l'émotion latente.

LA FEMME GELEE

On va ensemble au supermarché, on choisit, pas beaucoup de fric[1], un gigot[2], quelle folie, le manque d'argent nous unit, complicité du risque et du rire que provoque entre nous deux le sentiment de notre expérience. Qui parle d'esclavage[3] ici, j'avais l'impression que la vie d'avant continuait, en plus serré[4] seulement l'un avec l'autre. Complètement à côté de la plaque[5], Le Deuxième Sexe!

Un mois, trois mois que nous sommes mariés, nous retournons à la fac[6], je donne des cours de latin. Le soir descend plus tôt, on travaille ensemble dans la grande salle. Comme nous sommes sérieux et fragiles, l'image attendrissante[7] du jeune couple moderno-intellectuel. Qui pourrait encore m'attendrir si je me laissais faire, si je ne voulais pas chercher comment on s'enlise[8], doucettement. En y consentant lâchement[9]. D'accord je travaille La Bruyère ou Verlaine dans la même pièce que lui, à deux mètres l'un de l'autre. La cocotte-minute[10], cadeau de mariage si utile vous verrez, chantonne sur le gaz. Unis, pareils. Sonnerie stridente du compte-minutes[11], autre cadeau. Finie la ressemblance. L'un des deux se lève, arrête la flamme sous la cocotte, attend que la toupie[12] folle ralentisse, ouvre la cocotte, passe[13] le potage et revient à ses bouquins en se demandant où il en était resté. Moi. Elle avait démarré[14], la différence.

1 **fric:** cash
2 **gigot:** leg of mutton
3 **esclavage:** slavery
4 **serré:** tight
5 **à côté de la plaque:** beside the point
6 **fac = faculté:** university
7 **attendrissant:** touching
8 **s'enliser:** to sink, to get stuck
9 **lâchement:** like a coward
10 **cocotte-minute:** pressure cooker
11 **compte-minutes:** timer
12 **toupie:** pin
13 **passer:** to strain
14 **démarrer:** to start

Par la dînette[15]. Le restau universitaire fermait l'été. Midi et soir, je suis seule devant les casseroles. Je ne savais pas plus que lui préparer un repas, juste les escalopes panées[16], la mousse au chocolat, de l'extra, pas du courant. Aucun passé d'aide-culinaire dans les jupes de maman ni l'un ni l'autre. Pourquoi de nous deux suis-je la seule à devoir tâtonner[17], combien de temps un poulet, est-ce qu'on enlève les pépins[18] des concombres, la seule à me plonger dans un livre de cuisine, à éplucher[19] des carottes, laver la vaisselle en récompense[20] du dîner, pendant qu'il bossera[21] son droit constitutionnel. Au nom de quelle supériorité. Je revoyais mon père dans la cuisine. Il se marre[22], «non tu m'imagines avec un tablier[23] peut-être! Le genre de ton père, pas le mien!» Je suis humiliée. Mes parents, l'aberration, le couple bouffon. Non je n'en ai pas vu beaucoup d'hommes peler[24] des patates[25]. Mon modèle à moi n'est pas le bon, il me le fait sentir. Le sien commence à monter à l'horizon, monsieur père laisse son épouse s'occuper de tout dans la maison, lui si disert[26], cultivé, en train de balayer[27], ça serait cocasse[28], délirant[29], un point c'est tout. A toi d'apprendre ma vieille. Des moments d'angoisse et de découragement devant le buffet jaune canari du meublé[30], des oeufs, des pâtes, des endives, toute la bouffe[31] est là, qu'il faut manipuler, cuire. Fini la nourriture-décor de mon enfance, les boîtes de conserve en quinconce[32], les bocaux[33] multicolores, la nourriture surprise des petits restaurants chinois bon marché du temps d'avant. Maintenant c'est la nourriture corvée[34].

15 **dînette**: doll's tea party (child's game)
16 **pané**: breaded
17 **tâtonner**: to grope around
18 **pépins**: seeds
19 **éplucher**: to peel
20 **récompense**: reward
21 **bosser**: (argot) to work
22 **se marrer**: (argot) to laugh
23 **tablier**: apron
24 **peler**: to peel
25 **patates**: (argot) potatoes
26 **disert**: loquacious, articulate
27 **balayer**: to sweep
28 **cocasse**: comical
29 **délirant**: delirious
30 **meublé**: furnished apartment
31 **bouffe**: (argot) food
32 **en quinconce**: in staggered rows
33 **bocal**: jar
34 **corvée**: chore, drudgery

Je n'ai pas regimbé[35], hurlé[36] ou annoncé froidement, aujourd'hui c'est ton tour, je travaille La
Bruyère. Seulement des allusions, des remarques acides,
l'écume[37] d'un ressentiment mal éclairci. Et plus rien,
je ne veux pas être une emmerdeuse[38], est-ce que c'est
vraiment important, tout faire capoter[39], le rire,
l'entente, pour des histoires de patates à éplucher,
ces bagatelles relèvent-elles du problème de la liberté, je me suis mise à en douter. Pire, j'ai pensé que
j'étais plus malhabile[40] qu'une autre, une flemmarde[41]
en plus, qui regrettait le temps où elle se fourrait[42]
les pieds sous la table, une intellectuelle paumée[43]
incapable de casser un oeuf proprement. Il fallait
changer. A la fac, en octobre, j'essaie de savoir comment elles font les filles mariées, celles qui, même,
ont un enfant. Quelle pudeur, quel mystère, «pas commode»[44] elles disent seulement, mais avec un air de
fierté, comme si c'était glorieux d'être submergée
d'occupations. La plénitude des femmes mariées. Plus le
temps de s'interroger, couper stupidement les cheveux
en quatre[45], le réel c'est ça, un homme, et qui bouffe,
pas deux yaourts et un thé, il ne s'agit pas d'être une
braque[46]. Alors, jour après jour, de petits pois cra-
més[47] en quiche trop salée, sans joie, je me suis ef-
forcée d'être la nourricière, sans me plaindre. «Tu
sais, je préfère manger à la maison plutôt qu'au restau
U, c'est bien meilleur!» Sincère, et il croyait me faire un plaisir fou. Moi je me sentais couler[48].

Version anglaise[49], purée[50], philosophie de l'histoire, vite le supermarché va fermer, les études par
petits bouts c'est distrayant mais ça tourne peu à peu

35 **regimber**: to rebel
36 **hurler**: to yell
37 **écume**: foam, froth
38 **emmerdeuse**: pain in the neck
39 **capoter**: to overturn
40 **malhabile**: clumsy
41 **flemmard**: lazy
42 **fourrer** = mettre
43 **paumé** = perdu
44 **commode** = facile
45 **couper les cheveux en quatre**: to quibble
46 **braque** = fou
47 **cramer**: to burn
48 **couler**: to sink
49 **version anglaise**: translation from English into French
50 **purée**: mashed potatoes

aux arts d'agrément. J'ai terminé avec peine et sans goût un mémoire sur le surréalisme que j'avais choisi l'année d'avant avec enthousiasme. Pas eu le temps de rendre un seul devoir au premier trimestre, je n'aurai certainement pas le capes, trop difficile. Mes buts d'avant se perdent dans un flou[51] étrange. Moins de volonté. Pour la première fois j'envisage un échec avec indifférence, je table sur sa réussite à lui, qui, au contraire, s'accroche plus qu'avant, tient[52] à finir sa licence et sciences po en juin, bout de projets. Il se ramasse sur lui-même et moi je me dilue, je m'engourdis[53]. Quelque part dans l'armoire dorment des nouvelles, il les a lues, pas mal, tu devrais continuer. Mais oui, il m'encourage, il souhaite que je réussisse au concours de prof, que je me «réalise», comme lui. Dans la conversation, c'est toujours le discours de l'égalité. Quand nous nous sommes rencontrés dans les Alpes, on a parlé ensemble de Dostoïevski et de la révolution algérienne. Il n'a pas la naïveté de croire que le lavage de ses chaussettes me comble[54] de bonheur, il me dit et me répète qu'il a horreur des femmes popotes[55]. Intellectuellement, il est pour ma liberté, il établit des plans d'organisation pour les courses, l'aspirateur, comment me plaindrais-je. Comment lui en voudrais-je aussi quand il prend son air contrit d'enfant bien élevé, le doigt sur la bouche, pour rire, «ma pitchoune, j'ai oublié d'essuyer la vaisselle...» tous les conflits se rapetissent et s'engluent[56] dans la gentillesse du début de la vie commune, dans cette parole enfantine qui nous a curieusement saisis, de ma poule à petit coco, et nous dodine[57] tendrement, innocemment.

Pas ensuquée[58] tout à fait. Un jour, la scène, mon déballage[59], pas méthodique, des cris et des larmes, des reproches en miettes, qu'il ne m'aide pas, qu'il décide de tout. D'un seul coup, j'ai entendu mon ami, celui qui discutait avec moi politique et sociologie hier encore, qui m'emmenait en voilier me lancer: «Tu me fais chier[60], tu n'es pas un homme, non! Il y a une

51 **flou:** blur
52 **tenir à:** to be anxious to
53 **s'engourdir:** to grow sluggish
54 **combler:** to fulfil
55 **la popote** = la nourriture
56 **s'engluer:** to get stuck
57 **dodiner** = dodeliner: to rock gently, to nod
58 **ensuqué:** under influence of drugs, stupefied
59 **déballage:** outpouring
60 **faire chier quelqu'un:** to make so sick, to piss off

petite différence, quand tu pisseras debout dans le lavabo[61], on verra!» Je voudrais rire, ce n'est pas possible, des phrases pareilles dites par lui et il ne rit pas. Dans les rues muettes de la banlieue, devant les villas fleuries, je marche des heures. Ça, la vie surréaliste. Toutes les solutions immédiates de me libérer me paraissent des montagnes. La femme qui part au bout de trois mois, quelle honte, sa faute forcément, il y a un laps de temps convenable[62]. Patienter. C'était peut-être une phrase en l'air, qu'il a dite sans y penser. La machine à se laminer toute seule est en train de se mettre en route. Je suis revenue et je n'ai pas rempli la valise, même à moitié.

Quelques faits, autant de repères[63]. Un jour il m'a rapporté Elle ou Marie-France. S'il m'a acheté ce journal, c'est qu'il me voyait autrement qu'avant, il pensait que je pouvais être intéressée par «cent idées de salades» ou «un intérieur coquet[64] à peu de frais». Ou bien j'avais changé et il croyait me faire plaisir. Je ne fais pas son procès[65], j'essaie de refaire la route. Ensemble on commençait à prendre des habitudes qui sentent l'installé, douceur aujourd'hui, demain monotonie. Les infos à treize heures, Le Canard enchaîné le mercredi, le cinéma le samedi soir et la nappe le dimanche. L'amour seulement la nuit. A la radio, une voix rauque[66] chantait z'étaient belles les filles du bord de mer... J'épluchais des haricots verts, par la fenêtre de la cuisine, j'apercevais les jardins, les pavillons[67]. En ce moment sur le sable de Lacanau ou du Pyla, des filles lisaient, bronzaient, libres. Le chromo produit solaire, bien sûr. Mais je sentais que je ne serais jamais plus une fille du bord de mer, que je glisserais dans une autre image, celle de la jeune femme fourbisseuse et toujours souriante des publicités pour produits ménagers. D'une image à l'autre, c'est l'histoire d'un apprentissage où j'ai été refaite[68].

Introït doucement la famille, l'autre, le bon modèle. Ils n'habitent pas loin. Ne s'imposent pas, gens

61 **lavabo:** washbasin
62 **convenable:** decent
63 **repère:** marker
64 **coquet:** charming, stylish
65 **faire le procès:** to put on trial
66 **rauque:** husky
67 **pavillons** = maisons de banlieue
68 **être refait:** to be had

bien éduqués, brèves visites, petits repas, un coupl
charmant. Monsieur père, toujours aussi parleur, perpé
tuel diseur de bons mots et contrepèteries[69] en tou
genre sous le regard indulgent de son épouse. Atten
tion, pas pitre[70], derrière les plaisanteries, toujour
l'autorité, dans l'oeil, la voix, la façon de réclame
la carte au restaurant, d'être imbattable sur le chapi
tre des vins et la tactique du bridge. Toujours gaie
madame mère, sautillante, jamais assise, elle m'entraî
ne, laissons causer les hommes, nous on va préparer l
dîner, non non mon garçon on se débrouillera[71], tu nou
gênerais[72]! Tout de suite, le tablier, l'éplucheur
légumes avec entrain[73], du persil sur la viande froide
une tomate en rosace tralali, de l'oeuf dur sur la sa
lade, tralala. Une danse mutine[74] qu'accompagne un ga
zouillis[75] complice, le tampon vert vous ne connaisse
pas c'est rudement chic[76]. Quand elle se brûle, ell
dit «mercredi». Quelquefois, les confidences; j'avai
fait une licence de sciences naturelles, j'avais mêm
donné des cours dans une institution et puis j'ai ren
contré votre beau-père, rires, les enfants sont venus
trois, rien que des garçons, vous imaginez, rires. E
voilà. Elle me confie en soupirant[77], tout en passan
alertement un coup de chiffon sur l'évier[78], les ho
mes, les hommes, ils ne sont pas toujours faciles, mai
elle sourit en même temps, presque orgueilleusement
comme si c'étaient des enfants, qu'il faille leur par
donner leurs frasques[79], «on ne les changera pas vou
savez!». Elle s'apitoie[80] maternellement sur moi, ell
m'excuse, vos études ne vous fatiguent pas trop, vou
n'avez pas le temps de nettoyer à fond, c'est normal
Je déteste cette manière insidieuse de s'occuper d
moi. Sa gentillesse perpétuelle me gêne, un truc o
l'on s'ensable[81], obligée de répondre pareil, sucre e
miel, puérilité et fausseté tout ensemble. Comment ose
rais-je dire quoi que ce soit. Tellement agréable

69 **contrepèterie**: spoonerism
70 **pitre**: clown
71 **se débrouiller**: to manage
72 **gêner**: to bother, to be in the way
73 **avec entrain**: with gusto
74 **mutin**: impish
75 **gazouillis**: chirping, babbling
76 **rudement chic** = très bien
77 **soupirer**: to sigh
78 **évier**: sink
79 **frasques**: prank
80 **s'apitoyer**: to feel compassion
81 **s'ensabler**: to get stuck (in the sand)

d'humeur égale, des femmes comme elle c'est reposant, m'a-t-il dit un jour. Attentive aux autres. Comme s'il n'y avait rien mais rien au-dessus pour une femme, le catalogue des perfections féminines, je ne le connaissais pas, j'ai commencé à en apprendre les articles. «Café!» tonitrue[82] monsieur père, calé[83] sur sa chaise. «Voilà voilà!» s'affaire[84] madame mère. Bouf, ne t'inquiète pas ma chérie, c'est un jeu entre eux, il gueule[85] et elle court mais ils s'adorent, je t'assure, tu aurais tort de t'indigner. Le soir tombe, mon beau-père s'installe au volant de la D.S.,[86] elle grimpe[87] d'une jambe juvénile et nous fait au revoir, au revoir, de sa main gantée[88]. A chaque fois j'étais mélancolique. Personne ne trouvait ridicule son gazouillis, sa pétulance ménagère, tout le monde l'admirait, ses fils, ses belles-filles, de s'être consacrée à l'éducation de ses enfants, au bonheur de son mari, on ne pensait pas qu'elle aurait pu vivre autrement.

Voulue, non voulue. Les moyens d'empêcher une naissance gardaient une marge d'imprévisible. Même quand c'était sûr, on aurait pu ne pas vouloir. La petite vieille à lunettes double foyer[89] acceptait pour quatre cents francs et pas plus sale que ma tante Elise à qui elle ressemblait avec sa robe noire et sa figure mastic[90]. Pourquoi préférer le oui. Parmi tous les sens possibles, pour nous deux je choisis celui-là: conjurer la rupture, transformer en destin ce qui n'était que hasard. Pour lui, au pire, la satisfaction de la virilité, tout le monde verrait qu'il en avait quelque part, au mieux la curiosité, père qu'est-ce que c'est. Moi, le désir de tout connaître, la même hâte qu'autrefois quand le coeur me battait d'envie en pensant aux relations d'un homme et d'une femme. Croire aussi obscurément que c'est obligé de vivre tout de la féminité pour être «complète» donc heureuse. [...]

82 **tonitruer**: to thunder
83 **calé**: comfortably settled
84 **s'affairer**: to bustle about
85 **gueuler**: to bawl
86 **au volant de la D.S.**: at the wheel of his car (a Citroën)
87 **grimper** = monter
88 **ganté**: gloved
89 **lunettes double foyer**: bifocal glasses
90 **mastic**: putty

Je déteste Annecy. C'est là que je me suis enlisée[91]. Que j'ai vécu jour après jour la différence entre lui et moi, coulé dans un univers de femme rétréci[92], bourré[93] jusqu'à la gueule de minuscules soucis. De solitude. Je suis devenue la gardienne du foyer, la préposée à la subsistance des êtres et à l'entretien des choses. Annecy, le fin du fin de l'apprentissage du rôle, avant c'était encore de la gnognote[94]. Des années bien nettes, sans aucun de ces adoucissements qui aident à supporter, une grand-mère pour garder l'enfant, des parents qui vous soulagent de la tambouille[95] de temps en temps par des invitations, ou encore suffisamment de sous pour se payer la dame-qui-fait-tout du matin au soir. Moi, rien, du dépouillé[96], un mari, un bébé, un F3[97], de quoi découvrir la différence à l'état pur. Les mots maison, nourriture, éducation, travail n'ont plus eu le même sens pour lui et pour moi. Je me suis mise à voir sous ces mots rien que des choses lourdes, obsédantes, dont je ne me débarrassais que quelques jours, au mieux quelques semaines, par an. «Offrez à votre femme quinze jours sans vaisselle ni repas à préparer, le Club vous attend.» Et la liberté, qu'est-ce que ça s'est mis à vouloir dire. Ah ricanent[98] les bonnes âmes, faut pas se marier quand on ne veut pas en accepter les conséquences, les hommes aussi y laissent des plumes là-dedans, et regardez autour de vous, ceux qui n'ont que le smic[99], qui n'ont pas eu la chance de faire des études, qui fabriquent des boulons[100] toute la journée, non c'est trop facile de rameuter[101] toute la misère du monde pour empêcher une femme de parler, c'est à cause de raisonnements comme celui-ci que je me taisais.

Il y a eu le premier matin. Celui où, à huit heures, j'ai été seule dans le F3 avec le Bicou en train de pleurer, la table de la cuisine encombrée par la vaisselle du petit déjeuner, le lit défait, le lavabo de la salle de bains noirci par la poussière du rasage.

91 **s'enliser:** to sink into
92 **rétréci:** shrunken, narrow
93 **bourré:** stuffed
94 **de la gnognote:** easy
95 **tambouille:** cooking
96 **dépouillé:** bare, lacking
97 **un F3:** apartment
98 **ricaner:** to snigger
99 **smic:** minimum wage
100 **boulon:** (nut and) bolt
101 **rameuter:** to round up

Papa va travailler, maman range la maison, berce bébé et elle prépare un bon repas. Dire que je croyais ne jamais être concernée par le refrain du cours préparatoire. Jusqu'ici nous avions vécu de longs moments ensemble dans la journée, il n'épluchait pas les patates mais il était là, les patates se faisaient plus gaies. Je regarde les bols, le cendrier plein, tous les reliefs matinaux à effacer. Quel silence à l'intérieur quand Bicou cesse de chanter. Je me vois dans la glace au-dessus du lavabo sale. Vingt-cinq ans. Comment avais-je pu penser que c'était ça la plénitude.

Le minimum, rien que le minimum. Je ne me laisserai pas avoir. Cloquer[102] la vaisselle dans l'évier, coup de lavette sur la table, rabattre les couvertures, donner à manger au Bicou, le laver. Surtout pas le balai, encore moins le chiffon à poussière, tout ce qu'il me reste peut-être du <u>Deuxième Sexe</u>, le récit d'une lutte inepte et perdue d'avance contre la poussière. De toute façon, bien peu de meubles encore, de quoi s'asseoir et dormir. Farouche[103], je rouvre mes bouquins, sans oser examiner mes chances de succès, sans penser au temps si proche où le Bicou se traînera partout à quatre pattes, tripotant[104], fouinant[105], et ne dormant plus qu'à la sieste. Je me plonge dans la phonétique française, je psalmodie les paradigmes avec la ferveur de certaines gens qui récitent des neuvaines pour un voeu extraordinaire à exaucer.

Je n'ai pas tenu longtemps.
«Mais rien n'est prêt! Il est midi vingt! Il faut que tu t'organises mieux que ça! Il faut que le petit ait fini son repas quand j'arrive, je voudrais bien avoir la paix le temps du midi. Je TRAVAILLE, tu comprends, maintenant ce n'est plus la même vie!» Est-ce que c'est la même vie pour moi, impossible de suivre des cours, le Bicou, la bouffe, etc. etc., un torchon qui brûle[106] de l'espèce la plus ordinaire. Plus tard on mange sans un mot les biftecks et les spaghettis, la radio, pour meubler. Des voix se succèdent et proposent des verbes, un jeu idiot, le tirelipot ça s'appelle. Je lave la vaisselle. Assis à la table, il dit à mi-voix, «ce n'est pas possible» d'un ton très las. Non, pas possible d'imaginer avant le mariage un moment pareil.

102 **cloquer** (argot): to put
103 **farouche**: fierce, unflinching
104 **tripoter**: to rummage about
105 **fouiner**: to poke one's nose into things
106 **un torchon qui brûle**: to have a scene with sb

Je ne l'excuse pas, je ne veux pas entrer dans le piège
de la compréhension continuelle et me sentir coupable
de ne pas l'avoir accueilli, en souriant, les casseroles
au chaud et le bébé emmerdeur escamoté[107]. Quand je
travaillerai «au-dehors», ces privilèges qu'il réclamait,
il fera beau voir que je[108] les suggère seulement.
Mais il avait raison, plus la même vie, il était
embringué[109] dans le système du travail huit heures-midi,
deux heures-six heures avec rabiot[110] même, s'accrocher
à son poste, se montrer indispensable, compétent,
un «cadre de valeur»[111]. Dans cet ordre-là, il
n'y avait plus de place pour la bouillie du Bicou, encore
moins pour le nettoyage du lavabo. Un ordre où il
valait mieux aussi que la table soit mise, l'épouse accueillante,
le repos du chef, sa détente, et il repartira
requinqué[112] à deux heures moins le quart pour rebosser[113].
De lui ou de cet ordre, je ne sais pas lequel
des deux m'a le plus rejetée dans la différence.

    Quand il rentrait à midi, il trouvait la table
dressée, le Bicou dans son lit, gentil dodo, le transistor
à côté de son assiette. Le lavabo nettoyé, les
cendriers vidés, les plis du dessus de lit bien droits.
Le minimum se gonflait[114]. Lui faire plaisir, éviter
ses reproches, un peu. Rien à côté de ce qui m'entraîne
peu à peu, l'idée, bientôt l'évidence, qu'il ne faut
pas négliger un si joli petit intérieur.

    Elle fonctionne bien la société, devinez à quoi un
jeune ménage va employer ses premiers sous. Un lampadaire
en bois tourné espagnol, une glace ancienne, une
table à jeux, un vieux piano, des rideaux voile plein
jour. Un à un, les objets entrent dans notre vie, se
disposent autour de nous. Toujours main dans la main,
nous revoici devant les vitrines. Salles de séjour,
chambres complètes, crédit sur trente mois. Nous, c'est
plutôt le genre brocante[115], antiquités pas trop chères,
le petit style, la fouine, comme dans La Maison de
Marie-Claire. Le samedi, pas à pas, des heures à tâ-

107 **escamoter**: to conjure away
108 **il fera beau voir que je** ...: I had better not be
suggesting
109 **être embringué**: to get oneself mixed up in
110 **rabiot**: extra time
111 **cadre**: executive, manager
112 **se requinquer**: to perk up
113 **rebosser** (argot): retravailler
114 **se gonfler**: to swell
115 **brocante**: secondhand

ter[116], comparer, discuter, pas assez grand, pas cette couleur, plus bronze, plus patiné, sans franges[117], camaïeu[118], trop cher. Regarde cette lampe. Tu as vu le prix. Le mois prochain. Tu crois qu'ils l'auront encore. Elle irait drôlement bien dans le living pourtant. On rentre doucement avec la lampe. Il l'essaie tout de suite. Un abat-jour irisé[119], des ombres légères se dessinent au plafond, une tache lumineuse sur l'acajou[120] de la table. Il pose un livre relié[121] dans le rond de lumière, le décale[122] un peu, il l'enlève, un cendrier à la place. Parfait. On se regarde, on se sourit. Bien sûr on le sait que le bonheur ne se confond pas avec la possession des choses, l'être et l'avoir on a appris, et Marcuse, du caca[123] aliénant les choses. Mais quoi, enfin, ce serait fou de vivre dans un F3 tout nu, et nous on n'achète pas n'importe quelle saloperie, de la réflexion, du goût, un art presque, je nous trouvais purifiés par notre attitude esthétique de toute fièvre consommatrice.

Il est venu aussi le temps de la cuisinière nickelle à ne pas oser cuire un oeuf au plat, le frigo lumineux avec une pédale pour ouvrir avec le pied quand on a les deux mains encombrées[124]. Au gnouf[125] le vieux réchaud à gaz. Je me sens dépaysée devant ces appareils neufs, mais je m'amuse aussi, le four[126] à hublot[127], le contrôle beurre, gril fort, gril faible, «Madame, votre Laura, elle avait même un prénom la cuisinière, vous permettra de réussir tous les petits plats dont les vôtres raffoleront[128]». Oh la connerie[129], tout de même, je n'étais pas mécontente de voir monter dans le four le premier soufflé de ma vie, et lui de s'émerveiller, vraiment réussi, bravo. Puéril, mais anodin[130] je croyais. Quelque chose même qui nous liait subtilement, le soufflé entamé gaiement, la glace qu'on vient

116 **tâter:** to sample
117 **frange:** fringe
118 **camaïeu:** monochrome
119 **abat-jour irisé:** iridescent lampshade
120 **acajou:** mahogany
121 **relié:** bound
122 **décaler:** to move
123 **caca:** pooh
124 **les deux mains encombrées:** both hands full
125 **au gnouf**(argot): to the garbage dump
126 **four:** oven
127 **hublot:** window
128 **raffoler de:** to be very fond of
129 **connerie:** bullshit
130 **anodin:** trivial

d'acheter, qu'il fixe au mur avec précaution, passe-moi le marteau, le crochet X. Un petit nid charmant pour nous trois. Quelle différence avec le meublé sans style de l'année dernière, comment pouvait-on supporter. Joie innocente. Mais le revers, l'engrenage[131] insoupçonnable devant les vitrines. La logique imperturbable de l'ordre où l'on s'embringuait[132]. Du voile plein jour, des meubles à soi qui vous ont coûté la peau des fesses, pour lesquels on s'endette, comment ne pas les «entretenir[133]», comment laisser la poussière les ternir, la saleté des jours les encrasser et les enlaidir. Les moutons dansant la gigue sous le lit, le lait débordé qui sèche en dessins roux, c'était bon pour avant. Il faut maintenant préserver la beauté de notre cadre. Maintenir l'harmonie. N'ai-je pas un aspirateur tout neuf avec une flopée de bidules[134] adaptables pour gober[135] même les poussières invisibles. Je ferai un effort, tans pis si extraire l'engin du placard, monter, changer les bidules, reranger, bouffe trois fois plus de temps qu'un coup de balai. Non je n'aimais pas, je cavalais[136] furieusement d'une pièce à l'autre, d'une prise[137] à l'autre. Je me croyais obligée. Ou alors il aurait fallu vivre autrement, tellement autrement que je n'arrivais pas à l'imaginer. Annecy, c'était une «situation d'avenir».

Bon, à midi, ciao, à ce soir. La solitude. Pas celle des dix-huit ans, à la fenêtre des chiottes[138] à dix heures du soir, ni celle de la chambre d'hôtel d'où il venait de sortir, en Italie, à Rouen. Une solitude de pièces vides en compagnie d'un enfant qui ne parle pas encore, avec comme but des tâches minuscules, sans lien entre elles. Je ne m'y habituais pas. Comme si j'étais d'un seul coup sur le carreau[139]. Il aura pour lui l'air froid de la rue, l'odeur des magasins qui s'ouvrent, il entrera dans son bureau, difficile de s'y mettre, mais il sera heureux d'avoir fini un dossier. Jalouse oui, pourquoi pas, de cette appréhension de la difficulté, le plaisir de la vaincre, moi aussi j'aime.

131 **pris dans l'engrenage**: to be caught up in the system
132 **s'embringuer**: to get involved
133 **entretenir**: to look after
134 **une flopée de bidules**: loads of gadgets
135 **gober**: to swallow
136 **cavaler**: to rush, to run
137 **prise**: socket
138 **chiottes** (argot): W-C
139 **être sur le carreau**; to be knocked out

Dans cet intérieur douillet[140], quelles difficultés, quel triomphe, ne pas rater la mayonnaise ou faire rire le Bicou qui pleurait. Je me suis mise à vivre dans un autre temps. Finies les heures suspendues, molles et douces à la terrasse des cafés, le <u>Montaigne</u> en octobre. Les heures oubliées du livre poursuivi jusqu'au dernier chapitre, des discussions entre copains. Mort pour moi le rythme de l'enfance et des années d'avant, avec les moments pleins et tendus dans un travail, suivis d'autres, la tête et le corps soudain flottants, ouverts, le repos. Mais pas mort pour lui. Midi, soir, samedi et dimanche, il retrouve le temps relâché, lit <u>Le Monde</u>, écoute des disques, vérifie le chéquier, s'ennuie même. La récréation. Je n'ai plus connu qu'un temps uniformément encombré d'occupations hétéroclites. Le linge à trier pour la laverie, un bouton de chemise à recoudre, rendez-vous chez le pédiatre, il n'y a plus de sucre. L'inventaire qui n'a jamais ému ni fait rire personne. Sisyphe et son rocher qu'il remonte sans cesse, ça au moins quelle gueule, un homme sur une montagne qui se découpe dans le ciel, une femme dans sa cuisine jetant trois cent soixante-cinq fois par an du beurre dans la poêle, ni beau ni absurde, la vie Julie. Et puis quoi c'est que tu ne sais pas t'organiser. Organiser, le beau verbe à l'usage des femmes, tous les magazines regorgent de conseils, gagnez du temps, faites ci et ça, ma belle-mère, si j'étais vous pour aller plus vite, des trucs en réalité pour se farcir[141] le plus de boulots possible en un minimum de temps sans douleur ni déprime parce que ça gênerait les autres autour. Moi aussi, j'y ai cru au pense-bête des courses, aux réserves dans le placard, le lapin congelé pour les visiteurs impromptus, la bouteille de vinaigrette toute préparée, les bols en position dès le soir pour le petit déjeuner du lendemain. Un système qui dévore le présent sans arrêt, on ne finit pas de s'avancer, comme à l'école, mais on ne voit jamais le bout de rien. Mon dogme, c'était plutôt la vitesse. Surtout pas la danse légère, le chiffon amoureux, les tomates en petites fleurs, mais le pas de charge, le galop ménager pour dégager une heure dans la matinée, pure illusion souvent, surtout foncer[142] vers la grande trouée[143] de la journée, le temps personnel enfin retrouvé, mais toujours menacé: la sieste de mon fils.

140 **douillet**: cozy
141 **se farcir**: to pack with
142 **foncer**: to charge at
143 **trouée**: gap

Deux années, à la fleur de l'âge, toute la liberté de ma vie s'est résumée dans le suspense d'un sommeil d'enfant l'après-midi. Guetter[144] d'abord, le souffle régulier, le silence. Dort-il, pourquoi ne dort-il pas aujourd'hui, l'agacement[145]. Ça y est enfin, le sursis[146] d'un temps fragile, empoisonné par la crainte d'un réveil prématuré, klaxon de voiture, sonnerie, conversation sur le palier, je voudrais encotonner l'univers autour du lit. Deux heures pour me ruer[147] dans la préparation du capes[148]. Des cris, un déboulis[149] de cubes, le couinement[150] du nounours[151], à chaque fois l'impression d'être coincée. Mais qu'il est joli le bébé qui s'éveille, tout frais, heureux de vivre, je sais. Moi aussi je roulais le store[152] avec pétulance, modulais, on a fait son gros dodo, allez pipi, et on ira se promener tous les deux au Jardin, on donnera du pain aux cygnes[153], je la remontais la joie maternelle à grand renfort de rires, chansons et chatouilles[154] au Bicou. Loin de moi ce désir indigne de le laisser dans son parc en me fourrant[155] des boules Quies dans les oreilles pour continuer mon travail. Je dois être avant tout une vraie mère, me précipiter dans la chambre du Bicou dès son réveil, vérifier la couche-culotte scrupuleusement, renifler[156], préparer la sortie en poussette[157] mais doucement, rythme de l'enfant d'abord. Mais qu'est-ce qui m'obligeait. Mômes[158] mal torchés[159] de mon enfance, à l'odeur surette[160], poussés tout seuls sous l'oeil si peu éducatif d'une voisine fatiguée ou d'un grand-père gaga, comme si je pouvais les prendre comme exemples! Leurs mères étaient pauvres et ne connaissaient rien à la puériculture. Moi je vis dans un joli appartement, avec baignoire gonfla-

144 **guetter**: to be on the look-out for
145 **agacement**: irritation
146 **sursis**: reprieve
147 **se ruer**: to pounce on, to rush towards
148 **capes**: certificate for qualified graduate teacher
149 **déboulis**: tumbling down
150 **couinement**: squeal
151 **nounours**: teddy bear
152 **store**: shade
153 **cygne**: swan
154 **faire des chatouilles**: to tickle sb
155 **se fourrer** (argot) = mettre
156 **renifler**: to sniff
157 **poussette**: baby carriage
158 **môme**: kid
159 **torcher**: to wipe
160 **suret**: sharp, tart

ble[161], pèse-bébé et pommade pour les fesses[162], pas pareil, et la malédiction de la psychanalyse «tout est joué avant trois ans», je la connais par coeur. Elle pèse sur moi vingt-quatre heures sur vingt-quatre et sur moi seule forcément puisque j'ai la charge totale de l'enfant. Et je l'ai lue la bible des mères modernes, organisées, hygiéniques, qui tiennent leur intérieur pendant que leur homme est au «bureau», jamais à l'usine, ça s'appelait <u>J'élève mon enfant</u>, je, moi la mère, évidemment. Plus de quatre cents pages, cent mille exemplaires vendus, tout sur le «métier de maman», il m'a apporté ce guide un jour, peu de temps après notre arrivée à Annecy, un cadeau. Une voix autorisée, la dame du livre, comment prendre la température, donner le bain, un murmure en même temps, comme une comptine[163], «papa, c'est le chef, le héros, c'est lui qui commande c'est normal, c'est le plus grand, c'est le plus fort, c'est lui qui conduit la voiture qui va si vite. Maman, c'est la fée, celle qui berce[164], console, sourit, celle qui donne à manger et à boire. Elle est toujours là quand on l'appelle» page quatre cent vingt-cinq. Une voix qui dit des choses terribles, que personne d'autre que moi ne saura s'occuper aussi bien du Bicou, même pas son père, lui qui n'a pas d'instinct paternel, juste une «fibre». Ecrasant. En plus une façon sournoise[165] de faire peur, culpabiliser, «il vous appelle ... vous faites la sourde oreille ... dans quelques années, vous donnerez tout au monde pour qu'il vous dise encore: Maman, reste».

Alors tous les après-midi, je sortais le Bicou pour être une mère irréprochable. Sortir, appeler ça sortir, le même mot qu'avant. Il n'y avait plus de dehors pour moi, c'était le dedans qui continuait, avec les mêmes préoccupations, l'enfant, le beurre et les paquets de couches[166] que j'achèterais au retour. Ni curiosité, ni découverte, rien que la nécessité. Où, la couleur du ciel, les reflets du soleil sur le haut des murs. Comme les chiens je n'ai d'abord connu d'Annecy que les trottoirs. Toujours le nez au sol à pister, la hauteur des bordures, la largeur, passe, passe pas, à louvoyer[167] entre les obstacles, poteaux[168], panneaux

161 **gonflable**: inflatable
162 **fesse**: buttock
163 **comptine**: nursery rhyme
164 **bercer**: to rock
165 **sournois**: shifty, underhand
166 **couches**: diapers
167 **louvoyer**: to edge one's way along
168 **poteau**: post

<u>France-Soir</u> et <u>France-Dimanche</u>, gens qui se jettent aveuglément sur le landau[169].

Au Jardin, nous étions entre femmes, tranquilles sur les bancs, ou nous promenant nonchalamment dans les allées au coeur de l'après-midi. User le temps, attendre que l'enfant grandisse. Elles me demandaient l'âge du mien, comparaient avec le leur, les dents, la marche, la propreté. Après quand le Bicou marchait et jouait avec d'autres enfants, on surveillait, teigneuses[170] mine de rien[171], on se faisait complices contre les sales cabots[172] qui font leur crotte tout près, contre les grands de douze ans avec leur bicyclette dans les allées, ça devrait être interdit. Rien d'autre ou presque comme conversations. Je me rappelais celles entre copines, pas si vieux, même pas trois ans, ces histoires de coeur excitantes, loin de ces mornes considérations sur les mômes. Mais est-ce qu'il y avait tellement de différence entre «je sors ce soir avec Machin quelle robe je mets» et «dépêchons-nous de partir, papa va rentrer», une phrase que je disais moi aussi. Nous étions chacune isolée par le fameux halo de la femme mariée, on se rabattait[173] sur les enfants, sans danger, parce qu'on n'osait pas se laisser aller, raconter, comme l'ombre du mari toujours entre nous. Autour de nous, le paysage était superbe, le lac, les montagnes gris-bleu. En juin, l'orchestre du casino s'est installé sur la terrasse pour les touristes, l'écho des blues et des pasos parvenait jusqu'au bac à sable. La vie, la beauté du monde. Tout était hors de moi. Il n'y avait plus rien à découvrir. Rentrer, préparer le dîner, la vaisselle, deux heures vacillantes sur un bouquin de travail, dormir, recommencer. Faire l'amour peut-être mais ça aussi c'était devenu une histoire d'intérieur, ni attente, ni aventure. Au retour je passais dans les rues au centre à cause des grands trottoirs. Dans les cafés entraient des filles seules, des hommes. Moi je pénétrais dans le seul endroit de la ville où je ne serais pas incongrue avec un jeune enfant, un endroit à femmes, de la caissière aux clientes, et des caddies pour pousser ensemble la bouffe et bébé sans se fatiguer. Le supermarché, la récompense des sorties.

169 **landau:** baby carriage
170 **teigneux:** shrewish
171 **mine de rien:** casuallly
172 **cabot** (argot) = chien
173 **se rabattre:** to fall back on

Oui, je sais, le Bicou riait aux cygnes, rampait[174] sur l'herbe, puis il s'est mis à lancer des balles, il s'émerveillait devant les tricycles, descendait le toboggan avec un air sérieux. Mais moi, Dire le coinçage[175], l'étouffement,[176] toute de suite le soupçon, encore une qui ne pense qu'à elle, si vous ne sentez pas la grandeur de cette tâche, voir s'éveiller un enfant, le vôtre madame, le nourrir, le bercer, guider ses premiers pas, répondre à ses premiers pourquoi - le ton doit monter de plus en plus pour retomber en couperet[177] - il ne fallait pas en avoir, d'enfant. A prendre ou à laisser le plus beau métier du monde, pas faire le détail. La grandeur je ne l'ai jamais sentie. Quant au bonheur, je n'ai pas eu besoin de J'élève mon enfant pour ne pas le rater quand il m'est tombé dessus certaines fois, toujours à l'improviste. Un après-midi de septembre, je lui ai acheté une auto rouge. Je l'ai vu descendre l'escalier du Prisunic, marche à marche, à cause de ses jambes de dix-huit mois, serrant à deux mains l'auto possédée contre son pull, avide, farouche[178]. Et le jour, avant, où pour la première fois il s'est lancé dans l'espace, debout, du fauteuil à ma chaise, la bouille[179] tendue, puis le rire quand il a réussi, une fois, plein de fois. Je n'ai pas besoin de me souvenir de tout pour prouver que j'étais «aussi» une vraie mère, comme autrefois une vraie femme. Je ne veux pas non plus entrer dans cet ordre où l'on compare, oppose, est-ce que vous ne croyez pas que ces moments avec votre enfant n'étaient pas plus enrichissants que taper à la machine, fabriquer des roulements à bille[180], même est-ce que ça ne vaut pas tous les bouquins, la vie ça, pas de l'imaginaire. Le coup de la plus belle part, on me l'a fait, et c'est elle qui m'avait retenue d'aller chez la vieille à lunettes. Aujourd'hui je veux dire la vie non prévue, inimaginable à dix-huit ans, entre les bouillies, la vaccination au tétracoq, la culotte plastique à savonner, le sirop Delabarre sur les gencives[181]. La charge absolue, complète, d'une existence. Attention, pas la responsabilité! Je l'élève seulement, le Bicou, mais sous surveillance. Qu'est-ce qu'il a dit le docteur, il a les ongles trop

174 **ramper**: to crawl
175 **être coincé**; to be cornered, caught
176 **étouffement**: suffocation
177 **couperet**: blade (guillotine)
178 **farouche**: fierce
179 **bouille** (argot) = visage
180 **roulements à bille**: ball bearings
181 **gencive**: gum

longs tu devrais les lui couper, qu'est-ce qu'il a au genou, il est tombé? tu n'étais donc pas là? Des comptes à rendre, tout le temps, mais pas le ton tyrannique, du doucereux, du normal. Quand le soir il prend dans ses bras le Bicou radieux, nourri, débarbouillé[182], culotté de frais pour la nuit, c'est comme si j'avais vécu la journée entière pour arriver à ces dix minutes de la présentation de l'enfant au père. Il le fait sauter en l'air, le chatouille, le couvre de bisous. Je les regardais tous les deux, je riais, un consentement lâche[183]. Des heures de garde, de soins, de renoncement à moi. Comme sa mère à lui. De quoi te plains-tu, les filles mères[184] et les divorcées n'ont pas d'homme à qui faire l'offrande de leurs sacrifices, le soir. Mais des fois, au Jardin, derrière la poussette, j'ai eu l'impression étrange de promener Son Enfant, pas le mien, d'être la pièce active et obéissante d'un système aseptisé, harmonieux, qui gravitait autour de lui, le mari et le père, et qui le rassurait. Femme moderne, pantalon et caban[185] fourré[186], avec enfant dans les allées. Pour faire bonne mesure quelques cygnes sur le lac ou une nuée de pigeons. Une gravure qui lui aurait plu s'il m'avait rencontrée.

La femme gelée, (Gallimard, 1981, p.132-139, p.151-164).

182 **débarbouiller**: to wash (face)
183 **lâche**: cowardly
184 **fille mère**: unwed mother
185 **caban**: car coat
186 **fourré**: fur-lined

CHAPITRE 8

Maternité

MARGUERITE YOURCENAR

(1903-1987)

Marguerite, Antoinette, Jeanne, Marie, Ghislaine de Crayencour (dont Yourcenar est l'anagramme) est née à Bruxelles, le 8 juin 1903, d'un père français et d'une mère belge, Fernande de Cartier de Marchienne qui meurt dix jours après la naissance de l'enfant. La petite Marguerite passe son enfance et son adolescence auprès de son père, Michel de Crayencour, un aristocrate français, gentilhomme lettré, humaniste, esprit libre et aventureux. Vivant parfois dans le château familial de Mont-Noir, près de Lille, mais séjournant surtout un peu partout en Europe, elle a le privilège d'une adolescence de voyages et d'études. Elle a des précepteurs; on lui fait apprendre le grec, le latin, l'anglais, l'allemand, l'espagnol et l'italien et elle passe son baccalauréat sans avoir jamais fréquenté l'école. Son père l'emmène dans les musées et au théâtre, il lui fait partager sa vie cosmopolite et en 1922 l'aide à publier sa première oeuvre sous le nom de Yourcenar: Le Jardin des Chimères, long poème composé en 1919 et consacré à l'aventure d'Icare. Il sera suivi, en 1924, d'autres écrits poétiques édités sous le titre Les Dieux ne sont pas morts.

Après la mort de son père en 1929, Marguerite Yourcenar continue à voyager, en Italie, en Suisse, en Grèce. Pendant l'hiver 1937 elle vient aux USA, puis voyage en Italie, en Allemagne, en Autriche, en Grèce, séjourne en France avant de revenir aux Etats-Unis en automne 1939 pour enseigner. C'est là qu'elle s'installera définitivement. En 1940 elle rejoint son amie Grace Frick et enseigne à Sarah Lawrence College (Bronxville, N.Y.) puis à Hartford Junior College (CT). Elle devient citoyenne américaine en 1948. L'année suivante, elle achète une maison, «Petite Plaisance», sur l'île des Monts-Déserts située au large de l'état du Maine où elle s'installe avec Grace Frick. Elle y mène une vie consacrée aux voyages, aux conférences et à son oeuvre littéraire. C'est là qu'elle vivra jusqu'à sa mort (le

17 décembre 1987). Marguerite Yournenar est la première femme à avoir été élue à l'Académie française (le 6 mars 1980). Depuis 1971, elle était membre de l'Académie royale belge de langue et de littérature françaises. En 1974, elle a reçu le grand Prix National des Lettres pour l'ensemble de son oeuvre, et en 1977 le grand Prix de l'Académie française.

Son oeuvre est extrêmement variée. Elle a écrit de la poésie, des romans, des pièces de théâtre, des essais et elle a fait des traductions. Alexis ou le traité du vain combat, son premier roman paru en 1929, est dans la lignée de Gide. Après son échec marital, Alexis s'interroge avec lucidité sur lui-même, sur sa tentation homosexuelle, avant de parvenir à une sagesse réconciliatrice. La Nouvelle Eurydice paraît en 1931, un essai sur Pindare en 1932, La mort conduit l'attelage en 1934. Cette oeuvre sera revue et récrite pour constituer L'Oeuvre au noir. Quant à Denier du rêve, paru en 1934, il deviendra, après la guerre, la pièce de théâtre, Rendre à César. Le recueil de poèmes en prose Feux (1936) est précédé de cet avertissement au lecteur:

> Peut-être en est-il dans ce livre comme dans certains édifices qui n'ont qu'une porte secrète, et dont l'étranger ne connaît qu'un mur infranchissable. Derrière ce mur se donne le plus inquiétant des bals travestis; celui où quelqu'un se déguise en soi-même.

Les Songes et les Sorts, (1938), sont des récits de rêves. La même année, elle publie les Nouvelles orientales.

Dans Le Coup de grâce, (1939), le modèle est la tragédie. Il s'agit du récit d'un épisode peu connu de la guerre dans les pays baltes en 1918, qui est raconté à la première personne, procédé que Yourcenar préfère. Une caste aristocratique sur le déclin essaie, en vain, de résister à l'avance des bolcheviques. Ecrit vingt ans après les événements qu'il relate, ce roman ne se veut pas une reconstitution historique exacte mais cherche à exprimer le désarroi moral de cette société. L'auteur veut nous donner un «document humain», où se débattent des personnages «assez lucides pour se connaître et pour essayer de se juger». Voilà les thèmes principaux de l'oeuvre de Marguerite Yourcenar.

On les retrouve dans Mémoires d'Hadrien, roman paru en 1951, et qui est un succès immédiat. Livre conçu et écrit entre 1924-29, puis récrit à partir de 1948, c'est le «portait d'un homme presque sage». Marguerite Yourcenar veut «refaire du dedans ce que les archéologues du XIXe siècle ont fait du dehors». Elle imagine donc les mémoires d'un grand empereur romain, à la fin de sa vie, se jugeant lui-même et percevant la décadence qui menace l'Empire du IIe siècle. C'est une méditation sur un monde qui se termine. Jugeant sans complaisance sa vie d'homme et son oeuvre politique, Hadrien est conscient que Rome, malgré sa grandeur, finira par périr. Son réalisme romain et son humanisme hérité des Grecs lui font sentir l'importance de penser et servir jusqu'au bout, malgré sa maladie, bien qu'il se sache mourant. Ses problèmes sont ceux de toutes les époques: dangers mortels qui viennent du dedans et du dehors et mettent en péril les civilisations; la quête d'une harmonie entre le bonheur et la discipline, entre l'intelligence et la volonté. Grâce à d'énormes lectures, Marguerite Yourcenar parvient à entrer dans l'atmosphère complexe du IIe siècle de notre ère, et par son intuition elle pénètre dans l'âme d'un empereur vieillissant. Hadrien réfléchit sur lui-même et exprime dans un style mesuré et grave la sagesse qu'il a acquise pendant sa vie.

Dans les années 50 et 60 paraissent les secondes versions d'Alexis (1952), de Denier du rêve (1959), de Feux (1957) des Nouvelles orientales (1963), du Coup de grâce (1953). Pendant ces années, elle publie également des poèmes, Les Charités d'Alcippe (1956), un essai, Sous bénéfice d'inventaire (1962), et enfin, en 1968, L'Oeuvre au noir, qui reçoit le prix Femina.

La méditation que l'on trouve dans les Mémoires d'Hadrien, Marguerite Yourcenar la reprend souvent, entre autres dans son chef-d'oeuvre: L'Oeuvre au noir qui est la biographie intellectuelle d'un personnage fictif du XVIe siècle, Zénon, médecin, alchimiste, philosophe. Ce roman ne raconte pas seulement le destin tragique d'un homme extraordinaire. C'est toute une époque qui est reconstituée dans sa richesse infinie, sa réalité brutale de guerres de religion et de féroces répressions, un monde de contrastes où s'affrontent le moyen âge et la Renaissance, où pointent déjà les Temps modernes. On a affaire à un XVIe siècle insolite, journalier et souterrain, vu de différentes perspectives: celles du philosophe voyageur, du cloître, de la taverne, de la cuisine et finalement de la prison. Issu du moyen âge, cet homme libre s'en dégage et pour cette raison même, la société le détruit. L'auteur a voulu donner à son récit un fondement historique précis. Zénon est un composé du chimiste allemand Paracelse, du médecin Michel Servet, du philosophe contestataire Campanella et de Leonardo da Vinci. Mais là n'est pas l'essentiel, il s'agit plutôt d'un prétexte à une réflexion sur la Connaissance, à une critique angoissée des structures mentales et institutionnelles sur lesquelles reposent nos sociétés. Le titre est emprunté à une vieille formule alchimique. «L'oeuvre au noir» était la phase de séparation et de dissolution de la matière qui constituait pour l'alchimiste la partie la plus difficile du Grand Oeuvre; elle symbolise donc les épreuves de l'esprit et plus précisément, le moment crucial où l'individu parvient, grâce à sa quête de la vérité, à se libérer de ses préjugés et à atteindre la sagesse universelle.

En 1954, Marguerite Yourcenar vient au théâtre avec Electre ou la chute des masques. Ses pièces sont regroupées en deux volumes qui paraissent en 1971 chez Gallimard: I Rendre à César - La petite sirène - Le Dialogue dans le marécage. II Le mystère d'Alceste - Qui n'a pas son minotaure?

Elle traduit Les Vagues de Virginia Woolf (1937), puis Ce que Maisie savait de Henry James (1947), ainsi que des poèmes de Constantin Cavafy. Elle s'intéresse également à la traduction de négro-spirituals et publie Fleuve profond, sombre rivière, en 1964. Sous le titre de La Couronne et la Lyre, paraît, en 1979, «une traduction faite pour soi seule» qui fait revivre les plus beaux vers de quelque 110 poètes de l'Antiquité. Pour Marguerite Yourcenar, traduire la poésie grecque a toujours été un plaisir, voire une passion.

Elle entreprend une trilogie sur l'histoire de sa famille, Le Labyrinthe du Monde dont les deux premiers volumes s'intitulent Souvenirs pieux (1974) et Archives du Nord (1977). Le troisième Quoi? L'Eternité! qui traite en partie de sa propre enfance, est resté inachevé mais il a été publié en 1988. Mishima ou la vision du vide, ainsi que Anna, Soror ont paru en 1982. Ses dernières oeuvres sont Comme l'eau qui coule (1982), recueil de trois nouvelles (dont Anna, Soror) et un volume de dix-huit essais écrits entre 1929 et 1982, sous le titre commun de Le Temps, ce grand sculpteur (1983). En 1989 paraît <u>En pèlerin et en étranger</u> qui est un recueil rassemblant divers essais qu'elle a rédigés tout au long de son existence, depuis la fin des années 20 jusqu'à l'automne 1987. Dans un de ces textes, on trouve sa définition de l'oeuvre d'art: «traquer le réel à l'aide de l'imaginaire».

En 1980, elle accorde à Matthieu Galey, critique littéraire à <u>l'Express</u>, des entretiens qui ont été publiés sous le titre <u>Les Yeux ouverts</u> (les derniers mots des <u>Mémoires d'Hadrien</u>):

> Même au coeur du quotidien, puisqu'elle fait aussi bien son pain que des romans, Marguerite Yourcenar a le don d'élever toujours le débat, replaçant les êtres, les événements, les circonstances dans une perspective à la mesure de l'Homme.
> En prise directe sur les grands courants de l'histoire et des idées, sans jamais négliger la nature ni les humbles tâches de chaque jour, sa vie apparaît comme le reflet intelligent de notre époque.

Dans cette interview, elle raconte ce qu'elle croit, ce qu'elle voit, ce qu'elle a vécu, tout cela les «yeux ouverts»; de son enfance flamande avant la guerre de 14 auprès d'un père exceptionnel jusqu'à sa retraite dans une île à la côte est des Etats-Unis. C'est l'itinéraire d'une existence voyageuse et mouvementée. Tout l'intéresse, les êtres et les événements mais elle déplore ce «monde plein de clivages naïfs ou navrants». Elle affirme que «tous les chauvinismes sont nocifs», y compris le féminisme: «ne valent que les solutions individuelles». Elle rejette le féminisme comme trop réducteur, elle y voit une forme de racisme. Elle a tendance à nier le problème. Elle se bat dans la perspective de l'universel. Les résultats immédiats, c'est ce qui compte le moins. Toute sagesse est patience: savoir souffrir le monde sans oublier la perfection plus vaste. Pour elle, tout participe de tout; quand elle prend une cuiller en bois, elle pense à l'ouvrier qui l'a taillée, à l'arbre dont elle est faite.

<u>Souvenirs pieux</u> commence par le récit d'une naissance, celle de l'auteur. De ce point de départ, elle s'interroge. D'où vient-elle? Qui fut sa mère, morte presque aussitôt? Quelles furent les pensées et les an-

goisses de cette femme qu'elle n'a jamais connue, face aux dangers que représentait la maternité à cette époque? Qui fut son père? Ces deux familles dont elle est issue, que peut-elle en savoir, à travers les épaisseurs du temps? Les générations forment une sorte de strate géologique côte à côte avec les bêtes et les plantes. Le récit s'accompagne de commentaires, tels des coups de projecteur dans le brouillard de sa vie. Le titre ne doit pas nous tromper, ces souvenirs n'ont rien de pieux. L'auteur parle de son clan, des autres, avec lucidité. Elle dévoile l'égoïsme de cette haute bourgeoisie, leurs vices. Elle démystifie sa classe.

Archives du Nord a un but plus clair: il s'agit de relier le passé au présent pour arriver à son père, «cet homme perpétuellement en rupture de ban» pour qui elle a beaucoup d'affection. A cet homme de plaisir et d'aventures, elle doit son sens d'une liberté sauvage dépourvue de tout conformisme. Retraçant sa généalogie, elle a fouillé les archives pour retrouver les traces de l'histoire de la famille Cleenewerck de Crayencour. Les pièces d'archives et les documents d'époque lui permettent d'éclairer la vie ancienne de cette Flandre française, la moins connue des provinces de France. Sa saga familiale, elle la rattache aux grands mouvements des temps modernes, cela devient un simple exemple de l'époque car elle fuit les confidences et les confessions, estimant qu'elle manque de perspective dans son propre cas. Cette aristocrate n'attache aucune importance à ses origines, à sa ville natale. Le lieu où l'on vit est indifférent du moment que l'on transporte l'univers dans ses bagages (les livres).

Dans Quoi? L'Eternité, l'auteur, enfant puis jeune adolescente, commence à se montrer, mais c'est surtout à travers le regard qu'elle porte sur les autres, tous ceux qui gravitent autour du personnage central, aimé et admiré entre tous, le père, Michel de Crayencour. On y trouve Michel et sa famille, c'est-à-dire, la châtelaine de Mont-Noir sa mère qu'il déteste, son fils d'un premier mariage avec lequel il ne s'est jamais entendu, sa soeur cadette Marie, jeune mère dévote qui meurt dans un accident; lui et ses nombreuses amours, au centre desquelles il y a Jeanne qu'il a adorée, qui était l'amie de jeunesse de Fernande et que Marguerite a aimée comme modèle de la mère idéale et lointaine, et Egon, le mari de Jeanne, baron balte, musicien, personnage inquiétant. Le texte tisse un entrelacs de destins qui se croisent, de passions parfois féroces, de désastres privés et de catastrophes dues à la guerre. On assiste aussi à l'initiation à la lecture chez l'auteur, à son immersion dans un vaste univers culturel qui englobe la littérature, la musique, la peinture, et qui va des Grecs à l'avant-garde du début du XXe siècle. Yourcenar parle très peu d'elle-même, directement, dans cette autobiographie mais elle y rapporte des aventures qui ont servi de départ à plusieurs de ses oeuvres: Egon, par exemple, sera le modèle du personnage d'Alexis. <u>Quoi? L'Eternité</u> nous livre donc la clé d'autres livres.

Comme écrivain, elle n'a fait aucune concession au public. Elle n'a jamais écrit des livres faciles. Ses oeuvres font appel à une large culture classique, voire cosmopolite, son style ferme, très étudié, ne laissant rien au hasard peut être considéré comme difficile d'accès. C'est une des raisons pour lesquelles elle a dû attendre la soixantaine pour être vraiment connue et appréciée. Dans <u>Le Temps, ce grand sculpteur</u>, elle fait dire à Michel-Ange: «Toute ma vie, j'ai cherché des réponses à des questions, qui peut-être n'ont pas de réponses. [...] Car tout se tait, même notre âme - ou bien c'est nous qui n'entendons pas». L'homme reste un mystère pour lui-même mais ce n'est pas une raison pour se décourager. L'effort constant d'une conscience lucide, appliquée à donner un sens au monde et à l'homme et à construire un destin malgré les handicaps de l'existence, voilà à quoi tend toute l'oeuvre de Marguerite Yourcenar.

Indications bibliographiques

Barette, Dominique et Papeians, Catherine. <u>Marguerite Yourcenar</u>. Bruxelles, Didier Hatier, Collection «Auteurs contemporains», 1985.
Blot, Jean. <u>Marguerite Yourcenar</u>. Paris, Seghers, 1971 et 1980.
Boussuges, Madeleine. <u>Marguerite Yourcenar. Sagesse et Mystique</u>. Grenoble, Ed. Cahiers de l'Alpe, Soc. des Ecrivains Dauphinois, 1987.
Farrell, C. Frederick, Jr., and Farrell, Edith R. <u>Marguerite Yourcenar in Counterpoint</u>. Lanham, MD, University Press of America, 1983.
Galey, Mathieu. <u>Les Yeux ouverts</u>. Entretiens avec Marguerite Yourcenar de l'Académie française. Paris, Ed. Du Centurion, 1980.

Horn, Pierre L. <u>Marguerite Yourcenar</u>. Boston, Twayne Publishers, 1985.

Jacquemin, Georges. <u>Marguerite Yourcenar</u>. Lyon, La Manufacture, Collection «Qui suis-je?», 1985.

Shurr, Georgia Hooks. <u>Marguerite Yourcenar. A Reader's Guide</u>. Lanham, MD, University Press of America, 1987.

Spencer-Noël, Geneviève. <u>Zénon ou le thème de l'alchimie dans "l'Oeuvre au noir" de Marguerite Yourcenar</u>. Paris, Nizet, 1981.

<u>Marguerite Yourcenar</u>. Actes du colloque international de Valencia (Espagne) 1984, sous la dir. de Elena Real. Communications de 22 auteurs. Valence, Universitat de Valencia, 1986.

SOUVENIRS PIEUX

Ce mariage déjà strié[1] de petites fêlures[2] s'était décidé pour Monsieur de C. peu de temps après la perte de sa première femme, à laquelle le liaient des liens très forts faits de passion, d'aversion, de rancunes[3] réciproques, et quinze ans d'une vie agitée passée plus ou moins côte à côte. La première Madame de C. était morte dans des circonstances pathétiques dont cet homme qui parlait librement de tout parlait le moins possible. Il avait compté sur le regain de joie de vivre que lui apporterait un nouveau et séduisant visage: il s'était trompé. Non qu'il n'aimât Fernande: il était d'ailleurs à peu près incapable de vivre avec une femme sans s'attacher à elle et sans la choyer[4]. Même en laissant de côté son aspect physique, que j'essayerai d'évoquer plus loin, Fernande avait des charmes qui n'étaient qu'à elle. Le plus grand était sa voix. Elle s'exprimait bien, sans l'ombre d'un accent belge qui eût agacé ce Français; elle contait avec une imagination et une fantaisie ravissantes. Il ne se lassait pas d'entendre de sa bouche ses souvenirs d'enfance ou de lui faire réciter leurs poèmes favoris, qu'elle savait par coeur. Elle s'était fait à elle-même une sorte d'éducation libérale; elle comprenait un peu les langues classiques; elle avait lu ou lisait tout ce qui était à la mode, et quelques beaux livres que la mode n'atteint pas. Comme lui, elle aimait l'histoire, et, comme lui, surtout ou plutôt exclusivement pour y chercher des anecdotes romanesques ou dramatiques, et çà et là, quelques beaux exemples d'élégance morale ou de crânerie[5] dans le malheur. Les soirs vides où l'on reste chez soi, c'était pour eux un jeu de société de tirer de son rayon un gros dictionnaire historique, que Monsieur de C. ouvrait pour y piquer au hasard un nom: il était rare que Fernande ne fût pas renseignée sur le personnage, qu'il s'agît d'un demi-dieu mythologique, d'un monarque anglais ou scandinave, ou d'un peintre ou compositeur oublié. Leurs meilleurs moments étaient encore

1 **strié**: streaked
2 **fêlure**: crack
3 **rancune**: rancor
4 **choyer**: to cherish, to pamper
5 **crânerie**: gallantry

ceux qu'ils passaient ensemble dans la bibliothèque, sous l'oeil de leur Minerve due au ciseau[6] d'un Prix de Rome des années 1890. Fernande savait s'occuper tranquillement des journées entières à lire ou à rêver. Elle ne tombait jamais avec lui dans un bavardage[7] de femme: peut-être le réservait-elle aux conversations en allemand avec Jeanne et Mademoiselle Fraulein.

Tant de bonnes qualités avaient leur revers. Maîtresse de maison[8], elle était incapable. Les jours de dînés priés, Monsieur de C. se substituant à elle, se plongeait dans de longs conciliabules[9] avec Aldegonde, soucieux d'éviter que parussent sur la table certaines combinaisons chères aux cuisinières belges, telles que la poule au riz flanquée de pommes de terre, ou que l'entremets[10] consistât en tarte aux pruneaux. Au restaurant, tandis qu'il se commandait avec appétit et discernement des plats simples, il s'irritait de la voir choisir au hasard des mets compliqués, et se contenter finalement d'un fruit. Les caprices de la grossesse[11] n'y étaient pour rien. Dès les premiers temps de leur vie en commun, il s'était choqué de l'entendre dire, comme il lui proposait d'essayer encore d'une spécialité du Café Riche: «Mais pourquoi? Il reste des légumes.» Aimant jouir du moment, quel qu'il fût, il vit là une manière de rechigner[12] à un plaisir qui s'offrait, ou peut-être, ce qu'il détestait le plus au monde, une parcimonie inculquée par une éducation petite-bourgeoise. Il se trompait en ne percevant pas chez Fernande des velléités[13] d'ascétisme. Le fait reste que, même pour les moins gourmets, les moins gourmands ou les moins goinfres[14], vivre ensemble c'est en partie manger ensemble. Monsieur et Madame de C. n'étaient pas bons partenaires à table.

Ses toilettes laissaient à redire[15]. Elle portait les vêtements des meilleurs faiseurs avec une négligence où il y avait de la grâce; cette désinvolture[16] ir-

6 **ciseau:** chisel
7 **bavardage:** chattering
8 **maîtresse de maison:** housewife, hostess
9 **conciliabule:** secret meeting
10 **entremets:** dessert
11 **grossesse:** pregnancy
12 **rechigner:** to jib at
13 **velléité:** impulse, desire
14 **goinfre:** gluttonous
15 **ses toilettes laissaient à redire:** there was always something wrong with her clothes
16 **désinvolture:** an offhand way

ritait pourtant le mari qui butait[17] dans la chambre de
sa femme sur un fringant[18] chapeau ou un manchon[19] je-
tés à terre. Sitôt étrennée[20], la robe neuve était
froissée[21] ou déchirée[22]; des boutons sautaient. Fernande avait de ces doigts qui perdent les bagues: son
anneau de fiançailles en était tombé, un jour que, de
la portière baissée d'un wagon, elle faisait admirer à
Michel un beau paysage. Sa longue chevelure, pour laquelle il avait une prédilection d'homme de la Belle E-
poque, faisait le désespoir des coiffeurs qui ne com-
prenaient pas que Madame ne sût pas mettre une épingle[23] ou un peigne[24] au bon endroit. Il y avait en elle
de la fée, et rien n'est plus insupportable, à en croire les contes, que de vivre avec une fée. Pis encore,
elle était peureuse. La douce petite jument[25] qu'il lui
avait donnée languissait dans l'écurie[26] du Mont-Noir.
Madame ne consentait à la monter que tenue en laisse[27]
par son mari ou par un groom; les innocentes caracoles
de l'animal l'épouvantaient. La mer ne lui réussissait
pas plus que le cheval. [...]

Un peu sans doute parce que ses lectures romanesques l'avaient persuadée qu'une seconde femme se doit
d'être jalouse du souvenir de la première, Fernande posait des questions qui semblaient à Michel quelque peu
saugrenues[28], en tout cas intempestives[29]. Les mois
passant, et bientôt s'allongeant en années, elle faisait discrètement montre d'un désir d'être mère qui a-
vait semblé d'abord peu prononcé chez elle. La première
et seule expérience que Monsieur de C. avait fait de la
paternité n'était pas pour lui donner confiance, mais
il avait pour principe qu'une femme qui veut un enfant
a le droit d'en avoir un, et, sauf erreur, pas plus
d'un.

Tout procédait donc comme il l'avait voulu, ou du
moins comme il trouvait naturel que les choses se pas-

17 **buter:** to trip
18 **fringant:** dashing
19 **manchon:** muff
20 **étrenner:** to wear for the first time
21 **froissé:** crumpled
22 **déchiré:** torn
23 **épingle:** hairpin
24 **peigne:** comb
25 **jument:** mare
26 **écurie:** stable
27 **laisse:** leash
28 **saugrenu:** ludicrous
29 **intempestif:** untimely

sassent. Néanmoins, il se sentait pris au piège[30]. Pris au piège comme il l'avait été lorsque, pour contrecarrer[31] les projets de sa mère qui voyait en lui son régisseur[32] futur, destiné comme son père avant lui à entendre les doléances[33] des fermiers et à discuter de nouveaux baux[34], il s'était sans crier gare[35] engagé dans l'armée. (Et il avait aimé l'armée, mais cette décision n'en avait pas moins été le contrecoup[36] d'une querelle de famille, et d'une sorte de maladroit chantage[37] fait aux siens). Pris au piège comme lorsqu'il avait quitté l'armée, également sans crier gare, à cause du joli visage d'une Anglaise. Pris au piège comme lorsqu'il avait consenti, pour faire plaisir à son père atteint d'une maladie qui ne pardonne pas, à rompre cette liaison[38] déjà longue (qu'ils étaient doux, les verts paysages de l'Angleterre, qu'ils étaient charmants les jours de soleil et de pluie passés à vagabonder ensemble dans les champs, et les goûters dans les fermes!) pour épouser Mademoiselle de L., personne que tout assortissait[39] à lui, la situation sociale, d'anciennes alliances entre les deux familles, et davantage encore le goût du cheval et de ce que sa mère appelait la vie à grandes guides[40]. (Et tout n'avait pas été mauvais dans ces années passées avec Berthe: il y avait eu le bon et le passable aussi bien que le pire). A quarante-neuf ans, il se retrouvait pris au piège au côté d'une femme pour laquelle il avait des sentiments affectueux, avec une pointe d'irritation, et d'un enfant dont on ne sait encore rien, sinon qu'on s'attachera à lui, pour en arriver sans doute, si c'est un garçon, à des désappointements et à des disputes, si c'est une fille à la donner en grande pompe à un étranger avec qui elle ira coucher. Monsieur de C. se sentait par moments saisi du désir de faire sa valise. Mais l'installation à Bruxelles avait du bon. Si cette situation se dénouait[41], non par un divorce, inimaginable dans leur milieu, mais par une discrète sépara-

30 **piège**: trap
31 **contrecarrer**: to thwart
32 **régisseur**: steward
33 **doléances**: grievances
34 **bail/baux**: lease
35 **sans crier gare**: without a warning
36 **contrecoup**: repercussion
37 **chantage**: blackmail
38 **liaison**: affair
39 **assortir**: to match
40 **guides**: reins
41 **se dénouer**: to be resolved

tion, rien de plus naturel pour Fernande que de rester
avec l'enfant en Belgique auprès des siens, pendant
qu'il prétexterait d'affaires pour voyager ou rentrer
en France. Et enfin, si l'enfant était un garçon, il y
avait avantage par ce temps de courses aux armements à
ce qu'il pût un jour opter par un pays neutre. On le
voit: trois ans, en chiffres ronds, passés à l'armée,
n'avaient pas fait de Monsieur de C. un patriote prêt à
donner des fils pour la reconquête de l'Alsace-Lorrai-
ne: il laissait ces grands élans[42] à son cousin P., dé-
puté de la droite, qui remplissait la Chambre de ses
homélies[43] en l'honneur de la natalité française.

J'ai moins de détails sur les sentiments de Fernande pendant cet hiver-là, et puis tout au plus infé-
rer ce à quoi elle pensait durant ses insomnies, al-
longée dans son lit jumeau[44] d'acajou[45], séparée par
une carpette[46] de Michel qui pensait de son côté. Compte fait du peu que je sais d'elle, j'en viens à me demander si ce désir de maternité, exprimé de temps à autre par Fernande en voyant une paysanne donner le sein
à son nourrisson ou en regardant dans un musée un bam-
bin de Lawrence, était aussi profond qu'elle-même et
Michel le croyaient. L'instinct maternel n'est pas si
contraignant qu'on veut bien le dire, puisque, à toute
époque, les femmes d'un condition sociale dite privilé-
giée ont d'un coeur léger confié à des subalternes
leurs enfants en bas âge, jadis mis en nourrice[47],
quand la commodité ou la situation mondaine de leurs
parents l'exigeaient, naguère[48] laissés aux soins souvent maladroits[49] ou négligents des bonnes, de nos
jours à une impersonnelle pouponnière[50]. On pourrait
aussi rêver à la facilité avec laquelle tant de femmes
ont offert leurs enfants au Moloch des armées, en se
faisant gloire d'un tel sacrifice.

Mais revenons à Fernande. La maternité était partie intégrante de la femme idéale telle que la dépei-
gnaient les lieux communs courants autour d'elle: une
femme mariée se devait de désirer être mère comme elle

42 **élan**: fervor
43 **homélie**: homily
44 **jumeau**: twin
45 **acajou**: mahogany
46 **carpette**: rug
47 **nourrice**: wet-nurse
48 **naguère**: formerly
49 **maladroit**: clumsy
50 **pouponnière**: day nursery

se devait[51] d'aimer son mari et de pratiquer les arts d'agrément. Tout ce qu'on enseignait sur ce sujet était d'ailleurs confus et contradictoire: l'enfant était une grâce, un don de Dieu; il était aussi la justification d'actes jugés grossiers et quasi répréhensibles, même entre époux, quand la conception ne venait pas les justifier. Sa naissance mettait en joie le cercle de famille; en même temps, la grossesse était une croix qu'une femme pieuse et sachant ses devoirs portait avec résignation. Sur un autre plan, l'enfant était un joujou[52], un luxe de plus, une raison de vivre un peu plus solide que les courses en ville et les promenades au Bois. Sa venue était inséparable des layettes[53] bleues ou roses, des visites de relevailles[54] reçues en négligé de dentelles[55]: il était impensable qu'une femme comblée[56] de tous les dons n'eût pas aussi celui-là. En somme, l'enfant consacrerait la pleine réussite de sa vie de jeune épouse, et ce dernier point n'était peut-être pas sans compter pour Fernande, mariée assez tard, et qui le vingt-trois février venait d'avoir trente et un ans.

Pourtant, bien que ses relations avec ses soeurs fussent fort tendres, elle n'avait annoncé sa grossesse à celles-ci (sauf à Jeanne, conseillère en tout) que le plus tard possible, ce qui n'est guère le fait d'une jeune femme exultant dans ses espoirs de maternité. Elles ne l'avaient sue qu'après l'arrivée de Madame de C. à Bruxelles. Plus son terme approchait, plus les pieux ou charmants lieux communs laissaient à nu une émotion très simple, qui était la peur. Sa propre mère, épuisée[57] par dix accouchements[58], était morte un an après sa naissance à elle, «d'une courte et cruelle maladie» occasionnée peut-être par une nouvelle et fatale grossesse; sa grand-mère était morte en couches[59] dans sa vingt et unième année. Une partie du folklore que se transmettaient à voix basse les femmes de la famille était faite de recettes en cas d'accouchements difficiles, d'histoires d'enfants mort-nés ou morts avant

51 **elle se devait**: it was her duty
52 **joujou**: toy
53 **layette**: baby clothes
54 **relevailles**: recovery
55 **dentelle**: lace
56 **une femme comblée**: a woman who has all that she could wish for
57 **épuisé**: exhausted
58 **accouchement**: childbirth
59 **mourir en couches**: to die in childbirth

qu'on eût pu leur administrer le baptême, de jeunes mères emportées par la fièvre de lait. A la cuisine et à
la lingerie[60], ces récits n'étaient pas même faits à
voix basse. Mais ces terreurs qui la hantaient restaient vagues. Elle était d'un temps et d'un milieu où
non seulement l'ignorance était pour les filles une
part indispensable de la virginité, mais où les femmes,
même mariées et mères, tenaient à n'en pas trop savoir[61] sur la conception et la parturition, et n'auraient cru pouvoir nommer les organes intéressés. Tout
ce qui touchait au centre du corps était affaire aux
maris, aux sages-femmes[62] et aux médecins. Les soeurs
de Fernande, qui abondaient en conseils de régime et en
exhortations tendres, avaient beau lui dire qu'on aime
déjà l'enfant qui va naître, elle ne parvenait pas à é-
tablir un rapport entre ses nausées, ses malaises[63], le
poids de cette chose qui croissait[64] en elle et en sortirait, d'une manière qu'elle imaginait mal, par la
voie la plus secrète, et la petite créature, pareille
aux ravissants Jésus de cire[65], dont elle possédait déjà les robes garnies de dentelle et les bonnets brodés[66]. Elle redoutait[67] cette épreuve[68] dont elle ne
voyait qu'en gros les péripéties[69], mais pour laquelle
elle ne dépendrait que de son propre courage et de ses
propres forces. La prière lui était un recours; elle se
calmait en pensant qu'elle avait demandé aux soeurs du
couvent où elle avait été élevée une neuvaine[70] à son
intention.

Les plus mauvais moments étaient sans doute ceux
du creux de la nuit, quand la réveillait son habituel
mal de dents. On entendait les dernières voitures rou-
ler, à longs intervalles, sur les pavés de l'avenue
Louise, ramenant des gens de soirées ou du théâtre, le
bruit agréablement amorti[71] par ce qui était alors une
quadruple rangée d'arbres. Elle se réfugiait dans de
rassurants détails pratiques: l'événement n'était prévu

60 **lingerie:** linen room
61 **tenaient à n'en pas trop savoir:** did not care about
knowing too much
62 **sage-femme:** midwife
63 **malaise:** feeling of sickness
64 **croître:** to grow
65 **cire:** wax
66 **brodé:** embroidered
67 **redouter:** to fear
68 **épreuve:** ordeal
69 **péripéties:** events, episodes
70 **neuvaine:** novena
71 **amortir:** to muffle

que pour le quinze juin, mais la garde Azélie entrerait
en fonctions dès le cinq; il faudrait se souvenir d'é-
crire à Madame de B., rue Philippe le Bon, chez qui
Azélie travaillait en ce moment, pour remercier celle-
ci de la lui avoir cédée quelques jours plus tôt que
d'abord convenu[72]. Tout serait plus facile dès qu'on
aurait près de soi une personne expérimentée. S'éveil-
lant sans se rendre compte qu'elle avait de nouveau
dormi, elle regardait l'heure à la pendulette sur la
table de chevet[73]: il était temps de prendre le forti-
fiant qui lui avait ordonné le médecin. Un rayon de soleil passait à travers les épais rideaux; il ferait
beau; elle pourrait aller en voiture faire quelques
achats ou se promener avec Trier[74] dans le petit jardin. Le poids de l'avenir cessait d'être accablant[75],
se subdivisait en minces soucis ou en futiles occupations, les unes agréables, d'autres moins, mais toutes
distrayantes, et remplissant les heures au point de les
faire oublier. Pendant ce temps, la terre tournait.

[...]

Le huit juin, vers six heures du matin, Aldegonde
allait et venait dans la cuisine, versant du café dans
des bols pour Barbara et le valet-jardinier. L'énorme
poêle à charbon[76] rougeoyait déjà, chargé de toutes
sortes de récipients pleins d'eau bouillante. Sa chaleur était plaisante; malgré la saison, il faisait
frais dans cette pièce en sous-sol. Personne n'avait
fermé l'oeil. Aldegonde avait dû préparer des en-cas
nocturnes pour Monsieur et pour le Docteur, qui n'avait
pas quitté la chambre de Madame depuis la veille au
soir. Il avait fallu aussi confectionner des bouillons
et des laits de poule pour réconforter Madame, qui du
reste n'y avait touché à peine. Barbara avait toute la
nuit fait la navette[77] entre la chambre du premier et
la cuisine, portant des plateaux, des brocs[78], du linge. En principe, Monsieur de C. eût trouvé plus décent
que cette délicate fille de vingt ans n'assistât pas
aux péripéties de l'accouchement, mais on n'a pas envers une femme de chambre, fille d'un métayer[79] lim-

72 **convenu:** agreed
73 **table de chevet** = table de nuit
74 **Trier:** le nom du chien
75 **accablant:** oppressive, overwhelming
76 **poêle à charbon:** coal stove
77 **faire la navette:** to come and go between
78 **broc:** pitcher
79 **métayer:** tenant farmer

bourgeois, tout à fait les mêmes égards[80] qu'envers les demoiselles des villes, et de toute façon Azélie avait sans cesse besoin d'elle. Barbara avait dû monter et redescendre vingt fois ces deux étages.

J'imagine sans peine les trois domestiques assis à la chaleur du poêle, leurs longues tartines en équilibre sur le rebord du bol où ils trempaient chaque bouchée, plaignant Madame pour qui la chose se présentait mal, mais jouissant quand même de ce moment de repos et de bonne nourriture que troubleraient sans doute bientôt un coup de sonnette ou de nouveaux cris. Au vrai, depuis minuit, on était habitué aux cris. Quand une accalmie[81] se produisait, leur absence faisait peur; les femmes se rapprochaient de la porte, laissée entrouverte, de l'escalier de service; les plaintes entrecoupées les rassuraient presque. Le laitier passa avec sa charrette traînée par un gros chien: Aldegonde alla à sa rencontre avec sa casserole de cuivre[82] que l'homme remplissait, inclinant un bidon[83]; s'il se trouvait que le bidon fût ensuite presque vide, les dernières gouttes[84] étaient pour le chien, qui avait son écuelle[85] suspendue à son harnais[86]. Le garçon boulanger suivit le laitier, portant, encore chauds, les petits pains du déjeuner du matin. Puis vint la femme à journée, personne regardée de très haut par les domestiques, qui avait pour fonctions de récurer[87] les marches du seuil[88] et le segment de trottoir, de polir la sonnette, la poignée de la porte et le couvercle de la boîte aux lettres gravé au nom des propriétaires. Chaque fois, un bout de conversation s'engageait; on échangeait des lieux communs apitoyés mêlés de quelques vérités premières: le Bon Dieu veut que les riches en ça soient pareils aux pauvres ... Un moment plus tard, Madame Azélie, qu'on n'avait pas entendue sonner de nouveau, descendit pour du café et une tartine et annonça que le docteur avait décidé de se servir des fers[89]. Non: on n'avait pour l'instant pas besoin de Barbara;

80 **égard:** consideration
81 **accalmie:** respite
82 **cuivre:** copper
83 **bidon:** milk-churn
84 **goutte:** drop
85 **écuelle:** bowl
86 **harnais:** harness
87 **récurer:** to scour
88 **seuil:** doorway
89 **fers:** forceps

une personne de plus eût gêné; il fallait laisser au docteur ses coudées franches[90].

Au bout de vingt minutes, Barbara, sonnée impérieusement par Azélie, entra avec une sorte de crainte chez Madame. La belle chambre avait l'air du lieu d'un crime. Barbara, tout occupée des ordres que lui donnait la garde, n'eut qu'un timide coup d'oeil pour le visage terreux de l'accouchée, ses genoux pliés[91], ses pieds dépassant le drap et soutenus par un traversin[92]. L'enfant déjà scindé[93] d'avec la mère vagissait[94] dans un panier[95] sous une couverture. Une violente altercation venait d'éclater entre Monsieur et le Docteur, dont les mains et les joues tremblaient. Monsieur le traitait de boucher. Azélie sut habilement intervenir pour mettre fin aux éclats de voix[96] mal réprimés des deux hommes: Monsieur le Docteur était épuisé et ferait bien d'aller se reposer chez lui; ce n'était pas la première fois qu'elle, Azélie, prêtait son assistance dans un accouchement difficile. Monsieur ordonna sauvagement à Barbara de reconduire le docteur.

Il la précéda, et descendit presque en courant l'escalier. Il prit à une patère[97] du vestibule un paletot[98] mastic[99] dont il recouvrit son complet maculé[100], et sortit.

Avec l'aide d'Aldegonde, appelée à la rescousse[101], les femmes rendirent au chaos les apparences de l'ordre. Les draps salis du sang et des excréments de la naissance furent roulés en boule et portés dans la buanderie[102]. Les visqueux et sacrés appendices de toute nativité, dont chaque adulte a quelque peine à s'imaginer avoir été pourvu[103], finirent incinérés dans les braises[104] de la cuisine. On lava la nouvelle-née:

90 **coudées franches:** to have elbow room
91 **plié:** bent
92 **traversin:** bolster
93 **scinder:** to split
94 **vagir:** to cry (of newborn baby)
95 **panier:** basket
96 **éclats de voix:** shouts
97 **patère:** coat-peg
98 **paletot:** cardigan
99 **mastic:** putty (color of)
100 **maculé:** stained
101 **rescousse:** rescue
102 **buanderie:** wash room
103 **pourvu:** endowed
104 **braises:** embers

c'était une robuste petite fille au crâne couvert d'un duvet[105] noir pareil au pelage[106] d'une souris. Les yeux étaient bleus. On refit les gestes faits depuis des millénaires par des successions de femmes: le geste de la servante qui remplit précautionneusement un bassin, le geste de la sage-femme qui trempe la main dans l'eau pour s'assurer qu'elle n'est si trop chaude ni trop froide. La mère trop exténuée pour supporter une fatigue de plus détourna la tête quand on lui présenta l'enfant. On mit la petite dans le beau berceau[107] de satin azur installé dans la chambrette voisine: par une manifestation typique de sa piété, que Monsieur de C. trouvait selon les jours niaise[108] ou touchante, Fernande avait voué au bleu pour sept ans son enfant, quel que fût son sexe, en l'honneur de la Sainte Vierge.

[...]

Un petit fait plus remarquable, du moins aux yeux de Monsieur de C., eut lieu le jour suivant. Fernande, dans un de ces moments où elle retrouvait la force de souhaiter quelque chose, se chercha des secours spirituels. Elle se souvenait d'avoir plusieurs fois vénéré les reliques exposées dans l'église des Carmes, où elle s'était rendue avec Jeanne. Dans les cas graves, on portait quelquefois ces reliques chez les malades qui en faisaient la requête. Elle demanda à Monsieur de C. de solliciter pour elle cette faveur du supérieur du couvent.

Elle avait pourtant des reliques plus à portée de main[109]. Sur une console, dans un coin de la chambre conjugale où elle s'isolait pour prier, se dressait sur son socle un crucifix du XVIIe siècle provenant de la chapelle du château de Suarlée, où elle avait grandi. Ce socle et les bras de croix étaient percés de petites monstrances: à travers un mince verre bombé[110], on apercevait des parcelles d'os piquées sur un fond de velours rouge fané[111] et munies[112] chacune d'une mince banderole de parchemin indiquant à quel martyr elles avaient appartenu. Mais l'encre des menues[113] inscrip-

---

105 **duvet:** down
106 **pelage:** coat, fur
107 **berceau:** cradle
108 **niais:** silly
109 **plus à portée de main:** closer at hand
110 **bombé:** convex
111 **fané:** faded
112 **muni:** equipped
113 **menu:** tiny

tions latines avait pâli, et les martyrs étaient rede-
venus anonymes. Tout ce qu'on savait, c'est qu'un
grand-père quelconque avait rapporté ce pieux trésor de
Rome, et que ces bouts d'ossements provenaient de la
poussière des Catacombes. Peut-être le fait d'ignorer
de quels saints il s'agissait, peut-être la trop grande
habitude qu'elle avait de cet objet un peu lugubre,
avec son Christ d'argent aux formes molles et ses bordures d'écaille[114] légèrement endommagées, mitigeaient-
ils chez Fernande la foi en son efficacité. Les reliques vénérées chez les Carmes passaient au contraire
dans le quartier[115] pour miraculeuses.

Un jeune moine se présenta le jour même. Il péné-
tra discrètement dans la belle chambre du premier étage; retirant d'un repli de sa robe la boîte-reliquaire,
il la posa sur l'oreiller avec une déférence et des
soins infinis, mais Fernande retombée dans sa torpeur
agitée ne s'aperçut même pas de l'arrivée de ce secours
tant souhaité. Puis, s'agenouillant, le jeune Carme ré-
cita des prières latines, suivies par une silencieuse
oraison[116]. Monsieur de C., agenouillé lui aussi, par
bienséance[117] plutôt que par conviction, le regardait
prier. Au bout d'un long moment, le visiteur en robe
brune se leva, regarda pensivement la malade avec ce
qui parut à Monsieur de C. une tristesse profonde, reprit doucement le reliquaire portatif, l'enveloppa de
nouveau et se dirigea vers la porte. Monsieur de C. le
raccompagna jusqu'à la rue. Il lui semblait que la mé-
lancolie du jeune moine n'était pas due seulement à de
la compassion pour l'agonisante, mais que, doutant lui-
même du pouvoir des reliques qu'il portait, il avait
espéré une preuve, un mieux soudain qui dissiperait ce
doute coupable, et qu'il repartait découragé. Monsieur
de C. inventait peut-être tout cela.

La seconde visite fut celle de Noémi. Par attachement pour le fils de Monsieur de C., qu'on continuait à
appeler le petit Michel en dépit de sa haute taille et
de ses dix-neuf ans, elle avait désapprouvé le second
mariage de son fils, et davantage encore la grossesse
de Fernande. Le télégramme qui annonçait l'heureux événement provoqua son geste habituel de mécontentement,
qui était de s'administrer du plat de la main une cla-

114 **bordures d'écaille**: horn-rimmed
115 **quartier**: neighborhood
116 **oraison**: prayer
117 **bienséance**: decorum

que[118] sur la cuisse[119], marque de vulgarité qui agaçait[120] les siens. «Le petit Michel est coupé en deux!», s'était-elle écriée, signifiant par cette métaphore que son favori n'hériterait plus que de la moitié du bien paternel. Elle finit pourtant par se rendre à Bruxelles, sans doute par curiosité de femme, et surtout de vieille femme, qui ne résiste pas à l'envie de visiter une chambre d'accouchée, un peu aussi parce que Monsieur de C., à qui toute cette histoire coûtait très cher, avait demandé à sa mère de lui avancer quelques billets de mille francs: elle les apporterait elle-même, et goûterait ainsi le plaisir d'échanger, comme toujours à ces occasions, quelques mots aigres[121] avec son fils. Malgré son âge, il lui arrivait de se rendre de temps en temps dans la capitale belge pour faire des achats, Paris étant décidément trop loin, et Lille n'offrant pas le choix voulu. Le seul inconvénient était, au retour, les droits de douane à acquitter sur certains articles. Mais elle s'arrangeait généralement pour n'en payer aucun.

A peine descendue de la voiture de place, elle put se rendre compte de l'état de Fernande. En effet, la chaussée, devant le no 193 de l'avenue, était recouverte d'une épaisse couche de paille[122], destinée à amortir[123] le bruit des voitures. Une telle précaution, toujours prise dans les cas de maladie grave, avait déjà renseigné le voisinage sur l'état critique de la nouvelle accouchée. Barbara fit entrer Madame Mère qui refusa de s'installer dans le petit salon du rez-de-chaussée ou d'abandonner son ombrelle[124]. Elle s'assit sur le banc du vestibule.

Prévenu[125], Monsieur de C. reconnut dès le palier[126] du premier étage la silhouette corpulente et un peu tassée[127] de sa mère, et la manière dont elle serrait contre son ventre, comme si on avait voulu la lui arracher, sa sacoche[128] de cuir noir ornée d'une cou-

118 **claque:** slap
119 **cuisse:** thigh
120 **agacer:** to irritate
121 **aigre:** bitter
122 **couche de paille:** layer of straw
123 **amortir:** to absorb
124 **ombrelle:** parasol
125 **prévenu:** informed
126 **palier:** landing
127 **tassé:** shrunken
128 **sacoche:** satchel, bag

ronne comtale de fantaisie qui irritait Michel, encore
qu'il se laissât parfois mollement donner du comte par
les fournisseurs[129]. Sitôt près de la vieille dame, il
résuma sams ambages[130] la situation; on ne gardait aucun espoir de sauver Fernande. Cependant la fièvre é-
tait un peu tombée, et il n'y avait aucun inconvénient
à ce que la malade reçût une brève visite; elle avait
pour le moment pleine conscience et serait touchée de
cette attention de sa belle-mère.

Mais la vieille femme avait senti la mort. Son visage se crispa[131], et, serrant un peu plus[132] sa sacoche:

    - Tu ne crois pas que je pourrais attraper du mal?

Monsieur de C. se retint[133] d'assurer sa mère que
la fièvre puerpérale était un risque qu'elle ne courait
plus. Madame Mère rencognée[134] sur son banc refusa de
déjeuner, offre sur laquelle Michel n'insista pas, Aldegonde, qui veillait[135] Fernande une partie de la
nuit, ayant à peu près éteint ses fourneaux[136]. La
douairière[137] remonta dans la voiture qui l'attendait
et repartit pour le Mont-Noir sans s'attarder davantage. Elle dit par la suite avoir oublié, dans son émoi,
de donner à son fils les billets attendus.

Un peu plus tard, Fernande reçut une dernière visite, mais cette fois il n'était plus question d'échanger avec cette personne quelques mots ou de l'accueillir d'un sourire. C'était le photographe. Il fit son
entrée avec les instruments de son art sorcier: les
plaques de verre sensibilisées de façon à fixer pour
longtemps, sinon pour toujours, l'aspect des choses, la
chambre obscure construite à l'instar de l'oeil et pour
suppléer aux manques de la mémoire, le trépied[138] avec
son voile noir. Outre la dernière image de Madame de
C., cet inconnu m'a conservé ainsi des vestiges de décor grâce auxquels je recrée cet intérieur oublié. Au
chevet de Fernande, deux candélabres à cinq branches,
ne portant chacun que trois rituelles bougies allumées,

129 **fournisseur**: supplier, retailer
130 **sans ambages**: in plain language
131 **se crisper**: to tense
132 **serrant un peu plus**: holding tighter
133 **se retenir de**: to refrain from
134 **rencogné**: huddled up
135 **veiller**: to sit up with, to watch over
136 **fourneau**: stove
137 **douairière**: dowager
138 **trépied**: tripod

ce qui donne je ne sais quoi de lugubre à cette scène qui ne serait autrement que solennelle et calme. Le dossier[139] du lit d'acajou se détache sur les drapés du ciel de lit[140], avec, entrevu à gauche, un segment d'une autre couche toute pareille, soigneusement recouverte de sa courtepointe[141] à ruches, et dans laquelle cette nuit-là personne assurément n'a dormi. Je me trompe: en examinant de plus près l'image, j'aperçois sur un coin de la courtepointe une masse noire: les pattes de devant et le nez de Trier pelotonné[142] sur le lit de son maître, et que Monsieur de C. aura trouvé gentil et touchant de laisser là.

Les trois femmes avaient arrangé Fernande avec le plus grand soin. Elle donne surtout l'impression d'être exquisement propre: les coulées de sueurs, le suintement des lochies[143] ont été lavés et séchés; une sorte d'arrêt temporaire semble se produire entre les dissolutions de la vie et celles de la mort. Cette gisante[144] de 1903 est revêtue d'une chemise de batiste aux poignets et au col ornés de dentelles; un tulle diaphane voile imperceptiblement son visage et nimbe[145] ses cheveux, qui paraissent très sombres, par contraste avec la blancheur du linge. Ses mains, entrelacées d'un chapelet[146], sont jointes sur le haut du ventre ballonné par la péritonite, qui bombe[147] le drap comme si elle attendait encore son enfant. Elle est devenue ce qu'on voit des morts: un bloc inerte et clos, insensible à la lumière, à la chaleur, au contact, n'aspirant ni n'exhalant plus l'air et ne s'en servant plus pour former des mots, ne recevant plus en soi des aliments pour en excréter ensuite une partie. Tandis que, dans ses portraits de jeune fille et de jeune femme, Madame de C. n'offre au regard qu'un visage agréable et fin, sans plus, certaines au moins de ses photographies mortuaires donnent l'impression de la beauté. L'émaciation de la maladie, le calme de la mort, l'absence désormais totale du désir de plaire ou de créer une bonne impression, et peut-être aussi l'habile éclairage du photographe, mettent en valeur le modelé de cette face hu-

139 **dossier**: back
140 **ciel de lit**: canopy
141 **courtepointe**: bedcover
142 **pelotonné**: curled up
143 **suintement des lochies**: oozing of the uterus
144 **gisante**: recumbent figure
145 **nimber**: to halo
146 **chapelet**: rosary
147 **bomber**: to bulge

maine, soulignant les pommettes[148] un peu hautes, les
profondes arcades sourcilières[149], le nez délicatement
arqué aux étroites narines[150], lui confèrent une dignité qu'on ne soupçonnait pas. Les grandes paupières[151]
fermées, donnant l'illusion du sommeil, lui dispensent
une douceur qui autrement lui manquerait. La bouche si-
nueuse est amère, avec ce pli fier qu'ont souvent les
bouches des morts, comme s'ils avaient à leur acquis
une victoire chèrement remportée[152]. On voit que les
trois femmes ont disposé avec soin le drap fraîchement
repassé[153] en grands plissements[154] parallèles, presque
sculpturaux, étalés[155] sur toute la largueur du lit, et
fait bouffer[156] l'oreiller[157] de Madame.

Deux communications parvinrent presque en même
temps cette semaine-là aux amis et connaissances. L'une
était une petite enveloppe discrètement bordée[158] d'un
filet[159] bleu, commandée, comme les boîtes de dra-
gées[160], longtemps à l'avance. Une feuille de papier
assortie[161] portait gravé en italiques également céles-
tes que Monsieur et Madame de C. avaient la joie d'annoncer la naissance de leur fille Marguerite. La seconde était brutalement bordée d'une large bande noire.
Les mari, fille, beau-fils, belle-mère, frères, soeurs,
beaux-frères, tante, neveux, nièces et cousins germains
de Fernande y faisaient part avec la plus profonde douleur de la perte irréparable qu'ils venaient de subir.

Souvenirs pieux, (Gallimard, 1974, p.19-33, p.42-
48).

148 **pommette:** cheekbone
149 **arcade sourcilière:** arch of the eyebrows
150 **narine:** nostril
151 **paupière:** eyelid
152 **remporter une victoire:** to win
153 **repassé:** ironed
154 **plissement:** fold
155 **étalé:** spread
156 **bouffer:** to puff
157 **oreiller:** pillow
158 **border:** to trim with
159 **filet:** thin line
160 **dragée:** sugared almond
161 **assorti:** matching

PAROLE DE FEMME

Pour la sage-femme[1], c'était peut-être le 492e accouchement[2] auquel elle assistait. Moi c'était le mien, le premier, mort, naissance, emportement[3]. La vie. Extraordinaire aventure que je voulais sans réserve.

Il y avait le moment étrange où tout s'apaisait, où mon corps se déliait[4] de toutes parts, s'étendait immobile, recueilli[5] dans le silence comme un lac au crépuscule[6]. Et j'attendais, religieuse, les yeux clos, la montée de la prochaine vague, qui allait me soulever. Hauteur insoupçonnée[7], vertige; ce qui commence à naître en moi est une sorte d'effroi[8] sacré, de nudité grande comme le ciel.

J'ai oublié les autres. J'ai oublié les jambes en l'air, écartées[9], le sexe chauve, à l'air et dilaté, comme l'amour triomphant oublie la décence.

Et de nouveau mon corps se concentre, se resserre[10]. Cela s'insinue, semble-t-il, par les cuisses[11]. Je prends mon souffle, je halète[12], et voilà que ça monte, ça ouvre, ça se répand, ça presse tandis que craquent les limites de mon corps. Une porte de bronze s'entrouve en grinçant[13] sur une sorte de nuit immense, jamais vue.

Au début, dans le choc de l'étonnement, me viennent des mots, plus que des images, qui cognent[14] dans ma gorge avec mon souffle haché[15], labyrinthe, inquisition, schismatique, et toujours avec cette bizarre i-

---

1 **sage-femme:** midwife
2 **accouchement:** delivery
3 **emportement:** to be carried away
4 **se délier:** to get free, to untie
5 **recueilli:** meditative
6 **crépuscule:** twilight
7 **insoupçonné:** undreamt-of
8 **effroi:** dread
9 **écarté:** spread
10 **se resserrer:** to tighten, to close
11 **la cuisse:** thigh
12 **haleter:** to pant
13 **grincer:** to creak
14 **cogner:** to knock
15 **mon souffle haché:** gasping for breath

dée, raide[16] comme une lame fichée dans le ciel[17], au goût d'un noir triomphe: «Ils ne m'auront pas[18].» Qui «ils»? Avoir quoi de moi? La réflexion que j'ai pu faire depuis ne m'a pas appris grand-chose là-dessus. Ils ne m'auraient pas, c'est tout, et je le savais dans la plus brûlante, la plus merveilleuse certitude. Je «leur» avais échappé. Je leur échappais.

Au fur à mesure que[19] cela s'intensifiait je perdais, alors que la conscience, elle, allait se dilatant, toute conscience de <u>moi</u>, de <u>ma</u> vie. Je perdais peu à peu tout ce qui antérieurement me faisait dire «moi», limites, temporalité, séparation. J'accédais à l'éblouissante conscience de la vie brute, la vie une et seule à travers toutes les formes fragiles, assaillies puis rejetées, la vie dépassante, folle, irrespectueuse de toute permanence, fondamentale, ivre...

J'ai perdu les mots mêmes qui me choquaient la tête. Je suis devenue immense, tentaculaire.

Plus vaste que la mer.

Plus vide que le ciel.

Plus fracassante[20] que le tonnerre.

La terre s'est ouverte. Je vais mourir ou je vais naître. J'ai déjà disparu. Temps ultime. Le chaos gronde[21] et se plisse[22]. La montagne se ramasse[23] et pousse la nuit. Cela ne se peut pas; c'est trop.

Mort superbe. Désir éperdu[24], fondu à la pâte brûlante du monde. Cela ne se peut pas. C'est trop. TROP...

Ouverte encore, écartelée[25] jusqu'aux confins...

Ainsi cette puissance, c'est moi, ainsi le monde et la naissance première du monde, et l'aube extasiée de la nuit, c'est moi, ainsi l'immensité, c'est moi...

Pour l'unique fois la terreur la plus entière et la plus juste. La terreur la plus religieuse. Conciliée à la Loi, portant et inventant la Loi qui m'anéantit[26], je tremble de ferveur, d'amour.

16 **raide**: rigid
17 **lame fichée dans le ciel**: a blade driven into the sky
18 **ils ne m'auront pas**: they won't get me
19 **au fur à mesure que**: as soon as
20 **fracassant**: deafening
21 **gronde**: rumbles
22 **se plisse**: folds
23 **se ramasse**: crouches
24 **éperdu**: frantic
25 **écartelé**: torn apart
26 **anéantir**: to annihilate

Puis vint le temps où je compris que je voulais sourdre[27] de moi. C'est alors que m'est parvenue la voix subtile qui m'incitait à «pousser» comme si j'allais faire caca[28]. Pousser? Quoi pousser? On pousse l'autre, celui qui est à distance, séparé, et auquel on imprime sa force. Pousser? J'avais un pied sur le pôle Sud, un autre sur le pôle Nord, et c'est la terre dont j'étais grosse qui réclamait dans une incontrôlable exigence, le jaillissement[29]...

Je me souviens de m'être empêchée de rire alors, d'un rire extraordinaire, illimité, qui s'emparait de moi. Rien n'existait, rien n'avait jamais existé de tout ce que les hommes considéraient avec sérieux. Toutes les choses multiples et bigarrées[30] de l'univers, toutes les pensées graves n'étaient que le fragments retombés du rire éclaté d'un dieu.

Le monde n'existait pas, ni les vérités mathématiques de Descartes ni son Dieu si indéniable. J'étais seule à avoir phantasmé le tout.

Mais j'avais été trop loin, cela ne se pouvait pas. J'avais dépassé toutes les bornes[31]. Impossible que vienne à l'être ce que j'avais conçu. J'allais m'arrêter là, aux limites extrêmes de l'enceinte que j'étais encore, j'allais me briser là dans ce désir hurlé d'apothéose. Tout allait disparaître au bord de ce précipice. Nul et rien ne reviendrait jamais...

C'est alors que je fus brutalement ramenée à moi, forcée de l'intérieur d'une précise et irrépressible puissance, qui devint plus que mon acquiescement, mon vouloir, mon affirmation-explosion même. J'ouvris les yeux, je vis mon corps, mes jambes que l'on accrochait en l'air, je vis mes muscles bandés[32], je vis mes mains crispées que je reconnus étrangement. Je dressai la tête, et la sueur ruissela sur mon front, sur ma nuque. Je compris que je n'avais cessé de m'avancer, de tendre vers cette déchirante et suprême violence que je faisais, qu'on me faisait, que je voulais.

Je fus saisie d'un paroxysme de violence. Quelque chose de dur, de rond, d'énorme, la terre enfin sortit de mon cri dilaté. Et puis ce fut ce délice inoubliable, infini. Caresse exquise des petits bras chauds,

27 **sourdre**: to well up, to rise
28 **caca**: pooh
29 **jaillissement**: gush
30 **bigarré**: heterogeneous, mixed
31 **dépasser les bornes**: to go too far
32 **bandé**: tense

ourlés, des minuscules doigts humides... Je sentis tout cela dans une telle extase que je fondis en larmes[33]. Puis mon corps eut un ultime hoquet[34] d'agonie, et les fesses[35], les fines jambes fusèrent[36] dans une gluante[37] liqueur.

Le cri de l'enfant déchira le jour comme un tissu de soie.

Je fermai les yeux, coulant enfin dans l'eau lourde du bonheur, humeur épaisse de mon sang et de mes larmes.

Il est vrai pourtant, je ne l'avoue pas, je le constate, que pas une seule fois je n'ai pensé à l'enfant dans tout cela. C'est sans me préoccuper de lui que j'ai vécu avec lui sa naissance. C'est la sage-femme qui m'a informée de son bon état et de son sexe; je n'avais pas pensé à poser la question. Je me disais, le bébé vit qui est né de moi; c'est tout. (C'est que sans doute, je ne connais rien au sentiment, à l'instinct maternels, je ne m'y connais un peu qu'en bonheur.)

On a couché le bébé près de moi. Non seulement je ne le reconnaissais pas pour mien, mais rien jamais ne m'avait paru aussi étranger que ce petit d'homme. Et je dis «il», non pas comme un «il» masculin, puisque c'était une fille, on m'en avait avertie, mais comme un «il» neutre, il, le bébé, si loin de l'humain que le sexe ne saurait être repéré. Il me semblait venir de l'autre bout du monde, de l'autre bout des temps. Quelle nuit immense lui avait-il fallu traverser pour échouer[38] si minuscule et vulnérable auprès de moi?

Je le fixais[39] avec une sorte d'effroi. Il se passait pourtant à certains moments quelque chose d'extraordinaire; je le voyais parfois lever une main d'aveugle, ouvrir et fermer les doigts, détendre[40] soudain ses petites jambes repliées[41] dans une sorte de spasme agacé[42], et voilà que je reconnaissais, sans méprise[43]

33 **fondre en larmes**: to burst into tears
34 **hoquet**: gulp
35 **fesses**: buttocks
36 **fuser**: to gush
37 **gluant**: sticky
38 **échouer**: to end up
39 **fixer**: to stare at sb
40 **détendre**: to relax, to unbend
41 **ses petites jambes repliées**: her litlle legs tucked under her
42 **agacé**: irritated
43 **méprise**: mistake

possible, ces mouvements que j'avais éprouvés en moi et que je voyais maintenant hors de moi. Mais qui bougeait, qui continuait à bouger ainsi, où bougeait-il? Son corps ne venait pas de commencer d'être, il poursuivait sa longue histoire, où commencée, où perpétuée?

Je lui disais, d'où viens-tu, où es-tu? Rien jamais ne m'avait paru venir d'aussi loin et se tenir aussi loin...

Prise de vertige, je détournais le yeux. Et s'il toussait ou geignait[44] je n'aimais pas l'inquiétude qui me retournait vers lui.

Ce qui peu à peu nous rapprocha ne fut le fruit ni de mes devoirs, ni de mon affection envers lui, mais seulement l'harmonieuse rencontre de son appétit et de mon bonheur.

D'un quelque part en moi, mal localisable, mais profond, très intérieur, je sentais monter le lait jusqu'au bord des seins en afflux tièdes qui me déchiraient d'une longue et douce morsure[45]. Il me fallait, je voulais, je quémandais[46] ce que semblait demander la bouche minuscule, mais forte, vorace. Je prenais le bébé dans mes mains amoureuses, je le guidais vers mon sein gonflé, et ses lèvres, sa langue suçaient, tiraient, inventaient de moi un plaisir émerveillé.

Parole de femme, (Grasset, 1974, p.78-82).

44 **geindre:** to moan
45 **morsure:** bite
46 **quémander:** to beg for

LA FEMME GELEE

J'ai eu honte d'annoncer cette nouvelle à ma mère, le laisser-aller qu'elle reniflerait[1], tout de suite elle m'imaginerait langeant[2], poulottant[3] et ça ne la ravirait pas. Tout juste en effet si elle n'a pas pris l'annonce de cette naissance future comme celle d'un déshonneur pour moi et mon père s'est affligé qu'une tuile[4] pareille nous arrive. Autre son de cloche en face. Ce sera mon troisième petit-enfant, calcule mon beau-père. Je ne comprends pas sa fierté, dégoût même, mon ventre familial.

Il y a eu l'odeur chavirante[5] du lait matinal en train de bouillir, tous ces aliments qui se dénaturent dans ma bouche. Je cherche le fruit, le gâteau qui aurait conservé le goût d'avant. Entre le monde et moi s'étend une mare[6] grasse, des relents[7] de pourriture[8] douce. Arrachée à moi-même, flasque. Je lisais que c'était mauvais signe d'avoir mal au coeur[9], qu'au fond du fond je ne devais pas le vouloir cet enfant, que c'était suspect. Je n'y croyais pas, je trouvais normal que le corps se révolte, qu'il n'accepte pas de se laisser habiter sans dire ouf[10]. Les premiers mois, ça ressemble davantage à un ulcère d'estomac qu'à une vie en train de se faire. Et après, l'enfant tressaillit[11] dans son sein, la vieille Elisabeth de la bible, deux millions de grands mots, traduits en zozoteries[12] par la sage-femme sans douleur, les futurs papas sont tellement contents de sentir le bébé bouzer et zigoter[13] le soir vous verrez. Moi j'étais étonnée, j'avais envie

1 **renifler:** to sniff out
2 **langer:** to change diapers
3 **poulotter:** to pamper
4 **tuile:** a mishap, a blow
5 **chavirant:** sinking
6 **mare:** pond
7 **relent:** stench
8 **pourriture:** rot
9 **avoir mal au coeur:** to feel sick
10 **sans dire ouf:** before you can react
11 **tressaillir:** to shudder, to quiver
12 **zozoter:** to lisp
13 bouzer et zigoter = **bouger et gigoter:** to wriggle

de rire devant ce ventre bosselé[14], lui je le sentais gêné[15], je comprenais que ça doit être effrayant pour un homme. La grossesse[16] glorieuse, plénitude de l'âme et du corps, je n'y crois pas, même les chiennes qui portent montrent les dents sans motif ou somnolent[17] hargneusement[18]. La vraie maternité, ce n'est pas en sentant les coups de pied du soir qu'elle est tombée sur moi, ni en promenant dans les rues mon gros ventre, cet orgueil-là[19] ne vaut pas mieux que celui de la bandaison[20]. Pendant les neuf mois, les raisons d'être mélancolique ne manquaient pas. L'Afrique où nous ne pourrions plus aller comme prévu[21], avant. Examen de plus en plus vague pour moi, et une masse d'inquiétudes, qui le gardera, combien ça coûtera. Le désir obscur de rester enceinte le plus longtemps possible, que la naissance n'arrive jamais. Je voulais retenir mes derniers moments de femme seulement femme, pas encore mère, mes derniers jours avant les six tétées[22], les six changes et les pleurs. L'après-naissance me faisait peur, j'essayais de ne pas y penser. Toute mon imagination s'arrêtait à l'accouchement, décrit dans l'euphorie par la sage-femme, une partie de plaisir, la preuve, sur le disque on entendait une parturiente souffler en cadence, pas un mot plus haut que l'autre et soudain, attendrissant[23] à pleurer, le premier cri du nouveau-né, enfoncées[24] définitivement les images horribles de l'enfance, les fers et le sang, les scènes de torture d'<u>Autant en emporte le vent</u>[25], cordes et eau chaude, hurlements[26]. Pour me distraire de l'inquiétude, il y a eu aussi le rassemblement de tous les gadgets de la naissance. Nous voici tous les deux pour la première fois dans un Prémachin, affriolant[27] de vêtements minuscules et colorés, d'atours[28] délicieux, ba-

14 **bosselé:** bumpy
15 **gêné:** ill at ease
16 **grossesse:** pregnancy
17 **somnoler:** to doze
18 **hargneusement:** aggressively
19 **orgueil:** pride
20 **bandaison:** erection
21 **prévu:** anticipated
22 **tétées:** 6 feeds a day
23 **attendrissant:** touching
24 **enfoncé:** broken, smashed
25 <u>**Autant en emporte le vent**</u>: <u>Gone with the Wind</u>
26 **hurlement:** yelling
27 **affriolant:** tempting, enticing
28 **atours:** attire, finery

voirs brodés[29], barboteuses[30], hochets clinquants[31], tout pour jouer à la poupée vivante. Et des Mickey et des Donald partout, sur les assiettes à bouillie[32], les cache-brassière[33]. C'était irréel cet univers lilliputien. Le sentiment d'une régression terrible, pour lui et moi. Couches[34], chemises premier âge, deuxième âge, landau[35]. Après il y aura la chaise pour manger, le parc. Vous savez, c'est le premier qui coûte, ça ressert[36] aux suivants, dit la vendeuse. Plus fortement que le jour du mariage, si léger au fond, je me sens entraînée doucement, sous des couleurs layette, dans un nouvel engrenage[37].

Comment en parler de cette nuit-là. Horreur, non, mais à d'autres le lyrisme, la poésie des entrailles déchirées[38]. J'avais mal, cette conne[39] de sage-femme, j'étais une bête recroquevillée[40], soufflante, qui préférait l'obscurité à la moindre veilleuse[41], pas la peine de voir l'apitoiement[42] de ses yeux, il ne peut rien pour moi. Traversée des mêmes images pendant six heures, ni riche ni variée l'expérience de la souffrance. Je suis sur une mer démontée[43], je compte les secondes d'intervalle entre les vagues[44] de douleur qui cherchent à m'engloutir[45], sur lesquelles il faut caracoler[46] à toute biture[47] en haletant[48]. Deux chevaux m'écartèlent[49] interminablement les hanches. Une porte qui refuse de s'ouvrir. Une seule idée claire, et fixe, les reines accouchaient assises et elles avaient rai-

29 **bavoirs brodés**: embroidered bibs
30 **barboteuses**: rompers
31 **hochets clinquants**: flashy rattles
32 **bouillie**: baby food, mush
33 **brassière**: baby's undershirt
34 **couches**: diapers
35 **landau**: baby carriage
36 **ça ressert**: it can be used again
37 **engrenage**: caught up in the system
38 **entrailles déchirées**: torn guts
39 **conne**: damned stupid
40 **recroquevillé**: curled up
41 **veilleuse**: night light
42 **apitoiement**: pity
43 **démonté**: raging
44 **vagues**: waves
45 **engloutir**: to engulf
46 **caracoler**: to prance
47 **à toute biture**: all plastered (drunk)
48 **haletant**: panting
49 **écarteler**: to tear apart, to quarter

son, je rêve d'une grande chaise percée[50], je suis sûre
que ça partirait tout seul. Ça, la douleur naturellement, depuis le milieu de la nuit, l'enfant a disparu
dans les vagues. Il n'y a pas eu la grande chaise mais
la table dure, les projecteurs braqués[51], les ordres
venus de l'autre côté de mon ventre. Le pire, mon corps
public, comme les reines cette fois. L'eau, le sang,
les selles[52], le sexe dilaté devant tous. Voyons ça n'a
pas d'importance à ce moment-là, ça ne compte pas, juste un passage innocent pour l'enfant. Même. Il fallait
bien qu'il voie cette débâcle, qu'il en prenne plein
les mirettes[53] de ma souffrance. Qu'il sache, qu'il
«participe», affublé[54] d'une blouse blanche et d'une
toque[55] comme un toubib[56]. Mais être cette liquéfac-
tion, cette chose tordue [57]devant lui, oubliera-t-il
cette image. Et à quoi me sert-il finalement. Comme les
autres, il répète, «pousse, respire, ne perds pas les
pédales[58]» et il s'affole[59] quand je cesse de me con-
duire en mater dolorosa stoïque, que je me mets à hurler[60]. «Vous gâchez[61] tout madame!» et lui, «tais-toi,
reprends-toi[62]!». Alors j'ai serré les dents[63]. Pas
pour leur faire plaisir, seulement en finir. J'ai poussé comme pour jeter un ballon de football dans les nuages. J'ai été vidée d'un seul coup de toute la douleur,
le toubib me grondait[64], vous vous êtes déchirée, c'est
un garçon. L'éclair d'un petit lapin décarpillé[65], un
cri. Souvent après, je me suis repassé le film, j'ai
cherché le sens de ce moment. Je souffrais, j'étais
seule et brutalement ce petit lapin, le cri, tellement
inimaginable une minute avant. Il n'y a toujours pas de
sens, simplement il n'y avait personne, puis quelqu'un.
Je l'ai retrouvé dans la chambre de la clinique une
demi-heure après, tout habillé, sa tête couverte de

50 **chaise percée**: commode
51 **braqué**: pointed
52 **selles**: stools
53 **mirettes** (argot): eyes
54 **affublé**: wearing
55 **toque**: cap
56 **toubib** (argot) = médecin
57 **tordu**: twisted
58 **ne perds pas les pédales**: do not lose your head
59 **s'affoler**: to panic
60 **hurler**: to scream
61 **gâcher**: to spoil
62 **reprends-toi**: pull yourself together
63 **serrer les dents**: to grit one's teeth
64 **gronder**: to scold
65 **décarpillé** (argot): stripped, nude

cheveux noirs bien au milieu de l'oreiller, bordé[66] jusqu'aux épaules, étrangement civilisé, j'avais dû imaginer qu'on me le remettrait nu dans des langes[67] comme un petit Jésus.

Je me suis pliée[68] fièrement, ostensiblement aux injonctions du carnet de sécu, le meilleur lait c'est le lait maternel, vous le devez à votre enfant mais je n'ai jamais surmonté l'appréhension de la seconde où les gencives[69] vont s'agripper[70], m'évider le sein comme une ventouse[71] vorace. Pas encore par là qu'elle est entrée en moi la maternité. Mais dans certains moments silencieux de la clinique. Il lit <u>Les Frères Karamazov</u> près de la fenêtre, je parcours des notes, souvent je m'arrête, je me penche sur le petit lit accolé au mien avec une espèce de stupeur et d'angoisse. Commencer à guetter[72] le souffle, à porter en moi la mort possible de mon enfant. Chaque matin, je filerai[73] au landau dans un demi-sommeil. Histoires de bébés étouffés, les couvertures, la brassière ou la fatalité. Plus tard, je verrai des films au cinéma, le soir, à travers l'image brouillardeuse d'un enfant hurlant de douleur dans l'appartement vide. Le plaisir aussi, la peau douce et tiède à modeler, la chanson d'avant les mots, et toutes les premières fois, celle du rire édenté[74], de la tête qui se soulève en tremblotant au-dessus du corps à plat ventre, de la main qui cherche le boulier. Moments parfaits. J'en ai connu d'autres, certains bouquins, des paysages, la chaleur des salles de classe quand je serai prof. Ils ne s'opposent pas.

Restait l'élevage. Pouponner, disaient-elles, la logeuse, ma belle-mère. Gracieux, pouponner, joujou, risette[75] dodo[76] l'enfant do. Trop énorme pour y croire.

<u>La femme gelée</u>, (Gallimard, 1981, p.140-145).

66 **bordé**: tucked
67 **langes**: baby blankets
68 **se plier à**: to abide by
69 **gencives**: gums
70 **s'agripper**: to grip
71 **ventouse**: sucker, cupping glass
72 **guetter**: to watch
73 **filer** (argot) = courir
74 **édenté**: toothless
75 **risette**: little smile
76 **dodo**: dormir

CHAPITRE 9

Refuge

LA TROUVAILLE

Le soleil, déclinant, toucha les rideaux, traversa de bout en bout le salon, et les amies d'Irène crièrent d'admiration.

- C'est une féerie[1]!
- Une trouvaille incomparable!
- Et la Seine qui s'embrase!
- Le ciel qui devient rose ...

L'une d'elles, plus sincère, murmura vindicativement, en embrassant d'un regard la Seine, le salon ancien prolongé par une salle à manger rustique, les rideaux violet et argent, les tasses orange, le feu de bois:

- Il n'y a pas de justice ...

Et la pauvre petite Mme Auroux, qui avait divorcé pour se marier et qui ne pouvait pas se marier parce qu'elle ne trouvait pas d'appartement, eut deux larmes si sincères dans ses yeux bleus, qu'Irène la serra contre son coeur:

- Est-elle pressée, celle-là, de recommencer une bêtise! Mon petit, je crois, moi, que c'est de divorcer qui m'a porté chance. Car on peut dire que c'est une chance que d'avoir trouvé cette merveille ...

Elle triomphait sans pudeur et jouait de son beau gîte[2], elle qui n'eût pas osé faire miroiter[3], devant une amie pauvre, les feux d'une nouvelle bague. Elle s'étira, pour avouer sur le ton des confidences coupables:

- Mes enfants, mes enfants, si vous saviez ce que c'est, les matins, ici! Ces bateaux, ce reflet de l'eau qui danse au plafond ...

Mais elles en avaient assez supporté. Gonflées[4] de rancune[5] et d'ailleurs rassasiées[6] de gâteaux, elles partirent toutes à la fois. Accoudée à la rampe forgée[7], «un bijou du XVIIIe siècle, ma chère!» Irène leur

1 **féerie**: enchantment
2 **gîte**: home
3 **miroiter**: to shimmer
4 **gonflé**: swollen
5 **rancune**: grudge, rancor
6 **rassasié**: sated
7 **fer forgé**: wrought iron

criait «au revoir, au revoir!» en agitant la main comme on fait à la campagne sur le perron du château. Elle rentra et vint appuyer son front à la vitre. Un bref crépuscule[8] d'hiver éteignait rapidement le rose et l'or du ciel reflétés dans l'eau, et la première étoile palpita largement, annonçant une nuit glacée.

Irène entendait, derrière elle, le tintement[9] des tasses rassemblées par une main trop vive, et les pas précipités de sa domestique. Elle se retourna:
- Vous êtes pressée, Pauline? ...
- Ce n'est pas que je suis pressée, madame, mais j'ai mon mari ... C'est samedi, et madame n'ignore pas qu'ils ont la semaine anglaise[10].
- Allez, allez ... Vous ferez votre vaisselle demain. Non, ne mettez pas mon couvert[11], j'ai tellement goûté[12], je n'aurai jamais faim ce soir.
Elle supportait depuis son emménagement les dîners bâclés[13], ou la viande froide de la charcuterie proche, à cause de Pauline, bonne à tout faire «non couchée». Certains soirs de grande activité, Irène ceignait[14] le tablier bleu, grillait elle-même le jambon cru et cassait deux oeufs dans le plat beurré ...

Elle entendit la porte, fermée à toute volée[15], et les galoches de Pauline dans l'escalier. Un tramway chanta sur ses rails, le long du quai opposé. La maison, solide et vieille, ne tressaillait[16] guère au passage des voitures, et ses murs épais ne filtraient ni l'aboiement[17] du chien voisin, ni le piano de l'étage supérieur. Irène remit une bûche[18] au feu, disposa près de la cheminée - «un marbre à coquille de l'époque, ma chère!» - la petite table-pupitre, le grand fauteuil, les livres, le paravent[19] et resta debout, contemplant le décor de sa félicité ... Une horloge tinta dehors, à coups espacés.
- Sept heures. Seulement sept heures. Encore treize heures avant demain...

8 **crépuscule**: dusk
9 **tintement**: clinking
10 **semaine anglaise**: five working days
11 **mettre le couvert**: to set the table
12 **goûter**: to have tea
13 **bâclé**: hurried
14 **ceindre**: to put on, to don
15 **fermer à toute volée**: to slam shut
16 **tressaillir**: to shake
17 **aboiement**: barking
18 **bûche**: log
19 **paravent**: folding screen

Elle frissonna[20] humblement, abdiquant, devant des témoins insensibles - les rideaux violets, le monument qui entamait le ciel nocturne comme une proue[21] de paquebot[22], le fauteuil inutile et le livre désensorcelé - sa condition de femme heureuse, de qui l'on dit qu'«elle a la vie tranquille» et «un appartement unique».

Plus d'époux incommode et dilapideur[23], plus de scènes, plus de retours à l'improviste, de départs qui ressemblaient à des fuites, de dépêches[24] suspectes, d'interlocutrices invisibles qu'au téléphone on nomme «mon vieux» ou «cher monsieur»...

Plus de mari, point d'enfant, des amoureux et point d'amant ... «La liberté sur la montagne!» disaient ses amies jalouses.

- Mais est-ce que j'avais demandé la liberté sur la montagne?

Sa dot[25] reprise, elle recouvrait[26] l'indépendance, emménageait dans un vieux logis[27] luxueux, ensoleillé et secret, fait pour un reclus ou pour un couple passionné, et vivait dans un calme - ah! quel calme ...

- Mais avais-je besoin de tant de calme? ...

Elle restait debout, devant la bergère[28] et le paravent qui essayaient, sous le plafond trop haut, de resserrer sur Irène un refuge à sa taille. Elle sentit un besoin vif de lumière, alluma le petit lustre[29] de cristal fumé, les bras de bronze ancien, la corbeille de fruits électriques sur la table de la salle à manger. Mais elle laissa dans l'ombre la chambre à coucher, dont elle s'enorgueillissait tout à l'heure, et son lit espagnol où quatre flammes de bois doré, aux quatre coins, se dressaient comme des pals[30] ...

- C'est joli chez moi, constata-t-elle froidement. Je n'ai plus qu'à attendre l'heure de le montrer à d'autres amies. Et après?...

Elle entrevit une suite de jours où elle vanterait, en cicerone, la cheminée à coquille, la rampe

20 **frissonner**: to shudder, to shiver
21 **proue**: bow
22 **paquebot**: liner
23 **dilapideur**: squandering
24 **dépêche**: telegram
25 **dot**: dowry
26 **recouvrer**: to regain
27 **logis**: dwelling
28 **bergère**: easy chair
29 **lustre**: chandelier
30 **pal**: pale, stake

forgée, la Seine, la boiserie dédorée... Tout à coup elle envia, avec une férocité suppliante, un petit «meublé» infâme où, faute de mieux, l'une de ses amies vivait avec un jeune peintre, deux pièces salies de cendre de cigarettes, de taches de couleurs, mais chaudes de querelles, de rires, de réconciliations. Elle sentait en même temps un élan quasi physique, plein d'amertume, vers un atelier qui servait d'appartement - il faut bien loger quelque part! - à toute une famille, les deux parents, les trois enfants beaux et ressemblants l'un à l'autre comme sont trois chiots[31] de race pure ... La chaleur de l'étroit meublé voluptueux, le grand jour vertical de l'atelier sur les trois petits corps nus ... Irène coupa l'électricité d'une main brusque, et soupira, un peu soulagée, quand la belle ordonnance ancienne de l'appartement disparut. Elle écarta du feu le paravent et la bergère, tira les rideaux, endossa un vieux manteau chaud, éteignit la dernière lampe du salon d'un air précautionneux et hostile et s'en fut, emportant un roman policier, les sandwichs au caviar et la chocolatière, achever sa soirée au creux d'un fauteuil de paille coincé[32] entre le lavabo[33] et l'appareil à douches, dans sa salle de bains.

La Femme cachée, (Flammarion, 1974, p.171-176).

31 **chiot:** puppy
32 **coincé:** stuck
33 **lavabo:** washbasin

CHANTAL CHAWAF

(1943)

Chantal, Germaine, Marie-Antoinette Chawaf est née à Paris le 15 novembre 1943. Son père, René Pierron de La Montluel était Directeur commercial. Après le Lycée Jean de la Fontaine, elle a continué ses études à l'Ecole du Louvre puis à l'Ecole pratique des Hautes Etudes. En été 1966 elle a épousé Assem Chawaf. Ils ont deux enfants, un garçon et une fille.

Dès sa première oeuvre <u>Retable-Rêverie</u> en 1974 (qui comprend deux textes), elle invente sa propre écriture, à la gloire de la féminité, tout particulièrement de la maternité et de l'amour. <u>Retable</u> et <u>La Rêverie</u> sont à la fois des récits, des confessions, des méditations, presque des poèmes en prose grâce au flux des images. La narratrice dans <u>Retable</u> cherche à retrouver le visage de sa mère blessée dans un bombardement alors qu'elle allait accoucher et que la narratrice n'a jamais connue puisqu'on a sauvé l'enfant alors que la mère était mourante. Petite fille adoptée, elle est devenue à son tour femme et écrivain, et va alors essayer de restituer à la mère biologique la jouissance et la souffrance de la mise au monde dont celle-ci a été privée par la mort. <u>La Rêverie</u>, sur un ton lyrique, chante la jouissance et l'amour physique ressentis à travers un corps de femme.

Chantal Chawaf publie régulièrement une oeuvre chaque année. Elle restera fidèle à son écriture qui s'enracine dans le concret, la chair, l'expérience telle qu'elle peut seule être vécue par une femme. <u>Cercoeur</u> paraît en 1975. <u>Blé de semences</u> (1976) célèbre le lien viscéral qui unit fille et mère mais qui mène à un inévitable sevrage. La narratrice enfant ressent comme une douceur rassurante la «chaleur lumineusement tribale» des mères nourricières qui l'entourent d'une présence humide et tiède et lui enseignent le poids et la senteur exacts des organes, la consistance et l'harmonie des muqueuses, et la sérénité qu'il y a à suivre la nature jusque dans ses excrétions. Chair chaude (1976), Rougeâtre (1978), Maternité (1979) Landes (1980), Les Surfaces de l'orage (1982), L'intérieur des heures (1987) continuent cette exploration systématique d'un monde exclusivement féminin. C'est un «continent rouge» dont les pôles d'intérêt sont le corps et la sexualité de la femme, la maternité et l'angoisse. Elwina, le roman fée (1985) reprend le dialogue mère/fille qui était au centre de Retable et de Blé de semences. Crépusculaires (1981), par contre s'intéresse à la paternité. C'est une interrogation métaphysique sur l'amour filial, sur le destin, sur les mécanismes de la mémoire. Un père mourant et sa fille établissent un dialogue muet. Chez elle il y a un refus de la mort du père, du protecteur, c'est-à-dire de sa propre jeunesse. Après le décès du père, elle devient adulte grâce à l'amour d'un jeune homme qui s'oppose et succède au père.

La Vallée incarnate (1984) est le livre d'une triple mise au monde. Un homme, une femme attendent un enfant et s'attendent l'un l'autre. C'est une «descente vers un lieu organique, liquide, où les mots n'existent plus», un retour à l'origine, «un retour à la mort qu'il faut dépasser et quelque part transformer».

> Il y a deux lieux, explique Chantal Chawaf, mort et vie, qui sont en duel. Le second est à gagner. Il est contenu par l'amour que l'homme a pour la femme et par son désir qu'elle vive et que vive l'enfant qu'elle porte et que l'homme et la femme vivent l'un avec l'autre.

La femme veut se faire avorter par crainte de ce qui pourrait arriver. Elle joue avec la mort. Finalement elle donne à cet homme «la possiblité de la maternité, une maternité symbolique, faite de générosité, d'abnégation. Il est [sa] mère et, par l'enfant, elle le rendra père».

Le Soleil et la Terre (1977) est ancré dans ce même monde de la fidélité à la nature, d'une certaine animalité calme, rythmée par les gestes immémoriaux des femmes dans leurs tâches domestiques. Face à la folie meurtrière de la domination mâle, ici de la guerre au Proche-Orient où l'homme qu'elle aime se trouve engagé, la narratrice se réfugie dans un cocon de textiles protecteurs, chantant le retour aux émotions simples, à la nourriture, aux soins quotidiens à donner à un petit enfant. Le livre débute par un contrepoint entre le récit glorieux des conquérants arabes et la célébration d'une nonchalance rêveuse, repliée sur elle-même, et occupée sporadiquement par des travaux domestiques. Deux univers s'opposent, sans réconciliation possible. D'une part c'est le monde extérieur, mâle, phallocratique et destructeur, le monde de la guerre et de la mort, où seules règnent les forces négatives. De l'autre, c'est le monde des forces positives, le monde de l'intérieur qui cherche à se blottir à l'abri des destructions, monde féminin où règne la force nourricière, force de vie puisque c'est la femme qui donne la vie, qui nourrit. La place primordiale accordée à la fonction nourricière de la femme explique l'importance que prennent les aliments pour la narratrice. Leur préparation devient tout un art, presque une religion. Vie de tendresse, occupée aux soins à donner à une petite fillette, caresses prodiguées par la mère et par les objets, d'où l'importance du textile douillet et soyeux. Loin de la violence, mais aussi de la logique et du raisonnement, la narratrice est à la recherche d'un autre monde qui existe en secret en elle-même et qu'elle veut trouver par la voie des sens. Un monde chaud, liquide, nourrissant et calmant, à l'écart des notions de manque, de culpabilité et de colère. Ce roman est un long hymne à la vie domestique qui fut toujours l'apanage des femmes et où nourriture et tissus dominent. Le manger et le toucher sont pour Chantal Chawaf des vertus cardinales. Ce monde féminin est un refuge contre l'angoisse existentielle créée par les hommes mais c'est un refuge précaire.

Dans la symbolique de Chantal Chawaf, le Soleil est «un engin de mort», qui dessèche, brûle et anéantit alors que la Terre, qui a toujours été un symbole de fertilité, d'endurance, représente un idéal féminin du «don de vie». Après trente siècles de civilisations viriles qui lui donnent un sentiment d'exil, l'auteur aspire à une «existence végétative», qu'elle tente de créer par une écriture nouvelle. Chawaf dit explicitement vouloir «donner aux émotions leur écriture» et elle avoue avoir toujours ressenti «la nécessité d'écrire non pas intellectuellement mais charnellement».

> J'essaie de travailler en littérature à rapprocher le plus possible le mot de son origine vivante. Plus que de produire du sens, je demande au mot de s'incarner pour qu'une phrase ne soit pas

seulement lue, comprise mais sentie, perçue, imaginée par les organes sensoriels comme un paysage verbal. [...]

Ecrire, pour que l'indicible puisse se dire et ainsi, pour que soient repoussées les limites de la communication humaine. Ecrire un roman, pour moi, aujourd'hui, c'est chercher à accueillir dans le langage ce qui était relégué hors du langage et restait bloqué à l'état de pulsions, confusion, symptômes, en-deçà de tout social parce que prisonnier du pré-verbal ou du non-verbal, monde de la chair première et oubliée, monde resté inconnu à l'esprit et à la pensée et même au fantasme qui ne symbolise que de l'imaginaire, non du réel. (<u>Quinzaine littéraire</u>, mai 1989, p.10.)

Son langage qui ruisselle d'images liquides et charnelles est un flux imitant les sécrétions, le lait, le sang des règles. Du choix des mots jusqu'au rythme des phrases, tout cherche à évoquer ce que c'est d'être femme: son corps, son sexe, sa manière d'être au monde, de souffrir, de jouir.

LE SOLEIL ET LA TERRE

Ils en ont tué cinquante mille en quelques mois. «Dans ma XXXe campagne,pendant que j'étais dans la ville de Kalakh, j'ai placé Assur, le grand Tartan de mon armée, à la tête de mes troupes; il franchit[1] le Zab et s'avança vers la ville de Khubusku; il quitta les villes dépendant du territoire de Khubusku; il s'avança dans le pays de Madakhir et il imposa des tributs aux villes qui dépendaient de son territoire. Il avança vers les villes soumises à Udaki, roi du pays de Van. Udaki de Van craignit la puissance de ma colère, il abandonna Zirtu sa capitale, il s'enfuit pour sauver sa vie. Je le fis poursuivre et j'ai pris des boeufs, des moutons, des trésors innombrables. J'ai fait ravager ses villes, je les ai démolies, je les ai livrées aux flammes.»

Salman-Asar.
Annales des rois d'Assyrie.

Le voile a été brodé pour recouvrir le sein. C'est ma chambre. Une pièce où j'aime regarder les confuses formes de ma rêverie s'habiller, les regarder errer parmi les bibelots, parmi les objets de lingerie. C'est ma chambre de miroirs poussiéreux et de fanfreluches[2]. Les dentelles[3] qui la décorent sont des héritages d'aïeules[4] car on n'en fabrique plus aujourd'hui d'aussi précieuses. La lumière brodée de rosettes et de reflets y est semblable au fond d'une dentelle ou à un réseau de tulle. Et je la traverse féeriquement sans la trouer, sans la déchirer, pour me déplacer du lit au fauteuil. J'aime m'endormir, le soir, dans mes draps mollets[5] qui sentent les roses effeuillées[6]. J'aime mon lit, son odeur, m'y chiffonner[7], m'y pelotonner[8], fille

1 **franchir**: to cross
2 **fanfreluches**: flounces
3 **dentelle**: lace
4 **aïeule**: ancestor
5 **mollet**: soft
6 **effeuiller**: to pull the petals off a flower
7 **chiffonner**: to crumple
8 **pelotonner**: to snuggle

de ses garnitures de jours[9] à fils tirés, fille de ses broderies, fille de la toile qui m'enveloppe douillettement[10] d'une douceur bourrée de plumes[11], de parfums tièdes qui me chatouillent[12]. Et selon qu'il fait encore jour ou déjà nuit, les recoins[13] s'enveloppent de blonde blanche ou de dentelle noire. J'aime m'asseoir la journée devant la fenêtre, paresser, me sentir seulement frôler[14] par le rideau de vitrage[15] en mousseline[16], et un peu languir. J'aime les matières crémeuses: la mousseline doublée et mon édredon de duvet[17], les dentelles de Chantilly. J'aime bien être grosse, sortir moulée[18] par une robe, je demande toujours à la couturière d'ajuster le plus possible mes corsages[19] pour ne rien perdre du contour de mon buste. J'ai beaucoup de poitrine, j'ai des linges de sein en batiste et en mousseline et j'ai des goussets pour le lait. J'aime assortir[20] la finesse de mon linge de corps à celle de ma peau. J'aime que les étoffes soient assez légères pour que je m'y sente nue. J'aime que les mousselines, les batistes, les satins, les tulles, les dentelles ne pèsent sur moi pas plus que la caresse, que l'attouchement[21]. J'aime les bouffées[22] de printemps entre ma chemise et ma peau quand la fenêtre est ouverte, quand les écheveaux[23] de laine, sur le guéridon[24], remuent mollement dans la corbeille. Je me blottis[25]. Les mouchoirs en batiste, les peignoirs[26] en dentelle, les serviettes de toilette, les trousses à peigne[27], les tours de gorge, les gorgerettes, les paires de manchettes[28], les rubans, tout ce qui prend voluptueuse-

9 **garnitures de jours:** (sheets with an) openwork border
10 **douillet:** cosy
11 **bourré de plumes:** stuffed with down
12 **chatouiller:** to tickle
13 **recoin:** corner
14 **frôler:** to brush against
15 **vitrage:** curtain
16 **mousseline:** chiffon
17 **duvet:** down
18 **mouler:** to hug
19 **corsage:** bodice
20 **assortir:** to match
21 **attouchement:** fondling
22 **bouffée:** puff, breath
23 **écheveau:** skein
24 **guéridon:** pedestal table
25 **se blottir:** to snuggle
26 **peignoir:** dressing gown
27 **trousse à peigne:** comb case
28 **manchette:** oversleeve, cuff

ment soin du corps comme une mère textile et raffinée, comme une lingère, sont en trop grand nombre, les broderies sont trop épaisses, la lumière coule trop grasse, les corbeilles sont trop soigneusement doublées de taffetas et mes manteaux de lit de satin blanc et de mousseline et de dentelle m'abritent et mon égoïsme est le coton, l'ouate[29], le duvet, les plumes de plusieurs couvre-pieds sous lesquels il fait bon se coucher, s'endormir ... Parfois j'ai peur de m'aveugler: tout ce blanc, tous ces tons pastels, oui, c'est trop clair ... alors qu'il fait si sombre dehors, oui, on arrive à ne plus rien voir d'autre que cet éblouissement[30], que ce froufrou[31] blanc et protecteur et à ressentir cette illusion de présence avec trop de passion comme si on s'était égaré[32] sans s'en rendre compte. Mais c'est parce qu'on tue dehors, et que ça fait trop mal d'aller dehors, de parler, d'essayer de vivre, de se risquer dehors, de se jeter dans cette grisaille où les gens, peuple d'yeux éteints, grelottent[33] dans les villes qu'on leur échafaude et attendent de mourir et sentent qu'on les fait mourir, qu'on les achemine[34] vers la fin.

Quand mon lait ne te suffira plus, ma fille, ma chose si douce, si petite contre moi, alors, avec les nervures d'une fougère[35], je te ferai une robe de dentelle et avec une coque de noisette[36], je te ferai une barque pour traverser le lac et sortir de la forêt et tu iras au village manger le gigot[37] le plus doux des étables et les fromages et grandir, grossir ... Je chante la berceuse[38], je trouve les mots, leur tendresse, pour te donner ma voix à téter[39], pour que repue[40], tu t'endormes. Je nous sens entrecroisées, je te pouponne, tu es encore toute chaude de mon ventre, tu es encore toute remuante de l'action de mes fibres et de mes ligaments, je sens mes couches de muscles et de

29 **ouate:** padding
30 **éblouissement:** dazzle
31 **froufrou:** rustle
32 **s'égarer:** to get lost
33 **grelotter:** to shiver
34 **acheminer:** to transport to
35 **fougère:** fern
36 **coque de noisette:** hazelnut shell
37 **gigot:** leg of mutton
38 **berceuse:** lullaby
39 **donner à téter:** to suckle
40 **repu:** (pp de repaître) sated

graisse s'épaissir là où ton corps de nourrisson[41] est blotti[42] et où ta chaleur par les mouvements de ta respiration s'applique à la surface de ma peau.

Tu es toute rose, ta peau est rose, ton corps qui se développe, qui se forme appelle déjà la parure. Et les minuscules mamelons[43] rosés de ta poitrine plate demandent un bouquet et qu'à leurs bourgeons[44] s'ajoutent quelques fleurs d'oranger au milieu de la bouffée de tulle d'une robe qui célèbre ta féminité, ta cambrure[45], la fraîcheur de tes petites fesses[46] déjà écloses[47].

Et à l'origine de cette chair rose, se voit ma grand-mère. La moire pincée en papillon noue la carte fleurie drapée de dentelle où l'encre violette d'une écriture féminine s'est décolorée. Je lis les gerbes[48] de roses, les tubéreuses, un gardénia fixés à la magie de ses cheveux par des flots de ruban. Je lis le muguet[49], les rameaux d'asparagus, une grappe d'otontoglossum, une asperge plumeuse, les clématites d'où émergent les bouffées de tulle. Elle sourit. La lumière comme une serre[50] ou comme un jardin d'hiver la couronne de vitres ou de vitraux. Ses bouclettes[51] grimpantes, ses cheveux volubiles l'entourent dans le salon pour retomber en chute sur sa nuque très blanche et se prolongent par les bandes de velours de sa robe qui la contournent en serpentant et l'ornent de dorures, de glaces, de colonnes, de tentures. Il me reste d'elle un album de cartes postales où les femmes portent des mitaines[52] en dentelle et sont enveloppées dans un nuage vaporeux de dentelle précieuse et où les clochettes d'un brin de muguet au parfum éventé[53] se détachent sur les mailles[54] régulières du réseau[55] d'un fond de dentelle jaunie que je caresse ... Et joint aux orchidées

41 **nourrisson**: unweaned infant
42 **se blottir**: to snuggle up
43 **mamelon**: nipple
44 **bourgeon**: bud
45 **cambrure**: curve
46 **fesse**: buttock
47 **éclore**: to open out
48 **gerbe**: spray
49 **muguet**: lily of the valley
50 **serre**: greenhouse
51 **bouclette**: small curl
52 **mitaine**: mitten
53 **éventé**: stale
54 **maille**: stitch, mesh
55 **réseau**: web, network

de son aigrette, scintille[56] à la lumière du lustre[57] un rubis au-dessus de son cou pareil à un long vase de cristal dans lequel se dressent orgueilleusement les tiges[58] des veines bleutées, les roses rouges et les roses soufrées du sang.

Le sang passe d'un corps à l'autre, d'une époque à l'autre, immémoriale transmission de la vie ...

Je me lave avec de l'eau parfumée.

Puis, penchée au-dessus du lavabo[59], vers la glace, je me regarde; je me frôle: une fée naît de ma peau, elle est douce, sa peau très fine est semblable au fil très fin d'une dentelle, sa peau très blanche est semblable à un fil qu'on aurait filé à la main, dans l'obscurité d'une cave de Flandres pour assurer sa blancheur.

«Dans ma XXIXe campagne, j'ai dressé les états de mon camp; j'ai dirigé mon armée vers le pays de Kirkhi; j'ai saccagé les villes, je les ai détruites, je les ai livrées aux flammes, j'ai couvert le pays de ruines et j'ai inspiré la crainte immense de ma souveraineté.»
                    Salman-Asar.

Du gras à base de chou, de poireau[60], de laitue, d'oseille[61], d'épinards, sort, liquide, la vallée verte. La gélatine du tapioca, dans les bols, enfonce lentement sa lumière que travaille le vent pareil à un fouet remuant du beurre fondu. Et je m'épaissis en moussant, les litres de crème gonflent les corsages des grosses femmes de montagne qui se déboutonnent. Et à cette origine de la vie, je retourne, de temps en temps, et les lèvres de ma bouche me logent sous un toit de pâte en mangeant.

Et tous les bords de l'orifice sont bien soudés[62] par la mamelle[63] où je dîne, où, bien au chaud, je me

56 **scintiller**: to sparkle
57 **lustre**: chandelier
58 **tige**: stem
59 **lavabo**: washbasin
60 **poireau**: leek
61 **oseille**: sorrel
62 **souder**: to fuse, to weld
63 **mamelle**: breast

détends en me nourrissant tandis qu'une vapeur s'évacue
de la chiffonnade[64].

     Et de la nuit à la lumière, j'allais et venais,
cherchant à connaître.
     Volaille truffée. Chou arrosé de champagne. La
terre est grasse comme la chair d'un plat de dindon.
J'ai faim. J'avance entre les monts couverts de fougè-
res. Monceaux de crème végétale. Hectares de forêts.
Mamelles de l'opulence. Je m'arrête dans le bon beurre,
dans un restaurant de gras, dans un régal[65] de sang où,
sans effort, je trouve mon ragoût[66], assez de bouillon.
Et les prairies, dans cette région, sont choses de cuisine, et la femme y est une recette. Et le persil est
lié avec la lumière de la sauce jardinière où tout est
vert, vert rhubarbe, vert poiriers, vert agricole qui
m'allaitent comme si j'avais les poumons bourrés d'herbe par la respiration, par ce jour où les cultures, autour de la forêt, s'étendent à perte de vue.

     J'ouvre l'armoire à lait où, sur l'étagère d'en
haut, j'ai posé le beurre, le petit pot de crème fraîche, le pot de fromage blanc, le blanc-manger que j'ai
acheté ce matin à la ferme et qu'à déjeuner, je veux
servir à table avec le coquenbouche[67], avec les fai-
sans[68] piqués au jus, avec les perdreaux[69] bardés au
cresson[70], avec les gros blancs de dinde du dîner de la
vèille. Et j'ouvre le coffre à sel, à la base du fauteuil à haut dossier de bois, sous la fenêtre de la
cuisine, pour prendre une pincée de sel que, mêlée à du
cumin[71], je jette dans l'eau où, dans le cerfeuil[72] et
dans le cresson, sont en train de bouillir les saumons
de la rivière.
     Voici: tout est près de moi, autour de moi; tout
est bon, fertile, gras, dans cet îlot de matière, dans
cette beurrerie, dans cette fromagerie que je mange en

64 **chiffonnade:** (culinaire) feuilles d'oseille ou de
laitue coupées comme garniture
65 **régal:** delight, treat
66 **ragoût:** stew
67 **coquenbouche:** cream puffs
68 **faisan:** pheasant
69 **perdreau:** partridge
70 **cresson:** watercress
71 **cumin:** caraway seeds
72 **cerfeuil:** chervil

300   CHANTAL CHAWAF

me lavant avec du beurre, en me lavant avec l'écume[73] du cidre...

Je suis revenue à la source du jus, à la source du gras.

Et je mets en menus morceaux la paille. Je me suis retirée dans cette solitude située dans la matière, dans la maternité, dans l'enfance, dans le corps, dans la féminité, dans la mémoire populaire de la terre. Et je me suis mise à quelle recherche? Et je me suis mise à l'écart dans quel lieu étrange? Est-ce que j'habite, que je respire, ici, l'une des dernières traces d'oxygène? Est-ce qu'il ne me reste plus qu'à imaginer, qu'à inventer pour survivre? Ou est-ce que la vie se prépare à renaître, à revenir? Est-ce que la source tarie[74] est en train de reprendre vigueur?

— Maman!

Elle gazouille[75]. Je donne à manger à ma fille bouchée à bouchée. Je l'ai installée à l'ombre, à l'endroit le plus frais, sous les arbres du jardin. Je lui raconte au bord de l'eau les fées au corps d'anguille[76], leurs cheveux blonds en mille crépillons[77], les fées qui serpentent sous les roches. Je caresse les cheveux dorés de ma fille. Il fait bon.

Tu nais. Tu me fais renaître.

Nous vivons de viande. Le beurre de mai, je le bois dans une coquille d'oeuf en mâchant la miche[78] mollette[79] avec le flan de courge[80] et le cochon en gelée du déjeuner. Puis je lave ma fille, je dénoue ses cheveux. Et son petit corps blanc que je baigne dans l'eau est comme une grappe d'orchidées. Et après l'avoir couchée, je monte à la buanderie[81] tuyauter[82] au petit fer les rangs de ruchés amidonnés[83] de nos bonnets blancs.

Et je repasse un tissu de lin tramé d'or.

C'est ma nature d'aimer le même habitat que celui du lis d'eau, du lis des étangs, du nénuphar[84] blanc, des nymphéas jaunes, des plantes qui aèrent l'eau et

73 **écume:** froth
74 **tari:** dried up
75 **gazouiller:** to babble
76 **anguille:** eel
77 **crépillons:** frizzy hair
78 **miche:** loaf
79 **mollet:** soft, flabby
80 **courge:** squash
81 **buanderie:** laundry
82 **tuyauter:** to flute
83 **amidonner:** to starch
84 **nénuphar:** water lily

qui abritent les larves et les crustacés. C'est ma nature de souhaiter de flotter dans l'élément liquide
comme la lentille d'eau et les algues et de souhaiter
d'être immergée comme les prairies de mousse du fond
des eaux, et de souhaiter d'être fixée au fond de la
rivière par des racines, et c'est pourquoi je me sens
si bien ici, avec mon enfant contre mes cuisses, contre
ma poitrine, contre les battements chauds de son sang
sous ma peau.

C'est la lymphe du sang, c'est ma nature féminine,
c'est mon ventre ballonné de liquide amniotique, qui
m'apparente à l'eau.

«J'ai tué beaucoup de monde, j'ai fait des prison-
niers, j'ai ravagé les villes, je les ai détruites, je les ai livrées aux flammes.»
Assur-Nasir-Habal.

Nous nous sommes sauvées. Nous avons fui le pays
en feu et en guerre. Tu es là mon puceron[85] de rosier,
ma marguerite des champs, ma petite pêche. La douce
clarté du soleil fait briller ton duvet blond; et tes
cheveux sont des toiles d'araignée[86] en or; et tes ongles je les ai vernis en rose avec des filets d'or. Et
sans te détacher de mon corps-mère, tu t'enracines dans
la croissance des animaux et des plantes. Et la nuit,
pour étendre ton petit corps, je mélange le fourrage[87]
en vert, la luzerne[88] et le trèfle[89] avec la paille.

Et les Maîtresses-lingères[90], les Façonnières[91],
les Journalières, les Brodeuses[92], les Blanchisseu-
ses[93], parmi les mètres de calicot et les mètres de
percale, travaillent au point de feston et tortillent[94]
les brides et s'affairent à côté de toi, faiseuses,
préparatrices de matière, pour transformer en lingerie
les fins et doux textiles, cette blancheur, pour que
tes chemises soient ornées de broderies, pour que les
draps de ton lit soient ornés, pour que des voilettes

85 **puceron**: aphid
86 **toile d'araignée**: spider's web
87 **fourrage**: herbage
88 **luzerne**: alfalfa
89 **trèfle**: clover
90 **lingère**: linen maid
91 **façonner**: to fashion
92 **brodeuse**: embroideress
93 **blanchisseuse**: laundress
94 **tortiller**: to twist

de soie et de mousseline te protègent, pour que tes fi-
chus[95] à fleurs soient garnis de dentelle et de point
de France, pour que les fils soient tirés pour les ourlets à jour de tes mouchoirs[96], et font aller et venir
le fil blanc. Et le corps mange. Et la matière transformée est embellie. Et la soie est cuite, est teinte,
les couleurs sont assorties, les ouvrières dirigent la
soie en fil, le chanvre[97], la soie est filée, la vie
développe son réseau d'haleines et de respirations. Et
le lait des choses afflue. Que rien ne nous dérange
plus, que rien ne nous interrompe plus dans ce travail
vital! Et au milieu des feuillages, les scieurs de
long[98], les cuveliers[99], les sabotiers[100], les artisans
au métier forestier, au métier de bois, scient, scul-
ptent, fabriquent, confectionnent, produisent, tail-
lent. Et les coupes de hêtre[101], de chêne[102], de peuplier[103], de saule[104], de tilleul[105], sont achetées.
Les arbres sont transformés en pétrins[106] à farine,
moules à beurre, peignes à tisser, poupées, ton-
neaux[107], tasses, sabots, anses[108] et manches d'outils,
écuelles[109], cuillers, seaux, plats, carafons, fu-
seaux[110] de filandières[111]. Les tourneurs en bois, les
menuisiers en meubles font des sculptures et des orne-
ments pour nos meubles, pour que les pièces meublées de
nos maisons répondent au désir de nos mains, pour que
nous aimions toucher, prendre, tenir. Et la matière
travaillée se forme. Le bois de tous ces objets variés
sent bon la résine ou les feuillages, dans les ateliers
et les magasins. Le bois des tables où les objets sont
exposés est gonflé par l'humidité des sources souterraines et des racines et des veines où l'effort des ouvriers alliés de la vie s'associe au cheminement des

95 fichu: scarf
96 ourlets à jour ... mouchoirs: hemstitched hand-
kerchiefs
97 chanvre: hemp
98 scieur de long: pit sawyer
99 cuvelier: vat maker
100 sabot: clog
101 hêtre: beech
102 chêne: oak
103 peuplier: poplar
104 saule: willow
105 tilleul: linden
106 pétrin: kneading-trough
107 tonneau: barrel
108 anse: handle
109 écuelle: bowl
110 fuseau: spindle
111 filandière: spinner

forces végétales, aux vents, aux eaux, à l'amour, aux climats. Et tu respires. Et aux champs, les cultivatrices du chanvre produisent la matière des lanières[112], des courroies[113]. Et les cultivatrices du lin produisent la trame[114], les fils-de-chaîne, la matière des draps et du linge de table. Et les ouvrières cueillent, treillent, rouissent[115], peignent les tiges et le fil est tordu par le rouet[116], par le fuseau. Et le tisserand[117] exhale son haleine et tisse la toile de ménage et avec une brosse de racines, il colle les fils pour arrêter le tissage. Et la préposée aux plantes textiles, la préposée aux plantes de teinture, la teinturière, la directrice du chanvre brodent le trousseau, douce matérialité à l'épaisseur, au toucher un peu rugueux[118], un peu rêche[119], monde besogneux dont les éléments s'assemblent, se combinent aux muscles, au souffle, à la peau, comme si les mains sécrétaient ce palper[120] textile. Et les artistes refendent, fendent[121] le coeur du tronçon[122], le divisent en feuilles pour les échalas[123]. Et le maillet[124] fend les planchettes et les lattes[125] se détachent du bloc pour sécréter le tapis de bois que vont recouvrir les tuiles des toitures. Et le corps humain dans les arbres à scier, dans les arbres à travailler est prolongé. La vie continue de s'élaborer, de se développer, se construit, s'abrite, se perfectionne au moyen de ces techniques, au moyen de ces organes ligneux[126], forestiers, qu'elle ajoute au fonctionnement biologique. Les corps prennent les râteliers[127] à foin, les bêches[128], les pelles [129]à four, les balais et remplissent les huches[130] et assemblent les lattes et les merrains[131]

112 **lanière**: lash
113 **courroie**: strap
114 **trame**: weft
115 **rouir**: to ret
116 **rouet**: spinning wheel
117 **tisserand**: weaver
118 **rugueux**: coarse
119 **rêche**: rough
120 **palper**: to feel, to finger
121 **fendre**: to split, to slash
122 **tronçon**: section
123 **échalas**: stakes, poles
124 **maillet**: mallet
125 **latte**: board
126 **ligneux**: woody
127 **râtelier**: rack
128 **bêche**: spade
129 **pelle**: shovel
130 **huche**: bread box
131 **merrains**: oakboards used for barrels

creusés dans le creux de l'arbre, taillés dans le coeur du chêne, dans le bois d'orme[132], dans le coudrier[133], dans le tronc du hêtre. Et la vie se répand, ses divisions se groupent, les règnes de la nature se pénètrent et c'est bon, dans ce rassemblement de tous les règnes de la vie, de travailler à la vie ...

J'essuie l'étagère qui sert à placer les pots.

Je m'interromps.

Mes yeux s'habituent à la pénombre, je distingue une forme en moire argent, peut-être la lueur d'une robe, le tulle, les volants en tissu d'or broché, l'alcôve, les fenêtres drapées d'une tenture de soierie et la vapeur d'un haut front semé de perles, et la pièce de fine mousseline qu'épaississent des reliefs de petites couronnes brodées au fil blanc, voile d'épousée étalé sur le fauteuil et brûlé par le rayon de soleil qui, en fin d'après-midi, passe chaque jour entre les doubles rideaux de velours mal joints. Et je touche cette trace, cette palpable respiration, cette textile métamorphose des fonctions de ses voies respiratoires, les dentelles de cette émanation de son coeur, de ses veines, de ses artères et de sa peau blanche. Et je la froisse, je la chiffonne dans ma main et elle est vivante de cette vie floue du linge ...

Peut-être qu'on ne meurt pas totalement.

Je me suis approchée du lit. Je me couche sur les coussins, sur les sacs de plumes, sur les épaisseurs de crêpe de Chine, sur le boules de chiffon du lit que couvre du voile de coton blanc posé sur fond jaune et je sens de longs cheveux de laine, des boyaux de taffetas, une mollesse inanimée m'engourdir[134] et me chatouiller et les couleurs, dans cette petite chambre aux hautes verrières, se clarifier soudain dans la lumière des rayons obliques du soleil comme le sérum de suspension, comme la lymphe d'un échantillon de sang coagulé dans un tube de verre. Puis reposée, je redescends, la cuisine est obscure; le soleil, à cette heure, n'éclaire que l'étage.

Je frotte le mouchoir dans mes mains comme de la pâte de mousseline.

132 **orme:** elm
133 **coudrier:** hazeltree
134 **engourdir:** to numb

«J'ai répandu la terreur dans ses vastes posses-
sions, j'ai assiégé les villes de Marsambisti et
d'Akkudu, les villes de sa résidence et trente-
quatre villes des environs. Je les ai prises, je
les ai détruites, je les ai démolies, je les ai
réduites en cendres. J'ai pris les habitants, les
hommes, les femmes, des chevaux, des ânes, des mu-
lets, des chameaux, des boeufs et des moutons sans
nombre; j'ai imposé des contributions considéra-
bles sur son pays; je l'ai ruiné.»
                    Sin-Akhi-Erib.

    La poitrine flotte moulée par le voile liquide du
torrent en train de sourdre[135] par les mamelons. Mes
mains parcourent, mes mains palpent la tendresse, mes
mains voudraient être une bouche qui avale, presser assez fort la tendresse pour la sentir descendre plus
fort, plus vite dans l'oesophage, pour la ramener à
nous. Je suis revenue au pays du visage et du corps
comme si j'étais enfin sortie de la mort et de l'insé-
curité et de la privation. Et ta peau pour m'éclairer
m'envoie sa lumière, son rose sanguin. Tu frottes ta
vie sur ma vie et je vois clair. Je me blottis dans ce
que cette tendresse a de si chaud. Je ne voudrais plus
travailler à rien d'autre qu'à préserver cette pénétra-
tion. Je bois.
    Mes seules préoccupations, ce matin, ont été de
toucher, de froisser, de tenir la liseuse[136], la chemise de nuit, le saut de lit[137], la lingerie vaporeuse,
les mouchoirs, ce ton fané[138] des dentelles anciennes,
ce blanc des mousselines et de la gaze, le brillant de
la gaze, la matité[139] de la mousseline de soie et de la
mousseline de fil, le satin voilé par un nuage comme
l'horizon par la brume, les endroits où la dentelle
froncée se coquille en masses étagées, les endroits où
les plis du satin se cassent, les reflets de mon visage
sur le satin que je contemplais et de caresser de mes
doigts fuselés[140] les bordures en suivant le sens de la
frisure des plumes. Et cette clarté augmente, augmente,
blanchit jusqu'à l'intensité ... Et cette blancheur fixe, c'est comme si je ne savais plus où je suis, qui je
suis, ce que je fais, ce que je cherche. Il y a ces fi-

135 **sourdre**: to spring up
136 **liseuse**: bed jacket
137 **saut de lit**: negligee
138 **fané**: faded
139 **mat**: dull, flat (color)
140 **doigts fuselés**: slender fingers

dèles qui communient à la cuillère, il y a ces cha-
touillements, la blancheur trop vive, ce mouvement des
plumes qui me frôlent, revenu de si loin, de si loin
que je ne le reconnais plus, que je ne reconnais plus
ce que je sens, que ma vue, éblouie[141] par tout ce
blanc, se brouille[142], qu'à force de fixer des yeux ce
lait blanc, je me crois près de perdre la vue et que
mes mains m'aident mal à reconstituer ces formes que je
ne peux plus distinguer, que je m'égare[143]. J'ai beau
masser en plis les dentelles, le satin, la mousseline,
les draper et les épingler[144] sur le vieux peignoir
bourré de papiers ... Et je caresse, et je caresse, et
je me remets à caresser toute cette blancheur, toute
cette lingerie d'autrefois si blanche, si blanche, si
douce ...

Et au four, les pommes de terre cuisent, recouver-
tes d'un linge. Et j'entre dans la souillarde[145], j'entre dans cette matière de la rugosité[146], dans cette
matière des aspérités[147] qui s'apparente directement au
mobilier, au tronc de l'arbre, au bois, au balais confectionné avec des rameaux[148] de bouleau[149], au fagot[150] de branches autant qu'à la croûte de la miche de
pain, autant qu'à l'intérieur de la vieille maison à
poutres[151], autant qu'à l'osier[152], autant qu'à la forêt, autant qu'à la cuisson de la pâte, autant qu'aux
caillots[153] du lait tourné, autant qu'au-dehors, autant
qu'à la coque de la noix, autant qu'à l'épiderme de la
peau, autant qu'à la terre modelée en poteries. J'entre, en entrant dans cette pièce, dans cette matière du
toucher, dans cette matrice de la matérialité où les
doigts trouvent un appui, où la main s'éveille, où les
gestes se lient aux teintes des fonds bosselés[154], aux
taches de fumée noircissant les parois et les cuivres,
au lin de l'essuie-main, au beurre en train de fondre

141 **éblouir**: to dazzle
142 **brouiller**: to blur
143 **s'égarer**: to get lost
144 **épingler**: to pin
145 **souillarde**: pantry
146 **rugosité**: coarseness
147 **aspérité**: rough patch
148 **rameau**: branch
149 **bouleau**: birch
150 **fagot**: bundle
151 **poutre**: beam
152 **osier**: wicker
153 **caillots (lait)**: curds
154 **bosselé**: bumpy

dans la casserole, et à l'odeur de bruyère[155]. Et voici
que ma fille et moi, réfugiées ainsi dans la nervosité,
dans la sensitivité de notre peau, nous sentons les a-
liments tactiles sous la pulpe de nos doigts sourdre
doucement du toucher, construire la solidité d'un équilibre et prolonger en état d'apaisement ce recoin qui
nous envahit, à l'écart de la souffrance, à l'écart de
la culpabilité, à l'écart du manque, à l'écart de la
colère, à l'écart de la distance, à l'écart de la misère, dans cette intimité où, entre ce plafond et ce
plancher, nous sommes abritées par la petite maison
(comme s'il ne nous manquait plus rien), et où nous buvons la vie, où nous revenons à la vie.
    Et nous émiettons[156] le pain dans le cidre.
    Et maintenant que tu es née, maintenant que tu es
vivante, un abri, cet abri, nous restera nécessaire
tant que l'angoisse continuera de nous serrer les in-
testins, tant que notre coeur battra à un rythme pré-
cipité, tant que les gens ne s'aimeront pas assez et
tant que le monde travaillera moins à développer les
moyens de vie que les moyens de destruction et d'oppression; et chaque jour, dans ce lieu de notre sensibilité où notre corps nous réunit, c'est comme s'il
nous fallait créer, imaginer des éléments de notre survie, les forces de résister à l'inhumain qui assiège.
Et ma fille, ce satiné de ta chair chaude qu'à chaque
caresse je sens éclore, je sens vivre sous mes mains,
me communique sa force, l'énergie avec laquelle il faut
protéger, il faut préserver ... Blotissons-nous l'une
contre l'autre. Et d'un sac bourré de sauge et de chatons de saule[157], je t'ai fait un édredon pour que tu
dormes au chaud.

    Et ta naissance et ta vie, ma fille, c'est l'autre
monde, c'est le début de l'autre monde, c'est la nouvelle terre, c'est le nouveau langage, c'est le monde
de la chair, c'est le monde de la vie. C'est le monde
du fonctionnement libre et heureux des organes humains.
C'est le monde de la peau et de la sensitivité. C'est
le monde des arbres et des bruyères et des fleurs et du
jour. C'est le monde de l'espoir. C'est le monde de
l'innocence du corps en travail. C'est le monde de l'a-
venir. C'est le monde d'après le vieux monde de douleurs. C'est ce qui pourrait enfin s'enfanter, grandir,
mûrir, se développer, devenir peuples, terre, humanité
si chaque mouvement de cette éclosion de l'amour, en

155 **bruyère**: heather
156 **émietter**: to crumble
157 **chatons de saule**: pussy willows

chacun de nous, n'était pas toujours bloqué, interdit ou assassiné.

Notre maison est minuscule. Nous nous sommes organisées pour y vivre et pour y attendre. Attendre? attendre? ... Il faut faire plus qu'attendre. Que faire? que faire? ... Cet espace de la tendresse, de la douceur, est si réduit ... réduit à la paume de nos mains, à la pulpe de nos doigts. Comment accéder à la chaude liberté de cette fonction d'amour qui, à force de caresses, guérirait le monde, nos sociétés et restituerait au corps la vie comme le lait, comme la présence aimante dont on nous a sevrés[158], comme l'écoulement beurrier du sein?

Et je presse les fronces d'organdi dans mes mains.

Et à la surface du bouillonné, les transparences forment des bulles de voile ...

Le Soleil et la Terre, (Pauvert, 1977, p.7-26).

---

158 **sevrer:** to wean, to deprive of

CHAPITRE 10

Matriarcat

SIMONE SCHWARZ - BART

(1938)

Simone Brumant, métisse d'origine guadeloupéene, est née en France, à Saintes, en Charente-Maritime, le 9 décembre 1938. A l'âge de trois mois, elle est amenée à la Guadeloupe par sa mère qui est institutrice. Vivant dans un village, la petite Simone connaît, dès l'enfance, la vie, les coutumes et le parler créole des paysans antillais. Elle est élève aux lycées à Pointe-à-Pitre et à Basse-Terre, puis, en 1958, se rend à Paris pour préparer son baccalauréat. Elle étudie ensuite le droit pendant un an. A Paris, en 1959, elle rencontre André Schwarz-Bart, un écrivain français d'origine juif, qui vient de publier son premier ouvrage Le Dernier des Justes, qui obtient le Prix Goncourt et deviendra un best-seller.

Ces deux êtres, distincts par la race, la religion et la culture vont pourtant devenir inséparables. Leur mariage, en 1960, et leurs deux fils sont une réalisation concrète de cette union des peuples et des cultures qu'ils désirent tous deux ardemment. Avec son mari, elle voyage d'abord: Israël, les Antilles, le Sénégal; c'est à Dakar qu'elle fait sa propédeutique. Puis ils vivent en Suisse. Simone poursuit des études de lettres à l'Université de Lausanne.

A partir de 1965, le couple entreprend de rédiger, en collaboration, un cycle romanesque: La Mulâtresse Solitude, dont le premier volume, Un plat de porc aux bananes vertes, paraît en 1967. Indépendamment de cette oeuvre commune, Simone rédige et publie, en 1972, Pluie et vent sur Télumée Miracle, un roman qui obtient le prix des lectrices du magazine Elle (1973). En 1978, les Schwarz-Bart s'installent à Goyave, petit village en Guadeloupe. Ti Jean L'horizon est publié en 1979.

En automne 1987 paraît sa première pièce de théâtre, intitulée Ton beau capitaine. Ce texte évoque l'exil et la séparation d'un couple qui communique par l'échange de cassettes. Pour entretenir l'espoir, pour lutter contre l'inacceptable de leur situation ils se mentent, s'inventent des bonheurs qu'ils n'ont pas. Les masques finissent par tomber pour laisser apparaître la douloureuse réalité de l'infidélité et du chômage mais la tendresse demeure. En 1989, elle a fait paraître <u>Hommage à la femme noire</u>, un ouvrage en trois volumes.

Les romans de Simone Schwarz-Bart nous plongent dans l'univers des Antilles. C'est un foisonnement de couleurs, d'odeurs et de végétation luxuriante. Narrateurs et personnages sont des paysans pauvres qui vivent attachés à un mode de vie passé, basé sur une culture antillaise ancestrale, un culte des Anciens et un monde très riche en légendes. Si les vieux sont vénérés, c'est parce que l'initiation à la vraie vie a lieu par la transmission orale dont ils demeurent les agents privilégiés. Ils sont cette mémoire vivante de la Guadeloupe que Simone Schwarz-Bart veut sauver en transformant cette oralité en écriture. «Je pense comme les Africains, nous dit l'auteur, que lorsqu'un vieux meurt, toute une bibliothèque disparaît». Schwarz-Bart a recours à un langage très imagé, ponctué de dictons, rythmé comme une musique pour essayer de reproduire en français la structure mélodique du créole. C'est une langue hybride, proche de l'oral et enrichie de tout un lexique pour désigner des réalités propres aux pays caribéens. On y trouve de multiples proverbes, des couplets de chansons, des bribes de contes.

Pluie et vent, ce sont les vicissitudes de l'existence. Le miracle est de les accepter avec sérénité, patience, courage, dignité; de garder, au-delà de tout, l'amour de la vie, la capacité de jouir de la beauté du monde, et de rester en accord avec les forces de la nature. C'est ce que fait Télumée, la narratrice, une paysanne noire de la Guadeloupe qui reste fidèle à l'enseignement de sa grand-mère, une «haute négresse», surnommée Reine-sans-Nom, parce qu'on ne trouvait pas de nom pour exprimer tout ce que représentait cette femme qui refusait de «s'habituer au malheur». Elevée par sa grand-mère, Télumée est chassée, après une période de bonheur, par Elie, l'homme qu'elle aime depuis l'enfance, puis elle voit mourir son deuxième compagnon, Amboise, le meneur des grévistes, qui doit payer pour ses camarades. Les dernières années de Télumée, vieille marchande de cacahuètes solitaire, sont des jours de résignation souriante: «je mourrai là comme je suis, debout, dans mon petit jardin, quelle joie...».

Elle a pourtant beaucoup souffert dans sa condition de femme, de noire et d'exploitée mais sa volonté de bonheur, due en partie à une sagesse séculaire, est la plus forte. La narratrice appartient à cette race de femmes dont le pouvoir de survie est extraordinaire, cette lignée de femmes «talentueuses, de vraies négresses à deux coeurs, et qui ont décidé que la vie ne les ferait pas passer par quatre chemins». Ces Africaines déracinées, sorties de l'esclavage, ont recréé, à elles seules, des communautés villageoises dont la précarité économique est menacée par le système des grandes plantations. Ces femmes sont souvent maltraitées par leurs propres hommes, victimes de la discrimination des colons mais elles résistent, décidant de rester fortes malgré toutes les menaces. «Tu seras sur terre comme une cathédrale» prédit Man Cia, «sorcière de première» à Télumée enfant.

Indications bibliographiques

Condé, Maryse. La Parole des femmes: essai sur les romancières des Antilles de langue française. Paris, L'Harmattan, 1979.

Malu-Meert, Dominique. Simone Schwarz-Bart. Bruxelles, Hatier, Collection Auteurs contemporains, 1985.

Pluie et vent sur Télumée Miracle de Simone Schwarz-Bart. Centre Universitaire Antilles-Guyane; Textes, Etudes et Documents no 2, 1979.

P L U I E E T V E N T
S U R T E L U M E E M I R A C L E

Dans mon enfance, ma mère Victoire me parlait souvent de mon aïeule[1], la négresse Toussine. Elle en parlait avec ferveur et vénération, car, disait-elle, tout éclairée par son évocation, Toussine était une femme qui vous aidait à ne pas baisser la tête devant la vie, et rares sont les personnes à posséder ce don. Ma mère la vénérait tant que j'en étais venue à considérer Toussine, ma grand-mère, comme un être mythique, habitant ailleurs que sur terre, si bien que toute vivante elle était entrée, pour moi, dans la légende.

J'avais pris l'habitude d'appeler ma grand-mère du nom que les hommes lui avaient donné, Reine Sans Nom; mais de son vrai nom de jeune fille, elle s'appelait autrefois Toussine Lougandor.   [...]

Ici comme partout ailleurs, rire et chanter, danser, rêver n'est pas exactement toute la réalité; et pour un rayon de soleil sur une case[2], le reste du village demeure dans les ténèbres[3]. Cependant que se préparaient les noces, c'était toujours la même platitude à l'Abandonnée, le même acharnement[4] des humains à faire descendre d'un cran[5] le niveau de la terre, le même poids de méchanceté accroché aux oreillettes[6] de leur coeur. Ce vent qui soufflait sur la case de Minerve les aigrissait[7], rendant les femmes plus bizarres que jamais, chimériques, féroces, promptes à verser dans les propos acariâtres[8] ... je prétends que la Toussine n'est qu'une belle inutile, que la beauté n'a jamais été au marché, que le tout n'est pas encore de se marier mais de rester ensemble devant les changements des saisons, disait l'une ... ils rient à présent, après rire c'est pleurer, et d'ici à trois mois la bande joyeuse de Minerve se retrouvera avec ses six yeux pour

1 **aïeule**: ancestor
2 **case**: cabin
3 **ténèbres**: darkness
4 **acharnement**: relentlessness
5 **cran**: notch
6 **oreillette**: auricle
7 **aigrir**: to embitter
8 **acariâtre**: cantankerous

SIMONE SCHWARZ-BART

pleurer ... disait une autre. Les plus acharnées é-
taient celles qui vivaient en case avec un homme de
fortune. Elles en voulaient d'avance à Toussine du morceau d'or qui allait briller à son doigt, elles se demandaient s'il y avait vraiment en elle quelque chose
d'unique, d'exceptionnel, une vertu et un mérite si
grands qu'ils appelaient le mariage. Et pour se conso-
ler, calmer une vieille rancoeur, elles venaient au
crépuscule tout contre la case de Minerve et murmu-
raient avec une sorte de frénésie, d'emportement sauvage, des incantations du genre de celle-ci:
        Mariée aujourd'hui
        Divorcée demain
        Mais Madame quand même
        Minerve savait que ces femmes n'avaient rien dans
la vie, quelques planches sur quatre roches, et le défilé des hommes sur leur ventre. Pour ces négresses à
l'abandon, le mariage était la plus grande et, peut-
être, la seule dignité. Cependant, quand elle n'en pouvait plus de les entendre, Minerve se dressait mains
aux hanches et leur hurlait ... mes belles langueuses,
je ne suis pas seule à avoir une fille et je souhaite
aux vôtres les mêmes bonnes choses que vous souhaitez à
ma Toussine, car, à ma connaissance, la justesse de
cette parole ne s'est jamais trouvée démentie[9] sous le
soleil: qui se sert de l'épée[10] périra par l'épée ...
et elle rentrait chez elle, fermait ses portes et laissait japper les chiennes enragées.
        Le jour des noces, tous les chemins du village
étaient balayés et leurs abords sapés comme pour la fête communale. Autour de la case de Xango et Minerve
s'élevaient des huttes en palmes de cocotier tres-
sées[11]. Celle des mariés était piquetée d'hibiscus, de
résédas et de fleurs d'oranger qui en faisaient un immense bouquet, à la senteur enivrante. Des rangées de
tables s'étalaient à perte de vue et l'on vous offrait
la boisson dont vous étiez assoiffé, la viande qui ré-
jouirait votre palais. Il y avait viande cochon, viande
mouton, viande boeuf et même de la volaille, servie
dans son bouillon. Le boudin[12] s'empilait par brasses[13]
luisantes[14], les gâteaux à étages croulaient[15] sous
leur dentelle de sucre, et toutes sortes de sorbets se

9 **démentir**: to refute
10 **épée**: sword
11 **tressé**: plaited
12 **boudin**: blood pudding
13 **brasse** = (mesure) 5 feet
14 **luisant**: shining
15 **crouler**: to crumble

tournaient sous vos yeux, au coco, à la pomme-liane, au corossol. Mais pour les nègres de L'Abandonnée, tout cela n'était de rien sans un peu de musique, et quand ils virent les trois orchestres, un pour les quadrilles et les mazoukes, un pour les biguines à la mode, et le tambour traditionnel, accompagné des petits-bois et d'une trompe, ils surent qu'ils auraient une belle chose à raconter, au moins une fois dans leur vie. Ce fut cela qui soulagea[16] les coeurs enflés de jalousie. Trois jours durant, les gens quittèrent mornes et plateaux, misères et indignités de toute sorte pour danser à leur aise et fêter les mariés, passant et repassant devant le couple, sous la tente fleurie et félicitant Toussine de sa chance, Jérémie de sa plus belle chance. On ne put compter combien de lèvres prononcèrent le mot chance car c'était sous ce signe qu'ils avaient décidé de raconter, plus tard, à leurs descendants, la noce de Toussine et de Jérémie.

Les années s'écoulèrent là-dessus, Toussine demeurant la même libellule[17], aux ailes scintillantes[18] et bleues, Jérémie le même zèbre de mer au pelage[19] lustré[20]. Il continuait à pêcher en solitaire, ne ramenant jamais sur la plage une barque vide, aussi ingrate que fût la mer. [...]

Leur prospérité commença par une allée de gazon qu'ombrageaient des cocotiers, et qu'ils entretenaient aussi bellement que si elle devait aboutir à un château. Cette allée conduisait à une petite case en bois, deux pièces, un toit de chaume[21], un plancher supporté par quatre grosses roches d'angle. Une hutte servait de cuisine, trois pierres noircies pour le foyer, et une citerne[22] couverte évitait à Toussine d'aller jacasser[23] avec les commères[24], là-bas, au bord de la rivière, pour sa lessive. Lorsqu'elles lavaient, les femmes se cherchaient volontiers querelle, pour faire aller leurs bras, comparant leur sort réciproque, s'emplissant l'âme à plaisir d'amertume et de rancoeur. Pendant ce temps, Toussine lessivait son linge en terrine, dans l'arrière-cour, et profitait de chaque minute pour em-

16 **soulager**: to soothe
17 **libellule**: dragonfly
18 **scintillant**: glittering
19 **pelage**: fur
20 **lustré**: glossy
21 **chaume**: thatch
22 **citerne**: water tank
23 **jacasser**: to chatter
24 **commère**: gossip

bellir sa case. Tout devant l'entrée, elle avait planté
un immense parterre d'oeillets[25] d'Inde qui fleuris-
saient l'année entière. Sur la droite, un oranger à colibris[26] et sur la gauche, des touffes[27] de canne congo
qu'elle allait couper l'après-midi pour le goûter de
ses filles, Eloisine et Méranée. Dans cet espace, elle
évoluait avec une sorte d'allégresse permanente, de
plénitude, comme si des oeillets d'Inde, des cannes
congo, un oranger à colibris suffisaient à combler un
coeur de femme. Et pour cette plénitude, pour la joie
qu'elle montrait devant si peu de chose, on l'enviait,
on la détestait. Elle pouvait se retirer à volonté dans
les replis[28] de son âme, mais c'était une silencieuse,
non une désenchantée. Et comme elle s'épanouissait[29]
ainsi, dans la solitude, on la taxait également «d'a-
ristocrate en pure perte». Tous les dimanches en fin de
soirée, elle se promenait au bras de Jérémie pour voir
le village, les habitants, les bêtes, juste avant que
la nuit ne les efface. Elle était heureuse, elle faisait elle-même partie du spectacle, de cet univers familier, immédiat, elle devenait la peine des uns, la
joie des autres, et comme elle prenait alors un air
lointain, on la croyait aristocrate.

[...]   Mais le vrai signe de leur prospérité fut
le lit dont ils héritèrent de Minerve et Xango. C'était
un immense lit de courbaril[30] à haut montant de tête,
surmonté de trois matelas qui mangeaient tout l'espace
de la chambre. Toussine glissait sous les matelas des
racines de vétiver, des feuilles de citronnelle qui ré-
pandaient dans l'air, chaque fois qu'on s'allongeait,
toutes sortes de belles senteurs qui faisaient du lit,
au dire des enfants, un lit magique. Un tel lit était
objet de curiosité dans ce pauvre village où tout le
monde se contentait encore de hardes[31], jetées à terre
le soir et soigneusement repliées le matin, étendues au
soleil pour les puces[32]. Les gens venaient, suppu-
taient[33] l'allée de gazon, les fenêtres aux jalousies
dormantes, le lit à médaillon trônant derrière la porte
ouverte, avec cette couverture à volants rouges qui é-

25 **oeillet d'Inde**: French marigold
26 **colibri**: hummingbird
27 **touffe**: clump
28 **repli**: innermost recess
29 **s'épanouir**: to bloom, to open up
30 **courbaril**: wood from a tropical tree
31 **hardes**: rags
32 **puce**: flea
33 **supputer**: to calculate

tait comme une offense supplémentaire aux regards. Et certaines femmes disaient avec une pointe d'amertume ... pour qui se prenaient-ils, ces nègres à opulence? ... Toussine et Jérémie avec leur case à deux pièces, leur véranda de madriers[34], leurs jalousies dormantes aux ouvertures, leur lit à trois matelas et à volants rouges? ... se croyaient-ils donc blanchis pour autant? ...

Par là suite, Toussine eut encore un foulard de satin, un large collier d'or vert, des boucles de grenat[35], des escarpins[36] montants qu'elle mettait deux fois l'an, le mercredi des Cendres et le jour de Noël. Et comme la vague ne semblait pas prête à s'épuiser, le temps vint où les nègres ne s'en étonnèrent plus, parlèrent d'autres choses, d'autres gens, d'autres douleurs et d'autres merveilles. Ils s'étaient habitués à cette prospérité comme ils s'étaient habitués à leur misère, et la page Toussine et opulence des nègres était pour eux tournée, tout cela tombait dans la banalité.

Malheur à celui qui rit une fois et s'y habitue, car la scélératesse de la vie est sans limites et lorsqu'elle vous comble[37] d'une main, c'est pour vous piétiner[38] des deux pieds, lancer à vos trousses[39] cette femme folle, la déveine[40], qui vous happe[41] et vous déchire et voltige[42] les lambeaux[43] de votre chair[44] aux corbeaux[45] ...

Eloisine et Méranée étaient jumelles d'une dizaine d'années quand la chance quitta leur mère Toussine. Une école venait de s'ouvrir au village, un maître venait deux fois la semaine pour enseigner les petites lettres, en échange de quelques sous de denrées[46]. Un soir, comme elles étudiaient les petites lettres, Méranée demanda à sa soeur de mettre la lampe à pétrole au

34 **madrier**: beam
35 **grenat**: garnet
36 **escarpins**: flat-heeled shoes
37 **combler**: to gratify
38 **piétiner**: to trample on
39 **aux trousses de**: on the heels of
40 **déveine**: bad luck, evil fate
41 **happer**: to grab
42 **voltiger**: to flutter about
43 **lambeaux**: shreds, scraps
44 **chair**: flesh
45 **corbeau**: raven
46 **denrée**: food

milieu de la table, lui reprochant d'accaparer[47] toute
la lumière. Et voilà que sur une simple petite phrase,
la déveine avait débarqué ... garde-la pour toi, ta lumière, dit Eloisine en poussant la lampe d'un geste co-
léreux. Et tout était fini: la porcelaine était en
miettes, le pétrole enflammé se répandait sur les jambes de Méranée, sur ses épaules, sur ses cheveux. Dans
la nuit s'échappa une torche vivante que le vent atti-
sait[48] en hurlant. Toussine une couverture en main
poursuivait la fillette lui criant de s'arrêter, mais
l'enfant zigzaguait, prise de folie, et traçait derrière elle un sillage[49] lumineux, à la manière d'une étoile filante[50] dans sa chute. A la fin elle s'affaissa[51].
Toussine l'enveloppa dans la couverture, la prit entre
ses bras et revint vers sa maison qui n'en finissait
pas de brûler. Jérémie consolait Eloisine, et tous
s'assirent au milieu de leur belle allée, sur le gazon
humide du soir, d'où ils regardèrent se consumer leur
sueur et leur vie, leur joie. Il y avait grande afflu-
ence et les nègres étaient là, fascinés, éblouis[52] par
l'ampleur du désastre. Ils regardaient fixement les
flammes qui embrasaient le ciel, balançant sur place
leur carcasse, entre deux âmes, voulant plaindre et
trouvant dans cette fatalité comme un juste retour des
choses. Ils en oubliaient leur propre sort, mettaient
en parallèle la cruauté de ce destin avec la médiocrité
de leur malheur ... c'est autant, disaient-ils, qui ne
nous arrivera pas.

L'agonie de Méranée fut atroce, son corps était
une vaste plaie[53] qui attirait les mouches à mesure de
la pourriture[54]. Toussine éloignait les bestioles[55]
d'un éventail[56], répandait de l'huile calmante et, les
yeux sans expression, elle s'époumonait[57] à appeler la
mort qui n'arrivait pas, sans doute occupée ailleurs,
qu'elle était. Lorsqu'on voulait relayer[58] Toussine au
chevet[59], elle répondait en souriant d'un air très doux

47 **accaparer**: to monopolize
48 **attiser**: to fan the flame
49 **sillage**: trail
50 **étoile filante**: a shooting star
51 **s'affaisser**: to collapse
52 **ébloui**: bedazzled
53 **plaie**: wound
54 **pourriture**: rot
55 **bestiole**: bug
56 **éventail**: fan
57 **s'époumoner**: to shout o.s. hoarse
58 **relayer**: to take over from
59 **au chevet**: at sb's bedside

... n'ayez pour moi aucune crainte, si lourds que soient les seins d'une femme, sa poitrine est toujours assez forte pour les supporter. Elle resta dix-sept jours et dix-sept nuits à flatter la mort, et la déveine s'étant enfuie ailleurs, Méranée expira. La vie continuait semblable à elle-même, sans un seul petit morceau de coeur, véritable puce festoyant[60] de votre sang, exultant de vous laisser inanimée, endolorie[61], à maudire[62] ciel et terre et le ventre qui vous engendra. [...]

Rien ne semblait gêner Toussine, qui s'était installée en corps sans âme dans cette tour, indifférente à ces détails. Les neuf premiers soirs, selon la coutume, elle reçut visite de tous les habitants du bourg, venus pour vénérer l'âme de la défunte et tenir compagnie aux vivants, face à la mort. Toussine ne pleurait pas, ne se lamentait pas, assise toute droite sur un banc, dans un coin, c'était comme si chaque bouffée d'air[63] l'empoisonnait. Une barque telle que Toussine, les gens ne désiraient pas l'abandonner à elle-même, mais le spectacle était si insupportable qu'ils abrégeaient[64] la cérémonie, entraient, saluaient et repartaient, pleins de condescendance, croyant la femme perdue à jamais.

La feuille tombée dans la mare[65] ne pourrit[66] pas le jour même de sa chute, et la tristesse de Toussine ne fit qu'empirer avec le temps, justifiant tous les mauvais présages[67]. Jérémie prenait encore la mer trois fois par semaine, puis ce fut deux fois, une et plus du tout. La maison semblait inhabitée, avec toujours le même aspect de désolation. Toussine ne quittait plus la pièce aux ouvertures de carton, et Jérémie tirait leur nourriture des bois environnants, pourpier[68], cochléarias, bananes rouges makanga. Autrefois, les porteuses empruntaient un sentier[69] qui passait devant la ruine, un raccourci[70] qui rejoignait la route coloniale, d'où elles filaient[71] ensuite sur le marché de la Basse-Ter-

60 **festoyer**: to feast
61 **endolori**: aching
62 **maudire**: to curse
63 **bouffée d'air**: breath
64 **abréger**: to shorten, to cut short
65 **mare**: pond
66 **pourrir**: to rot
67 **mauvais présage**: ill omen
68 **pourpier**: purslane
69 **sentier**: path
70 **raccourci**: short cut
71 **filer**: to dash by

re pour y vendre leurs denrées. Mais elles craignaient maintenant, délaissaient le passage et faisaient un large détour en forêt, à cause de ce cheval à diable de Toussine qui ne parlait pas, ne répondait même pas à la parole, s'obstinait à regarder ailleurs, maigre à compter tous ses os, déjà morte. De temps en temps, quand on en venait à parler d'elle, de Jérémie, de l'enfant Eloisine, un homme grimpait à un arbre dominant, regardait longuement et disait que rien n'avait bougé, que la maison avait toujours le même aspect, qu'elle n'avait pas changé de place.

Trois années s'écoulèrent avant qu'on ne se remît à parler d'eux. Comme d'habitude, un homme monta à un arbre et regarda en direction des ruines; mais cette fois il ne disait rien, ne semblait pas vouloir redescendre de l'arbre. On le pressait de questions auxquelles il répondait par gestes, demandant la présence d'un autre guetteur[72]. Ce fut le second homme qui annonça la nouvelle: Toussine, cette petite barque enlisée[73], la femme qu'on croyait définitivement perdue, avait quitté sa tour cartonnée et faisait, en plein soleil, quelques pas devant sa maison.

Tout contents qu'ils fussent de la nouvelle, les nègres étaient encore dans l'expectative, hésitaient à se réjouir vraiment, attendaient d'avoir le cabri[74] et sa corde en main pour s'éviter la peine d'avoir affûté[75] en vain leur poignard[76]. Et comme ils épiaient[77] voici ce qu'ils virent: Toussine coupait les herbes folles autour de la ruine, frissonnait[78] un moment, rentrait, sortait aussitôt pour sabrer un hallier[79], une broussaille[80], du geste vif et rageur d'une femme qui pare au plus pressé[81], qui n'a plus une minute à perdre...

De ce jour, le lieu commença à perdre un peu de sa désolation et les marchandes retrouvèrent le chemin du raccourci pour la Basse-Terre. Elle avait entraîné les

72 **guetteur**: look-out
73 **enlisé**: stuck, sunken
74 **cabri**: kid (animal)
75 **affûter**: to sharpen
76 **poignard**: dagger
77 **épier**: to spy on
78 **frissonner**: to tremble, to shudder
79 **hallier**: thicket
80 **broussaille**: brushwood
81 **parer au plus pressé**: to attend to the most urgent things first

siens dans sa prison et maintenant elle les ressuscitait. Eloisine d'abord qu'on revit au bourg, légère, un fétu de paille[82] sèche, et puis le pauvre Jérémie qui venait jusqu'á la grève[83], se remplissait les yeux de la mer, se laissait fasciner un long moment et s'en revenait à son morne, tout souriant, comme au temps où la chanson des vagues dansait dans sa tête ... et l'on voyait clairement au milieu de son front que c'était écrit, il reprendrait la mer. Toussine mettait les rideaux aux fenêtres, plantait des oeillets d'Inde autour de la ruine, des pois d'Angole, des racines, des touffes de canne congo pour Eloisine, et, un beau jour, elle mit en terre un pépin[84] d'oranger à colibris. Mais les nègres attendaient encore pour se réjouir, la regardaient faire de loin ... Ils songeaient à la Toussine d'autrefois, celle en haillons[85], et puis ils la comparaient avec celle d'aujourd'hui qui n'était pas une femme, car qu'est-ce qu'une femme? ... un néant, disaient-ils, tandis que Toussine était au contraire un morceau de monde, un pays tout entier, un panache de négresse, la barque, la voile et le vent, car elle ne s'était pas habituée au malheur. Alors le ventre de Toussine ballonna, éclata et l'enfant s'appela Victoire, et c'était ce que les nègres attendaient pour se réjouir. Le jour du baptême ils se présentèrent devant Toussine et lui dirent:

- Du temps de ta soierie et de tes bijoux, nous t'appelions Reine Toussine. Nous ne nous étions pas trompés de beaucoup, car tu es une vraie reine. Mais aujourd'hui, avec ta Victoire, tu peux te vanter[86], tu nous a plongés dans l'embarras. Nous avons cherché un nom de reine qui te convienne mais en vain, car à la vérité, il n'y a pas de nom pour toi. Aussi désormais, quant à nous, nous t'appellerons: Reine Sans Nom.

Et les nègres burent, et se réjouirent. C'est depuis ce jour-là qu'on appelle ma grand-mère la Reine Sans Nom.

<u>Pluie et Vent sur Télumée Miracle</u>, (Editions du Seuil, 1972, p.11-28).

82 **fétu de paille**: wisp of straw
83 **grève**: shore
84 **pépin**: pip
85 **haillons**: rags
86 **se vanter**: to boast

A N T O N I N E   M A I L L E T

(1929)

D'origine acadienne, Antonine Maillet est née en
1929 à Bouctouche, au coeur du Nouveau-Brunswick. Après
l'école primaire de son village, elle est entrée à l'A-
cadémie Notre Dame du Sacré Coeur à Saint Joseph au
Nouveau-Brunswick, puis elle a fait des études à l'université de Moncton, à celle de Montréal où elle a passé
sa licence avant d'obtenir un doctorat de l'université
Laval. Professeur agrégé de littérature, elle a enseigné aux universités de Moncton (Nouveau-Brunswick), de
Montréal et à l'université Laval de Québec. Elle a été
également rédactrice et animatrice à Radio-Canada à
Moncton, avant de se consacrer entièrement à l'écriture.

Elle a reçu le Prix du Gouverneur général du Canada, en 1972, pour son roman, <u>Don l'Orignal</u>. Ses pièces
de théâtre sont bien connues au Canada: <u>Les Crasseux</u>
(1968), <u>Gapi et Sullivan</u> (1973), <u>Evangéline deusse</u>
(1975), <u>Gapi</u> (1976), <u>La veuve enragée</u> (1977), <u>Le bourgeois gentleman</u> (1978), et surtout <u>La Sagouine</u> (1971)
qui lui a valu un succès international.

Elle a aussi publié de nombreux romans: <u>Pointe-
aux-Coques</u> (1958), <u>On a mangé la dune</u> (1962), <u>Mariaa-
gélas</u> (1973), <u>Les-Cordes-de-bois</u> (1977). <u>Pélagie-la-
Charrette</u>, roman qui a obtenu le Prix Goncourt en 1979,
fait partie d'une trilogie avec <u>Cent ans dans les bois</u>
(1981) et <u>La Gribouille</u> (1982). <u>Crache-à-pic</u> paraît en
1984, <u>Le huitième jour</u> en 1987, un recueil de contes:
<u>Par derrière chez mon père</u> en 1972, et <u>L'Acadie pour
quasiment rien, guide historique, touristique et humo-
ristique</u> en 1973. En 1971 elle a également publié sa
thèse de doctorat: <u>Rabelais et les traditions orales en
Acadie</u>.

Antonine Maillet, qui se sert exclusivement du
peuple acadien comme source et comme matériel de base
de ses écrits, a cherché à donner une forme littéraire

à la tradition orale de l'Acadie. Cette tradition populaire, tirée de la mémoire collective est transmise, de
génération en génération depuis le XVIe siècle, par des
conteurs. C'est la seule source documentaire possible
pour imaginer la vie d'un peuple sans écriture pendant
des générations. Antonine Maillet refuse l'étiquette de
romancière régionaliste et revendique le droit d'être
reconnue comme écrivain qui témoigne de la condition
humaine. Son oeuvre met en valeur la richesse des traditions acadiennes grâce à un vocabulaire abondant, et
un rythme proche de l'oralité. Sa langue incorpore de
nombreuses expressions caractéristiques des francophones des provinces maritimes du Canada. C'est ainsi
qu'elle fait dire à la Sagouine:

> ... Non, je sons pas tout à fait des
> Français, je pouvons pas dire ça:
> les Français, c'est les Français de
> France. Ah! pour ça, je sons encore
> moins des Français de France que des
> Amaricains. Je sons plutôt des Canadjens
> français, qu'ils nous avont dit.
> Ça se peut pas non plus, ça. Les Cana-
> djens français, c'est du monde qui vit à
> Québec. Ils les appelont des Canayens,
> ou ben des Québécois. Ben coument c'est
> que je pouvons être des Québécois si je
> vivons point à Québec? ... Pour l'amour
> de Djeu, où c'est que je vivons, nous
> autres?
> ... En Acadie, qu'ils nous avont dit,
> et je sons des Acadjens. Ça fait que
> j'avons entrepris de répondre à leu
> question de natiounalité coume ça: des
> Acadjens, que je leur avons dit. Ça, je
> sons sûrs d'une chouse, c'est que je
> sons les seuls à porter ce nom-là. Ben
> ils avont point voulu écrire ce mot-là
> dans leu liste, les encenseux. Parce
> qu'ils avont eu pour leu dire que l'Aca-
> die, c'est point un pays, ça, pis un A-
> cadjen c'est point une natiounalité, par
> rapport que c'est pas écrit dans les li-
> vres de Jos Graphie. (<u>La Sagouine</u> p.192)

Les grands thèmes de l'oeuvre d'Antonine Maillet
sont la misère et l'exploitation dont ont été victimes
les Acadiens, leur fidélité à la langue française et à
la terre d'Acadie, l'importance de la lignée familiale

au sein du groupe, les conflits entre dominants et dominés, la vie quotidienne laborieuse d'un peuple mino-
ritaire.

Dans la préface, l'auteur décrit ainsi la Sagouine
seul personnage de la pièce:

> C'est une histoire vraie que je vous ra-
> conte. L'histoire de la Sagouine, femme
> de la mer, qui est née avec le siècle,
> quasiment le pieds dans l'eau. L'eau fut
> toute sa fortune: fille de pêcheur de
> morue, fille à matelots, puis femme de
> pêcheur d'huîtres et d'éperlans. Femme
> de ménage, aussi, qui achève sa vie à
> genoux devant son seau, les mains dans
> l'eau [...] C'est à son eau trouble
> qu'elle parle.

La Sagouine qui a passé toute sa vie dans la misère et la crasse est usée physiquement à soixante-douze
ans mais elle est restée forte de caractère malgré son
sort misérable scellé dès l'enfance. Naïvement, elle
fait la critique des injustices dont elle a été victime
dans une société où les démunis sont au service des riches. Cette femme qui lave les planchers des autres ob-
serve les qualités et les défauts des gens qu'elle rencontre et elle nous en parle avec humour et ironie. Elle philosophe sur le temps qui passe, sur sa vie, sur
la mort; elle dénonce, dans ses monologues, les mille
absurdités de la vie quotidienne qui sont les causes de
l'abrutissement de ses semblables. Elle possède une dignité et une fierté que sa vie jalonnée d'humiliations
n'a jamais pu briser. De ses nombreuses réflexions sur
la jeunesse, la mort, la guerre, les prêtres, émane
toute une sagesse. Elle ne se révolte pas et n'a pas
vraiment d'amertume car il y a aussi le printemps, les
souvenirs d'amours, son affection pour son mari et son
attachement à la terre natale.

Dans Le huitième jour, Antonine Maillet, dite To-
nine veut refaire le monde, corriger la création divine
qu'elle trouve bâclée. Nous sommes à l'aube des temps.
Adam s'appelle Maître Bonhomme et Eve, Bonne-Femme. Ils
ont eu, sur le tard, des jumeaux, un nain nommé Gros
comme le Poing et un géant nommé Jean de l'Ours, l'un
pétri dans la pâte, l'autre sculpté dans le bois. A
partir de là, l'auteur invente un univers de toutes
pièces, dans la tradition des «raconteurs» acadiens,
transmetteurs du folklore.

Création en six jours, nous dit-on, six
petits jours, avec un Créateur qui s'en
va en plus se reposer le septième! Vraiment ce n'était pas sérieux. On peut
bien avoir hérité d'un monde boiteux et
rabougri! Un monde inachevé.
Inachevé...
Ce seul mot donne envie de sortir ses
crayons de couleur, ses compas, ciseaux,
équerres, rabots, pinceaux... de sortir
sa plume. Mais qu'est-ce que ça peut
donner, sinon un livre de plus? Non le
seul espoir se cache derrière l'horizon,
dans les plis du temps, au creux de
l'imperceptible. Le seul espoir est dans
le huitième jour. (pp.10-11)

Pélagie-la-Charrette, l'oeuvre la plus connue
d'Antonine Maillet est une odyssée. C'est l'épopée du
retour après le «Grand Dérangement», c'est-à-dire la
déportation en 1755 par les Anglais des colons français
installés dans les régions maritimes de l'Acadie. Ces
Acadiens furent dispersés dans les colonies anglaises
le long de la côte atlantique. Certains s'installèrent
dans les bayous de Louisiane pour devenir les Cajuns,
d'autres finirent par rentrer en Acadie. Sans prêtres
et sans livres, ils conservèrent et transmirent leurs
traditions oralement en se tenant à l'écart des Anglo-
Saxons pendant plus de cent ans .

L'histoire du retour d'exil d'un peuple vaincu et
éparpillé, est racontée sans fin, les soirs d'hiver,
avec toutes sortes de péripéties épiques, par les descendants directs des rescapés de la charrette de Pélagie. Il s'agit de la lente remontée d'Acadiens partant
de Géorgie qui se dirigent vers le nord, à travers une
Amérique hostile, jusqu'au lointain pays d'où les Anglais les avait chassés quinze ans plus tôt. La carava-
ne de charrettes à boeufs rencontre d'innombrables obstacles et le voyage prend dix ans. C'est le récit d'une
longue quête, quête d'un paradis perdu, la terre natale
mais quête aussi de la parole. C'est dans la parole que
réside le désir de durée. Pour une population qui ne
sait ni lire ni écrire et qui veut conserver son Histoire, histoire moribonde, il faut chaque soir la rani-
mer en racontant des récits devant le feu. C'est Bélonie, raconteur de métier, qui s'en charge, prenant la
relève de son aïeul Bélonie, vieillard de quatre-vingt-

dix ans, vieux sage, chroniqueur et raconteur qui lui a fait le voyage. Cet homme aux portes de la mort entretient la vie en racontant des légendes, le conte de la Baleine blanche, de Tit-Jean et la légende de la charrette de la Mort, pendant symbolique à la charrette de vie que conduit Pélagie, femme de trente-cinq ans «avec le rire dans les yeux» (p.119) qui incarne le souffle de vie, l'espoir dans l'avenir. C'est elle, figure centrale du roman, qui tout au long de la route, va rassembler les survivants, ces Acadiens dispersés et les convaincre de se joindre à elle. A la tête d'une petite troupe qui grandit constamment au cours du voyage - ils sont pour finir une trentaine de familles - elle les guide à la rencontre de la Terre Promise: la vieille patrie et un avenir meilleur. Moïse féminin conduisant son peuple, elle aussi devra mourir au moment où elle aura tenu parole à ses aïeux auxquels elle avait juré de ramener les siens au pays.

Cette femme «capable à elle seule de ramener un peuple au pays, de le ramener à contre-courant»(p.113), symbolise les qualités collectives des Acadiens qui ont farouchement refusé l'assimilation et ont affirmé leur volonté féroce de rester francophones et de garder sur le sol américain leur propre identité. Cette oeuvre est aussi un hymne au courage, à l'endurance extraordinaire et à l'entêtement des femmes, forces vives qui dominent et rendent le retour possible. «Si l'Acadie n'avait pas péri corps et biens dans le Grand Dérangement, c'est grâce aux femmes» (p161), dit Célina, la sage-femme, guérisseuse, bras droit de Pélagie. Et c'est Madeleine, la fille unique de Pélagie qui en abattant son premier arbre décide où le clan va s'établir. La voix narrative la considère comme un «digne rejeton de la charrette par la voie des femmes» (p.346). Chez Antonine Maillet, les femmes sont toujours au premier plan sans qu'elles soient hostiles aux hommes. Au contraire elles ont d'excellents rapports avec eux. Par leur soif de liberté, par leur courage, leur grandeur d'âme, leur héroïsme, elles veulent refaire la race et le pays d'Acadie.

PELAGIE-LA-CHARRETTE

Prologue

Au dire du vieux Louis à Bélonie lui-même, ce rejeton[1] des Bélonie né comme moi de la charrette[2], seuls ont survécu au massacre des saints innocents, les innocents qui ont su se taire. N'éveille pas l'ours qui dort, qu'il dit, surtout pas l'ours qui dort sur le marchepied de ton logis[3]. C'est pourquoi l'Acadie qui s'arrachait à l'exil, à la fin du XVIIIe siècle, est sortie de ses langes[4] tout bas, sans vagir[5] ni hurler, sans même taper dans les mains. Elle est rentrée au pays par la porte arrière et sur la pointe des pieds[6]. Quand le monde s'en est aperçu, il était trop tard, elle avait déjà des ressorts[7] aux jambes et le vent dans le nez.

Un nez comme celui de Pélagie-la-Gribouille[8], entre autres, qui sort du bois un siècle plus tard pour renifler[9] l'air une petite affaire[10], le temps de sentir le temps qu'il fait. Le temps est au beau, la vie peut recommencer. Et la gueuse[11] huche[12] aux autres de s'aveindre[13] de leur trou et de venir prendre leur place au soleil. Elle a entendu le cri des oies sauvages qui rentrent du sud, on peut commencer à remuer la terre[14] et jeter ses seines[15] à l'eau.

1 **rejeton:** offspring
2 **charrette:** cart
3 **marchepied de ton logis:** your own doorstep
4 **sortir de ses langes:** to get out of infancy
5 **vagir:** to cry (of newborn baby)
6 **sur la pointe des pieds:** on tiptoe
7 **ressort:** spring
8 **gribouille:** rash fool
9 **renifler:** to sniff
10 **une petite affaire** = un peu
11 **gueuse:** beggarwoman
12 **hucher** = appeler en criant
13 **s'aveindre** = sortir de
14 **remuer la terre:** to plow
15 **seine** = filet: net

    - Grouillez-vous[16], bande de flancs mous[17]! qu'elle leur crie, la Pélagie; personne viendra vous nourrir à la louche[18] ni vous border[19] au lit.

    Pélagie-la-Gribouille, troisième du nom, aimait à dire qu'elle descendait en droite ligne de son ancêtre directe. Et comme si cet aphorisme ne suffisait pas à convaincre le cercle des gicleux[20] assis en demi-lune devant la maçoune - que certains appellent l'âtre[21] - elle reprenait son lignage du début, chaque mauvais soir d'hiver, de Pélagie, à Madeleine, à Pélagie, à elle, Pélagie-la-Gribouille, rien que pour faire enrager les Després et les Gallant qui, à son dire, ne figuraient pas au nombre des déportés de la charrette[22].

    Bélonie, père de Louis à Bélonie, conteur[23] et chroniqueur de son métier, de père en fils, ricanait[24] à ces défrichetages[25] d'amateur, qui ne savait même pas distinguer l'aller du retour, dans cette Déportation, et qui n'aurait pas su nommer, pour sûr, la goélette[26] du capitaine Broussard dit Beausoleil qui, en longeant les côtes[27] du nord au sud et du sud au nord, aurait fait autant pour rassembler les lambeaux[28] d'Acadie que la fameuse charrette et ses quarante-six charretons. Voilà pour Pélagie!

    Et pcht! dans la maçoune.

    - Ah oui? C'est peut-être bien par rapport que les Bélonie étiont au sec au fond d'une cale[29], durant tout le voyage, qu'aucun de ces effrontés[30] a aperçu l'ombre de la charrette de nos aïeux qui remontait au pays sans même grincer[31] des roues?

16 **grouillez-vous** = dépêchez-vous
17 **bande de flancs mous**: bunch of flabby asses
18 **louche**: ladle
19 **border**: to tuck in
20 **gicleux**: pipeslurpers
21 **âtre**: hearth
22 **déportés de la charrette**: deported passengers of the cart
23 **conteur**: storyteller
24 **ricaner**: to snigger
25 **défrichetage** = défrichage: clearing for cultivation, delving
26 **goélette**: schooner
27 **longer les côtes**: to sail the coast
28 **lambeaux**: tatters
29 **cale**: hold (boat)
30 **effronté**: insolent
31 **grincer**: to creak

Bélonie n'était pas un obstineux[32], pas plus que son père, que son grand-père, que son aïeul Bélonie qui ne se cachait pas au fond d'une cale de goélette, pardon, Pélagie! mais qui s'appuyait aux ridelles[33] de la charrette, la vraie, à côté de cette Pélagie première du nom, ancêtre en droite ligne de Pélagie-la-Gribouille qui, après cent ans, n'avait pas encore pardonné à son arrière d'avoir accueilli ce bâtard dans la famille...

– Bâtard! peuh! Le seul nom de Bélonie fait encore rêver trois quarts du pays et frissouner l'autre quartier... Et puis je suis point un ostineux[34].

Et il ne répondit pas davantage à la Gribouille.

Mais la Gribouille n'avait pas besoin de réponse pour comprendre, pas besoin d'explications ni de cours d'histoire du pays. Et elle renvoya Bélonie et tout le cercle de la maçoune à leurs pipes.

– Si vous vous figurez que vous me ferez des accroires[35] à moi!

Depuis cent ans déjà qu'on se passait la charrette, de Bélonie en Bélonie, en Bélonie, comme un fief, alors que la charrette n'avait appartenu à nul autre qu'à son légitime et unique maître, Pélagie, première du nom, LeBlanc de par son homme, sortie vivante des flammes de la Grand' Prée.

– Et vous viendrez encore me raconter à moi la charrette des aïeux[36]?

On la lui raconterait encore, et encore, car sans ces conteux et défricheteux[37] de Bélonie, fils de Bélonie, fils de Bélonie, l'Histoire aurait trépassé[38] à chaque tournant de siècle. Combien de fois elle s'est arrêtée, butée[39], effondrée[40] sur le bord de la route. Et sans l'un de ces Bélonie qui passe par là, un soir d'hiver... Il l'aperçoit à temps, la moribonde, et la ramasse, et la redresse, et la ramène pantelante mais encore chaude au logis. Et là, à coups de bûches dans

32 **obstineux** = obstiné
33 **ridelles**: rack
34 **ostiner** = contredire
35 **faire des accroires**: to make one swallow sth
36 **aïeux**: ancestors
37 **défricheteux**: root-delvers
38 **trépasser**: to pass away
39 **buter**: to stumble
40 **s'effondrer**: to collapse

la maçoune et de gicles de salive[41], pcht!... on la ravigote[42], la garce[43], et l'Histoire continue.

... Elle continue encore dans la bouche de mon cousin Louis à Bélonie, qui la tient de son père Bélonie à Louis, qui la tenait de son grand-père Bélonie - contemporain et adversaire de la Gribouille - qui l'avait reçue de père en fils de ce propre Bélonie, fils de Thaddée, fils de Bélonie premier qui, en 1770, fêtait ses nonante ans, assis au fond de la charrette même de Pélagie, première du nom.

Après ça, venez me dire à moi, qui fourbis[44] chaque matin mes seize quartiers de charrette, qu'un peuple qui ne sait pas lire ne saurait avoir d'Histoire.

Bélonie, le premier du lignage des Bélonie à sortir du Grand Dérangement[45], était déjà un vieillard épluché quand la charrette se mit en branle[46]. Et il déchiffra pour les jeunesses qui montaient à bord la légende de la charrette de la Mort. Il l'avait vue de près tant et tant de fois, entendue, Bélonie, entendue, car personne jamais n'avait vu ce sombre fourgon[47], sans portières ni fanaux[48], tiré par six chevaux flambant noirs, une charrette qui parcourait le monde depuis le commencement des temps.

- Si parsonne l'a onques[49] vue, comment c'est qu'on sait qu'elle est noire, votre charrette? que planta Pélagie en plein dans le front du vieux radoteux.

- Hi!

... pour toute réponse de Bélonie. Car en bon conteur de sa profession, il se réservait pour ses contes, Bélonie, et ne gaspillait[50] jamais sa salive dans des obstinations perdues. Verrait qui verrait. Aucun vivant n'a encore vu la Mort et tout le monde la connaît. Tout le monde connaît le Diable encorné[51], l'Archange saint Michel accoté sur sa lance, et la charrette fantôme,

41 **gicles de salive**: spurts of spit
42 **ravigoter**: to revive
43 **garce**: bitch
44 **fourbir** = polir en frottant
45 **dérangement**: disruption
46 **se mettre en branle**: to get moving
47 **fourgon**: coach
48 **fanal**: headlamp
49 **onques** = jamais
50 **gaspiller**: to waste
51 **encorné**: with horns

noire, sans portières, tirée par trois paires de chevaux, voilà. Et qu'on n'en parle plus.

D'accord, qu'on n'en parle plus. Mais Pélagie savait qui en reparlerait le premier. Et à coups de hue! dia! elle remit les boeufs en marche. La charrette de la Mort pouvait s'aller embourber[52] dans les marais[53] de Géorgie; elle, Pélagie, conduirait les siens dans la charrette de la Vie.

— Embarque, Célina, et prête point attention au radoteux.

Célina garrocha[54] sa besace[55] sur les genoux du radoteux et enfourcha la ridelle[56].

— Tu m'avartiras quand ça sera mon tour de marcher, Pélagie. Je suis point plus décrépite qu'un autre.

...Point plus décrépite, non, juste un brin[57] plus clopeuse[58]. Mais Bélonie dit ça sans dire un mot, et sans cesser de sourire de toutes ses brêches[59] à Célina qui épluchait sa pensée jusqu'au coeur.

— Fallit qu'on l'amenit à tout drès[60], c'ti-là.

Fallit. On ne laisse pas seul en Géorgie un vieillard qui approche cent ans et qui n'a plus ni famille ni parenté parmi les vivants. Pélagie n'aurait pas eu le coeur de laisser derrière le doyen des déportés, même s'il devait traîner avec lui jusqu'à la Grand' Prée sa charrette fantôme.

— Il la traînera, je le connais, que renchérit Célina. Pourvu qu'il se mette point en tête d'y atteler nos boeufs... Bien le bonjour, jeunes genses, dérangez-vous pas pour moi.

Les jeunes gens, c'était les trois fils de Pélagie et sa fille Madeleine qui rangeait déjà les affaires de Célina avec les hardes[61], les victuailles et les paillasses, tout ce qui restait de biens aux LeBlanc, après quinze ans de Géorgie. On avait tout vendu: linges de toile et coupes d'étain[62] réchappés du Dérangement,

52 **s'embourber**: to get stuck in the mud
53 **marais**: swamp
54 **garrocher** = lancer
55 **besace** = sac
56 **enfourcher la ridelle**: to straddle the sideboard
57 **un brin**: a little
58 **clopiner**: to limp along
59 **brêche**: gaps in her teeth
60 **fallit ... drès**: did we have to bring him along
61 **hardes**: rags
62 **étain**: pewter

meubles, volailles, moutons, même un abri de planches qui avait soulagé leur exil et empêché la famille de partir à la dérive[63] comme tant d'autres.

- Pas moi! qu'avait crié Pélagie en voyant tomber les déportés comme des mouches tout le long des côtes géorgiennes. Je planterai aucun des miens en terre étrangère.

Et à partir de ce jour-là, son premier jour de terre ferme après des mois et des mois aux creux des lames[64] de trente pieds qui depuis les rives[65] d'Acadie avaient déjà avalé la moitié de ses gens, Pélagie avait juré aux aïeux de ramener au moins un berceau au pays. Mais ses enfants avaient poussé trop vite, même la petite Madeleine née en pleine goélette anglaise; et quand enfin Pélagie put appareiller[66], son dernier-né avait quinze ans. Et pour tout bâtiment[67], Pélagie gréa[68] une charrette.

Une charrette et trois paires de boeufs de halage qui lui avaient coûté quinze ans de champs de coton, sous le poids du jour et sous la botte d'un planteur brutal qui fouettait avec le même mépris ses esclaves nègres et les pauvres blancs. Elle, Pélagie Bourg dite LeBlanc, attelée à la charrue[69] des esclaves! Elle qui avait connu la prospérité et l'indépendance en terre d'Acadie... oui, l'indépendance. Car l'Acadie, à force d'être ballotée[70] d'un maître à l'autre, avait fini par se faufiler[71] entre les deux, par les leurrer[72] tous et par mener ses affaires toute seule, juste sous le nez des Louis et des George des vieux pays qui reniflaient[73] encore du côté des épices. Et sans souffler mot, la petite colonie d'Atlantique laissait les rois de France et d'Angleterre se renvoyer des cartes revues et corrigées d'Acadie et de Nova Scotia, pendant qu'elle continuait allègrement[74] à planter ses choux. Ça ne devait pas durer, c'était des choux gras. Et les sol-

63 **partir à la dérive**: to go drifting off
64 **lame**: wave
65 **rive**: shore
66 **appareiller**: get under way (naut)
67 **bâtiment**: ship
68 **gréer**: to rig
69 **charrue**: plough
70 **balloté**: tossed
71 **se faufiler**: to slip between
72 **leurrer**: to fool
73 **renifler**: to sniff out
74 **allègrement**: happily

dats anglais qui rêvaient d'un coin de terre se mirent à lorgner[75] ces champs-là.

L'exil, c'est un dur moment à passer pour l'Histoire. Hormis[76] qu'elle en sorte.

Pélagie avait entendu dire que tout le long de la côte, en Caroline, dans la Marilande, et plus au nord, des Acadiens sortis des goélettes du gouverneur Lawrence, comme elle, et garrochés au hasard des anses[77] et des baies, transplantaient petit à petit leurs racines flottantes en terre étrange.

- Lâcheux[78]! qu'elle n'avait pu s'empêcher de leur crier par-delà sa frontière de Géorgie.

Car les racines, c'est aussi les morts. Or Pélagie avait laissé derrière, semés entre la Grand' Prée et les colonies du Sud, un père et une mère, un homme et un enfant qui l'appelaient chaque nuit depuis quinze ans: «Viens-t'en!...»

Viens-t'en!...

... Quinze ans depuis le matin du Grand Dérangement. Elle était une jeune femme à l'époque, vingt ans, pas un an de plus, et déjà cinq rejetons dans les jupes... quatre, à vrai dire, le cinquième étant en route. Ce matin-là, le destin l'avait surprise aux champs où son aîné, que Dieu ait son âme!, l'avait rattrapée à coups de viens-t'en! viens-t'en! Le cri lui avait collé au tympan[79]. Viens-t'en... et elle a vu les flammes monter dans le ciel. L'église brûlait, Grand-Pré brûlait, la vie qu'elle avait laissée jusque-là couler dans ses veines fit un seul bouillon sous sa peau et Pélagie crut qu'elle allait éclater. Elle courait en se tenant le ventre, enjambant les sillons[80], les yeux sur sa Grand' Prée qui avait été la fleur de la baie Française. On empilait déjà les familles dans les goélettes, jetant pêle-mêle les LeBlanc avec les Hébert avec les Babineau. Des marmots[81] issus[82] de Cormier cherchaient leur mère dans la cale des Bourg qui huchaient aux Poirier d'en prendre soin. D'une goélette à l'autre, les Richard, les Gaudet, les Chiasson tendaient les bras vers les morceaux de leurs familles sur le

75 **lorgner**: to covet
76 **hormis**: but, save
77 **anse**: cove
78 **lâcheux**: quitter
79 **tympan**: eardrum
80 **sillon**: furrow
81 **marmot**: kid
82 **issu**: born of

pont des autres et se criaient des «prends garde à
toi!» que la houle[83] emportait en haute mer.
... Ainsi un peuple partit en exil.

Et elle, Pélagie, avec les lambeaux[84] de famille
qu'elle avait réussi à rescaper du Dérangement, avait
atterri à l'Ile d'Espoir, au nord de la Géorgie. Ile
d'Espoir! le seul bon augure[85] de ce nom avait gardé en
vie cette femme, veuve d'Acadie, et ses quatre orphe-
lins. L'espoir, c'était le pays, le retour au paradis
perdu.
    - Un paradis qu'avont pourtant pardu les Richard
et les Roy, que s'empressa d'ajouter Célina en levant
le nez. Pourquoi c'est faire qu'ils avont caillé[86] tout
d'un coup, les faignants[87]?
    Pas caillé, non, choisi. A regret, pour la plu-
part, mais choisi tout de même. Tout le monde peut pas
recommencer sa vie à son retour d'âge, Célina. Et la
recommencer à zéro, à tâtons[88], et à pied. Les adieux
de la charrette à l'Ile d'Espoir ne furent pas joyeux,
en dépit du sourire plein la face de Bélonie et des hu-
chements de Pélagie à ses commères d'exil:
    - Je replanterai votre baillarge[89] laissée en
fleur et je vous ferai de la soupe quand vous vous dé-
ciderez de rentrer au pays!
    Et les voisines s'essuyaient les joues et le men-
ton du revers de la main en s'appuyant sur les hommes
ou les enfants qui leur restaient. Tandis que dans un
grand huhau! Pélagie remettait en marche sa charrette à
boeufs.

Mais dans les propres ornières[90] de la charrette
de Pélagie grinçaient[91] les roues invisibles de la
charrette de la Mort. Et le vieux radoteux de Bélonie
reprit son récit là même où le pied bot[92] de Célina
avait planté son point d'orgue[93].
    ...Donc la charrette grinçait des roues pour aver-
tir les vivants de s'enlever de son chemin, qu'elle ne

83 **houle**: swell
84 **lambeaux**: shreds
85 **augure**: omen
86 **cailler**: to drowse off
87 **faignant** = fainéant: lazy
88 **à tâtons**: groping
89 **baillarge** = orge: barley
90 **ornière**: rut
91 **grincer**: to creak
92 **pied bot**: clubfoot
93 **point d'orgue**: pause

venait que pour les trépassés, les moribonds ou les marqués du destin. C'est ainsi qu'on l'avait entendue à la mort du défunt Sirois à Basile Gautreau au printemps, tombé d'épuisement[94] dans un champ de tabac; et la veille du trépas[95] de la pauvre Barbe à Babée le long de la rivière Savannah; et lors du naufrage[96] de la défunte <u>Espérance</u>, au large des îles, alors que la charrette avait grincé toute la nuit sur toutes les côtes de la Grande Echouerie. Après ça venez dire à Bélonie le conteux, vieil homme d'Acadie, que la Faucheuse[97] n'est pas de la famille ou de la parenté. Et il expliqua aux jeunesses qui en riaient de peur et de sueur dans les yeux que la Mort est la plus sûre compagne de route de l'homme, la seule sur qui tu peux compter en dernière instance pour t'arracher aux dangers de la vie.

Pélagie en fouetta ses boeufs.
- Je pourrions point parler de la pluie et du beau temps pour mieux larguer[98] notre charrette sus le chemin du nord?
Célina ne perdit pas de temps et se rangea du côté de Pélagie.
- J'allons-t-i l'endurer jusqu'au pays, le prophète de malheur? Le voyage pourrait être long, on sait jamais, languir des mois, des années.
- Des générations, que ricana Bélonie.
Et il ajouta hi! par fidélité à lui-même.

Ah! là, il commençait à lui gratter[99] les nerfs, à la Célina. Enerver aussi Pélagie. Se mêler de compter les générations qui séparaient l'exil du retour! Mais quel Jérémie l'avait engendré, celui-là? Se souvenait-il au moins, le sorcier, qu'on avait fait l'aller en quelques mois?
Le vieux plissa les yeux.
- Pour descendre dans le sû, ils nous avont fourni les bâtiments, qu'il fit sans broncher[100].
Célina en avala sa glotte[101]. Eh bien oui, une déportation se fait comme ça, figurez-vous! on vous fournit les goélettes, s'il fallait! Comme on fournit la

94 **épuisement:** exhaustion
95 **trépas:** passing
96 **naufrage:** shipwreck
97 **la Faucheuse:** the Grim Reaper
98 **larguer:** to cast off, to release
99 **gratter:** to grate on
100 **sans broncher:** without flinching
101 **en avala sa glotte:** choked on her tonsils

corde et la potence aux condamnés. Ça serait-i' une raison, ça, pour les regretter, leurs potences[102] et leurs bâtiments? Allait-i' falloir asteur[103] exiger des bourreaux[104] le voyage de retour?

- S'il y a une parsonne à bord qui trouve que j'avançons point assez vite, c'tuy-là peut toujours s'en aller cogner[105] sus le gouverneur Lawrence pour y demander de nous affréter[106] une goélette.
- Taise-toi, Jeannot, on ne parle point sus c'te ton au plus vieux vieillard du pays.

Et Pélagie reprit les rênes des mains de son fils.

La charrette roulait déjà depuis plusieurs jours, allègre sur ses quatre roues huilées à la sève de tournesol, ses ridelles dentelées dans le ciel, et son pont tanguant[107] comme une goélette au large, quand les boeufs de tête s'arrêtèrent brusquement, immobilisant tout l'équipage. Pélagie se dressa. Les autres attendirent.

- Mais c'est la Catoune! que fit Célina qui venait de sauter de la charrette.

C'était la Catoune, en effet, l'enfant de Beaubassin échouée[108] dans la mauvaise goélette lors du Grand Dérangement. On n'avait jamais réussi à défricher les origines de cette petite fille d'à peine trois ans, qui n'apportait pour tout bagage qu'un surnom, le nom de sa terre de Beaubassin et un cri:«Zé faim!» Elle avait dû passer de pont de navire en pont de navire, la Catoune, car personne ne pouvait expliquer comment, en plein océan, elle avait surgi dans la cale du Nightingale qui transportait les LeBlanc, les Richard, les Roy, les Belliveau, les Bourg et des morceaux de familles Babin et Babineau.

- D'où c'est qu'elle vient comme ça?

Sûrement de l'Ile d'Espoir, à pied, à la course même. Elle avait dû courir en flairant les boeufs, comme un chien. Comme un chat. Elle était de la famille des chats, la Catoune.

- Mais grouillez-vous, Charlécoco! vous voyez point qu'elle est à bout, l'enfant de Dieu?

102 **potence**: gallows
103 **asteur** = à cette heure, maintenant
104 **bourreau**: hangman
105 **cogner**: to knock, to beat up
106 **affréter**: to charter
107 **tanguer**: to pitch, to reel
108 **échoué**: stranded

Oui, elle gisait[109] à travers la route, la pauvre, râlant[110] et tremblant de tout son corps de chat mouillé. Et Charles et Jacquot, les jumeaux de Pélagie, si fondus de corps et d'esprit qu'on avait fini par fondre leurs noms en un seul et ne plus les interpeller qu'au pluriel, soulevèrent ensemble l'enfant de Dieu qui après quatre ou cinq jours de jeûne[111] ne pesait pas plus lourd qu'un ange.

- Et là, quoi c'est que j'en faisons?

Jean arracha aussitôt Catoune des bras de sa paire de frères empotés[112] et la déposa sur le fourrage au fond de la charrette.

- S'y en a pour sept, y en a pour huit, que répondit Pélagie à la paupière froncée de Célina.

Elle avait rendu la même sentence quinze ans plus tôt, la jeune Pélagie, allant jusqu'à partager son lait entre tous les nouveau-nés garrochés sur la côte géorgienne et mettant ainsi en péril la vie de sa propre fille. Madeleine en avait crié durant six mois, puis s'était accoutumée aux hérésies de sa mère qui croyait que charité bien ordonnée commence par les autres.

C'est ainsi que la Catoune, qui n'avait jamais appris à couper les cheveux en quatre, finit par glisser son petit être dans les plis des jupes de Pélagie chaque fois qu'elle se sentait menacée. Longtemps menacée, la Catoune, sans doute dès les premiers jours de l'Evénement. Pélagie se souvenait de cette petite réfugiée jetée un matin au fond du <u>Nightingale</u> et saignant de partout, vraiment de partout. Célina avait fait le nécessaire, en guérisseuse[113] et sage-femme[114] de son métier. Le reste, c'est Pélagie qui s'en chargea, un reste qui devait durer quinze ans.

- Apporte du lait, Madeleine.

Toute la charrette dressa le cou. Du lait? Mais où trouver du lait à la frontière de la Géorgie et des Caroline, en terre étrangère, dans un chariot tiré par six boeufs? Où avait-elle la tête, Pélagie? Même Bélonie-le-Vieux cessa de sourire un instant et dévisagea[115] cette femme de trente-cinq ans qui demandait du lait aux pierres des champs.

---

109 **gisait** (gésir): to be lying
110 **râler**: to groan
111 **jeûne**: fast
112 **empoté**: clumsy
113 **guérisseuse**: healer
114 **sage-femme**: midwife
115 **dévisager**: to stare at

Pas aux pierres, non, Bélonie, à la vie, la vie qui grouillait[116] tout autour de la charrette, comme autour de leur cabane de planches durant quinze ans, comme en pleine mer durant des mois, comme au temps du bonheur durant un siècle d'Acadie. La vie ne s'arrête pas de respirer simplement parce qu'elle prend le chemin du nord, voyons, et n'est pas plus vie au logis que sur la grand-route. Les Hébreux ont bien, eux, traversé le désert. Et puis de toute manière, toute la vie est un voyage, façon de parler.

— Ça fait que va nous qu'ri'[117] du lait, Madeleine. Je pouvons toujou' ben pas quitter crever[118] cette esclave du bon Dieu.

Et Madeleine obéit.

Hi!...

Oui, Bélonie, ce matin-là, la charrette de Pélagie était plus forte que la vôtre, riez-en à votre aise. Car au bout d'une heure, Madeleine revint non seulement avec du lait mais avec toute la chèvre. Et la Catoune fut sauvée.

Pélagie, sans interroger sa fille, sentit pourtant qu'il valait mieux ne pas s'attarder, qu'un chevrier[119] dans un champ environnant allait bientôt faire le compte de ses bêtes et que...

— Huhau!

... de toute façon, la Grand' Prée n'était point à la porte.

Pélagie-la-Charrette, (Grasset, 1979, p.9-23).

116 **grouiller**: to swarm
117 **qu'ri'**= quérir = chercher
118 **quitter crever** = laisser crever: to let die
119 **chevrier**: goatherd

CHAPITRE 11

Visions féministes

L U C E   I R I G A R A Y

Luce Irigaray a une formation universitaire, avec deux doctorats, un en linguistique et un autre en philosophie. Enseignante au département de psychanalyse de l'université de Vincennes depuis la création de cette institution, elle fut suspendue de son enseignement, en automne 1974, par une commission de trois membres désignés par Jacques Lacan, grand maître de la psychanalyse en France et expulsée de l'Ecole Freudienne.

Cette «excommunication», due à la publication de Speculum de l'autre femme, ainsi qu'une douzaine d'ouvrages, ont fait d'elle, depuis les années soixante-dix, l'une des théoriciennes les plus en vue du féminisme contemporain. Actuellement directrice de recherches en philosophie au Centre de Recherches sur les Arts et le Langage à Paris, elle s'intéresse avant tout à la relation entre le langage et la psychologie. Ses écrits théoriques sont aussi des méditations, des réflexions, des spéculations, des témoignages où la dimension poétique et l'élément autobiographique sont souvent présents. C'est une littérature qui marque une rupture avec le passé par une remise en question radicale dans le domaine qui est le sien professionnellement: la psychanalyse.

Dans Speculum de l'autre femme (1974) et Ce sexe qui n'en est pas un (1977), elle s'insurge contre le fait que Freud ne définit la sexualité de la femme que par rapport au sexe masculin, l'une ne faisant que mimer pauvrement; «le "féminin" est toujours décrit comme défaut, atrophie, revers du seul sexe qui monopolise la valeur: le sexe masculin». «Puisque le sexe féminin a été censuré de la logique de la conscience», elle se demande si le féminin «a un inconscient» ou s'il «est l'inconscient»? Ce qui ne fait pas de doute c'est que l'impérialisme phallique de la psychanalyse fait apparaître la spécificité, toujours niée, du sexe féminin. Par cette découverte de la différence radicale de la femme, elle revendique une sexualité de la femme faite «de deux lèvres qui s'embrassent continûment» et d'une jouissance plurielle, diffuse, polymorphe. Elle cherche aussi à inventer, ou retrouver un langage qui appartiendrait uniquement à l'expérience vécue par les femmes, qui leur serait spécifique.

Dans l'<u>Ethique de la différence sexuelle</u> (1984), un recueil de cours donnés à l'université Erasme de Rotterdam, Irigaray constate que «l'homme et la femme demeurent plus étrangers l'un à l'autre que ne le sont à chacun l'animal, la plante, la pierre, l'univers, les dieux. Cet irréductible de l'un à l'autre s'oublie sans cesse et s'organise en mondes bâtis dans la méconnaissance» et sur un langage qui a cessé d'être un moyen de communication. Comme dans les jeux on l'on doit trouver les contours d'une figure dissimulée dans le paysage, Irigaray cherche dans le discours philosophique (Aristote, Platon, Descartes, Spinoza, Merleau-Ponty et Lévinas) et dans le langage, des traces du «féminin-maternel», qu'elle s'efforce de constituer à partir d'une «désassimilation». Mais ce qu'elle découvre avant tout c'est une nostalgie masculine d'un retour dans la mère, transformée par le langage qui la transcende vers Dieu. Pour Irigaray, maisons, édifices de toute sorte, langage, lois sont conçus comme autant de substituts à la première demeure dont l'homme a une nostalgie infinie, ce qui explique qu'il enferme la femme dans ses Ersatz, «oubliant que le féminin-maternel est porosité, seuil, ouverture». Ainsi «la femme qui a servi d'enveloppe à l'homme le temps qu'il devienne capable de vivre sans elle» se retrouve encerclée par un monde, un langage qui la nient et se referment sur elle comme une prison. Cette nostalgie douloureuse d'un impossible retour empêche l'homme de penser son corps et le conduit à séparer, à opposer corps et âme, sphère spirituelle et sexuelle. «Alors qu'il pourrait communiquer avec la femme dans et à travers le muqueux, nous explique Irigaray, il n'y a pas d'acte sexuel possible, le corps tombant d'un côté, le langage de l'autre». Ce refus de l'autre entraîne l'homme dans l'amour du même et l'amène à créer un monde selon son imaginaire sexuel qui puisse le protéger, le nourrir, où il survit uniquement en exploitant les réserves de la nature. «Infans et vieillard» à la fois, il est tourné vers un avenir sans lien avec le passé et qui débouche sur un «mauvais infini», celui de ce «Dieu masculin/paternel» qui est «mort parce qu'il était la clé de voûte transcendantale d'un discours tenu par un seul genre, d'une vérité monosexuée».

Il y a chez Irigaray une volonté presque farouche de revendiquer la différence radicale de la femme alors que d'autres théoriciennes contemporaines, telle Elisabeth Badinter (dans <u>L'un est l'autre</u>), voient dans cette attitude un accident de parcours qui sera surmonté par une prise de conscience de ce que l'homme et la femme ont en commun et qui finalement devient plus important que leurs différences.

La sexualité féminine a toujours été pensée à partir de paramètres masculins. Ainsi l'opposition activité clitoridienne «virile»/passivité vaginale «féminine» dont parle Freud - et bien d'autres... - comme étapes[1], ou alternatives, du devenir une femme sexuellement «normale», semble un peu trop requise[2] par la pratique de la sexualité masculine. [...]

De la femme et de son plaisir, rien ne se dit dans une telle conception du rapport sexuel. Son lot serait celui du «manque», de l'«atrophie» (du sexe), et de l'«envie du pénis» comme seul reconnu valeureux. Elle tenterait donc par tous les moyens de se l'approprier: par son amour un peu servile du père-mari susceptible de le lui donner, par son désir d'un enfant-pénis de préférence garçon, par l'accès aux valeurs culturelles de droit encore réservées aux seuls mâles et de ce fait toujours masculines, etc. La femme ne vivrait son désir que comme attente de posséder enfin un équivalent du sexe masculin.

Or, tout cela paraît assez étranger à sa jouissance, sauf si elle ne sort pas de l'économie phallique dominante. [...]

La femme, dans cet imaginaire sexuel, n'est que support, plus ou moins complaisant[3], à la mise en acte de fantasmes[4] de l'homme. Qu'elle y trouve, par procuration[5], de la jouissance, c'est possible et même certain. Mais celle-ci est avant tout prostitution masochiste de son corps à un désir qui n'est pas le sien; ce qui la laisse dans cet état de dépendance à l'homme qu'on lui connaît. Ne sachant pas ce qu'elle veut, prête à n'importe quoi, en redemandant même, pourvu qu'il la «prenne» comme «objet» d'exercice de son plaisir à lui. Elle ne dira donc pas ce qu'elle désire, elle. D'ailleurs, elle ne le sait pas, ou plus. Comme l'avoue Freud, ce qui concerne les débuts de la vie sexuelle de

1 **étapes**: stages
2 **requis**: required
3 **complaisant**: obliging
4 **fantasme**: fantasy
5 **par procuration**: by proxy

la petite fille est si «obscur», si «blanchi par les ans», qu'il faudrait comme fouiller[6] très profondément la terre pour retrouver derrière les traces de cette civilisation-ci, de cette histoire-ci, les vestiges d'une civilisation plus archaïque qui pourraient donner quelques indices[7] de ce que serait la sexualité de la femme. Cette civilisation très ancienne n'aurait sans doute pas le même langage, le même alphabet ... Le désir de la femme ne parlerait pas la même langue que celui de l'homme, et il aurait été recouvert par la logique qui domine l'Occident depuis les Grecs. [...]

Ce sexe qui n'en est pas un, (Ed. de Minuit, 1977, p23-25).

[Questions du public lors d'un séminaire, qui a eu lieu à Toulouse, dans l'U.E.R. de philosophie, en mars 1975, et réponses d'Irigaray].

Question:
«Par-delà la déconstruction de la théorie freudienne de la féminité, peut-on (pouvez-vous) élaborer un autre concept de la féminité: avec une autre symbolique, un autre inconscient, qui serait "de femme" (c'est-à-dire tout autre et non l'envers, le négatif, le complément de celui de l'homme). En pouvez-vous ébaucher le contenu?»

Est-ce qu'on peut, est-ce que je peux élaborer un autre concept de la féminité? Il n'est pas question d'un autre concept de la féminité.
Prétendre[8] que le féminin puisse se dire sous la forme d'un concept, c'est se laisser reprendre dans un système de représentations «masculin», où les femmes se piègent[9] dans une économie du sens, qui sert à l'auto-affection du sujet (masculin). S'il s'agit bien de mettre en cause la «féminité», il ne s'agit pas pour autant d'élaborer un autre «concept» - à moins pour une femme de renoncer à son sexe et de vouloir parler comme les hommes. Pour élaborer une théorie de la femme, les hommes, je crois, suffisent. Dans un langage de femme(s), le concept comme tel n'aurait pas lieu.

6 **fouiller:** to dig
7 **indice:** clue
8 **prétendre:** to claim
9 **se piéger:** to be trapped

«Un autre insconcient qui serait de femme»? Il me semble que la première question à se poser, c'est de savoir ce qui, dans ce qu'on désigne actuellement comme inconscient, serait du féminin refoulé[10]. Autrement dit, avant de se poser la question d'élaborer un inconscient _autre_ par rapport à celui actuellement défini, il convient, peut-être, de se demander si le féminin n'est pas, pour une bonne part, pris dans cet inconscient-là.

Ou encore: avant de vouloir donner un _autre_ inconscient à la femme, il faudrait savoir si la femme _a_ un inconscient, et lequel? Ou si au féminin ne revient pas, pour une part, ce qui fonctionne sous le nom d'inconscient? Si une certaine «spécificité» de la femme n'est pas refoulée-censurée sous ce qui est désigné comme inconscient? Ainsi, bon nombre de caractéristiques dites de l'inconscient peuvent évoquer une économie du désir qui serait, peut-être, «féminine». Il faudrait, donc, en passer par la question de ce que l'inconscient a emprunté au féminin, avant d'en venir à celle d'un inconscient féminin.

D'ailleurs, à supposer que cette interprétation de l'inconscient soit réalisée, et la définition actuelle de l'inconscient remise en cause, à partir de ce qu'elle masque et méconnaît du désir de la femme, selon quelles modalités subsisterait l'inconscient? Y en aurait-il encore? Pour qui? Peut-être y en aurait-il encore pour l'homme? Mais pour la femme? Autrement dit: le fonctionnement d'une «symbolique féminine» serait-il d'une nature telle que la constitution d'un lieu du refoulé y soit impliqué?

Autre question: si l'inconscient est, actuellement et pour une part, du féminin refoulé-censuré de l'histoire, refoulé-censuré de la logique de la conscience, cet inconscient n'est-il pas encore, finalement, une propriété du discours? Quels que soient les coups portés par Freud à la logique discursive, l'inconscient ne fait-il pas encore système avec celle-ci? Et cette logique, qui commence d'une certaine façon à s'épuiser[11], ne se trouve-t-elle pas des _réserves_ dans l'inconscient comme dans toute forme d'«autre»: le sauvage, l'enfant, le fou, la femme? Quel est le rapport entre la découverte et la définition de l'inconscient et ces «autres» reconnus-méconnus par le discours philosophique? N'est-

10 **refoulé**: repressed
11 **s'épuiser**: to exhaust oneself

ce pas, pour ce discours, une manière de désigner l'autre comme dehors, mais comme dehors qu'il pourrait encore prendre comme «objet», comme «thème», pour en dire la vérité, tout en maintenant dans le refoulement quelque chose de sa différence?

«Puis-je ébaucher[12] le contenu de ce que serait cet autre inconscient, de femme?» Non, bien sûr que non, puisque cela suppose de déprendre[13] le féminin de l'économie actuelle de l'inconscient. Ce serait anticiper un certain procès historique, et en enrayer[14] l'interprétation et le mouvement en prescrivant, des thèmes, des contenus à l'inconscient féminin.

Je pourrais dire quand même qu'une chose a été singulièrement méconnue, à peine ébauchée, dans la théorie de l'inconscient: le rapport de la femme à la mère et le rapport des femmes entre elles. Mais serait-ce, pour autant, une esquisse[15] du «contenu» de l'inconscient «féminin»? Non. C'est seulement une question à la façon dont on interprète le fonctionnement de l'inconscient.

Ce sexe qui n'en est pas un, (Les Editions de Minuit, 1977, p.121-124).

12 **ébaucher**: to sketch
13 **déprendre**: to disconnect
14 **enrayer**: to slow down
15 **esquisse**: sketch

ELISABETH BADINTER

Professeur agrégé de philosophie, née Elisabeth Bleustein-Blanchet, elle a épousé, en 1966, Robert Badinter, avocat, universitaire, ancien ministre et Président du Conseil Constitutionnel. Ils ont trois enfants. Elle enseigne à l'Ecole polytechnique où elle dirige un séminaire sur l'histoire de la famille.

En 1978 elle publie <u>Les «Remontrances» de Malesherbes</u>. Deux ans plus tard paraît son étude sur l'histoire de l'amour maternel en France du XVIIe au XXe siècle, intitulée <u>L'Amour en plus</u>. Ce livre est issu d'un séminaire donné à l'Ecole polytechnique. Elisabeth Badinter se demande si l'amour maternel est un instinct qui dépendrait d'une «nature féminine» ou s'il relèverait plutôt d'un comportement social, variable selon les époques et les moeurs. En menant une enquête historique, elle prend conscience que la notion d'amour maternel a beaucoup évolué. On trouve en France une longue période d'indifférence envers les enfants. Ceux des villes étaient systématiquement mis en nourrice, souvent dans des conditions abominables sans que la mère ne s'en inquiètât. La fin du XVIIIe siècle voit naître un nouveau comportement féminin, sous l'influence de Rousseau, entre autres. Le XIXe siècle va exalter et amplifier cet idéal de l'amour maternel. L'oeuvre de Freud, au XXe siècle, et la psychanalyse vont encore renforcer cette conception de la femme comme responsable de la santé physique, psychique et morale de l'enfant. Dans cette vision, une femme ne peut se réaliser qu'en devenant mère. Elisabeth Badinter constate qu'en cette fin de siècle, cette conception de la maternité est battue en brèche par la progression du travail féminin, l'égalité revendiquée et le partage croissant des tâches entre hommes et femmes.

A parcourir l'histoire des attitudes maternelles, naît la conviction que l'instinct maternel est un mythe. Nous n'avons rencontré aucune conduite universelle et nécessaire de la mère. Au con-

traire, nous avons constaté l'extrême
variabilité de ses sentiments, selon sa
culture, ses ambitions ou ses frustra-
tions. Comment, dès lors, ne pas arriver
à la conclusion, même si elle s'avère
cruelle, que l'amour maternel n'est
qu'un sentiment et comme tel, essentiellement contingent. Ce sentiment peut
exister ou ne pas exister; être ou disparaître. Se révéler fort ou fragile.
Privilégier un enfant ou se donner à
tous. Tout dépend de la mère, de son
histoire et de l'Histoire. Non, il n'y a
pas de loi universelle en cette matière
qui échappe au déterminisme naturel.
L'amour maternel ne va pas de soi. Il
est «en plus». (p.369)

En 1983 paraît <u>Emilie, Emilie. L'ambition féminine
au XVIIIe siècle</u> qui aborde le problème de l'ambition
féminine à travers le destin de deux grandes dames du
XVIIIe siècle. Madame du Châtelet, qui fut la compagne
de Voltaire, traduisit l'oeuvre de Newton, et fut l'é-
gale des savants de son temps, incarne l'ambition personnelle. Madame d'Epinay, l'amie de Grimm incarne par
contre l'ambition maternelle. Elle imagina une nouvelle
pédagogie, critiquant celle de Rousseau, et traça le
destin des futures mères en essayant d'assurer la revanche des femmes sans les frustrer des joies de la maternité. Dans cet ouvrage Elisabeth Badinter cherche à
montrer que l'ambition qui a toujours été considérée
comme une caractéristique masculine peut aussi être un
attribut féminin.

Elisabeth et Robert Badinter publient ensemble, en
1988, une biographie d'un philosophe du XVIIIe siècle:
<u>Condorcet, un intellectuel en politique</u>, qui incarne
tous les grands combats qui sont encore ceux d'aujour-
d'hui. Le bicentenaire de la Révolution française a ravivé l'intérêt que les Français portent aux penseurs
mêlés à la Révolution. Cet encyclopédiste généreux dont
l'obsession était de combattre l'ignorance et d'amélio-
rer la justice va chercher à établir une égalité sociale entre l'accusé et les jurés populaires. Attiré par
le modèle anglais, il désire l'abolition de la torture
et de la peine de mort. Cet homme qui lutte toujours
contre l'injustice où qu'elle se trouve, se fait le
champion des opprimés, défendant les droits des protestants, des juifs, des Noirs et des femmes auxquelles il

veut donner le droit de vote. Il milite également pour l'instruction publique qui lui semble être le fondement de la république. Pour lui, sans savoir, il n'y a pas de liberté. «Toute société qui n'est pas éclairée par des philosophes est trompée par des charlatans». écrit-il en 1793. A une époque (après 1789) où l'on confond liberté et défense des parlements, il affirme tout haut son hostilité au «despotisme parlementaire» et revendique la tolérance civile.

Elisabeth Badinter a également édité et annoté une <u>Correspondance Condorcet - Madame Suard</u> (1988). Cet échange de lettres nous présente la vie d'intellectuels parisiens de la fin du dix-huitième siècle à l'épreuve d'une actualité brutale qui finira par les broyer.

Elisabeth Badinter fait paraître en 1989 <u>Qu'est-ce qu'une femme?</u> et <u>Les Contre-Confessions, Madame d'Epinay</u>. En 1772, Antoine Léonard Thomas, académicien peu connu, publie un <u>Essai sur le caractère, les moeurs et l'esprit des femmes dans les différents siècles</u> qui prend la défense des femmes. Il veut les arracher à leur infériorité physiologique pour les expliquer par l'histoire et la société. Ses idées sont mal reçues par les Encyclopédistes qui le ridiculisent. Badinter, cherchant à réhabiliter Thomas, réédite certaines pièces de ce dossier. <u>Qu'est-ce qu'une femme</u> rassemble les textes des principaux intervenants dans cette polémique de 1772. <u>Les Contre-Confessions</u> éditent les manuscrits de Madame d'Epinay qui ne portaient pas de titre. Ses éditeurs précédents y ont vu parfois une autobiographie (<u>Les Mémoires de Madame d'Epinay</u>) ou un roman (<u>Histoire de Madame de Montbrillant</u>). Badinter à son tour choisit un titre, si elle opte pour <u>Contre-Confessions</u>, c'est que Grimm avait poussé Madame d'Epinay (sa maîtresse) à transformer son texte en machine de guerre contre Rousseau au moment où celui-ci commença à faire des lectures de ses <u>Confessions</u>. Ce texte de Madame d'Epinay qui brouille les catégories littéraires traditionnelles, mêlant la forme épistolaire et le journal intime s'impose aujourd'hui comme le témoignage du cheminement d'une conscience féminine. Derrière l'éclat d'une mondanité qui semble se consacrer au culte de la femme, derrière une brillante carrière que d'humiliations réelles nous sont révélées!

En 1986, Elisabeth Badinter a publié un essai: <u>L'Un est l'Autre</u>. Il s'agit d'une étude des relations entre hommes et femmes. Dans cet ouvrage, elle ne se contente plus d'une enquête sur les moeurs françaises, elle remonte à la préhistoire. Elle retrace l'histoire des relations entre les sexes, partant d'une «complémentarité originelle» chez les chasseurs-cueilleurs du paléolithique, (l'Un et l'Autre), et menant à la confiscation de tous les pouvoirs par les hommes avec l'avènement de l'histoire et des grandes religions monothéistes, (l'Un sans l'Autre). Ce «patriarcat absolu» est encore en vigueur un peu partout dans le monde mais dans les démocraties occidentales, il est en voie de disparition complète. Ce qui avait toujours été perçu comme l'attribut de l'un est maintenant revendiqué par l'autre, (l'Un est l'Autre).

Dans un entretien avec Catherine Slawy-Sutton, Badinter confie que tous ses livres découlent d'une «obsession personnelle», concernant une question fondamentale: «qu'est-ce qui appartient vraiment à la nature? Jusqu'où faudrait-il réduire le naturel chez l'humain? Quel est le noyau dur de l'homme et de la femme qui appartient à la nature? Essayer de détecter tout ce qui est construit, tout ce qui peut changer [...] Bref, quand j'ai eu montré que ce qu'on pensait être le propre de l'un et de l'autre était partagé par les deux, j'ai écrit L'Un est l'Autre. Il est évident que je vois plus de ressemblances entre les hommes et les femmes qu'il n'y en a jamais eu dans aucun moment de notre histoire» (The French Review, vol 63, no 2, December 1989).

Badinter considère l'évolution contemporaine des rôles sexuels comme une véritable «mutation» de l'être humain qui insiste maintenant sur la ressemblance des sexes, plus sur leur différence ou leur complémentarité.

> Persuadés que la distinction des rôles sexuels est la racine principale de l'inégalité, nous avons systématiquement, méticuleusement, substitué la règle de la mixité à celle de la division des tâches. Tant et si bien, qu'en même temps que disparaît de notre environnement l'image d'un monde scindé en sphères masculines et féminines (le foyer et le monde du travail; la nursery et le bureau...), nous avons l'impression de perdre nos repères les plus personnels. Il y a encore peu de temps, les

certitudes ne manquaient pas. Elle donnait la vie et Il la protégeait. Elle prenait soin des enfants et du foyer, Lui partait à la conquête du monde et faisait la guerre quand cela était nécessaire. Cette division des tâches avait le mérite de développer chez chacun des charactéristiques différentes qui contribuaient puissamment à former le sentiment d'identité. [...]

Les bouleversements que nous connaissons sont peut-être d'une autre nature qu'une simple évolution - ou même une révolution - des moeurs. Le changement de modèle ne remet pas seulement en cause nos comportements et nos valeurs, il touche à notre être le plus intime: notre identité, notre nature d'homme et de femme. C'est pourquoi l'inquiétude prend la forme d'une véritable angoisse existentielle qui oblige à reposer la grande question métaphysique: Qui suis-je? Quelle est mon identité, ma spécificité d'homme ou de femme? Comment nous distinguer l'Un de l'Autre? Comment vivre l'Un avec l'Autre, (p.10-11).

L ' U N   E S T   L ' A U T R E

Proclamer que l'Un est l'Autre, n'est-ce pas céder à une provocation inutile? L'anatomie, marquée du sceau[1] de l'universel, est là qui nous défie. Quelle que soit leur évolution vers une plus grande ressemblance, l'homme et la femme se distinguent fondamentalement par leur appareil sexuel. La nature les a faits de telle sorte qu'ils se complètent et ne se confondent pas.

Laissons les subtils méandres de la dialectique platonicienne, nous savons bien que le verbe «être» n'indique pas seulement une relation d'identité. Dire que l'Un est l'Autre ne signifie pas ici que l'Un est le même que l'Autre, mais que l'Un participe de l'Autre et qu'ils sont à la fois semblables et dissemblables.

Si l'anatomie ne change guère au cours des siècles et des millénaires, en revanche l'histoire et l'ethnologie montrent que les sociétés ont des attitudes très diverses quant à l'importance attribuée à celle-là. Certains, comme les Mundugumor, tendent à minimiser les conséquences de la diférence; d'autres, au contraire, les accusent. Selon les temps et les lieux, hommes et femmes se perçoivent plus différents que ressemblants ou inversement. Evidence récente, insuffisamment méditée jusqu'à présent.

Aujourd'hui, en refusant que l'anatomie pèse de son poids sur le destin de l'être humain, les sociétés occidentales privilégient le rapport de similitude entre les sexes comme aucune n'avait pu le faire avant elles. En maîtrisant de mieux en mieux les phénomènes de la vie, en coupant les rôles et les fonctions sociales de leurs racines physiologiques, en prenant conscience enfin d'une bisexualité physique et psychique, longtemps déniée, nous réduisons l'altérité des sexes au strict minimum. Pour l'instant, la seule différence qui subsiste, comme un roc intangible, est le fait que ce sont les femmes qui portent les enfants des hommes et jamais l'inverse. Alors que la maternité reste la marque irréductible de la spécificité féminine, les

[1] sceau: seal

hommes commencent à s'interroger sur la leur. Que leur reste-t-il en propre qui soit ignoré des femmes?

A défaut de pouvoir répondre à cette question, hommes et femmes tendent de plus en plus vers un modèle unique. Au moment même où elles maîtrisent leur fécondité et détiennent l'essentiel du pouvoir procréateur, les femmes montrent à de multiples signes qu'elles n'entendent plus assimiler leur destin à la condition de mère, ni utiliser cette nouvelle puissance comme un moyen de chantage[2] ou de mise en coupe[3] des hommes. Là aussi, en prenant leur distance à l'égard de la maternité, les femmes font implicitement un pas vers leurs compagnons. L'emprise[4] de la nature recule et, avec elle, la différence qui sépare les sexes.

Le rapport qui les unit est de nouveau en train de changer. On a cru déceler[5], dans les temps les plus lointains, une période de relatif équilibre dû à la séparation des rôles et des pouvoirs. Elle opérait le miracle de la vie. Lui osait défier la mort. Tous deux étaient auréolés d'un prestige spécifique, comme en témoignent encore l'art paléolithique et préhistorique. L'équilibre qui reposait sur une approche complémentaire des fonctions sexuelles fut rompu par des bouleversements écologiques, économiques et idéologiques. Ce qui faisait jadis[6] la gloire et la spécificité des femmes fut mis au crédit des hommes: maîtres absolus du monde extérieur, ils éliminèrent les déesses[7] au profit des dieux et reprirent à leur compte le prestige de la procréation humaine. Réduite au statut marginal de ventre et de ménagère, la femme a longtemps perdu toute forme de participation à la transcendance. La complémentarité n'était plus qu'un leurre[8] partout où l'on faisait de l'Un l'inverse de l'Autre, comme s'ils n'appartenaient pas à la même espèce.

Cette complémentarité négative fut source d'une sorte de guerre entre les sexes. Elle inclina les perdantes d'hier à évacuer tout schéma similaire. L'expérience leur ayant appris que la complémentarité porte

2 **chantage**: blackmail
3 **mettre en coupe**: to bleed (fig)
4 **emprise**: ascendancy
5 **déceler**: to discover, to detect
6 **jadis** = autrefois
7 **déesse**: goddess
8 **leurre**: delusion, deception, trap

les germes de l'inégalité et de l'oppression, elles se sont acharnées[9] à en saper les fondements.

L'égalité, en voie de réalisation, engendre la ressemblance qui met fin à la guerre. Chacun des protagonistes se voulant désormais le «tout» de l'humanité est plus à même[10] de comprendre l'Autre devenu son double. Les sentiments qui unissent ce couple de mutants ne peuvent que changer de nature. L'étrangeté disparaît pour laisser place à la «familiarité». Nous y perdons peut-être un peu de passion et de désir, mais on y gagnera tendresse et complicité, de celles qui peuvent unir les membres d'une même famille: la mère et son enfant, le frère et la soeur ... Enfin tous ceux qui ont déposé les armes.

Le nouveau modèle qui s'élabore devant nos yeux est angoissant à plus d'un titre[11]. Acteurs d'une révolution qui vient à peine de s'ébaucher[12], nous avons perdu nos vieux repères[13] sans pour autant être sûrs des nouveaux. Décalés[14] par rapport à nos racines qui appartiennent encore à l'ancien monde, nous sommes pris de vitesse par le formidable changement de civilisation que nous avons provoqué. Celui-ci suscite[15] des sentiments contradictoires, sources de malaises. Nous le trouvons à la fois trop rapide et trop lent; nous voulons rompre avec l'ancienne civilisation, tout en redoutant[16] la nouvelle; enfin, nous savons ce que nous ne sommes plus sans percevoir clairement ce que nous voulons être.

Chacun mesure qu'on ne bouleverse pas impunément la relation entre homme et femme. Au carrefour[17] de la nature et de la culture, elle n'est pas seulement «le paradigme» de toute société, elle influence aussi notre être le plus intime. Nous avons voulu modifier les rapports de pouvoir au sein de la société et nous nous retrouvons en train de changer de «nature», du moins en

9 **s'acharner à**: to work furiously away at
10 **être à même**: to be able to
11 **à plus d'un titre**: on several accounts
12 **s'ébaucher**: to take shape
13 **repères**: markers
14 **décalé**: out of phase, out of touch
15 **susciter**: to give rise to, to create
16 **redouter**: to fear
17 **carrefour**: crossroads

percevons-nous des aspects restés jusque-là inconnus. Nos certitudes les plus primordiales sont ébranlées[18] et transforment les évidences en problèmes.

A l'heure où les repères sociaux s'évanouissent, où s'impose la plasticité des rôles sexuels, où les femmes peuvent choisir de ne pas être mères, la différence spécifique entre l'Un et l'Autre devient de plus en plus difficile à cerner[19]. La mise en lumière croissante de notre nature bi-sexuelle achève de nous désorienter. A part l'irréductible différence chromosomique, nous voilà réduits aux distinctions par le plus et le moins. Il y a certes plus d'hormones mâles chez l'Un et femelles chez l'Autre, mais les deux sexes produisent des hormones féminines et masculines. Les hommes ont une plus grande force musculaire et davantage d'agressivité que les femmes, mais ces différences varient grandement d'un individu à l'autre.

En fait, si nous nous distinguons définitivement par notre matériel génétique héréditaire qui entraîne le sexe des cellules reproductrices, la pathologie mentale et physique, ainsi que les divers cas d'intersexualité, nous obligent à admettre - en dehors des deux sexes reconnus par la loi - un nombre varié de types intermédiaires entre le type féminin et le type masculin définis. Ce qui laisse à penser au professeur E. Baulieu qu'il existe «une grande similitude initiale et une certaine plasticité dans la différenciation des deux sexes»... Autrement dit qu'«il n'y a pas de limite infranchissable[20] entre le masculin et le féminin».

A la similitude des rôles que nous avons imposée s'ajoute une plasticité physiologique que nous ne pouvions pas soupçonner[21] hier. Ces ressemblances et ces interférences ne nous rendent certes pas identiques, mais elles inclinent à une nouvelle réflexion sur les sexes. Celle-ci est d'autant plus difficile et risquée qu'elle ne peut trouver un modèle sur lequel s'appuyer en aucun temps ni aucun lieu.

L'Un est l'Autre, (Editions Odile Jacob, 1986, p.244-249)

18 **ébranler**: to shake, to weaken
19 **cerner**: to define
20 **infranchissable**: insurmountable
21 **soupçonner**: to have an inkling, to suspect

BIBLIOGRAPHIE

Abel, Elizabeth, ed. Writing and Sexual Difference.
 Chicago: University of Chicago Press, 1980.
Accad, Evelyne. Veil of Shame. The Role of Women in the
 Contemporary Fiction of North Africa and the Arab
 World. Sherbrooke: Ed. Naaman, 1978.
Albistur, Maïté et Daniel Armogathe. Histoire du fémi-
 nisme français. 2 vols. Paris: Editions des Femmes,
 1977.
Allemand, André. L'Oeuvre romanesque de Nathalie Sar-
 raute. Neuchâtel: La Baconnière-Payot, 1980.
Anderson, Bonnie S. and Judith P. Zinsser. A History of
 Their Own. Women in Europe from Prehistory to the
 Present. 2 vols. New York: Harper & Row, 1988.
Armogathe, Daniel. Le Deuxième Sexe. Paris: Hatier,
 1977.
Aron, Jean-Paul, ed. Misérable et glorieuse: la femme
 du XIXe siècle. Paris: Fayard, 1980.
Balayé, Simone. Madame de Staël: lumières et liberté.
 Paris: Klincksieck, 1979.
Barette, Dominique et Catherine Papeians. Marguerite
 Yourcenar. Bruxelles: Didier Hatier, Collection «Au-
 teurs contemporains», 1985.
Barry, Joseph. Infamous Woman. The Life of George Sand.
 New York: Doubleway & Co., 1976.
Beaumont, Germaine et André Parinaud. Colette. Paris:
 Seuil, 1951.
Beauvoir, Simone de. Le Deuxième Sexe. Paris: Galli-
 mard, 1949.
Becker, Lucille Frackman. Françoise Mallet-Joris. Bos-
 ton: Twayne Publishers, 1985.
Benmussa, Simone. Nathalie Sarraute, qui êtes-vous? Pa-
 ris: La Manufacture, 1987.
Bieber, Konrad. Simone de Beauvoir. Boston: Twayne Pu-
 blishers, 1979.
Blot, Jean. Marguerite Yourcenar. Paris: Seghers, 1971
 et 1980.
Borgomano, Madeleine. L'écriture filmique de Marguerite
 Duras. Paris: Albatros, 1985.
Boussuges, Madeleine. Marguerite Yourcenar. Sagesse et
 Mystique. Grenoble: Ed. Cahiers de l'Alpe, Soc. des
 Ecrivains Dauphinois, 1987.
Brée, Germaine. Women Writers in France: Variations on
 a Theme. New Brunswick, N.J.: Rutgers Univ. Press,
 1973.
Calin, Françoise. La vie retrouvée. étude de l'oeuvre
 romanesque de Nathalie Sarraute. Paris: Minard/ Let-
 tres Modernes, 1976.

Chalier, Catherine. <u>Figures du féminin</u>. Paris: La Nuit surveillée, 1982.

Colette. <u>Mes Apprentissages</u>. Paris: Ferenczi, 1936.

Collins, Marie, and Sylvie Weil-Sayre, eds. <u>Les Femmes en France</u>. New York: Charles Scribner's Sons, 1974.

Condé, Maryse. <u>La Parole des femmes: essai sur les romancières des Antilles de langue française</u>. Paris: L'Harmattan, 1979.

«Contemporary Women Writers in France». Special issue. <u>L'Esprit Créateur</u> 19 (Summer 1979).

Cranaki, Mimica, et Yvon Belaval. <u>Nathalie Sarraute</u>. Paris: Gallimard, 1965.

Detry, Monique. <u>Françoise Mallet-Joris</u>, dossier critique, suivi de <u>Le Miroir, Le voyage et la fête</u>. Paris: Grasset, 1976.

Dezon-Jones, Elyane, ed. <u>Les Ecritures féminines</u>. Paris: Magnard, 1983.

Didier, Béatrice. <u>L'écriture-femme</u>. Paris: P.U.F. Collection Ecriture, 1981.

Duras, Marguerite, et Xavière Gauthier. <u>Les Parleuses</u>. Paris: Ed. de Minuit, 1974.

Duras, Marguerite. <u>La vie matérielle</u>. Marguerite Duras parle à Jérôme Beaujour. Paris: P.O.L., 1987.

Eaubonne, F. d'. <u>Une femme témoin de son siècle: Germaine de Staël</u>. Paris: Flammarion, 1966.

«Ecriture, féminité, féminisme». Special issue. <u>Revue des sciences humaines</u> 168 (December 1977).

«L'Ecriture féminine». Special issue. <u>Contemporary Literature</u> 24 (Summer 1983).

Eisenger, Erica M., and Mari McCarty, eds. <u>Colette: The Woman, the Writer</u>. University Park: Pennsylvania State University Press, 1981.

Emond, Maurice. <u>La femme à la fenêtre</u>. <u>L'univers symbolique d'Anne Hébert dans les Chambres de bois, Kamouraska et Les Enfants du Sabbat</u>. Laval: Presses de l'U de Laval, 1984.

Evans, Martha Noel. <u>Masks of tradition</u>. <u>Women and the Politics of Writing in Twentieth-Century France</u>. Ithaca, N.Y.: Cornell Univ. Press, 1987.

«La Femme et la littérature», <u>Europe</u>, nov-déc. 1964.

«Feminist Readings: French Texts, American Contexts». Special issue. <u>Yale French Studies</u> 62 (1981).

<u>La Femme au XIXe siècle. Littérature et Idéologie</u>. Lyon: Presses universitaires, 1978.

<u>La Femme dans la société</u>. Travaux du groupe d'ethnologie sociale. Centre national de la recherche scientifique, 1963.

<u>Les femmes et les institutions littéraires</u>. 33/34 Cahiers de Recherches S.T.D. de l'Université Paris VII, 13 (1984).

Francis, Claude, et Fernande Gonthier. <u>Les Ecrits de Simone de Beauvoir: La vie - L'écriture</u>. Paris: Gallimard, 1979.

Frederick, Jr., and Edith R. Farrell. <u>Marguerite Your-</u>
<u>cenar in Counterpoint</u>. Lanham, MD: University Press
of America, 1983.
«French Feminist Theory». Special issue. <u>Signs</u> 7 (Fall
1981).
Friedan, Betty. <u>The Feminine Mystique</u>. New York: Nor-
ton, 1963.
Galey, Mathieu. <u>Les Yeux ouverts</u>. Entretiens avec Mar-
guerite Yourcenar de l'Académie française. Paris:
Ed. Du Centurion, 1980.
Gallop, Jane. <u>Feminism and Psychoanalysis: The Daugh-</u>
<u>ter's Seduction</u>. London: Macmillan, 1982.
Gelfand, Elissa D., and Virginia Thorndike Hules.
<u>French Feminist Criticism: Women, Language and Lite-</u>
<u>rature</u>. Garland Bibliographies of Modern Critics and
Critical Schools 9. New York: Garland, 1985.
Gilbert, Sandra, and Susan Gubar. <u>The Madwoman in the</u>
<u>Attic: The Woman Writer and the Nineteenth-Century</u>
<u>Literary Imagination</u>. New Haven: Yale University
Press, 1979.
_____. <u>No Man's Land. The Place of the Woman Writer</u>
<u>in the Twentieth Century</u>. New Haven: Yale University
Press, vol I, 1988, vol II, 1989.
Glasgow, Janis, ed. <u>George Sand: Collected Essays</u>.
Troy, N.Y.: Whitson, 1985.
Gosselin, Monique. «Voyage au bout de la féminité: fi-
gures féminines dans quelques romans de Marguerite
Duras», <u>Figures féminines et roman</u>. Publications de
l'Université de Picardie. Paris: P.U.F. (1982), 143-
168.
Granoff, Wladimir. <u>La pensée et le féminin</u>. Paris: Ed.
de Minuit, 1976.
Groult, Benoîte. <u>Ainsi soit-elle</u>. Paris: Grasset, 1975.
_____. <u>Le Féminisme au masculin</u>. Paris: Denoël/ Gon-
thier, 1977.
Guers-Villate, Yvonne. <u>Continuité/discontinuité de</u>
<u>l'oeuvre durassienne</u>. Bruxelles: Ed. de l'U de Bru-
xelles, 1985.
Gutwirth, Madelyn. <u>Madame de Staël, Novelist: The Emer-</u>
<u>gence of the Artist as Woman</u>. Chicago: Univ. of Il-
linois Press, 1978.
Harvey, Robert. <u>Kamouraska d'Anne Hébert: Une écriture</u>
<u>de La Passion</u>. Cahier du Québec, Collection «Litté-
rature», Montréal: Hurtubise, 1982.
Herold, J. Christopher. <u>Mistress of an age, a life of</u>
<u>Mme de Staël</u>. Indianapolis and NY: Bobbs Merrill,
1958.
Herrmann, Claudine. <u>Les Voleuses de langue</u>. Paris: Des
Femmes, 1976.
Hogsett, Charlotte. <u>The Literary Existence of Germaine</u>
<u>de Staël</u>. Carbondale: Southern Illinois University
Press, 1987.
Hollander, Paul. <u>Colette à l'heure de Willy</u>. Montréal:
Presses de l'U de Montréal et Klincksieck, 1988.

Horn, Pierre L. <u>Marguerite Yourcenar</u>. Boston: Twayne
Publishers, 1985.
Irigaray, Luce. <u>Speculum de l'autre femme</u>. Paris: Ed.
de Minuit, 1974.
_____. <u>Ce sexe qui n'en est pas un</u>. Paris: Ed. de
Minuit, 1977.
_____. <u>Ethique de la différence sexuelle</u>. Paris: Ed.
de Minuit, 1984.
Jacquemin, Georges. <u>Marguerite Yourcenar</u>. Lyon: La Ma-
nufacture, Collection «Qui suis-je?», 1985.
Jardine, Alice A. <u>Gynesis</u>. <u>Configurations of Woman and
Modernity</u>. Ithaca: Cornell University Press, 1985.
Keefe, Terry. <u>Simone de Beauvoir: a study of her wri-
tings</u>. Totowa, N.J.: Barnes and Noble Books, 1983.
Lacôte, René. <u>Anne Hébert</u>. Poètes d'aujourd'hui, 189.
Paris: Seghers, 1969.
Lainé, Pascal. <u>La femme et ses images</u>. Paris: Edition
Stock, 1974.
Le Corguille, Anne-Marie, et Lucien Bacherot, eds. <u>Fem-
mes écrivains</u>. Paris: Larousse, 1978.
Lionnet, Françoise. <u>Autobiographical Voices. Race, Gen-
der, Self-Portraiture</u>. Ithaca, N.Y.: Cornell Univ.
Press, 1989.
Makward, Christiane. <u>Féminité, Subversion, Ecriture</u>.
Montréal: Ed. du Remue-Ménage, 1985.
Malige, Jeannie. <u>Colette, qui êtes-vous?</u> Paris: éd. La
Manufacture, 1987.
Mallet, Francine. <u>George Sand</u>. Paris: Grasset, 1976.
Malu-Meert, Dominique. <u>Simone Schwarz-Bart</u>. Bruxelles:
Hatier, Collection Auteurs contemporains, 1985.
Marini, Marcelle. <u>Territoires du féminin avec Margueri-
te Duras</u>. Paris: Ed. de Minuit, 1978.
Marks, Elaine, and Isabelle De Courtivron, eds. <u>New
French Feminisms</u>, an Anthology with Introductions.
New York: Schocken Books, 1981.
Marks, Elaine, ed. <u>Critical Essays on Simone de Beau-
voir</u>. Boston: G.K. Hall & Co, 1987.
Mercier, Michel. <u>Le roman féminin</u>. Paris: P.U.F., 1976.
Micha, René. <u>Nathalie Sarraute</u>. Paris: Editions Univer-
sitaires, 1966.
Miller, Nancy K., ed. <u>The Poetics of Gender</u>. New York:
Columbia University Press, 1986.
Moi, Toril. <u>Sexual/Textual Politics: Feminist Literary
Theory</u>. London and New York: Methuen, 1985.
_____, ed. <u>French Feminist Thought</u>. Oxford and N. Y.:
Basil Blackwell, 1987.
Moses, Claire Goldberg. <u>French Feminism in the 19th
Century</u>. Albany: State University of New York Press,
1984.
Moulin, Jeanine, ed. <u>Huit siècles de Poésie Féminine</u>.
Paris: Seghers, 1963.
Murphy, Carol J. <u>Alienation and Absence in the Novels
of Marguerite Duras</u>. French Forum Monographs, 37.
Lexington, KY: French Forum Publ., 1982.

«Mythes et représentations de la femme». Special issue. Romantisme 13-14 (1976).

Okely, Judith. Simone de Beauvoir. New York: Virago/ Pantheon Pioneers, 1986.

Ophir, Anne. Regards féminins: condition féminine et création littéraire. Paris: Denoël/Gonthier.

Paterson, Janet. Anne Hébert: Architecture romanesque. Ottawa: Ed. de l'U d'Ottawa, 1985.

Pluie et vent sur Télumée Miracle de Simone Schwarz-Bart. Centre Universitaire Antilles-Guyane; Textes, Etudes et Documents no 2, 1979.

Pratt, Annis. Archetypal Patterns in Women's Fiction. Bloomington: Indiana University Press, 1981.

Priollaud, Nicole, ed. La Femme au 19e siècle. Paris: Liana Levi/ Sylvie Messinger, Coll. Les Reporters de l'histoire, 1983.

Rabuzzi, Kathryn Allen. Motherself. A Mythic Analysis of Motherhood. Bloomington: Indiana Univ. Press, 1988.

«Recherches féminines». Special issue. Tel Quel 74 (Winter 1977).

Rendall, Jane. The Origins of Modern Feminism: Women in Britain, France and the United States, 1780-1860. New York: Schocken Books, 1984.

Resch, Yannick. Corps féminin, corps textuel. Essai sur le personnage féminin dans l'oeuvre de Colette. Paris: Klincksieck, 1973.

Roudy, Yvette. La femme en marge. Paris: Flammarion, 1982.

Rossi, Alice S., ed. The Feminist Papers: From Adams to de Beauvoir. Boston: Northeastern University Press, 1988.

Roy, Lucille. Entre la lumière et l'ombre. L'univers poétique d'Anne Hébert. Coll «Thèses ou Recherches», 17. Sherbrooke: Naaman, 1984.

Russell, Delbert W. Anne Hébert. Boston: Twayne Publishers, 1983.

Sand, George. Indiana. Ed. présentée par Béatrice Didier avec une préface. Paris: Gallimard, 1984.

George Sand. Colloque de Cerisy, dir. Simone Vierne. Paris: SEDES, 1983.

George Sand, recherches nouvelles. C.R.I.N. 6.7 Institut des langues romanes, Groningen: 1983.

Sankovitch, Tilde A. French Women Writers and the Book. Syracuse N.Y.: Syracuse University Press, 1988.

Sarde, Michèle. Regard sur les Françaises.Xe siècle - XXe siècle. Paris: Stock, 1983.

_____. Colette libre et entravée. Paris: Stock, 1984.

Schaeffer, Gérald. Espace et temps chez George Sand. Neuchâtel: La Baconnière, 1981.

Sherzer, Dina. Representation in Contemporary French Fiction. Lincoln: Univ. of Nebraska Press, 1986.

Showalter, Elaine, ed. The New Feminist Criticism. Essays on Women, Literature, and Theory. New York: Pantheon Books, 1985.

Shurr, Georgia Hooks. _Marguerite Yourcenar. A Reader's Guide_. Lanham, MD: University Press of America, 1987.

Slama, Béatrice. «De la littérature féminine à l'écrire-femme», _Littérature_ 44 (Dec. 1981), 51-71.

Spencer-Noël, Geneviève. _Zénon ou le thème de l'alchimie dans «l'Oeuvre au noir» de Marguerite Yourcenar_. Paris: Nizet, 1981.

Stewart, Joan Hinde. _Colette_. Boston: Twayne Publ., 1983.

Thériault, Serge. _La Quête d'équilibre dans l'oeuvre romanesque d'Anne Hébert_. Québec: Astium, 1980.

Tison-Braun, Micheline. _Marguerite Duras_. Amsterdam: Rodopi, 1985.

Vallois, Marie-Claire. _Fictions féminines. Madame de Staël et les voix de la Sibylle_. Stanford: Stanford University Press, Stanford French and Italian Studies 49, 1987.

Vermeylen, Pierre. _Les idées politiques et sociales de George Sand_. Bruxelles: Ed. de l'Université de Bruxelles, 1984.

Visages de la féminité. Coll. Université de la Réunion, Paris: Didier-Erudition, 1984.

Watson-Williams, Helen. _The Novels of Natahlie Sarraute: Towards an Aesthetic_. Amsterdam: Rodopi, 1981.

Weitz, Margaret Collins. _Femmes: Recent Writings on French Women_. Boston: G.K. Hall & Co, 1985.

Wenzel, Hélène Vivienne, ed. _Simone de Beauvoir: Witness to a Century_. New Haven: Yale University Press, Yale French Studies 72 (1986).

_____. «The Text as Body/Politics: An Appreciation of Monique Wittig's Writings in Context». _Feminist Studies_ 7 (Summer 1981): 264-287.

Willis, Sharon. _Marguerite Duras. Writing on the Body_. Urbana: U of Illinois Press, 1987.

Wilwerth, Evelyne. _Visages de la littérature féminine_. Coll. Psychologie et sciences humaines, Paris: Mardaga, 1988.

Wingard, Kristina. _Socialité, sexualité et les impasses de l'Histoire; l'évolution de la thématique sandienne d'Indiana à Mauprat_. Uppsala: Acta universitatis uppsaliensis, 1987.

Yaguello, Marina. _Les mots et les femmes_. Collection Langages et Sociétés. Paris: Payot, 1978.

Marguerite Yourcenar. Actes du colloque international de Valencia (Espagne) 1984, sous la dir. de Elena Real. Communications de 22 auteurs. Valence: Universitat de Valencia, 1986.

Abbreviations

(f) feminine   (m) masculine
(pl) plural   (s) slang

A

abasourdi stunned
abat-jour (m) lampshade
abattre to shoot down
aboiement (m) barking
aboyer to bark
abréger to shorten, to cut short
abri: à l'___ sheltered
acajou (m) mahogany
acariâtre cantankerous
accablant oppressive, overwhelming
accablement (m) despondency
accalmie (f) respite
accaparer to monopolize
accordéon: en ___ pleated
accouchement (m) childbirth, delivery
accoucher to give birth
accoutumée: à l'___ as usual
accroître to increase
accroupi crouched, squatting
acharner: s'___ à to work furiously away at
acharné relentless
acharnement (m) relentlessness
acheminer to transport to
affairer: s'___ to bustle about
affaisser: s'___ to collapse, to sink
afficher to proclaim
affirmer to claim
affoler: s'___ to panic

affranchi (m) freed slave
affres (fpl) torments
affréter to charter
affriolant tempting, enticing
affublé wearing
affûter to sharpen
agacer to irritate
agacement (m) irritation
agripper: s'___ to grip
ahuri flabbergasted, stunned
aïeule (f) ancestor
aïeux (mpl) ancestors
aigre bitter
aigrir to embitter
ailleurs elsewhere
algie vertébrale (f) backache
allègrement cheerfully, happily
alléguer to argue, to put forward as an excuse
allocation (f) familiale child benefit
allongé lying
ambages: sans ___ in plain language
amertume (f) bitterness
amidonner to starch
amortir to absorb, to muffle
amour-propre (m) pride, self-esteem
anéantir to annihilate
anéantissant overwhelming, exhausting
anguille (f) eel
anodin trivial
anse (f) cove, handle
apitoyer: s'___ to feel compassion

apitoiement (m) pity
appareiller to get under
  way (naut)
appesantir: s'___ to grow
  heavier
à quoi bon what's the use
araignée (f) spider
arborer to wear
arcade (f) sourcilière
  arch of the eyebrows
arc-bouté braced up
arête (f) edge
arriver à to succeed in
ascendant (m) influence
aspérité (f) rough patch
asservissement béat (m)
  complacent subservience
assise (f) foundation
assommer to knock down
assorti matching
assortir to match
assourdi muffled
assourdissant deafening
atours (mpl) attire,
  finery
âtre (m) hearth
attaque (f) stroke
attelage (m) horse and
  sleigh
atteler to hitch up
attenant adjoining
attendre: s'y ___ to
  expect
attendrissant touching
atterré appalled
attiser to fan the flame
attouchement (m) fondling
aubergiste (m) innkeeper
augure (m) omen
aurore (f) dawn
auvent (m) awning
aveu (m) confession
aviron (m) sailing
avouer guéri: s'___ to
  proclaim oneself cured

B

bâclé hurried
baffe (f) slap (s)
bagnole (f) car (s)
bail/baux (m) lease
bâiller to gape
balader: se ___ to wander

balayer to sweep
balisé marked out
balloté tossed
bancal shaky
barboteuse (f) romper
basané swarthy
bas (m) à jours openwork
  stockings
bavardage (m) chattering
bavoir (m) brodé embroi-
  dered bib
bazar (m) stuff
bêche (f) spade
bel et bien well and truly
belette (f) weasel
berceau (m) cradle
bercer to rock
berceuse (f) lullaby
bergère (f) easy chair
besace (f) bag
bestiole (f) bug
bienséance (f) decorum
bienséant proper. seemly
bigarré heterogeneous,
  mixed
bilan (m) balance sheet
blanchisseuse (f) laun-
  dress
bleuet (m) cornflower
blottir: se ___ to snuggle
bocal (m) jar
boiteux limping
bombé convex
bomber to bulge
bondir to leap
bonnement: tout ___ quite
  frankly
bonnet (m) à ruchés frilly
  bonnet
border to trim with, to
  tuck in
bordure (f) d'écaille
  horn-rimmed
bornant: en ___ by limi-
  ting
borne: sans ___ limitless
bosse (f) hump, lump
bosselé bumpy
bosser to work (s)
boucle (f) défaite
  unpinned curl
boudin (m) blood pudding
boue (f) mud
bouffée (f) puff, breath

bouffe (f) food (s)
bouffer to puff, to eat (s)
bougre: pauvre ___ (m) poor devil
bouille (f) face (s)
bouillie (f) baby food, mush
bouillonnement (m) seething
bouleau (m) birch
bouleversant overwhelming
bouleversement (m) upheaval
bouleversé turned upside down
boulon (m) (nut and) bolt
boulot (m) work (s)
bourgeon (m) bud
bourgeonner to bud
bourreau (m) hangman
bourré de plumes stuffed with down
bousculer to bump into
bouvreuil (m) bullfinch
brailler to howl
braise (f) ember
braqué pointed
brassière (f) baby's undershirt
brèche (f) gap
bretelle (f) suspender
brin (m) strand
brin: un ___ a little
broc (m) pitcher
brodé embroidered
brodeuse (f) embroideress
broncher: sans ___ without flinching
brouiller to blur, se ___ to blur
broussaille (f) brushwood
brume (f) fog
bruyère (f) heather
buanderie (f) laundry, wash room
bûche (f) log
bulle (f) bubble
buter to stumble, to trip

C

caban (m) car coat
cabot (m) dog (s)

cabrer: se ___ to rear up
cabri (m) kid (animal)
caca (m) pooh
cache-nez (m) muffler
cachot (m) dungeon
cadenas (m) padlock
cadre (m) executive, manager
caillot (m) (milk) curds
caillou (m) pebble
caisse (f) crate
cale (f) hold (boat)
calé comfortably settled
calomnier to slander
camaïeu (m) monochrome
cambrure (f) curve
canelle (f) cinnamon
canif (m) pocket knife
cannelure (f) ridge
CAPES (m) certificate for qualified graduate teacher
capoter to overturn
caracoler to prance
caraïbes caribbean
carême (m) Lent
carpette (f) rug
carrefour (m) crossroads
cartable (m) schoolbag
casanier homebody
case (f) cabin
catéchisme (m) Sunday school
cauchemar (m) nightmare
cautionner to guarantee
cavaler to rush, to run
céder to yield
ceindre to put on, to don
cela va de soi it goes without saying
cerfeuil (m) chervil
cerne (m) dark ring
cerner to define, to ring
chair (f) flesh
chaise (f) percée commode
chaleureux warm
chanceller to stagger
chantage (m) blackmail
chantier (m) construction site
chanvre (m) hemp
chapelet (m) rosary
charbon (m) coal
charnu fleshy

charogne (f) carrion
charrette (f) cart
charrier to carry along
charrue (f) plough
chatons (m) de saule pussy
willows
chatouiller to tickle
chaume (m) thatch
chavirer to sink
cheminement (m) progress,
advance
chêne (m) oak
cheptel (m) livestock
chère (f) food
chevalière (f) ring
chevauchée (f) insensée
frantic ride
chevaucher: se ___ to
overlap
chevet (m) bedside
chevrier (m) goatherd
chevrotant quavering
chiennerie (f) meanness
chiffonner to crumple
chiot (m) puppy
choeur (m) chorus
choyer to cherish, to
pamper
chuchoter to whisper
ciel (m) de lit canopy
cigogne (f) stork
cil (m) eyelash
cime (f) peak
cire (f) wax
ciseau (m) chisel
cité (f) housing project
citerne (f) water tank
claque (f) slap
claquer to slam
clavier (m) keyboard
cligner des yeux to blink
cloison (f) partition
clopiner to limp along
cocasse comical
cocher (m) coachman
cocotte-minute (f) pressure cooker
cogner to knock, to beat
up; se ___ to bang
against
coincé stuck, wedged
colibri (m) hummingbird
coller to stick
colon (m) settler

comble (m) climax, peak;
au ___ de la joie over-
joyed; ___ de la frayeur
dreadful fright
combler to fulfil, to
gratify, to shower sb
with
commère (f) gossip
complaire: se ___ to take
pleasure
complaisant obliging
compte-minutes (m) timer
comptine (f) nursery rhyme
concentriquement in cir-
cles
conciliabule (m) secret
meeting
conjoint (m) spouse
connerie (f) bullshit
consacrer: se ___ to
devote oneself
contenance (f) attitude,
bearing
conteur (m) storyteller
contourner to walk round
contrecarrer to thwart
contrecoeur: à ___ against
one's will
contrecoup (m) repercus-
sion
contrepèterie (f) spoone-
rism
contrevenir to contravene
convenable decent, proper
convenances (fpl) proprie-
ty
convenir to agree, en ___
to agree
convié invited
coque (f) de noisette
hazelnut shell
coquelicot (m) poppy
coqueluche (f) whooping
cough
coquenbouche (m) cream
puff
coquet charming, stylish
coquine (f) scamp
corbeau (m) raven
corsage (m) bodice
corvée (f) chore, drudgery
couche (f) de paille layer
of straw
couches (fpl) diapers

coudées franches: avoir les ___ to have elbow room
coudrier (m) hazeltree
couinement (m) squeal
couler to flow, to run down, to sink
couleuvre (f) snake
couperet blade (guillotine)
couper la parole to render sb speechless
couper les cheveux en quatre to quibble
courant de: être au ___ to know about
courbaturé aching
courber l'échine to submit
coureur libertine
cour (f) de la récréation playground
courge (f) squash
courroie (f) strap
courroux (m) wrath
courtepointe (f) bedcover, quilt
couvercle (m) lid
cramer to burn
crânerie (f) gallantry
cran (m) notch
crapuleux villainous
crasse (f) dirt
crécelle (f) rattle
crépillon (m) frizzy hair
crépuscule (m) dusk, twilight
cresson (m) watercress
creuser les reins to arch one's back
crevé worn out
criblé de son covered with freckles
crier gare: sans ___ without a warning
crin (m) horsehair
crisper: se ___ to clench, to tense
crisser to screech, to rustle
crochet (m) hook
croc (m) fang
croître to grow
crouler to crumble
croupe (f) back (animal)

croupissement (m) stagnation
cuisant burning
cuisse (f) thigh
cuivre (m) copper
culotte (f) panties
cumin (m) caraway seeds
cuvelier (m) vat maker
cuvette (f) basin
cygne (m) swan

D

daigner to condescend
déballage (m) outpouring
débarbouiller to wash (face)
débattre: se ___ to struggle
débiter to utter
déboucher to emerge
déboulis (m) tumbling down
débrancher to unplug
débrouiller: se ___ to get along, to manage
débusqué drawn out of
décalé out of phase, out of touch
décaler to move
décamper to scram
déceler to discover, to detect
déception (f) disappointment
déchaînement (m) explosion
déchaîner: se ___ to let oneself go
déchiffrer to decipher
déchirant searing
déchiré torn
déclenché set in motion
décréter to declare
déesse (f) goddess
défaillir to faint
défalquer to deduct
défroque (f) garb
dégager to free
dégrafer to unfasten
dégringoler to roll down
délaisser to abandon
délassement (m) relaxation
délier la langue to loosen sb's tongue
délier: se ___ to get free, to untie

délirant delirious
démarrer to start
démêler to sort out
démence (f) insanity
démentir to refute
demi-rongée: à ___ half-
eaten
démission (f) abdication
démonté raging
démuni penniless
dénouer les lacets to un-
tie shoelaces
dénouer: se ___ to be
resolved
denrée (f) food
dentelle (f) lace
dénué devoid
dépasser les bornes to go
too far
dépaysement (m) feeling of
strangeness, change of
scenery
dépêche (f) telegram
dépensier spendthrift
déplacé indecent
déposé patented
dépouillé bare, lacking
dépourvu lacking, wanting,
déprendre to disconnect
dérangement (m) disruption
déraper to skid
dérobée: à la ___ surrep-
titiously
dérober: se ___ to shy
away
désarroi (m) disarray
descendre to shoot down
désinvolture offhand way
désoeuvré idle
désormais henceforth
dessein (m) intention
détendre to relax, to
unbend
détourner to dissuade
déveine (f) bad luck, evil
fate
dévergondé shameless,
licentious
devinette (f) riddle
dévisager to stare at
dévouement (m) dedication,
devotion
diable (m) devil
digne worthy

dilapideur squandering
discordant untuned
disert loquacious, articulate
dispenser to spare
dodo: faire ___ to sleep
doigt (m) fuselé slender
finger
doléances (fpl) grievances
dompter to tame, se ___ to
control oneself
donner à téter to suckle
dormitif somniferous
dossier (m) back, file
dot (f) dowry
douairière (f) dowager
douce: en ___ secretly
douillet cosy
dragée (f) sugared almond
dressé trained
dresser: se ___ to stand
up
droit: de ___ by right
dru thick
duvet (m) down

E

ébaucher to sketch, s'___
to take shape
éblouir to dazzle
éblouissement (m) dazzle
ébouriffé disheveled
ébranler to shake, to
rattle, to weaken
ébrouer: s'___ to snort,
to shake oneself
écarquiller to stare wide-
eyed
écarteler to tear apart,
to quarter
écarter to spread, s'___
to spread apart
échalas (m) stake, pole
écharde (f) splinter
écharpe (f) scarf, en ___
in a sling
écheveau (m) skein
échoué stranded
éclaircie (f) sunny interval
éclairer to enlighten
éclair (m) flash, light-
ning

éclatant bright, ___ de
vie bursting with life
éclat (m) radiance, ___ de
voix raised voice, shout
éclore to open out
écoeurer to nauseate
écorcher to flay, to graze
écran (m) screen
écraser to crush
écuelle (f) bowl
éculé worn thin
écume (f) foam, froth
écurie (f) stable
édenté toothless
effaré alarmed, lost
effaroucher to shock, to
alarm
effeuiller to pull the
petals off a flower
effilocher: s'___ to fray
effleurer to brush against
effondrer: s'___ to collapse
effroi (m) dread
effronté insolent
égard (m) consideration, à
quelques ___ in some
respects, par ___ out of
consideration
égaré distraught, mislaid
égarer: s'___ to get lost
élan (m) fervour, momentum
élever to raise
embourber: s'___ to get
stuck in the mud
embringuer: s'___ to get
involved
embuer to mist over
embusqué hidden
émerveillé filled with
wonder
émietter to crumble
empoigner to grab
empoté clumsy
empresser: s'___ to hasten
emprise (f) ascendancy
encadrement (m) de la
porte doorway
encaustiqué polished
enceinte pregnant
encombrant burdensome
encombré loaded down
encorné with horns
endolori aching

enfilade (f) row, series,
string
enfoncé broken, smashed
enfoncé dans la terre half
buried in the ground
enfoncer: s'___ to sink
into
enfoui buried
enfouir to thrust
enfourcher la ridelle to
straddle the sideboard
engloutir to engulf
engluer: s'___ to get
stuck
engourdir to numb, s'___
to grow sluggish
engrosser to get sb preg-
nant
engueuler to bawl sb out
enjambant stepping over
enjambée: grande ___ long
stride
enlèvement (m) abduction
enliser: s'___ to sink, to
get stuck
enrayer to slow down
ensabler: s'___ to get
stuck (in the sand)
ensuqué under influence of
drugs, stupefied
entaille (f) gash
entamer to cut into, to
start
entendu understood
entrailles (fpl) guts
entrain: avec ___ with
gusto
entremets (m) dessert
entrepôt (m) warehouse
entretenir to look after,
to support, to keep
entretien (m) upkeep
envergure (f) scope
épanouir: s'___ to bloom,
to open up
épargner to spare
épars scattered
épée (f) sword
éperdu frantic
épier to spy on, to watch
closely
épi (m) ear of wheat
épineux thorny, tricky
épingle (f) à cheveux
hairpin

épingler to pin
éplucher to peel
époumoner: s'___ to shout
o.s. hoarse
épouvanter to fill with
horror
épreuve (f) ordeal, test,
trial
épuiser to exhaust
épuisement (m) exhaustion
équipée (f) escapade
éreinté exhausted
escamoter to conjure away
escarpin (m) flat-heeled
shoe
esclavage (m) slavery
esprit (m) wit, mind
esquisse (f) sketch
esquiver to evade
estrade (f) platform
étagère (f) shelf
étain (m) pewter
étalé spread
étalon (m) yardstick
étape (f) stage
étendue (f) scope
étincelant glittering,
sparkling, gleaming
étoile (f) filante shoot-
ing star
étouffement (m) suffoca-
tion
étouffer to choke
étrangleuse (f) strangler
être à même to be able to
être coincé to be corner-
ed, caught
être embringué to get oneself mixed up in
être mal venu to be in no
position
étrenner to wear for the
first time
être refait to be had
être sur le carreau to be
knocked out
étriquer to fit too tight
évanouissement (m) faint-
ing
éventail (m) fan
éventé stale
évier (m) sink
éviter to avoid
exercer son empire sur to
exert one's authority

exigeant demanding
exprès on purpose
exténuer to exhaust

F

faciès (m) features
facile manageable, docile
façonner to fashion
fagot (m) bundle
faille (f) rift
fainéant lazy
faire des chatouilles to
tickle so
faire la navette to come
and go between
faire le con to ass about
faire semblant to pretend
faire: s'y ___ to get used
to it
faisan (m) pheasant
fanal (m) headlamp
fané faded
faner: se ___ to wither,
to wilt
fanfreluche (f) flounce
fantasme (m) fantasy
fantôme (m) ghost
fardeau (m) burden
farouche fierce, unflinching
fastueux sumptuous
Faucheuse (f) Grim Reaper
faufiler: se ___ to slip
between
faute (f) flaw, mistake
fauve tawny
féerie (f) enchantment
feindre to pretend
fêlure (f) crack
femme de bien (f) wealthy
woman
femme de tête (f) strong-
minded woman
femme-lige (f) woman-the-
liege
fendre to split, to slash
fermer à toute volée to
slam shut
fer (m) forgé wrought iron
fers (mpl) forceps
fesse (f) buttock
festin (m) feast
festoyer to feast

fétu (m) de paille wisp of
straw
feutré muffled
ficher le camp to be off
(s)
fichu (m) scarf
figer: se ___ to freeze
filandière (f) spinner
filer to dash by, to slip
away
filer to spin
filet (m) net, trickle
fille mère (f) unwed
mother
fil (m) de fer lisse
smooth metal wire
fixe mensuel (m) basic
monthly salary
fixer to stare at
flairer to smell, to sense
fléchissement (m) sagging,
weakening
flemmard lazy (s)
flic (m) cop (s)
flou fuzzy, blurred
flou (m) fuzziness, vague-
ness
foncer to charge at
fond (m) base
fond: au ___ as a matter
of fact, basically,
in the back
fond: dans le ___ basi-
cally, as a matter of
fact
fondant melting
fondre en larmes to burst
into tears
force de: à ___ by dint of
fort loud
fouet (m) whip
fougère (f) fern
fougue (f) ardor
fouiller to dig
fouiner to poke one's nose
into things
foulé aux pieds trampled
fourche (f) fork
fourgon (m) coach
four (m) oven
fourneau (m) stove
fournisseur (m) supplier,
retailer
fourrage (m) herbage

fourré fur-lined
fourrer to put (s)
fourrer: se ___ to put
oneself (s)
foyer (m) home
fracas (m) roar
fracassant deafening,
shattering
franchir to cross, to go
through
frange (f) fringe
frasques (mpl) prank
fric (m) cash (s)
fringant dashing
frisson (m) shiver
frissonner to shudder, to
shiver, to tremble,
froissé bruised, crumpled,
ruffled
froisser to crush
frôler to brush against
froufrou (m) rustle
funeste harmful
fur et à mesure: au ___ as
soon as
fusain (m) charcoal
fuseau (m) spindle
fuser to gush

G

gâcher to spoil
gaine (f) girdle
galet (m) pebble
gamin (m) kid
ganté gloved
garce (f) bitch
garé parked
garnitures (f) de jours
(sheets with an) open-
work border
garrotter to strap down
gaspillage (m) waste
gaspiller to waste
gâter to spoil
gaver: se ___ to devour
gavé stuffed
gazouiller to babble
gazouillis (m) chirping,
babbling
geignard moaning
geindre to complain, to
moan
gémir to moan

gémissement (m) groan
gênant embarrassing
gencive (f) gum
gêné embarrassed, ill at
ease
gêner to bother, to be in
the way, to hamper
génial of a genius
gerbe (f) spray
gercé chapped
gerfaut (m) gerfalcon
gifler to slap
gigoter to wriggle
gigot (m) leg of mutton
gilet (m) vest
giron (m) lap
gisant (m) recumbent fi-
gure
gîte (m) home
givre (m) frost
glace (f) piquée mirror
covered with spots
glaçon (m) block of ice,
icicle
glaise (f) clay
glaive (m) sword
glas (m) death knell
glisser to slide down
glonfler: se ___ to swell
gluant sticky
gnognote: de la ___ easy
(s)
gnouf: au ___ to the gar-
bage dump (s)
gober to swallow
goélette (f) schooner
goinfre gluttonous
gonflable inflatable
gonflement (m) swelling
gonfler: se ___ to swell
goûter to have tea
goutte (f) drop
gouttière (f) gutter
gratter to grate on
gré: à leur ___ at will,
de son plein ___ of
one's own free will
gréer to rig
grelot (m) sleigh bell
grelotter to shiver
grenat (m) garnet
grève (f) shore, strand,
strike
gribouille (m) rash fool

griffer to scratch
grillage (f) fence
grille (f) gate, railings,
mesh
grimper to go up
grincer to creak, ___ des
dents to gnash one's
teeth
grincheux grumpy
grognon grumbling
gronder to rumble, to
scold
grossesse (f) pregnancy
grouiller to swarm, se ___
to hurry (s)
guéridon (m) pedestal
table
guérisseur (m) healer
guerroyer to wage war
guet (m) look-out
guetter to be on the look-
out for, to watch
guetteur (m) look-out
gueuler to bawl, to yell
gueuse (f) beggarwoman
guide (m) rein
guinguette (f) open-air
café
guise de: en ___ by way of

H

habillé dressy
hagard distraught
haillons (mpl) rags
halètement (m) puffing
haleter to pant
hallier (m) thicket
hangar (m) shed
happer to grab
harceler to harass
hardes (fpl) rags
hargneusement aggressively
harnais (m) harness
hausser les épaules to
shrug
hautain haughty
hêtre (m) beech
heurter to collide with,
to jostle
hirondelle (f) swallow
hisser to get out, to pull
up, to hoist
hochant nodding

hochet (m) clinquant
flashy rattle
homme-suzerain (m) man-
the-sovereign
hormis but, save
houle (f) swell
hublot (m) window
huche (f) bread box
huer to boo
hurlement (m) scream,
yelling
hurler to scream, to yell

I

imparti assigned
impudique shameless
incliner: s'___ to bow
inconscience (f) recklessness
inconvenance (f) indecency
indemne unscathed
indice (m) clue
indigne shameful, unworthy
inévitable unavoidable
infranchissable insurmountable
ingrat thankless, ungrateful
injure (f) insult
inlassablement untiringly
insoupçonné undreamt-of
intempestif untimely
interdit taken aback
intermittent irregular
issu born of
ivre drunk

J

jacasser to chatter
jadis formerly
jaillir to burst forth
jaillissement (m) gush
jambe (f) repliée leg
tucked under
jeter sur: se ___ to
pounce on
jeter un sort to put a
curse on sb
jeûne (m) fast
jouant: en se ___ without
trying
jouer à chat perché to
play tag

jouissance (f) pleasure
joujou (m) toy
jour (m) férié official
holiday
jours (m) brodés embroi-
dered openwork borders
jumeau (m) twin
jument (f) mare
jupon (m) à froufrou
swishing petticoat
jurer to swear

L

lâche cowardly
lâcher to let go of
laisse (f) leash
lambeau (m) shred, scrap
lambin slow (s)
lame (f) blade, wave
landau (m) baby carriage
langer to change diapers
lanière (f) lash
larguer to cast off, to
release
larvé latent
lasser de: se ___ to tire
of
latte (f) board, slat
lavabo (m) washbasin
layette (f) baby clothes
lettre (f) bâtarde fancy
letter
leurre (m) delusion,
deception, trap
leurrer to fool
liaison (f) affair
libellule (f) dragonfly
lien (m) bond
lier to tie up
ligneux woody
ligoté bound hand and foot
linceul (m) shroud
lingère (f) linen maid
liseuse (f) bed jacket
lisière (f) edge
lisse smooth
livide pallid
logis (m) dwelling
logos (m) word (in Greek);
reason
longer les côtes (f) to
sail the coast
lorgner to covet

louche (f) ladle
louer to praise
louveteau (m) cub scout
louvoyer to edge one's way
  along
luciole (f) firefly
luisance (f) glow
luisant shining
lumières (fpl) enlighten-
  ment
lunettes (fpl) double
  foyer bifocal glasses
lustré glossy
lustre (m) chandelier
lutter to wrestle
luzerne (f) alfalfa

M

maculé stained
madrier (m) beam
maille (f) stitch, mesh
maillet (m) mallet
maison (f) de passe house
  of ill repute
maîtresse (f) de maison
  housewife, hostess
maladroit clumsy
malaise (m) feeling of
  sickness
mal au coeur: avoir ___ to
  feel sick
malhabile clumsy
malin clever
malmener to mistreat
malodorant stinking
mamelle (f) breast
mamelon (m) nipple
manche (m) handle
manchette (f) oversleeve,
  cuff
manchon (m) muff
manège (m) game, ploy
maniaque fussy
manier to handle
marais (m) swamp
marche arrière: en ___ in
  reverse
mare (f) pond
marmot (m) kid
marrant amusing (s)
marrer: se ___ to laugh
  (s)
mastic (m) putty

mat dull, flat (color)
mater to subdue
mâtiné with a touch of
matrice (f) womb
maudire to curse, to damn
maugréer to grumble
mèche (f) lock of hair
méfier: se ___ to be on
  one's guard, to distrust
mégot (m) cigarette butt
membre (m) limb
ménager to show consideration
menotte (f) little hand,
  handcuffs
mensonger untrue
menu tiny
méprise (f) mistake
mépriser to despise
métayer (m) tenant farmer
mettre au ban to ostracize
mettre en branle: se ___
  to get moving
mettre en joue to take aim
  at sb
mettre le couvert to set
  the table
meublé (m) furnished
  apartment
meule (f) millstone
meunière (f) the miller's
  wife
meurtrir to bruise
miche (f) loaf
mielleux honeyed
mieux loti better off
minauder to flutter about,
  to mince
mine de rien casually
mirettes (fpl) eyes (s)
miroitant sparkling
miroiter to shimmer
mitaine (f) mitten
moeurs (fpl) morals, man-
  ners
moineau (m) sparrow
moite sweaty, sticky
môle (m) jetty
mollesse (f) lethargy
mollet soft, flabby
môme (m) kid
morgue (f) haughtiness
morne glum
morsure (f) bite

moufle (m) mitten
mourir en couches to die
  in childbirth
mousseline (f) chiffon
mufle (m) cad
muguet (m) lily of the
  valley
muni equipped
museau (m) face (s)
mutin impish

N

naguère formerly
narine (f) nostril
naufrage (m) shipwreck
néfaste harmful
nénuphar (m) water lily
neuvaine (f) novena
niais silly
nier to deny
nimber to halo
nivellement (m) levelling
nounours (m) teddy bear
nourrice (f) wet-nurse
nourrisson (m) unweaned
  infant
noyau (m) (fruit) pit
noyer: se ___ to drown
nuire to harm
nuque (f) neck

O

occasionnel incidental
odeur (f) de renfermé
  musty smell
oeillet d'Inde (m) French
  marigold
oiseux idle
ombrelle (f) parasol
O.N.U. United Nations
oraison (f) prayer
oreiller (m) pillow
oreillette (f) auricle
orgueilleusement proudly
orgueil (m) pride
orme (m) elm
ornière (f) rut
orties: aux ___ off with
oseille (f) sorrel
osier (m) wicker
os (m) bone
ouate (f) padding

outre: en ___ in addition

P

palabres (fpl) inter-
  minable discussions
palais (m) roof of the
  mouth
paletot (m) cardigan
palier (m) landing
pal (m) pale, stake
palper to feel, to finger
pané breaded
panier (m) basket
papetière (f) stationery
  owner
papoter to chatter
paquebot (m) liner
paravent (m) folding
  screen
parcourir to run through
parer au plus pressé to
  attend to the most
  urgent things first
partir à la dérive to go
  drifting off
passer à plat ventre sous
  to crawl under
passer de: se ___ to do
  without
passer outre à to dis-
  regard
passer: s'en ___ to do
  without
patate (f) potato (s)
patère (f) coat-peg
patraque unwell
patron (m) boss
patte (f) leg, paw
patte (f) torse twisted
  leg
paume (f) palm
paumé lost (s)
paupière (f) eyelid
pavot (m) poppy
péché (m) sin
peigne (m) comb
peignoir (m) dressing gown
pelage (m) coat, fur,
  hairiness
peler to peel
pelle (f) shovel
pelotonné curled up
pelotonner to snuggle

pelure (f) rind
pencher: se ___ to bend over
pénible difficult, painful
pénombre (f) darkness, half-light
pépin (m) seed
perdreau (m) partridge
perdre les pédales to lose one's head (s)
perdrix (f) partridge
péripéties (fpl) events, episodes
perruque (f) wig
persienne (f) blind
pervenche (f) periwinkle
péter to crackle
pétrin (m) kneading-trough
pétrir to knead
peuplier (m) poplar
phalange (f) knuckle
phare (m) beacon
phoque (m) seal, sealskin
piaillement (m) squawking
pied bot (m) clubfoot
piège (m) trap
piéger: se ___ to be trapped
piétinement (m) stamping
piétiner to trample
piétiner sur place to be on a treadmill
pillard (m) plunderer
pince (f) claw
pipi (m) weewee
piqué dotted
pitre (m) clown
plaie (f) wound
plié bent
plier to fold, se ___ à to abide by
plissement (m) fold
plisser: se ___ to fold
ployer to bend
PMU (pari mutuel urbain) betting
poêle (m) à charbon coal stove, ___ de fonte cast-iron stove,___ ronflant humming stove
poignard (m) dagger
poil (m) roux russet hair
point d'orgue (m) pause
pointe (f) des pieds tiptoe

poireau (m) leek
poitrine (f) chest
pommette (f) cheekbone
pontifiant pompous
popote (f) food (s)
portée: à la ___ within reach, plus à ___ de main closer at hand
poteau (m) pole, post
potence (f) gallows
pouce (m) thumb
poulotter to pamper
poumon (m) lung
pouponnière (f) day nursery
pourlécher: se ___ to lick one's lips
pourpier (m) purslane
pourrir to rot
pourriture (f) rot
pourvu endowed
poussette (f) baby carriage
poussiéreux dusty
poussif short-winded
poutre (f) beam
préalable: au ___ in advance
préau (m) covered playground
prendre congé to take one's leave
prendre le frais to enjoy the fresh air
prendre: s'en ___ à to lay the blame on sb
présage: mauvais ___ ill omen
prétendre to claim, to want
prétendu so-called
prétention (f) claim
prévenir to let know
prévenu informed, prejudiced
prévu anticipated
pris dans l'engrenage to be caught up in the system
prise (f) grip, socket, ___ de bec row
privé deprived
procès: faire le ___ to put on trial

procuration: par ___ by proxy
promu promoted
proue (f) bow
puce (f) flea
puceron (m) aphid
puits (m) well
purée (f) mashed potatoes
pustuleux covered with running sores

Q

quartier (m) neighborhood
quémander to beg for
quenouille (f) distaff
quéquette (f) wee-wee (child's word)
quinconce: en ___ in staggered rows

R

rabâcheur repetitive
rabattre: se ___ to fall back on
rabiot (m) extra time
raccommoder to mend
raccourci (m) short cut
racler to scrape
rafale (f) gust
raffoler de to be very fond of
ragoût (m) stew
raide rigid
raidir: se ___ to stiffen
raison: avoir ___ de to get the better of sth
râler to groan
ramancheur (m) quack
ramasser to pick up
rameau (m) branch
rameuter to round up
ramper to crawl, to cringe
rancune (f) grudge, rancor
rappliquer to come (s)
rapport: sous ce ___ in this respect
ras: à ___ short
rassasié sated
râtelier (m) rack
râtisser to rake
rauque harsh, hoarse, husky

ravigoter to revive
raviner: se ___ to furrow
ravissement (m) rapture
rayonnement (m) influence, radiance
rebattre to roll down
rebosser to work again (s)
rebours: à ___ back to front
rebrousser chemin to turn back
rêche rough
rechigner to jib at
réclamer to demand
recoin (m) corner
récompense (f) reward
reconnaissance (f) gratitude
recouvrer to regain
récréation (f) playtime, recess
recroquevillé curled up
recueillement (m) meditation
recueilli meditative
reculer: se ___ to step back
récurer to scour
redoutable fearsome
redouter to fear
refoulé repressed
régal (m) delight, treat
regimber to rebel
régisseur (m) steward
réglé settled, sealed
règles (fpl) period
rejeton (m) offspring
relayer to take over from
relent (m) stench
relevailles (fpl) recovery
relié bound
remporter une victoire to win
rencogné huddled up
rengaine (f) refrain
renifler to sniff, to sniff out
rentable profitable
renvoyer to dismiss
repaire (m) hideout, lair
repasser to iron
repère (m) landmark, marker
repli (m) innermost recess

repoussé embossed
repousser to push away
reprendre: se ___ to pull oneself together
requinquer: se ___ to perk up
requis required
rescousse (f) rescue
réseau (m) web, network
résille (f) hairnet
ressac (m) undertow
ressentir de: se ___ to feel the effects of
resserrer to draw tighter, to tighten
ressort (m) spring
retenir de: se ___ to refrain from
retentir to ring
retenue (f) reserve, restraint, self-control
rétréci shrunken, narrow
retroussé rolled up
revanche: en ___ on the other hand
réveiller en sursaut: se ___ to wake up with a start
revendiquer to claim
ricaner to snigger
ride (f) wrinkle
ridelle (f) rack
rigole (f) gutter
risette (f) little smile
rive (f) shore
rôder to prowl, to roam
ronde (f) dance in a ring
ronflement (m) snoring
roseau (m) reed
rôties (fpl) toast
rouet (m) spinning wheel
rougir to blush
rouir to ret
roulement (m) à bille ball bearing
ruer: se ___ to pounce on, to rush towards
rugosité (f) coarseness
rugueux coarse, rough
ruisselant dripping

S

sabot (m) clog

sacoche (f) satchel, bag
sage-femme (f) midwife
salace salacious, dirty
salope (f) bitch
sanglot (m) sob
sans autre forme de procès without further ado
sans suite incoherent
saugrenu ludicrous
saule (m) willow
saupoudrer to dust, to sprinkle
saut de lit (m) negligee
savourer to relish
scander to chant
sceau (m) seal
scieur de long (m) pit sawyer
scinder to split
scintillant glittering
scintiller to sparkle
scruter to scrutinize
secouer to shake
secousse (f) shock
selles (fpl) stools
semaine anglaise (f) five working days
sensible sensitive
sentier (m) path
sentir sa chair se hérisser to feel gooseflesh
serre (f) greenhouse
serrer les dents to grit one's teeth, ___ les poings to clench one's fists
serrer un peu plus to hold tighter
serré tight
seuil (m) doorway
sevrer to wean, to deprive
siffler to whistle
sifflet (m) horn
sillage (m) trail
sillon (m) furrow
simiesque apelike
smic (m) minimum wage
soierie (f) silk
sombrer to sink
somnoler to doze
sonnerie (f) ringing
sorcière (f) witch
sort (m) fate
sottise (f) nonsense

souche (f) de vigne stock (vine)
souci (m) care
souder to fuse, to weld
souffler to breath, to prompt
souillarde (f) pantry
souillon (f) slut
souillure (f) defilement
soulagé relieved
soulager to soothe
soupçonner to have an inkling, to suspect
soupçonneux suspicious
soupirer to sigh, to say with a sigh
sourdine: en ___ barely audible
sourd muffled
sourdre to spring up, to well up, to rise
sournois shifty, underhand
soutenir to maintain, to assert
spirituel witty
store (m) blind, shade
strié streaked
subir to undergo
sucer to suck
suer sang et eau to sweat blood
suffrage (m) approval
suintement (m) oozing
supplice (m) torture
supplicier to torture
supplier to beg
supporter to bear, to put up with, to tolerate
supprimer to do away with
supputer to calculate
surenchère (f) outbidding, increasing
suret sharp, tart
surgir to emerge
sur-le-champ immediately
surmenage (m) overworking
sursauter to jump
sursaut (m) jerk
sursis (m) reprieve
susciter to give rise to, to create
susurrer to whisper

T

tablier (m) apron, smock
tabouret (m) stool
talon (m) heel
talus (m) embankment, slope
tambouille (f) cooking (s)
tambour (m) drum
tanguer to pitch, to reel
taper les pieds to stamp one's feet
tapisserie (f) needlework
tapoter to pat, to tap
tari dried up
tarir: se ___ to go dry
tassé crammed, shrunken
tâter to feel, to grope
tatillon petty
tâtonner to grope around
tâtons: à ___ groping
teigneux shrewish
ténèbres (fpl) darkness
tenir à to be anxious to, to care about, s'en ___ là to leave it at that
tenir tête to oppose, to resist
tenture (f) curtain
terne drab, dull, lifeless
tige (f) stem
tilleul (m) linden
timbre: sans ___ lacking in resonance
tintement (m) clinking
tisserand (m) weaver
tisser to weave
titre: à plus d'un ___ on several accounts
tituber to stagger
toile (f) cloth, ___ d'a-raignée spider's web
tomber à plat ventre to fall flat on one's face
tondu close-cropped
tonitruer to thunder
tonneau (m) barrel
toque (f) cap, hat
torcher to wipe
torchon (m) cloth
tordre: se ___ to twist, to wring
tordu twisted
tortiller to twist

tortiller: se ___ to wriggle
toubib (m) doctor (s)
touffe (f) clump
toupie (f) pin (toy)
tourbillon (m) whirl,
whirlpool
tour (m) trick
tourner en rond to walk
round and round
tourner la tête à qqn to
go to sb's head
tracas (m) trouble
tracasser to bother
traîneau (m) sleigh
train-train (m) daily routine
trait (m) feature
traite (f) monthly
installment
trame (f) weft
transi numb with cold
traqué cornered
traversin (m) bolster
trèfle (m) clover
trépas (m) passing
trépasser to pass away
trépied (m) tripod
tressaillement (m) quiver,
shudder
tressaillir to quiver, to
shake, to shudder
tressé plaited
trêve (f) truce
tricoter to knit
tripoter to fiddle with,
to rummage about
trognon (m) core
tromper to be unfaithful
tronçon (m) section
trouée (f) gap
trou (m) d'égout sewer
hole
trousse (f) à peigne comb
case
trousses: aux ___ de on
the heels of
trouver son compte: y
___ to get something out
of it
tuile (f) a mishap, a blow
(s)
tuile (f) du toit tile on
the roof

tuyau (m) pipe
tuyauter to flute
tympan (m) eardrum

U

usure (f) wearing out

V

vacherie (f) d'existence
damned life
vagir to cry (of newborn
baby)
vague (f) wave
vanter: se ___ to boast
vautrer: se ___ to wallow
vautré sprawling
veiller to keep watch, to
lay awake, to sit up
with, to stay up
veilleuse (f) night light
velléité (f) impulse,
desire, whim
ventouse (f) sucker, cup-
ping glass
ventre (m) belly
vergogne: sans ___
unashamed
véridique truthful
verre (m) filé spun glass
verser to pour, to over-
turn
viol (m) rape
virage (m) turn
viser to aim for
vitrage (m) curtain
voie (f) way
voix (f) posée steady
voice
volage fickle
volant (m) steering wheel
volet (m) shutter
voltiger to flutter about
vouloir: en ___ to have a
grudge against
voyante (f) clairvoyant
voyons come on now!
vrombir to hum

Z

zozoter to lisp

Born in Geneva (Switzerland), Claire-Lise Tondeur started her studies at the Université de Genève and pursued them at three American universities. In 1976 she obtained a Ph.D. in French from the University of Illinois (Urbana). She is currently Associate Professor of French at Bradley University (Peoria, IL) and the author of <u>Gustave Flaubert, critique. Thèmes et structures</u> (Purdue Monographs in Romance Langs, 1984, v.15). She has also published essays on nineteenth and twentieth century French literature.